관세법
-주요 쟁점과 사례 -
CUSTOMS LAW

이상신 · 장호중 · 김선화

박영사

'세무학과나 세무전문대학원에 관세법 강의가 없는 것은 문제가 있으니 내가 관세법 강의를 개설해야겠다.'라는 다소 오만한 생각으로 관세법을 연구하고 강의한 지 10여 년이 지났다. 그러나 관세법은 여전히 어렵고 방대하다. 물론 어렵고 방대하다는 것은 내국세도 마찬가지이지만 관세법이 특히 어렵다고 느껴지는 것은 단일한 세법으로 되어 있음에도 통관절차나 관세형벌 등의 내용까지 포함되어 있어 양(量)적으로 더 광대할 뿐 아니라 법학적 연구방법으로 서술된 교재나 연구자료들이 많지 않아 조문의 입법의도나 취지 등을 정확히 파악하기 어려웠기 때문이다. 게다가 거의 매년 개정되기 때문에 관세법 교재를 집필해보겠다는 생각은 감히 할 수 없었다.

그렇지만 학부 및 대학원 수강생들의 강의교재의 요청 등 사유로 더 이상 미룰 수 없다는 생각이 들어 다소 부족하지만 이 책을 출판하게 되었다. 저자들이 역점을 두고 집필한 이 책의 특징은 다음과 같다.

첫째, 관세법의 중요 요점만을 빠르게 볼 수 있도록 500페이지 정도의 분량으로 정리하였다. 그래서 법 개정의 영향이 최소화 되도록 기본이론을 충실하게 소개하면서도 중요한 내용은 누락되지 않도록 하여 각종 수험서로도 활용될 수 있도록 하였다.

둘째, 내국세법을 공부한 사람이 쉽게 이해할 수 있도록 내국세법과 비교하여 설명하였다. 그리고 설명과 법조문의 내용이 구분되도록 설명의 근거가 되는 법조문을 명확히 표시하였다.

셋째, 기본이론의 이해를 위해 충분한 사례를 소개하였다. 일본과 미국의 관세 해석 사례 등과 필요한 부분에서는 관세사 기출문제 등을 적절히 분배하여 중요한 내용을 잘 이해할 수 있도록 하였다.

넷째, 실무에서의 필요성을 고려하여 관세 형벌, 환급특례법, FTA 특례법의 내용까지 정리하여 소개하였다. 특히 관세 형벌에서는 대법원 판례들을 예제 문제로 만들어 소개하는 등 비법학 전공자들을 배려하는 방식으로 설명하였다.

 이러한 특징을 가진 본 교재의 집필에는 다양한 분들의 도움과 격려가 있었다. 먼저 공저자로 참여하게 된 검사장 출신의 장호중 변호사와 관세그룹 바로의 대표인 김선화 관세사의 도움이 없었다면 이 책의 출간은 없었을 것이다. 관세법 전반에 대한 사례를 소개·검토하고 관세 형벌 및 특례법의 내용을 집필하는 등 많은 부분에서 큰 공헌을 하였다. 실무에서는 이미 빛이 나는 분들이지만 연구자로서도 대성하기를 기원하며 차후 개정 작업이 필요하다면 이 분들이 주도적으로 행할 것이다. 또한 이 책의 출간을 허락해주신 박영사의 안상준 대표님, 기획 단계에서부터 많은 조언과 격려를 해주신 조성호 이사님, 그리고 깔끔하게 편집해주신 양수정 대리님께 감사의 말씀을 드린다.

 관세법 개설의 필요성에 공감하고 이를 지지해 준 세무학과 박 훈 교수 및 동료교수 여러분, 부족한 내용의 관세법 강의에도 열심히 수강하며 다양한 질문으로 교재의 부족한 부분을 보충해 준 서울시립대 세무학과 및 세무전문대학원의 수강생 여러분, 무역 및 통상 관련 연구주제에 영감을 주는 한국무역통상학회장 오준석 교수, 전반적인 교정을 통해 다양한 의견을 주신 박경일 관세사, 박창환 관세사, 차호영 관세사에게도 감사의 말씀을 드린다.

 이 모든 결과는 항상 성원해주고 잘 되기를 기원하는 가족들의 존재에 있음을 생각하면서 사랑하는 가족들에게 이 책의 출판에 대한 영광을 돌리고자 한다. 본 교재가 관세법을 연구하는 다양한 분들에게 미약하게나마 도움이 되기를 기원하면서….

2024년 8월

대표저자 배(拜)

제2장

관세의 일생

제3장

관세의 과세가격

제4장

신고와 납부

제5장

관세율

제6장

품목분류

제7장

감면 · 환급 · 분할납부

제10장

보세구역

제11장

통 관

제12장

세관장 등 직무집행 특례

제13장

관세범

제1장

관세법 기본이론

1-1 관세법의 의의

I. 의 의

관세법 제1조는 "이 법은 관세의 부과·징수 및 수출입물품의 통관을 적정하게 하고 관세수입을 확보함으로써 국민경제의 발전에 이바지함을 목적으로 한다."고 규정하여, '외국상품의 세 부담 없는 국내 소비 방지'를 위한 과세절차 및 통관절차를 규정한다.

내국세법이 조세 수입을 1차적 목적으로 하고 예외적으로 정책적 목적을 1차적 목적으로 하는 경우가 있는 것에 반하여, 관세법은 관세의 부과·징수와 적정한 통관을 동등한 목적으로 추구하게 됨으로써 관세는 내국세와 다른 특징을 갖게 된다.

II. 연 혁

우리나라 관세법은 1949년 제정되어 같은 해 법률 제67호로 공포된 이래 산업 발전에 따른 경제·환경 등의 변화에 따라 2차례의 전면 개정 등 여러 차례 개정되어 오늘에 이르고 있는데, 제1장 총칙부터 제13장 보칙까지 총 13장, 330조문으로 구성되어 있다.

III. 자유무역주의와 보호무역주의

1. 의 의

외국물품은 외국으로부터 우리나라에 도착한 물품으로서 수입신고가 수리되기 전의 물품(관세법 제2조)을 말하는데 외국물품이 수입되는 이유는 우리나라에 없거나 저렴하게 수급할 수 있는 물품으로서 경제적 가치를 갖기 때문이다. 이러한 외국물품의 수입에 대하여 이를 권장하고 관세 없이 자유롭게 수입하자는 견해가 있을 수 있다. 이러한 견해를 자유무역주의라 할 수 있다.

그런데, 이와 같이 자유롭게 수입하는 경우에는 우리나라의 기존 산업 또는 신사업 등의 발전에 저해가 될 수 있으므로 높은 관세율로 과세하여 수입을 억제하고 우리 산업을 보호해야 한다는 입장이 있을 수 있다. 이것을 보호무역주의라 할 수 있다.

역사적으로 보면 산업혁명 당시의 영국은 자유무역주의를, 산업이 덜 발달된 다른 유럽국가와 미국 등은 보호무역주의를 주장하였는데, 특히 미국 초대장관 A. 해밀턴은 미국 내에서 생산·판매·소비되는 상품에 대하여는 소비세(excise tax)를, 외국으로부터 수입하는 물품에 대하여는 관세(tariffs)를 부과하는 등 유치산업 보호를 세계 최초로 주장하였고,[1] 1861년 A. 링컨 취임 직전의 Morill 관세법은 당시 선거 공약인 제조업 육성을 위해 고율의 관세를 부과하는 등 미국은 '태생적 보호주의'였다.[2]

2. 관세법의 태도

오늘날 상품의 국제적 이동과 관세에 관하여 자유무역주의와 보호무역주의의 견해가 병존한다. 즉 역사적으로 세계의 각 국가는 자국의 산업을 보호하기 위하여 수입물품에 대한 보호무역주의 정책을 고수하였다. 특히 1930년 보호무역주의에 기반해 미국이 제정한 스무트-홀리 관세법이 유명한데, 20,000개가 넘는 수입 물품에 대해 관세를 올린 결과 평균 관세율이 1929년 40.1%에서 1932년 59.1%까지 올랐고, 이에 대해 캐나다와 영국 등이 반발하면서 보복관세를 부과하는 등 자국 무역 보호정책을 취하게 된 결과 세계적으로 무역량이 급감하였고 이는 대공황을 악화시킨 요인 중 하나로 꼽히게 된다.[3]

그러나 제2차 세계대전 후 경제적 패권을 거머쥔 미국은 GATT를 통해 관세인하를 유도하며 자국의 통상이익을 보호해왔으며,[4] 현재는 WTO 협정, FTA협정과 같은 국제협정 체결로 관세장벽이 낮아지고 전 세계가 하나의 거대한 시장이 되는 자유무역주의로의 국제적 변화의 흐름이 자리잡게 되었다. 현재 보호무역주의는 자유무역주의와 병존하며 우리나라를 포함한 개별국가는 거의 모두 외교적, 산업적 목적에 따라 국제협정을 위반하지 않는 범위에서 기술적으로 보호무역을 강화하는 전략을 취하고 있다.

---

1) Donald A. Ritchie·Albert S. Broussard, 『AMERICAN HISTORY : The Early Years to 1877』, MaGraw Hill, 1977, p.331.
2) 권영민, "WTO 분쟁 해결과 미국의 통상정책", 무역통상학회지 제20권 1호, 한국무역통상학회, 2020.2, p.6.
3) 정재우·홍재성, "미국의 통상정책 기조와 향후 전망 : 미국 무역대표부(USTR)와 국제무역위원회(USITC)를 중심으로", 통상정보연구 23-4, 한국통상정보학회, 2021, p.173.
4) 권영민, 상게 논문, p.3.

이와 별개로 '무형자산'의 경우 국경과 관계없이 사용·소비가 이루어지면서 그 규모가 커지고 있으나 '상품거래'의 범위에서 제외되어 있으므로 이를 어떻게 취급해야 하는지 등에 대해서 여러 논의가 있다.

어쨌든 관세법 목적에서는 '관세 없는 무역'이 자유무역주의라고 할 수 있으나 통관절차를 강화하는 방법으로 사실상 비관세장벽을 만들 수 있다. 예컨대 ① 수입품에 대한 식품위생 및 검역 절차의 강화, ② 관세평가의 강화를 통한 과세가격 상향, ③ 수입물량 확대에 대한 긴급관세 등 부과, ④ 물품검사 비율 상향 및 원산지조사 강화, ⑤ FTA 사후검증 심사 강화 등을 통하여 사실상 수입을 억제하는 결과를 도출할 수 있다. 다만 국제무역은 일방적인 것이 아니므로 이러한 절차의 강화는 무역상대국에 의한 무역보복의 대상이 될 여지가 있다.

IV. 관세법과 타법과의 관계

외국물품을 수입하려는 경우 (1) 상품의 수출입이 가능한 물품인지 여부, (2) 상품의 대가를 외환으로 지급하므로 외환거래 여부, (3) 물품이 국경(관세선)을 통과하므로 관세 부과 여부 등 문제가 발생한다. (1)에 대해서는 대외무역법, (2)에 대해서는 외국환관리법이 규율하고 있으며 (3)에 대하여 규율하는 것이 관세법이다.

다만 국경선과 관세선은 구별된다. 보세구역은 국경선과 관세선 사이의 구역이므로 관세를 부과하지 않으며 관세선을 통과한 경우에만 관세를 부과한다. 이처럼 관세선의 통과 및 그에 따른 과세절차를 다루는 것이 관세법이라 할 수 있다.

V. 관세법의 법적 성격

① 부과·징수 사항을 규정하여 총칙법으로서의 성격: 내국세법의 총칙법인 국세기본법과 같은 성격(1~4장)
② 수출입 물품에 대한 통관법적 성격: 통관절차가 규정되어 있음(6~10장)
③ 위법·부당한 관세처분에 대한 불복절차를 규정하여 절차법으로서의 성격: 그 불복에 대해서는 국세기본법의 불복 규정을 준용함(5장, 110조 내지 132조)
④ 관세행정 법규위반에 대한 처벌 규정을 두어 형사법적 성격(11장, 12장)
⑤ 관세제도나 관세율 등에는 WTO 협정이나 각종 조약에 관한 내용이 반영되어 있으므로 국제법적인 성격: 예컨대 관세평가 규정이나 상계관세, 보복관세 등(3장)

관세법에 이처럼 총칙 규정, 통관규정, 불복규정, 형사처벌규정, 국제법적 규정이 포함되어 매우 방대하기 때문에 예컨대 지방세법이 지방세기본법과 지방세법, 지방세특례제한법으로 분법(分法)된 것처럼 관세법도 분법해야 한다는 주장이 계속하여 제기되는 상황이다. 이에 대하여는 [1-5]에서 설명한다.

VI. 관세법상 과세요건

관세의 납세의무는 내국세의 경우처럼 법률에서 정한 과세 요건을 충족하는 경우에 성립한다. 관세의 납세의무 성립의 4대 과세요건으로 납세의무자, 과세물건, 과세표준, 세율이 있다.

1. 납세의무자

외국상품을 수입하는 유형은 해외 판매자로부터 직접 구매하거나 쇼핑몰 등 구매·결제·배송 등 구매 관련 모든 절차를 대행하는 구매대행자를 통하여 구입할 수 있다. 직접 구매를 하는 경우의 관세 납세의무자는 수출업자가 작성하여 수입업자에게 보내는 선적안내서·내용증명서·선적화물의 계산서 등의 송품장(invoice)이나 선하증권(항공화물운송장)에 적힌 물품수신인(受荷人)이며, 구매대행자를 통한 경우에는 수입신고를 하는 때의 화주(貨主)가 된다.

|사례 1| 수입자가 수출자의 국내 자회사로서 물품 수입 및 공급거래의 과정에서 모회사의 지시에 따르거나 수입물품에 관한 경제적 위험을 모회사와 분담하는 등 일반적인 제3자 사이의 거래와 다른 특수한 점이 있다고 하더라도, 그것이 거래통념상 모회사와 자회사 사이에서 보통 이루어지는 거래방식에서 벗어난 것이 아닌 경우 자회사를 구매자가 아닌 판매대리인으로 간주할 수 있을까?5)

---

5) 납세의무자는 경제활동을 할 때 특정 경제적 목적을 달성하기 위하여 어떤 법적 형식을 취할 것인지 임의로 선택할 수 있고, 과세관청으로서도 그것이 가장행위라거나 조세회피 목적이 있다는 등의 특별한 사정이 없는 한 납세의무자가 선택한 법적 형식에 따른 법률관계를 존중하여야 하므로, 위와 같은 사정이 있더라도 관련 당사자들 사이의 계약 내용을 무시하고 그 자회사를 수입물품의 구매자가 아닌 판매대리인에 불과하다고 쉽게 단정할 것은 아니다(대법원 2017.4.7. 선고 2015두49320 판결).

2. 과세물건

관세를 부과하는 대상을 과세물건이라 하며, 수입물품에 부과한다(제14조). 내국세 법상으로는 개인의 소득(소득세), 법인의 소득(법인세), 상속재산(상속세), 증여재산(증여세), 재화와 용역의 공급(부가가치세), 특정한 물품이나 장소에서의 유흥음식행위(개별소비세), 재산(재산세), 재산의 취득(취득세) 등이 과세물건에 해당한다.

관세의 과세물건이 수입'물품'으로 되어 있으므로, 동산 성격의 유체물 및 관리할 수 있는 자연력(전기, 가스 등)에 관세를 부과할 수 있다. 무체물인 권리사용료(특허권, 상표권, 의장권 등)는 계약서만 존재하므로 그 자체로는 관세를 부과할 수 없으나, 상표가 구현된 상품이 수입되는 경우에는 유체물의 가격에 포함되어 있는 경우이므로 과세대상이 된다.

3. 과세표준

관세를 부과하기 위한 수입물품의 가격 또는 수량을 과세표준이라 한다. 물품의 가격을 과세표준으로 하는 경우에 이를 종가세라 하고, 물품의 수량을 과세표준으로 하는 경우에는 종량세라 한다.

과세표준을 수량으로 정하는 경우에는 국제적으로 통일된 계량기준이 존재하므로 과세표준의 결정이 그리 어렵지 않지만, 가격으로 정하는 경우에는 다양한 국가와 다양한 형태의 계약으로 무역이 이루어지기 때문에 그 가격을 결정하는 것이 쉽지 않다. 그래서 WTO 관세평가협정에 따라 여러 가지 가격결정 방법을 정하고 관세법 도 이를 수용하여 정하고 있다.

4. 세율

과세표준에 대한 관세액의 비율을 말하며, 수입물품에 대한 관세액은 "과세표준×관세율"로 결정된다. 관세율에는 기본세율(=8%), 잠정세율(=일정기간 한정, 항상 기본세율에 우선하지만 2007년 이후 사용×), 탄력세율 등이 있고(법 제49조), 그 적용방법의 특례로서 입국자의 수입화물에 대한 간이세율, 소액수입화물에 대한 간이세율 등이 있다. 관세는 기본적으로 국가에서 재정확보를 위하여 징수하는 국세이며, 소비세적 성격을 띠고 있어 원재료에서 완제품으로 갈수록, 즉 가공단계가 올라갈수록 세율도 올라간다(경사관세구조[6] tariff escalation system). 이는 국내 제조 및 수출산업 을 육성하기 위한 정책적 목적에 반영된 것이다.

---

6) 이에 대한 설명으로 김태인·정재완, 「관세법」, 청람(2024), p.136.

1-2 관세부과와 통관절차 개관

I. 의 의

관세선을 통과하는 것을 "통관"(通關)이라 하며, 구체적으로 관세법에 따른 절차를 이행하여 물품을 수출·수입 또는 반송하는 것을 말한다(제2조 13호). 즉 통관에는 관세선을 통과하여 국내로 반입되거나(수입) 국외로 반출되는 경우(수출) 또는 관세선 통과 전에 다시 국외로 반출되는 형태(반송)가 있고, 우리나라는 이 중 수입 통관하는 경우에만 관세를 부과한다.

미국 연방관세법은 "관세 및 그 납부 책임은 수입 상품이 그 자리에서 화물을 내릴 의도로 선박이 세관 항구 내에 도착한 경우 또는 상품이 선박이 아닌 다른 방법으로 도착하는 경우 미국 관세 영토 내에 도착한 경우 발생한다."고 규정하여 수입 화물에 관세를 부과하는 것으로 하고 있다.[7]

II. 수 입

1. 반입 또는 사용·소비

"수입"한다는 것은 물품이 반입 후 정상적인 소비·사용을 목적으로 하여 우리나라에 반입되는 것 또는 보세구역을 경유하는 경우에는 보세구역으로부터 반입하는 것을 말한다. 즉 수입의 원칙적인 모습은 외국물품을 통관절차를 거쳐 국내 또는 보세구역으로부터 반입하는 것이고 그 반입은 국제운송수단을 통한 것이어야 한다. 밀수 등으로 그러한 통관절차 없이 반입되는 경우에도 그 사용 또는 소비하는 것을 수입으로 본다.

> |사례 1| 수입물품인 유류를 전부 하역한 후 유류를 적재한 유류탱크 내에 남는 폐유에 대하여도 별도의 수입신고가 필요할까?[8]

---

7) 미국 연방관세규칙 §141.1 Liability of importer for duties.(a).
8) 폐유를 하역한 선박들 중에서 ① 선적화물 없이 국내에 입항한 경우에는 수입신고가 이루어지지 아니하였고, ② 입항 후 수입신고를 한 경우에도 그 수입신고는 선박에서 하역하여

다만 기내식으로 제공하거나(예: 외국물품인 요구르트 기내식 제공) 지정보세구역 내에서 제3국으로 출국하는 자가 출발지연 등의 사유로 소비하는 경우 또는 여행자가 휴대품을 사용·소비하는 경우(예: 유럽에서 사온 초코릿을 세관 통과 전에 먹은 경우) 등은 수입으로 보지 않으므로(법 제239조, 제2조 1호) 통관절차나 관세부과의 문제가 없다.

2. 외국물품

반입 또는 사용·소비의 대상은 외국물품이어야 한다. 통상적으로는 "외국으로부터 우리나라에 도착한 물품"을 의미하지만, 외국의 선박 등이 공해(公海, 외국의 영해가 아닌 경제수역을 포함한다)에서 채집하거나 포획한 수산물 등도 외국물품으로 본다.

구체적으로는, ① 우리나라 영해에서 포획한 수산물은 선박국적과 무관하게 내국물품이다.

② 외국영해에서 포획한 수산물은 우리 선박이 포획했더라도 외국물품이다.

③ 공해에서 포획하는 경우 예컨대 태평양에서 한국어선이 잡은 참치는 한국산, 일본어선이 잡은 참치는 일본산(=외국물품)이 된다. 이와 같은 물품의 국적을 "원산지"라 한다. 다만 수입신고가 수리(受理)되면 내국물품으로 전환되기 때문에 수입신고 수리 전의 물품이어야 외국물품이다.

④ 수출의 신고가 수리된 물품도 외국물품으로 본다. 수출신고 수리로 내국물품이 외국물품으로 전환되기 때문인데, 그래서 수출된 물품이 하자 등으로 반품되는 경우에도 다시 수입신고를 하여야 한다.[9]

⑤ 보세구역에서 보수작업을 할 때 외국물품에 부가된 내국물품인 경우에도 전체를 외국물품으로 본다(제158조).

검량이 이루어진 물품에 대하여 이루어지므로 선박에 잔존하던 유창청소폐유에 대하여는 수입신고가 있었다고 볼 수 없으며, ③ 입항 전 수입신고를 한 경우에는 비록 수입신고가 있었지만 그 신고의 효력은 신고된 물품과 동일성이 있는 것으로서 수입화주가 국내에 하역할 수 있는 범위에 한하므로 바닷물, 불순물 등과 혼합되어 그 동일성을 상실한 유창청소폐유에 대하여는 적법·유효한 수입신고가 있었다고 볼 수 없다. 따라서 유창청소업자가 폐유를 하역하여 국내로 반입하고자 하는 경우에는 별도의 수입신고가 필요하다(대법원 2016.1.28. 선고 2015도13591 판결).

9) 다만 예컨대 그 물품이 수리되어 1년 내 다시 수출될 것이 예정된 경우에는 재수출을 조건으로 하여 관세를 면제할 수 있고(제97조), 임대차 등으로 국내에서 사용하다가 2년 내에 다시 재수출 할 것을 조건으로 하는 경우에는 해당 관세를 감면할 수 있다(제98조).

|사례 2| 우리나라와 자유무역협정을 체결한 국가의 선박에 의해 협정국 인근의 공해상에서 채집 또는 포획한 수산물을 우리나라에 반입한다면 관세법상 수입이라고 볼 수 있을까?10)

3. 국제무역선 · 국제무역기(운송수단)

외국물품은 국제무역선 또는 국제무역기에 의해 운반되어야 한다. 이 경우 "국제무역선"이란 무역을 위하여 우리나라와 외국 간을 운항하는 선박을 말하며(6호), "국제무역기"란 무역을 위하여 우리나라와 외국 간을 운항하는 항공기를 말한다(7호).

"선박(항공기, 차량)용품"(船用品)이란 음료, 식품, 연료, 소모품, 밧줄, 수리용 예비 부분품 및 부속품, 집기, 그 밖에 이와 유사한 물품으로서 해당 선박(항공기, 차량)에서만 사용되는 것을 말하는데, 관세법상 특별한 취급이 인정된다. 즉 선박용품 등은 그 용도에 따른 사용 · 소비가 있는 경우 즉 미국 항구에서 출항하면서 미국산 식품을 선적하여 선박을 운행하면서 여객에게 제공한 경우에는 그 용도에 따라 선박운항에 사용 · 소비한 것이므로 수입으로 보지 않는다(제239조).

|사례 3| 선박용품을 부두에서 운영하고 있는 크레인에서 사용하는 경우 관세법상 외국물품의 수입으로 볼 수 있을까?11)

|사례 4| 선박보일러용 안전밸브를 일본에서 구입하였는데 보세창고에 반입했다가 외국선용품적재허가를 얻어 선박에 적재한 후 싱가포르에 소재한 조선소에서 수리 · 검사를 위해 사용한 경우 선박의 수리를 위한 용도로 구입된 부분품 내지 부속품으로서 선용품으로 볼 수 있을까?12)

---

10) 우리나라와 자유무역협정을 체결한 국가의 선박도 외국선박이므로, 외국선박이 공해상에서 채집 또는 포획한 수산물은 외국물품으로 보기 때문에 외국물품을 우리나라에 반입하는 것은 관세법상 수입에 해당한다(관세사 기출, 2011년).

11) 선박용품을 크레인에서 사용한 경우 해당 선박에서 용도에 따라 사용 · 소비한 것이 아니기 때문에 수입으로 보아 관세 부과의 대상이 된다(국가직 기출, 2010년).

12) 제239조는 선박 안에서 소비하거나 사용될 것이 예정된 외국물품을 수입신고대상에서 제외

사용 후 남은 식품을 하역하거나 환적 하는 경우 통관은 필요하지 않지만 세관장의 하역 또는 환적 허가를 받아야 한다(제135조). "환적"(換積)이란 동일한 세관의 관할구역(예: 부산세관)에서 입국 또는 입항하는 운송수단에서 출국 또는 출항하는 운송수단으로 물품을 옮겨 싣는 것을 말하고(14호), "복합환적"(複合換積)이란 입국 또는 입항하는 운송수단의 물품을 다른 세관(예: 인천세관)의 관할구역으로 운송하여 출국 또는 출항하는 운송수단으로 옮겨 싣는 것을 말한다(15호).

III. 수 출

1. 반 출

반출이란 내국물품을 관세선 밖 외국으로 이동하는 행위를 의미하지만, 수출의 요소인 반출은 "수출신고가 수리된 때"에 있는 것으로 본다. 이 때에 내국물품이 외국물품으로 전환된다고 보기 때문인데, 우리나라는 수출물품에 대하여는 관세를 부과하지 않는다(제14조).

2. 내국물품

"내국물품"이란 통상적으로는 ① 우리나라에 있는 물품으로서 외국물품이 아닌 것 또는 ② 우리나라의 선박 등이 공해에서 채집하거나 포획한 수산물 등을 말한다.

①은 수입신고가 수리된 외국물품을 의미한다. 외국물품을 수입하려는 경우 우리나라에 수입될 물품을 선적한 선박(항공기)이 도착하여 물품을 보세구역에 장치한 후 세관장에게 수입신고를 하는 것이 일반적이고, 이렇게 하여 수입신고가 수리된

하여 통관절차의 편의를 제공하려는 취지이므로 선용품은 항해 중에 선박 자체 또는 선원이나 승객에게 통상적으로 필요한 물품으로 보아야 하는 점, 반면 외국에서 선박을 수리하는 데 사용된 일반적인 부분품이나 부속품은 국내 반입 시 간이세율 등이 적용되는 수입으로 보아 달리 취급하고 있는 점 등을 종합하여 보면, 이 사건 정의조항에서의 '수리용 예비 부분품 및 부속품'은 항해 중에 있을 수 있는 해당 선박의 자체적인 유지·관리·보수를 대비하여 통상적으로 구비하는 예비적인 부분품이나 부속품을 의미하는 것으로 보아야 하고, 특정 부분품이 이에 해당하는지는 선박의 종류 및 규모, 해당 부분품의 구성, 기능, 가격, 교체주기, 수리기간 및 방법 등 여러 사정을 종합적으로 고려하여 판단하여야 한다(대법원 2016.10.27. 선고 2016두42081 판결).

물품을 반출하고 그 반출한 물품은 소비·사용이 가능한 상태 즉 내국물품이 된다.

그러나 ③ 신속한 통관절차를 위해 입항전수입신고가 수리된 물품(제244조)도 내국물품으로 보며, ④ 수입신고수리 전 반출승인을 받아 반출된 물품(제252조), ⑤ 수입신고 전 즉시반출신고를 하고 반출된 물품(제253조) 등도 내국물품으로 본다.

|**사례 5**| 외국국적 선박이 제주 근해(영해) 해저에서 채굴한 광산물을 관세법상 내국물품으로 볼 수 있을까?13)

3. 국제무역선 · 국제무역기(운송수단)

내국물품은 국제무역선 또는 국제무역기에 의해 운반되어야 함은 수입의 경우와 같다.

Ⅳ. 반 송

"반송"이란 ① 국내에 도착한 외국물품이 ② 수입통관절차를 거치지 아니하고 다시 ③ 외국으로 반출되는 것을 말한다. 수입신고가 수리되기 전에 보세구역에서 외국물품인 상태로 다시 외국으로 반출하는 것이므로 관세 문제가 없다.

예컨대 고가품을 구매하여 오다가 공항 세관에서 적발된 경우 또는 수출자가 물건을 잘못 보냈다고 연락이 온 경우 수입통관을 하지 않고 반송을 선택할 수도 있다. 또한 보세구역에서 외국인에게 면세품을 판매하거나 위탁가공으로 생산한 물품 또는 중계무역을 위해 보관한 외국물품을 제3국으로 수출한 경우(=외국이 더 비싼 경우) 등도 반송에 해당된다. 다만, 수입신고 된 물품을 통관절차를 거쳐 반출하는 경우에는 반송이 아니고 재수출에 해당한다.

---

13) 외국국적 선박이 국내 영해에서 채굴한 광산물은 내국물품에 해당되며, 공해에서 채굴한 광산물은 외국물품에 해당한다. 따라서 외국국적 선박이 제주근해 해저에서 채굴한 광산물은 관세법상 내국물품으로 본다(관세사 기출, 2021년).

V. 통관절차 개관

1. 보세구역

보세(保稅)구역은 관세 미납인 상태로 외국화물을 둘 수 있는 장소를 말한다. 이를 인정하는 이유는, "질서있는 무역 유지+관세징수 확보"를 위해 수출입화물을 법의 지배하에 두고자 하는 것이다. 보세구역은 지정보세구역·특허보세구역 및 종합보세구역으로 구분한다.

지정보세구역(=세관절차 신속 처리 목적, 공익적, 누구나 싸게)은 지정장치장 및 세관검사장으로 구분하며, 특허보세구역(=영리목적, 운영인 등의 신청)은 보세창고·보세공장·보세전시장·보세건설장 및 보세판매장으로 구분한다(법 제154조). 종합보세구역은 무역진흥 등의 목적으로 특허기능 중 두 가지 이상의 기능을 수행하는 경우에 관세청장이 인정하는 것이다.

> **|사례 6|** 보세구역에 장치되어 있을 뿐 관세가 부과징수되어 통관절차를 밟아 내국물품이 되지 아니한 물품에 대하여 법원이 국가에 대하여 그 물품의 인도를 명할 수 있을까?[14]

---

14) 본 건 물품은 원판결이유 설명과 같이 보세지역에 장치되어 있는 것으로서 그것이 소정의 관세가 부과·징수되어 통관절차를 밟아 내국물품이 되지 아니 하고서는 원고에게 인도될 수 없는 물건이라 할 것이며 관세의 부과·징수는 행정처분에 속하여 법원이 동 행정처분을 명할 수도 없는 법리임에도 불구하고 보세지역에 장치되어 통관절차가 끝나지 아니한 본 건 물품에 대하여 피고에게 인도를 명한 것은 행정처분의 법리를 오해한 것이 아니면 이유모순이 있다 할 것이다(대법원 1974.7.16. 선고 74다435 판결).

2. 절차흐름도

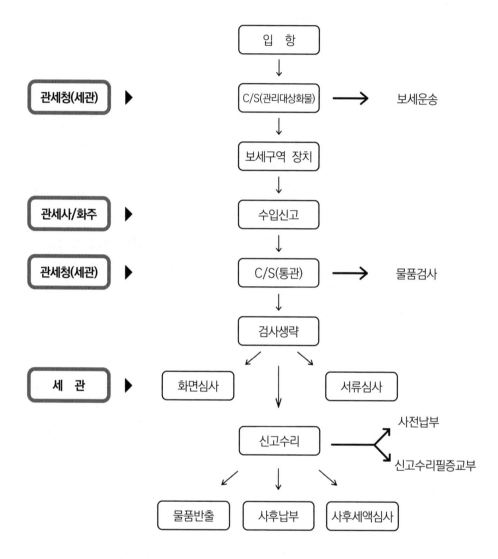

　물품을 수입하고자 하는 경우에는 우선 수입물품이 관련법령에 의한 수입요건
(검사·검역·허가·추천증 등)을 구비하여야 하는지 여부를 확인하여야 하는데, 요건구
비대상에 해당되는 물품은 요건확인 기관(검사·검역·추천기관 등)의 확인을 받고 해
당 구비서류를 갖추어야 세관의 통관이 가능하기 때문이다. 화물의 흐름은 다음 절
차와 같이 진행된다.

　항공기나 선박에 의해 도착한 외국화물은 수입절차가 종료될 때까지 보세구역에
반입하고, 수입신고는 원칙적으로 화물이 보세구역에 반입한 후에 실시한다. 항공(선
박)회사는 화물이 도착했다는 "도착통지(arrival notice)"를 보내고, 수입자(또는 신고
대리인)는 화물이 보관되고 있는 보세구역 관할 세관에 수입신고(관세 등 세금의 부과
기준이 되는 과세가격, 관세율, 품목분류번호, 과세환율 등을 확인하여 신고해야 함)를 한다.
세관은 수입신고 된 화물의 서류심사, 필요한 검사(=수입신고의 내용과 현품과의 동일성
확인 등)를 실시하고, 관세 등 세금납부 등을 확인하고 신고수리한다. 이후 수리된 신
고필증을 보세구역의 담당자에게 보여주어야 화물을 보세구역에서 반출할 수 있다.

VI. 다른 세법과의 관계

1. 수입화물에 대한 관세징수의 우선

　관세를 납부하여야 하는 물품(=수입물품)에 대하여는 다른 조세, 그 밖의 공과금
및 채권에 우선하여 그 관세를 징수한다(제3조 제1항). 수입물품에 대하여는 과세의
우선순위가 적용되지만, 일반물품이나 재산을 매각하여 징수하는 경우에는 우선순위
가 적용되지 않는다는 취지이다. 소득세나 법인세 등 국세와 달리 관세는 수입물품
에 부과하는 대물세이므로, 체납된 경우 관세를 납부하여야 하는 수입물품에 대하여
는 다른 조세 등에 우선하여 관세를 징수하도록 한 것인데, 이는 내국세의 당해세와
유사하다고 볼 수 있다.

　그러나 국세징수의 예에 따라 관세를 징수하는 경우 강제징수의 대상이 해당 관
세를 납부하여야 하는 물품이 아닌 재산인 경우에는 관세의 우선순위는 「국세기본
법」에 따른 국세와 동일하게 한다. 국세징수의 예에 따라 관세를 징수하는 경우란,
담보제공이 없거나 징수한 금액에 부족한 경우를 말하며, 일반재산에서 징수하는 경
우에는 관세채권으로 국세에 대하여 우선권을 행사할 수 없다.

2. 내국세 등의 부과·징수와 관세법 우선 적용

수입물품에 대해 부가가치세 등 9개의 내국세를 부과하는 경우(예컨대 양주를 수입한다면 관세 외에 부가가치세와 주세도 문제됨)에는 부가가치세법에 따른 부과절차를 따르지 않고 세관장이 관세를 부과할 때 함께 부과하는바, 이 경우 부가가치세법 등 내국세법과 관세법이 충돌하는 경우에는 관세법을 우선 적용한다(제4조 제1항). 이는 내국세나 그 가산세 등의 부과·징수·환급·결손처분 등을 함에 있어서 '절차적인 사항'에 관해서는 조세행정의 능률과 납세자의 편의를 도모하기 위한 취지에서 관세법의 규정을 우선 적용하도록 한 것이다(대법원 2006.3.9. 선고 2005두10125 판결).

|**사례 7**| 수입물품에 대하여 세관장이 부가가치세 등 내국세 본세를 부과·징수할 때 그 부과대상이나 세액 산정을 위한 실체적 과세요건에 관해 부가가치세법 등 개별 내국세법의 관련 규정과 관세법의 관련 규정이 상충되는 경우 관세법의 규정이 우선 적용되는가?15)

|**사례 8**| 각 수입 주류에 관한 납세신고일자가 2008. 8. 22.부터 2009. 1. 9.까지이고, 원고가 그로부터 2년이 경과한 2011. 3. 11.에야 경정청구를 하였다. 수입한 주류의 주세에 대한 경정청구에 관하여 구 관세법 제38조의3 제2항에서는 2년의 경정청구기간을 규정하고 있었으나 구 국세기본법(2010. 1. 1. 법률 제9911호로 개정되기 전의 것, 이하 같다) 제45조의2 제1항은 '과세표준신고서를 법정신고기한 내에 제출한 자는 과세표준 및 세액의 경정을 법정신고기한 경과 후 3년 이내에 관할세무서장에게 청구할 수 있다.'고 규정하고 있었다. 경정청구기간 및 청구의 효력은?16)

---

15) 그 부과대상이나 세액 산정을 위한 실체적 과세요건에 관해 부가가치세법 등 개별 내국세법의 관련 규정이 적용되어야 하고 이와 관세법의 관련 규정이 상충된다고 하여 관세법의 규정이 우선 적용되지 않듯이, 그 가산세에 대하여도 그 부과대상이나 세액 산정을 위한 실체적 과세요건에 관해서 부가가치세법 등 개별 세법에 정한 가산세 관련 규정이 적용되어야 한다(대법원 2006.3.9. 선고 2005두10125 판결).
16) 구 주세법(2009.12.31. 법률 제9899호로 개정되기 전의 것) 제23조 제3항은 주류를 수입하는 자는 수입신고하는 때에 관세법에 의한 신고서를 관할세관장에게 제출하도록 규정하고 있는데, 부과절차 및 불복절차 또한 관세와 동일하게 이루어질 필요가 있다.…수입한 주류의 주세에 대한 경정청구에 관하여는 구 관세법 제38조의3 제2항에서 정한 2년의 경정청구기간이 적용된다고 봄이 상당하다. 그리고 위 경정청구기간이 도과한 후에 제기된 경정청구는 부적법하여 과세관청이 과세표준 및 세액을 결정 또는 경정하거나 거부처분을 할 의

다만 그 내국세에 체납이 발생한 경우 징수의 효율성 등을 고려하여 필요하다고 인정되는 경우 즉 ① 체납자의 체납액 중 관세의 체납은 없고 내국세 등만이 체납되었을 것, ② 체납된 내국세 등의 합계가 1천만 원을 초과했을 것 등의 요건을 모두 충족하는 경우에는 납세의무자의 주소지(법인의 경우 그 법인의 등기부에 따른 본점이나 주사무소의 소재지)를 관할하는 세무서장이 체납세액을 징수할 수 있다. 세관장이 부과·징수하는 내국세 등의 체납 시 그 징수권의 변경은 국민의 권리·의무에 중요한 사항이므로 납세자 권리보호를 위해 현행 시행령에서 규정하고 있는 사항을 법률에 반영하여, 그 징수업무를 납세의무자의 주소지(법인의 경우 그 법인의 등기부에 따른 본점이나 주사무소의 소재지)를 관할하는 세무서장에게 이관하도록 한 것이다.

관세법에 따라 우선 징수하는 결과, 가산세 및 강제징수비의 부과 징수 및 그에 대한 담보제공요구나 충당 등에 대하여도 관세법의 규정을 적용하도록 되어 있다. 즉 이 법에 따른 가산세 및 강제징수비의 부과·징수·환급 등에 관하여는 이 법 중 관세의 부과·징수·환급 등에 관한 규정을 적용하며(제3항), 수입물품에 대하여 세관장이 부과·징수하는 내국세등에 대한 담보제공 요구, 국세충당, 담보해제, 담보금액 등에 관하여는 이 법 중 관세에 대한 담보 관련 규정을 적용한다(제4항).

> |사례 9| 관세법 제4조 제3항은 "이 법에 따른 가산세의 부과·징수·환급 등에 관하여는 이 법 중 관세의 부과·징수·환급 등에 관한 규정을 적용한다."고 하므로 관세 이외에 세관장이 부과·징수하는 내국세의 가산세에 관하여도 개별 세법이 아닌 관세에 관한 규정을 적용하여야 하는가?17)

무가 없으므로, 과세관청이 경정을 거절하였다고 하더라도 이를 항고소송의 대상이 되는 거부처분으로 볼 수 없다(대법원 2015.3.12. 선고 2014두44830 판결).

17) 이 규정은 관세에 관한 가산세 등의 부과·징수·환급 등에 관하여 본세인 관세의 부과·징수·환급 등에 관한 규정을 적용한다는 취지이지, 관세 이외에 세관장이 부과·징수하는 내국세에 관하여 개별 세법이 규정하는 내국세의 가산세에 관하여까지 관세에 관한 규정을 적용한다는 취지로는 보이지 아니한다(대법원 2006.3.9. 선고 2005두10125 판결).

1-3 법 적용의 원칙 개관

I. 행정상 소급과세 금지

1. 법 해석의 기준

이 법을 해석하고 적용할 때에는 과세의 형평과 해당 조항의 합목적성에 비추어 납세자의 재산권을 부당하게 침해하지 아니하도록 하여야 한다(제5조 제1항). 이 조항은 관세법 해석의 기본원칙을 선언한 것으로서 이하의 다른 원칙은 이 규정을 구체화한 것으로 볼 수 있는데, 국세기본법 제18조의 내용과 같다.

관세법 규정을 해석하여 납세의무자에게 발생한 구체적인 사실과 연결하여 관세법에서 규정한 효과(예: 관세채무의 발생)를 발생시키도록 하는 것을 "법의 적용"이라고 하며, 그 해석에 관하여 의문이 있는 경우 국세예규심사위원회에서 심의할 수 있고 질의회신에 대한 처리 절차 등은 대통령령에 위임되어 있다.

2. 행정상 소급과세의 금지(비과세관행)

이 법의 해석이나 관세행정의 관행이 일반적으로 납세자에게 받아들여진 후에는 그 해석이나 관행에 따른 행위 또는 계산은 정당한 것으로 보며, 새로운 해석이나 관행에 따라 소급하여 과세되지 아니한다(제5조 제2항). 이것은 비과세관행(또는 행정상 소급과세 금지)을 규정한 것인데, 그 내용은 국세기본법 제18조의 규정과 같다.

비과세관행의 적용요건으로는 ① 비과세관행의 존재, ② 납세자의 신뢰, ③ 신뢰에 기초한 납세자의 세무상의 처리(인과관계), ④ 종전 관행에 반(反)하는 과세관청의 처분 및 적법성, ⑤ 새로운 처분에 따른 납세자의 불이익, ⑥ 납세자에 의한 비과세관행의 입증책임 등이다.

다만 관세법상 특성 때문에 관행의 내용이 내국세와 다르다. 예컨대 대금지급 상환율인상의 위험회피를 위해 변동환율이 아닌 고정환율로 거래한 경우 이는 관세행정 관행에 부합한다. 품목분류의 오류가 계속된 경우(예: 특정 품목분류 번호로 수 차례 통관된 경우) 이러한 사실만으로 비과세관행으로 볼 것인지 여부에 다툼이 있으나, 그것이 10여 년 동안 계속된 경우 이를 인정한 판례도 있다.[18]

---

18) 제록스 복사기 및 그 부품에 관하여 1974년부터 1980년 상반기까지는 이를 관세법 제7조

II. 신의성실의 원칙

납세자가 그 의무를 이행할 때에는 신의에 따라 성실하게 하여야 한다. 세관공무원이 그 직무를 수행할 때에도 또한 같다(제6조). 그 의미는 납세자, 과세관청 모두에게 신의칙이 적용된다는 것으로, 국세기본법 제15조에 규정된 것과 같다.

신의성실원칙의 적용요건으로는 ① 과세관청 언동의 존재, ② 납세자의 신뢰, ③ 신뢰에 기초한 납세자의 세무 상의 처리(인과관계), ④ 종전 언동에 반(反)하는 과세관청의 처분 및 적법성, ⑤ 새로운 처분에 따른 납세자의 불이익, ⑥ 납세자에 의한 적용요건의 입증책임 등이다.

다만 국세기본법은 과세관청과 납세의무자 모두에 적용되는 국세부과의 원칙이라는 제목하에 규정하고 있으나, 관세법은 과세관청에만 적용되는 법 적용의 원칙 부분에서 규정하고 있다는 점에 차이가 있다.

> |**사례 10**| A사는 권리사용료를 지급하는 수입물품에 대하여 잠정신고를 하였다. 그 후 C세관으로부터 확정가격신고 이행기간 안내문을 수령 후 안내문에 기재된 잠정가격신고에 대한 확정가격 신고를 하고 과부족을 정산하였다. 그 후 1건의 잠정가격 신고에 대하여 확정가격 신고가 누락되었다는 이유로 C세관으로부터 과태료 부과통지를 받은 경우, A사는 과태료 부과통지에 대하여 어떠한 권리구제 규정을 근거로 다투어볼 수 있을까?[19)]

III. 재량의 한계

세관공무원은 그 재량으로 직무를 수행할 때에는 과세의 형평과 이 법의 목적에 비추어 일반적으로 타당하다고 인정되는 한계를 엄수하여야 한다(제7조). 세관공무원의 직무집행에 따른 재량의 한계를 규정한 것으로서 국세기본법 제19조에 규정된

에 의한 관세율표상 세번 8454, 8455에 해당하는 물품으로 분류 취급하는 해석 또는 관세행정의 관행이 일반적으로 납세자에게 받아들여진 사실을 인정하고 그 뒤의 새로운 해석에 의하여 위 물품을 세번 9010에 해당하는 것으로 분류하여 그 세율에 상당한 차액의 관세 및 부가가치세를 2년간 추징·부과한 사례임(대법원 1983.12.13. 선고 83누149 판결).

19) C세관의 안내문에 따라 확정가격신고를 했음에도 불구하고 과태료 부과통지를 받은 경우 납세자는 세관공무원이 직무를 수행함에 있어 신의에 따라 성실하게 하여야 한다는 신의성실의 원칙에 근거하여 과태료 부과통지 취소를 다투어 볼 수 있다. 따라서 A사는 관세법 제 277조 과태료 규정에 근거하여 30일 이내에 C세관에 이의를 제기할 수 있다(국가직 기출, 2012년).

것과 같다. 그 취지는 관세의 부과·징수권을 행사하는 과정에서 납세자의 재산권이 부당하게 침해되는 것을 방지함에 있다.

IV. 실질과세의 원칙

관세법에는 국세기본법이나 지방세기본법 등과 달리 실질과세의 원칙을 규정하고 있지 않다. 그래서 관세법에 실질과세의 원칙이 적용되는지 여부가 문제되었다.

종전 과세관청은 관세법에 명문 규정이 없고 관세는 대물세, 간접세의 성격을 갖기 때문에 이를 인정할 수 없다는 견해가 유력하였으나, 대법원은 명문 규정이 없더라도 실질과세의 원칙이 관세법에 적용된다고 본다.[20] 현행 대법원 판례는 '실질'의 개념을 절충설적 입장에서 해석하여,[21] 세법에 명문 규정이 없더라도 실질과세의 원칙이 적용될 여지를 인정하고 있다. 실질과세의 원칙이 조세회피에 대응하여 조세공평을 달성하기 위한 원칙이라는 점과 관세법에서도 관세회피행위가 행해진다는 점을 고려한다면 대법원 판례의 태도는 타당하다고 생각한다. 다만 관세법에도 실질과세 원칙에 대한 명문 규정을 신설할 필요가 있을 것이다.

실질과세의 원칙 중 "그 수입신고서 상의 명의자가 아닌 실제 수입화주에게 적용된다."는 실질귀속자원칙이 적용됨은 당연하다. 그러나 그 행위·계산에 대하여 적용되는지 여부는 논란이 있다. 거래가격에 의한 관세평가를 규정한 관세법 제30조 제1항의 간접지급액에 관한 규정은 판매자의 이익을 위해 구매자가 대가로서 금액을 지급한다는 점에서는 직접 지급하는 경우와 차이가 없는 것을 감안한 것이므로 실질과세의 원칙이 관세법에 발현된 것, 즉 행위·계산에 대한 실질과세의 원칙이 적용되는 사례라고 할 수 있다(자세한 설명은 [1-6]. [1-7] 참조).

---

20) 과세대상이 되는 소득의 귀속이나 거래의 내용을 명의가 아닌 실질에 따라 파악하여야 한다는 실질과세 원칙은 조세의 부과와 징수에 관한 기본원리이므로, 이에 관한 명문의 규정을 두고 있지 않은 관세법을 해석할 때에도 마찬가지로 적용된다. 따라서 구매자가 상표권자에게 지급한 금액이 수입물품 과세가격의 가산조정요소가 되는 상표권 사용 대가에 해당하는지 여부는 지급한 금액의 명목이 아니라 그 실질내용이 상표권을 사용하는 대가로서의 성격을 갖는 것인지 여부에 따라 판단하여야 한다(대법원 2016.8.30. 선고 2015두52098 판결, 대법원 2017.10.12. 선고 2017두44879 판결 등).
21) 대법원 2012.1.19. 선고 2008두8499 전원합의체 판결.

1-4 관세의 납부기한과 월별납부

I. 의 의

특정시점(=기산점)에서 다른 특정시점(=만료점)까지 계속되는 시간의 길이를 "기간"이라고 하며, 기간의 계산은 특별한 규정이 있는 것을 제외하고는 민법에 의한다(제8조 제2항).

다만 수입물품은 그 수입신고가 수리된 후 반출하는 것이 원칙이지만, 관세율 등 세관과 다툼이 있는 경우 수입신고 수리전 반출을 할 수 있는데, 이 경우 반출승인을 받은 날을 수입신고 수리일로 본다(제8조 제1항). 이 규정은 예컨대 수입신고 수리일부터 15일 이내에 관세를 납부하는 경우 등 기간계산을 할 때 그 승인일을 수입신고 수리일로 보아 기산하여 반출승인을 받은 날부터 15일 이내에 세금을 납부해야 한다는 것 즉 기산점을 규정한 것일 뿐 반출승인의 효력과는 무관하다.

한편 법률상 권리 행사 또는 의무 이행을 하는 경우 그 효력이 발생하기 위하여 정해진 일정 시점을 "기한"이라고 하며, 이러한 기한에는 "언제부터"라고 할 때인 시기(始期)와 "언제까지"라고 할 때인 종기(終期)가 있다. 이 법에 따른 기한이 공휴일(대체공휴일 포함)·근로자의 날·토요일에 해당하는 경우에는 그 다음 날을 기한으로 한다(제8조 제3항). 전산장애로 신고·수리·납부 등을 할 수 없는 경우 그 장애가 복구된 날의 다음 날을 기한으로 한다(제8조 제4항). 기간 및 기한의 계산에 관한 위 규정은 국세기본법 제4조, 제5조의 내용과 같다.

> |사례 1| 신고납부를 하는 경우로서 수입신고일은 5월 1일, 그 신고의 수리일은 5월 2일이다. 5월 5일과 5월 8일은 공휴일이고, 5월 3일과 5월 17일은 토요일로 금융기관이 휴무를 한다. 이 수입신고 건의 관세 납부기한은?[22]

---

22) 해당 사례에서 수입신고 수리일은 5월 2일이므로 원칙적인 납부기한은 수입신고 수리일로 부터 15일이 되는 5월 17일이다. 그러나 5월 17일이 토요일이고, 5월 18일이 일요일이다. 따라서 납부기한이 공휴일인 경우 납부기한은 그 다음날로 연장되므로, 5월 19일 월요일이 관세의 납부기한이 된다(관세사 기출, 2003년).

II. 관세의 납부기한

1. 원 칙

관세의 납부기한은 원칙적으로 납세신고를 한 경우에는 그 수리일부터 15일 이내, 납부고지를 한 경우에는 그 납부고지를 받은 날부터 15일 이내, 수입신고전 즉시반출신고를 한 경우에는 수입신고일부터 15일 이내이다(제9조 제1항). 다만 이 법에서 달리 규정하는 경우에는 그에 의하는데, 수입신고 수리전 납부와 월별납부 등이 그러한 예이다.

한편 관세법이 아닌 그 특별법에 납부기한을 별도로 정하는 규정이 있다. 즉 수출용원재료를 수입하는 자가 대통령령으로 정하는 바에 따라 신청하는 경우에는 그 원재료에 대한 관세 등을 6개월의 범위에서 일괄납부 하도록 할 수 있는데 세관장은 일괄납부할 수 있는 세액의 한도를 정해야 하고 관세등의 납부기한은 해당 일괄납부기간이 끝나는 날이 속하는 달의 다음 달 15일까지로 한다(수출용원재료에 대한 관세 등 환급에 관한 특례법 제6조, 이하 환급특례법으로 한다.). 통상적으로 일괄납부기간은 1개월·2개월 또는 3개월로 하며, 일괄납부기간은 관세 등의 일괄납부를 신청하는 날이 속하는 달의 1일부터 기산하는데, 일괄납부기간은 그 기산일부터 1년이 경과하기 전에는 변경할 수 없다(동법시행령 제2조). 이는 그 징수를 유예한 다음 납부할 세액과 환급받을 세액을 상호 정산하도록 하는 제도이다. 다만 수입물품에 부과되는 조세 중 부가가치세는 일괄납부 적용 대상에서 제외된다.

2. 예외: 수입신고 수리전 납부

납세의무자는 수입신고가 수리되기 전에 해당 세액을 납부할 수 있으며, 이를 수입신고 수리 전 납부라 한다(제9조 제2항). 실무상으로는 수입신고서 양식에 납세 관련 내용을 쓰는 칸이 있어 수입신고를 하면서 납세신고를 동시에 하므로 수입신고수리 전 납부(＝사전납부)가 일반적이다.

그런데 세관장은 "관세를 납부하여야 하는 물품에 대하여는 수입신고를 수리할 때에 수입신고일을 기준으로 최근 2년간 관세 등 조세를 체납한 사실이 있는 자, 관세범으로서 징역형을 받고 2년이 경과되지 않은 자 등에 관세에 상당하는 담보의 제공을 요구할 수 있다"(제248조 제2항)고 규정하여, 담보제공이 없으면 세액을 미리 납부하도록 하고 있다. 담보생략업체로 등록한 경우에는 담보 없이 후불할 수 있는데, AEO업체가 그 예이다.

III. 월별납부

1. 의의 및 필요성

관세는 수입 건별로 납부하는 것이 원칙이지만, 수입건수가 많은 업체이거나 1건의 액수가 큰 수입업체의 경우에는 월별로 일괄하여 납부하는 것이 유리하다. 세관장은 납세실적 등을 고려하여 관세청장이 정하는 요건을 갖춘 성실납세자가 대통령령으로 정하는 바에 따라 신청을 할 때에는 납부기한이 동일한 달에 속하는 세액(따라서 수입신고가 4월 13, 15, 16, 20일에 된 경우 15일 신고분까지 해당)에 대하여는 그 기한이 속하는 달의 말일까지 한꺼번에 납부하게 할 수 있다(＝월별납부). 이 경우 세관장은 필요하다고 인정하는 경우에는 납부할 관세에 상당하는 담보를 제공하게 할 수 있다(제9조 제3항).

월별납부제도란 수입 시 관세 등을 매 건별로 납부하지 않고 납부기한이 동일한 달에 속하는 세액 중 미리 승인을 받은 한도 내의 세금을 말일까지 일괄 납부하는 방식이다. 예컨대 납부기한이 3월 1일부터 3월 31일까지 다양하게 있는 경우 한꺼번에 납부하도록 하는 방식이다. 납부기한이 1일인 경우 수입신고일부터 계산하면 납부기한이 최대 45일까지 연장되므로 납부세액에 해당하는 자금을 활용하거나 이자부담을 덜 수 있게 된다. 천재지변 등에 의한 기한연장이 개별연장방식이라면, 월별납부는 특정 월의 납부기한에 대한 포괄연장방식인데, 수입신고서 징수형태 란에 '월별납부대상(43)'으로 기재하여 신고하게 된다.

2. 신청절차 및 승인기간

월별납부를 하고자 하는 자는 납세실적 및 수출입실적에 관한 서류 등 관세청장이 정하는 서류를 갖추어 세관장에게 월별납부의 승인을 신청하여야 하며, 세관장은 위 월별납부의 승인을 신청한 자가 법 제9조 제3항의 규정에 의하여 관세청장이 정하는 요건을 갖춘 경우에는 세액의 월별납부를 승인하여야 한다. 이 경우 승인의 유효기간은 승인일부터 그 후 2년이 되는 날이 속하는 달의 마지막 날까지로 한다.

3. 갱신과 승인 취소

월별납부의 갱신을 하려는 경우에는 유효기간 만료 전 1개월까지 신청할 수 있다. 관세를 납부기한이 경과한 날부터 15일 이내에 납부하지 아니하는 경우, 월별납부를 승인받은 납세의무자가 법 제9조 제3항의 규정에 의한 관세청장이 정한 요건을 갖추지 못하게 되는 경우 또는 사업의 폐업·경영상의 중대한 위기·파산선고 및 법인의 해산 등의 사유로 월별납부를 유지하기 어렵다고 세관장이 인정하는 경우에는 세관장이 월별납부의 승인을 취소할 수 있다(시행령 제1조의5 제1항, 제2항). 월별납부가 취소되는 경우에는 반드시 납부고지(15일 이내 납부기한) 해야 한다(시행령 제1조의5 제4항).

IV. 납부기한의 연장

예컨대 수입신고 수리 후 15일 내 화재 등으로 재산에 심한 손실을 입은 경우 법에 따른 의무이행에 문제가 생길 수 있다. 이러한 경우 1년 이내의 기한 내에서 "납부기한 연장 + 납부고지"를 하게 된다. 그런데 기한이 연장되면 관세 징수 가능성이 낮아지게 되므로 담보제공을 받을 필요성이 생긴다. 그래서 필요한 경우에는 담보제공을 요구할 수 있도록 하고 있는데, 이러한 것이 천재지변에 의한 기한 연장의 사례이며, 그 요건 등을 간략히 표시하면 다음과 같다.

납부기한의 연장 = 천재지변 + 1년 이내 + 담보 제공 + 납부고지

세관장은 천재지변 등 기타 사유로 이 법에 따른 신고, 신청, 청구, 그 밖의 서류의 제출, 통지, 납부 또는 징수를 정하여진 기한까지 할 수 없다고 인정되는 경우에는 1년을 넘지 아니하는 기간을 정하여 대통령령으로 정하는 바에 따라 그 기한을 연장할 수 있다. 이 경우 세관장은 필요하다고 인정하는 경우에는 납부할 관세에 상당하는 담보를 제공하게 할 수 있다(제10조). 이 경우 천재지변 등 기타 사유로는, ① 전쟁·화재 등 재해나 도난으로 인하여 재산에 심한 손실을 입은 경우, ② 사업에 현저한 손실을 입은 경우, ③ 사업이 중대한 위기에 처한 경우, ④ 그 밖에 세관장이 ① 내지 ③에 준하는 사유가 있다고 인정하는 경우 등이 그러한 사유에 해당한

다(시행령 제2조 제1항).

　기한연장은 납세의무자의 신청 또는 직권에 의하며, 본래의 종기(終期)가 바뀐다는 점에서 공휴일 등 기한의 특례와 구별된다. 세관장이 법 제10조의 규정에 의하여 납부기한을 연장한 때에는 법 제39조의 규정에 의한 납부고지를 하여야 하며(시행령 제2조 제4항), 납부기한연장을 취소한 때에는 15일 이내의 납부기한을 정하여 법 제39조의 규정에 의한 납부고지를 하여야 한다(시행령 제2조 제7항).

| 표 1 | 납부방법별 납부기한

	납부제도		주요 목적	납부기한 및 법적 근거
원 칙	일반적 납세			신고납부제도: 납세신고수리일부터 15일 이내(관세법 9조 1항)
				부과고지제도: 납세고지를 받은 날부터 15일 이내
				즉시반출제도: 수입신고일부터 15일 이내
예 외	납세정정 제도	보정신청	부족세액 납부	보정신청을 한 날의 다음날
		수정신고	부족세액 납부	수정신고를 한 날의 다음날
	월별납부제도		납세편의, 금융 비용 절감	일반적인 납세신고의 납기가 속한 달의 말일(관세법 9조 3항)
	징수유예제도		재난 등으로 인한 어려움 완화	1년의 범위 내에서 세관장이 정하는 날
	분할납부 제도	천재지변		
		특정물품	산업시설건설, 중소기업지원 등	분할납부승인일부터 5년 내에서 세관장이 정하는 날(법 107조)
	일괄납부제도		수출지원	일괄납부기간(6월 범위내) 종료일의 다음달 15일(환급특례법 5조)
	납기전징수제도		조세채권 확보	세관장이 정하는 날(국징 14조)

1-5 관세법의 분법 논의

I. 서 론

내국세와 관세는 형식적으로는 헌법 체계에서 과세되는 국세의 한 종류라는 점에서 공통점을 갖고 있으나, 국세청과 관세청으로 기관이 분리되어 있을 뿐 아니라 관세법에는 통관절차가 포함되어 있는 등 그 차이도 상당하다. 최근에는 대개 다음과 같은 내용으로 관세법의 개편 필요성이 계속하여 제기되고 있다.

첫째, 관세법에는 통관절차 외에 형벌 및 형사 관련 절차 규정까지 포함되는 등 너무 방대하여 법 개정 등 대응에 어려움이 있고 또 개정 회수가 과다하여 불편하다. 둘째, 다양한 내용 하나의 법률에 수록되어 있어 너무 복잡하므로 분법(分法) 등이 필요하다. 셋째, 통관절차는 글로벌(Global) 하며 그러한 통관절차 등의 개편 범위를 우리 관세법에 신속히 반영하여야 한다.[23]

II. 내국세와 관세의 차이

저자가 정리한 내국세와 관세의 차이점은 조세회피의 상대적 용이성, 관세법의 방대함 등 4가지 정도이다. 항을 바꾸어 설명하기로 한다.

1. 조세회피의 상대적 용이성

조세회피는 모든 세금 문제에 공통되는 것이지만, 관세거래는 국내거래에 비해 조세회피가 상대적으로 용이한 특징이 있다. 즉 국내거래에서 거래가격을 낮추는 경우 일방은 유리하지만, 상대방은 불리하게 된다. 예컨대 매도인은 매출액이 작아져 매출이익이 감소하는 결과 법인세는 감소하게 되지만, 매수인은 매출이익이 증가하는 결과 과세 부담이 증가할 수 있다.

그러나 관세거래에서 거래 가격을 낮추는 경우 계약당사자 모두에게 유리한 경우가 많다. 수출자는 수출에 대한 법인세나 소득세를 낮출 수 있고, 수입자는 관세를

---

23) 관세법 분법논의와 관련한 심화내용은 저자의 논문 <내국세와 관세의 차이조정에 관한 연구(2020), 한국관세학회>를 참고할 수 있다.

줄일 수 있기 때문에 일반적으로 거래가격을 낮추려는 경향이 있게 된다.[24] 관세법 교재들은 관세법이 국제거래법적 성격이 있다고 설명하고 있는데,[25] 이러한 특성은 관세거래에 있어서 당사자 간에 합의되는 거래가격의 산정을 회피하는 여러 요인들이 발생할 가능성이 높다는 점을 표현한다.

2. 소비 전제로 한 "수입"이 과세 계기

관세는 소비를 전제로 한 "수입"이 과세 계기가 되는데, 이것은 부가가치세 과세거래와 형식적으로 유사하다.[26] 부가가치세는 "공급가액×세율＝매출세액"이기 때문에[27] "과세가격×세율＝관세액"으로 정해지는 관세액은 실질적으로 부가가치세의 공급가액에 해당하여 부가가치세와 형식적으로 유사하다. 그러나 세율이 10%로 단일한 부가가치세와는 달리 품목분류·원산지 등이 세율에 영향을 미치므로 이러한 점에서 부가가치세 과세와 구별된다. 또한 관세는 수입할 때마다 과세되기 때문에 기간별로 과세되는 부가가치세와 차이가 있다.

다만 수입신고와 동시에 납세신고를 하므로 수입신고는 순수한 세무신고가 아니다. 이것은 신고 시에 세액이 확정된다고 보아야 하는지 문제와 연결되는데, 내국세 (부가가치세)의 경우 신고 시에 세액이 확정되기 때문이다.[28]

3. 관세법의 방대함

관세법은 내국세법에 비해 매우 방대하다. 내국세에 비해 방대한 이유로는 두 가지 정도를 들 수 있다. 첫째는 법의 목적 변화에 따른 법 규정이 계속 확대되어 온데에 그 이유가 있다. 즉 1949년 관세법 제정 시에는 재정수입을 목적한 규정들이 주로 있었는데, 그 이후에 산업보호를 위한 규정이 추가되고 국제협력을 위한 국제관세 규범을 수용하게 되었으며, WTO 출범에 따른 수출입통관 제도 개선, 감시기

---

24) 관세는 수입물품에 대해 바로 과세되는 것이고, 법인세는 사업연도 종료 후에 문제되는 것이므로 일단은 현재 당해 물품에 대한 관세를 내지 않는 것이 더 유리하다.
25) 예컨대 김태인·정재완, 전게서, p.4.
26) 부가가치세법 제4조 제2호는 재화의 수입을 과세대상으로 한다고 규정한다.
27) 부가가치세법 제37조 제1항.
28) 국세기본법 제22조 제2항. 소득세와 법인세, 부가가치세, 개별소비세, 주세, 교육세 등 9개의 세목이 규정되어 있다.

능 확대 등 법의 목적이 계속 확대·변화되어 왔기 때문에 관세법 규정이 방대하게 된 것이다.[29]

두 번째는 『세법』이지만 통관절차·형사절차를 포함하고 있다는 것이다. 즉 관세법에는 과세 관련 절차, 가중·감면 및 압수 등 사법행정절차가 포함되어 있는데 이것은 이미 분법화 된 내국세와 크게 다른 점이다.

4. 행정기관의 분리에 따른 조정 문제

관세법은 『세법』이지만 통관절차 역시 매우 중요하다. 담당 행정기관도 이에 따라 어느 측면을 중요시 하느냐에 따라 통합 또는 분리되는 현상을 보이고 있는데, 입법례 상으로도 국세청·관세청이 통합되거나 또는 일부 분리, 완전 분리 등으로 나누어져 있다.

통합된 경우로는 2004년 이전 캐나다와 영국 등이 있다. 캐나다는 세법 특성을 강조하여 1999년 관세청·국세청을 통합하여 CCRA(Canada Customs Revenue Agency)를 신설하였다가 2003년 12월 관세청＋국경관리＋식품검역을 담당하는 CBSA를 설립하면서 관세와 국세를 분리하였다.[30] 영국(HM Revenue & Customs; HMRC)[31]은 하나의 기관에서 관리하며, 네덜란드는 일부지역에서만 통합하여 관리하고 있다.

국세청과 관세청의 통합 혹은 분리는 세법 이외의 특성을 얼마만큼 중요시 하느냐 여부와 관련이 있다. 세법 이외의 특성을 중요시하면 국세청·관세청을 분리하게 되며 이 경우 양 기관의 행정상 차이를 조정하는 조치가 있게 된다. 미국이나 일본 등 대부분의 국가들은 국세청과 관세청이 분리되어 있는데, 예컨대 미국, 캐나다, 호주, 독일 등은 내국세에서 인정된 이전가격을 관세 과세가액으로 받아들이거나 이전가격 사전승인 결과를 반영하여 관세 과세가액을 결정할 수 있도록 허용하는 등 내국세 이전가격세제와 관세 과세평가를 적극적으로 일치시키려고 노력하고 있다.[32]

---

29) 관세정책·제도의 변천과정에 대하여는 김태명·조성제(2008), 우리나라 관세정책·제도의 변천 및 향후 과제, 경영사학, 23(2), pp.157-185 참조.
30) https://en.wikipedia.org/wiki/Canada_Customs_and_Revenue_Agency; 이 기간 동안 국세와 관세의 통합기관으로 존재한 것이 CCRA이며, 현재 내국세는 CRA(Canada Revenue Agency)가 담당하고 있다.
31) https://www.gov.uk/government/organisations/hm-revenue-customs/services-information에서는 Import, export and customs for businesses를 주요 기능으로 설명하고 있다.
32) 김영순(2016), 내국세에서 인정된 이전가격을 관세 과세가격에 수용할 수 있는 입법적 방

5. 소 결

관세법과 내국세법은 기본적으로 헌법 하의 국세이기 때문에 공통적인 성질을 가
지고 있다. 예컨대 과세처분에 대한 불복을 규정하는 관세법 제5장은 국세기본법에
서 규정하는 불복절차와 거의 다르지 않다.[33] 부분적인 차이가 있지만 계속하여 개
정되고 있어 그러한 차이는 계속 줄어들고 있다.[34] 관세법에는 통관절차가 포함되어
있고 통관절차 역시 매우 중요한 것이기 때문에 내국세와 관세의 차이를 조정하는
것에는 한계가 있을 수밖에 없지만, 법체계의 통일성을 위해서 이론적으로 차이를
둘 필요가 없는 경우라면 내국세와 관세의 차이를 조정하여야 한다.

III. 분법 논의

1. 선행 연구와 현행 세법 체계

관세법 분법에 대한 선행연구들은 대개 2~4개 법률로 분할하는 방안을 제시하고
있으며 분법의 필요성 및 기준은 내국세의 분법 체계를 고려한 것인데, 현재 내국세법
과 지방세법, 그리고 관세법의 체계를 비교하여 정리하면 다음 <표 2>와 같다.[35]

| 표 2 | 국세 · 지방세 · 관세 법 체계 비교

	내국세	지방세	관세
기본 · 공통	국세기본법	지방세기본법	
과세대상	개별 세법	지방세법	
감면	조세특례제한법	지방세특례제한법	관세법
형벌	조세범처벌법	지방세기본법	
징수절차	국세징수법	지방세징수법	
특별법	조세조약	조세조약	FTA

안, 법학논고 제56집, p.46.

[33] 납세자권리헌장, 통합조사, 과세전적부심사, 심사와 심판, 이의신청에 관한 관세법 제110조
에서 제132조까지의 규정은 국세기본법 제55조에서 제81조의19까지의 규정과 거의 같다.

[34] 예컨대 2019년 12월 개정된 관세법 제118조, 제118조의2는 과세전적부심사에 대한 심사 · 심
판조항의 준용범위를 확대하였고, 납세자보호관과 납세자보호위원회를 신설하는 등 국세기
본법에 채택된 제도를 관세법에 반영하는 내용으로 되어 있다.

[35] 내국세와 관세법을 비교하여 저자가 작성한 것임.

2. 분법안 검토

분법 논의에 있어서 전제가 되는 사항이 있는데 하나는 우리의 법체계와 관련된 사항이고, 다른 하나는 내국세법과 관련된 사항이다. 판덱텐 체계 및 1세목 1법률주의가 그것이다.

(1) 판덱텐 체계 관련

우리 법체계는 기본적으로 판덱텐 체계를 취하고 있다. 판덱텐 체계란 기본·공통사항에 대한 총론 또는 기본법을 두고 구체적인 내용을 별개의 규정이나 별개의 법률로 입법하는 방식이다. 예를 들어 민법이나 상법, 형법 등에는 민법총칙, 상법총칙, 형법총칙 등과 같이 그 법률에서 규정하는 내용의 기본적이고 공통적인 사항을 먼저 규정하고 개별적인 각론 내용을 규정하는 방식으로 되어 있다.[36) 이러한 형식은 내국세나 지방세에서도 동일하여 국세기본법, 지방세기본법 등의 형식을 동일하게 취하고 있다는 점이다. 법체계의 통일성을 위해 판덱텐 체계를 취하는 경우 복수의 세목이어야 하지만, 관세는 단일 세목이므로 『관세기본법』을 입법하자는 의견은 전체적인 법체계 통일성 하에서 취하기 어렵다.

(2) 1세목(稅目) 1법률(法律)주의

우리 내국세법은 원칙적으로 하나의 세목을 하나의 법률로 규율하는 방식을 취하고 있다. 내국세법 중 상속세및증여세법이 예외이기는 하지만, 증여세는 상속세의 보완적 조세이기 때문에 단일(單一)법 체계를 취하고 있는 것이므로 실질적으로 위 원칙에 배치되지 않는다. 한편 지방세는 복수의 다양한 세목을 가지며, 광역·기초자치단체가 과세권을 갖는 일종의 모델법전 성격이기 때문에 하나의 법률에서 규정하고 있다.[37) 그런데, 관세는 하나의 세목이며 과세권자도 국가만 인정된다는 점에서

---

36) 인적회사, 물적회사, 유가증권법, 해상법 등을 포함한 전체 상법을 게르만법학이라고 한 반면 일반민법은 로마법 또는 판덱텐법학에 맡겨졌는데, 판덱텐법학은 19세기 법학에 특징적인 엄격한 개념적 세공, 추상화 및 엄격한 형식주의를 지지하였다(프란츠비아커(김형석 역)(2006), 판덱텐 법학과 산업혁명, 서울대학교 법학 제47권 제1호, pp.344-345 참조).

37) 개별 국세마다 별도의 법률을 제정하는 것이 우리나라의 입법원칙이다(임승순(2021), 조세법(박영사), p.23) 또는 지방세는 국세처럼 1세목 1법률주의에 의하지 않고 단일한 지방세법으로 규율하는 다세목 1세법주의에 의하고 있다(임승순(2021), p.1072). 또한 조세실체

내국세·지방세와 차이가 있으므로 이러한 점이 분법 논의에서도 반영되어야 한다.

(3) 일본은 2분법 체계

일본은 우리나라와 같이 판덱텐 법체계를 취하고 있으며 또한 내국세에 대하여도 1세목 1법률주의를 취하고 있기 때문에, 관세법의 분법을 검토함에 있어서도 일본의 입법을 참고할 만하다. 그런데 일본은 세관의 기본업무와 특별·잠정업무를 구분하는 방식으로 2분법 한 것으로 평가된다. 즉 세관행정에 관한 기본적 사항을 규율하는 관세법과 개별품목의 관세율 및 관세감면, 특수관세제도 등을 규율하는 관세정률법으로 2분법 하고 있다.[38]

우리 관세법의 체계와 비교한다면 관세정률법에는 과세표준, 간이과세제도, 제30조 이하의 과세과격 결정 즉 관세평가제도, 제51조 덤핑방지관세 등 세율의 조정, 제4장 제88조 이하 관세감면 등이 규정되어 있다. 그래서 관세의 확정부터 납부, 징수, 환부까지의 규정 및 수출입통관, 운송, 보세제도 및 처벌절차 등은 모두 관세법에 포함되어 있다.[39] 관세정률법은 제도 변경의 가능성이 높은 세율조정 규정이나 제88조 이하 관세감면 규정들을 별도로 입법함으로서 상황 변경에 따른 신속한 대응을 추구하고 있는 점이 특징이다.

법의 입법형식으로는 여러 가지 조세의 종목을 하나의 법전으로 묶어서 규정하는 형식과 개별 세목마다 단행 법률로 규정하는 형식이 있는데, 지방세법은 전자를 취하고 국세에 관한 법률은 후자를 취하고 있다(이태로·한만수(2020), 조세법강의(박영사), p.13) 등 내국세와 지방세에 관하여는 이와 같이 설명하는 것이 일반적이다.

38) 관세법과 관세정률법의 잠정적 특례를 정한 관세잠정조치법도 시행되고 있으나, 동법 제1조에서 규정하는 바처럼 동법의 목적은 "필요한 물품의 관세율 조정"에 관한 잠정적 조치를 정하는 것이고 총 조문의 수도 30여 개 정도인데 상당수가 경제제휴협정에 따른 관세감면과 관련된 것이어서 예컨대 관세특례제한법과 같은 지위를 인정할 정도는 아니라고 생각한다. 그러나 김두형(2018)은 일본의 법체계를 관세법, 관세정률법, 관세잠정조치법의 3법으로 소개하고 있어서 다소 이견이 있는 부분이다.

39) 일본의 통관제도 전반에 대한 설명으로, 김종성(2008), 일본의 통관제도 연구, 유통정보학회지 11(4), pp.5-25 참조. 한편 최근의 일본 관세법 개정에 대해서는 홍재성(2018), 일본 관세법상 사전신고제도에 관한 연구, 관세학회지 19(1), pp.107-125 참조.

3. 소 결

판텍텐 체계를 고려하면 내국세는 국세징수법, 지방세는 지방세징수법에 의하는 것과 달리 단일세목인 관세에서 징수절차를 별개의 법률로 정하는 것은 문제가 있다.

조세의 감면절차에 관하여도 내국세는 조세특례제한법, 지방세는 지방세특례제한법이 별개로 입법되어 있는데, 관세법에 규정하는 경우에는 영구적 성격, 특례제한법으로 입법하는 경우에는 임시적 성격의 특례라는 점을 고려하여 분법 여부를 정해야 한다.

또한 내국세의 처벌절차는 조세범처벌법, 지방세의 경우 지방세기본법 제8장에서 규율하고 있다. 관세법 체계에서도 별도 규정이 필요한지 문제 될 수 있는데, 관세법은 세액이 큰 경우가 많으므로 별개의 법률로 규율할 필요성이 높다고 생각한다.

1-6 관세법상 실질과세의 원칙

I. 서 론

관세법상 실질과세 원칙의 적용 여부에 대해 대법원 판례는 이를 긍정하고 있으나, 실질과세원칙을 명문으로 규정하는 내국세와 달리 관세법은 명문 규정이 없다. 그런데 최근 대법원은 관세의 과세표준인 수입물품의 가격에 실질과세 원칙을 적용하여 과세가격을 재구성한 판결을 선고하였는바,[40] 이에 대하여는 기존의 실질과세 원칙의 적용 기준을 벗어난 판결이라는 반론이 제기되는 등[41] 논란이 있다.[42]

II. 내국세법상 실질과세 원칙의 적용 범위와 한계

1. 실질과세원칙의 의의와 법적 성격

내국세법에서 실질과세의 원칙이란 과세요건 사실에 대한 세법 규정을 적용할 때 당사자가 행한 거래나 행위의 법률적 방식 내지 효과가 그 당사자가 의도한 경제적 효과나 실질과 다른 경우에 그 경제적 효과나 실질에 따라 과세를 하는 방식을 말하며 과세의 형평과 합목적성을 목표로 한다.[43] 국세기본법 제14조 제1항은 귀속자에 대하여, 제2항은 그 행위나 계산에 대하여, 제3항은 이른바 단계거래(우회거래)에 대한 실질과세의 원칙을 명문으로 규정하고 있는데 실질과세의 원칙은 내국세나 지방세 모두에 적용되는 일반 원칙이다.[44]

외국의 경우에도 실질과세의 원칙을 인정하는 것이 일반적이지만 그 인정 방식에는 나라마다 차이가 있다. 예컨대 독일은 일반적 조세회피 규정을 조세기본법 제42조에 두고 있는 반면 미국은 실질과세를 법에 내재된 당연한 원칙으로 보아 일반적 조세회피 규정은 필요 없다고 본다.[45] 일본의 경우에는 실질과세의 원칙이 국세통칙법에

---

40) 대법원 2022. 11. 17. 선고 2018두47714 판결.

41) 이상욱, "[판례평석] 무상 수입물품에 대한 실질과세 원칙의 적용", 법률신문, 2023.5.21.자.

42) 관세법상 실질과세원칙 주제와 관련한 심화내용은 저자의 논문 <관세법상 실질과세원칙의 적용 범위와 한계 - 사례를 중심으로 -(2023), 한국국제조세협회>를 참고하여도 좋다.

43) 이태로·한만수, 『조세법강의(신정14판)』, 박영사(2020), p.31.

44) 국제조세조정에관한법률 제3조에는 국세기본법과 같은 취지의 규정이, 지방세기본법 제17조에는 실질귀속자 및 그 행위 계산에 관한 실질과세의 원칙 규정이 있다.

45) 이태로·한만수, 전게서, pp.37-38.

규정되어 있지 않았지만 소득세법 및 법인세법 상 경제적 실질설에 따라 이를 과세하였는데 최근 통설은 거래당사자의 진실한 의사를 중시하는 법적 실질설에 기반하여 해석하고 있다.[46] 일본의 이러한 해석은 법적 실질설에서 경제적 실질설을 가미하여 절충설을 취하는 우리 대법원 판례의 경향과는 반대되는 것이어서 흥미롭다.

한편 실질과세의 원칙은 과세관청과 납세의무자 모두가 주장할 수 있는 것인지 문제된다. 미국법상 납세의무자는 과실, 사기, 강박 등의 특별한 사정이 없으면 실질과세의 원칙을 주장하지 못하여 이는 과세관청에만 인정된다.[47] 우리도 인정하지 않아야 한다는 견해도 있는 등[48] 다툼이 있지만 일반적으로는 납세의무자도 이를 주장할 수 있다고 보아[49] 차이가 있다.

2. 실질과세원칙의 적용 범위와 한계

법률적 효과와 당사자가 의도한 경제적 효과가 다른 경우 국세기본법 제14조 또는 그러한 규정이 없더라도 경제적 효과에 따라 과세할 수 있느냐에 대해서는 견해가 갈린다. 법형식을 기준으로 판단하여 이를 부정하는 견해(제1설), 경제적 효과를 기준으로 하여 이를 긍정하는 견해(제2설), 법률적 효과에 의한 거래를 원칙으로 하면서 사업상 목적이나 경제적 이유 없이 조세회피의 목적으로 행한 경우에는 그 형식을 부인하는 견해(제3설) 등으로 나뉜다.[50] 대법원 전원합의체 판결은 위 3개의 견해 중 제3설(절충설)의 입장을 취하고 있으며[51] 따라서 민사법상 가장행위가 아닌 경우 즉 유효한 법률행위인 경우에도 이를 조세회피행위로 인정하여 부인할 수 있게 된다.[52]

그런데 내국세법에는 실질과세의 원칙이 입법에 반영된 사례가 많이 있는데, 재산의 대부분이 부동산인 회사의 주식을 양도한 경우 이를 부동산의 양도로 보는 경우(소득세법 제94조), 주식을 양수하여 과점주주가 되는 경우 그 회사가 보유한 취득세

---

46) 황헌순, "헌법상 조세의 기본원칙과 세법상 실질과세", 「유럽헌법연구」 제36호, 유럽헌법학회, 2021.8, pp.414−416. 임승순, 『조세법』(제21판), 박영사(2021), p.72.
47) 이창희, 『세법강의(제20판)』, 박영사(2022), p.115.
48) 이태로·한만수, 전게서, pp.47−48.
49) 예컨대 대법원 2006. 4. 14.선고 2005두10170 판결. 대법원 2014.5.16.선고 2011두9935 판결.
50) 이태로·한만수, 전게서, pp.36−37.
51) "…개별적 세법 규정이 없더라도 조세의 부담을 회피할 목적으로 과세요건사실에 관하여 실질과 괴리되는 형식이나 외관을 취한 경우 그 형식이나 외관에 불구하고 실질에 따라 과세할 수 있다."(대법원 2012.1.19. 선고 2008두8499 전원합의체 판결).
52) 이창희, 전게서, p.110.

과세대상 재산도 취득한 것으로 간주하는 경우(지방세법 제7조 제5항), 특수관계인 사이의 부당거래를 재계산하는 경우(법인세법 제52조), 국외특수관계인과의 부당거래를 재계산하는 경우(국제조세조정에관한법률 제7조) 등이 그러한 예에 속한다.

III. 관세법상 실질과세 원칙의 적용 범위와 한계

1. 실질과세원칙의 인정 여부

관세법에는 내국세법 등과 달리 실질과세의 원칙 규정이 없어서 그 인정 여부에 다툼이 있었다. 종전에는 첫째 관세법에 명문 규정이 없고[53] 둘째 관세는 대물세, 간접세의 성격을 갖기 때문에 해석상 이를 인정할 수 없다고 보았다.

그러나 "수입신고를 한 물품에 대한 관세의 납부의무자를 규정한 구 관세법 제6조 제1항 제1호 소정의 '물품을 수입한 화주'에 수입신고서상의 형식상 신고명의인에 불과한 원고는 이에 해당하지 않는다."고 대법원이 명시적으로 판단한 이래,[54] 이제는 명문 규정이 없더라도 실질과세의 원칙이 관세법에 적용된다고 본다.[55]

다만 관세 관련 판례에서는 관세의 특수성을 고려하여 수입 전 단계의 법률상 소유자가 누구인지를 고려하여 판단하는 등 경제적 실질에 따라 판단하는 것에 소극적인 경우도 있어서[56] 완전한 절충설의 입장으로 보기는 어렵다.

2. 실질과세원칙의 적용 범위

(1) 귀속 상의 실질과세

국세기본법 제14조 제1항의 귀속상의 실질과세 원칙이 적용될 수 있음은 물품을 수입한 화주에 관한 대법원 판례[57] 및 제19조 등에 따라 다툼이 없다. 행위·계산에

---

53) 관세법에 명문으로 규정되어 있지 않을 뿐 아니라, 국세기본법은 국세의 기본적이고 공통적인 사항을 규율하는 것을 목적으로 하는데 동법 제2조 제1호에서 정하는 국세의 종류에 관세는 열거되어 있지 않으며 또한 관세법상 국세기본법 제14조를 준용하는 규정도 없기 때문에 더욱 문제되는 것이다.
54) 대법원 2003.4.11. 선고 2002두8442 판결. 김민정, 『세관조사와 관세형사법』, 박영사(2024), p.133.
55) 대법원 2016.8.30. 선고 2015두52098 판결, 대법원 2017.10.12. 선고 2017두44879 판결 등.
56) 김민정, 전게서, p.134.

관한 동법 제2항의 규정의 적용 여부에 대해서도 다툼이 없다. 왜냐하면 관세법에서
도 행위·계산에 대한 실질과세원칙을 구체화 한 것으로 보이는 규정들이 이미 존재
하고 있기 때문이다.

　　예컨대 거래를 통하여 과세가격을 결정하는 경우 '실제로 지급하였거나 지급하여
야 할 가격'을 기준으로 하여 당사자의 거래가격을 조정하여 과세가격을 정하는 것
(관세법 제30조 제1항)이 그러한 예이다. 구매자와 판매자 간에 특수관계가 있고 그
특수관계로 인하여 해당 물품의 가격에 영향을 받은 경우에는 거래가격을 기준으로
한 과세가격 결정을 인정하지 않는 것(관세법 제30조 제3항 4호), 또는 외국의 물품이
정상가격 이하로 수입되어 실질적 피해 등이 확인되고 해당 국내산업을 보호할 필요
성이 인정되는 경우에는 그 수입가격(덤핑가격)과 정상가격 간의 차액 범위 내에서
덤핑방지관세를 추가하여 과세하는 것(관세법 제51조) 역시 그러한 예에 해당한다.[58]

(2) 거래 내용의 실질과세

　　거래 형태가 유사한 부가가치세는 단일세율로 적용되어 조세회피의 유인이 적고
국내 거래에서만 적용되는 등의 이유로 조세회피 거래의 구성이 쉽게 발생하지 않지
만 실질과세의 원칙이 적용된다.[59] 그런데 관세법은 세율도 다양하고 가공에 따라
품목이 달라지며[60] 국제거래의 형태를 띠게 되므로 부가가치세 보다 실질과세 원칙
이 적용될 여지가 더 많다. 다만 논란의 여지를 줄이기 위해서는 관세법에도 실질과
세 원칙에 대한 명문 규정을 신설할 필요가 있다. 실질과세의 원칙은 보충적인 원리
로서 그 과세에 관한 구체적인 규정이 있다면 굳이 실질과세의 원칙을 원용할 필요
가 없기 때문이다(실질과세원칙의 보충성).

---

57) 대법원 2003.4.11. 선고 2002두8442 판결
58) 이외에도 보조금의 지급을 이유로 하여 해당 보조금 등의 금액 이하의 관세를 추가로 부과하
　　는 상계관세(제57조) 역시 정상가액과의 차액을 부인하고 정상가격을 거래가격으로 보려는
　　것이므로 논리적으로 다를 바 없으며, 덤핑관세와 상계관세는 특수관계가 있는지 여부를 묻
　　지 않으므로 실질과세의 원칙(국세기본법 제14조 제2항)이 구체화된 것으로 볼 수 있다.
59) 권형기·박훈, "부가가치세법상 실질과세원칙의 해석론에 관한 연구", 「조세법연구」25－1,
　　한국세법학회(2019.4), pp.66－67.
60) 김태인·정재완, 『관세법』, 도서출판 청람(2024), p.49에서는 예컨대 김치를 담그기 위해
　　고춧가루를 수입하는 경우 김치를 가공해 수입하거나 절반 정도 건조시켜 냉동고추로 수입
　　하거나 100% 냉동고추로 수입하는 등 품목분류를 다르게 하는 방식으로 세율의 변경을 가
　　져올 수 있으므로 이를 활용한 조세회피가 가능하기 때문에 이러한 경우에도 실질과세 원
　　칙이 적용된다는 취지로 설명하고 있다.

(3) 우회거래의 실질과세

국세기본법 제14조 제3항이 문제된 대법원 판례는 아직 보이지 않으나 판매자와 구매자 사이에 수입중개업자를 끼워 넣고 낮은 가격으로 수입신고 하는 경우 등에 단계거래 또는 우회거래가 문제될 수 있다. 이러한 경우 거래를 재구성하여 제14조 제3항에 따라 과세를 할 수 있을까? 대법원 판례의 절충설에 따르면 과세를 인정하는 구체적인 규정이 없는 이상 곤란하지만 사업상 목적이 없거나 조세회피만을 목적으로 한 경우라면 유효한 거래행위인 경우에도 재구성이 가능하다. 즉 경제적 실질과 법적 형식 간 괴리의 원인이 조세회피에 있다면 경제적 실질에 따라 과세할 수 있게 되므로 '사업상 목적의 존재 여부' 또는 '조세회피 목적' 등의 판단이 중요하게 된다.

(4) 소 결

실질과세의 원칙은 특히 단계거래와 관련한 제14조 제3항과 관련한 부분을 관세법에 적용하는 경우 문제가 더 크다. 거래의 재구성은 당사자의 의사에 반할 뿐 아니라[61] 조세법률주의, 엄격해석의 원칙 등에도 위반하는 결과를 가져오기 때문인데 그래서 실질과세원칙을 관세법에 명시적으로 수용하는 것이 필요하게 된다.[62] 그 수용방법으로는 예컨대 '세법의 혜택을 부당하기 받기 위한 것'이라는 국세기본법 제14조 제3항의 요건을 관세법의 특성에 맞게 수정하는 방식으로 하거나 국세기본법 제14조를 준용하는 조항을 신설하는 것이 좋을 것이다.

---

61) 납세의무자는 경제활동을 할 때에 동일한 경제적 목적을 달성하기 위하여 여러 가지의 법률관계 중의 하나를 선택할 수 있고 과세관청으로서는 특별한 사정이 없는 한 당사자들이 선택한 법률관계를 존중하여야 한다는 것이 일관된 대법원의 판례이다(대법원 2001.8.21. 선고 2000두963 판결, 동 2017.12.22. 선고 2017두57516 판결 등).
62) 강정모, 전게 논문, p.45.

1-7 실질과세와 관련한 사례 연구

I. 서 론

대법원 판례 중 원심과 대법원의 판단이 다르거나 또는 최근 개정된 사항이 있어서 연구자가 중요하다고 판단한 것을 대상으로 하며 분석 편의상 실질귀속과 관련된 것, 실질 계산과 관련된 것, 거래의 재구성과 관련된 것 등 몇 개 유형으로 분류하여 논하되 개별 판례에 대해서 사실관계, 쟁점, 평석의 순으로 정리하였다. 다만 개별 판례에서 다루어진 관세법상의 쟁점 자체를 깊이 있게 다룬 것은 아니고 '그러한 사안에 실질과세의 원칙 적용이 적절한 것인지'를 보아 대법원 판례의 적용 동향을 개략적으로 판단하는 내용으로 한다.[63]

II. 실질 귀속과 관련된 판례

1. 대행 수입 관련

(1) 사실관계[64]

① 영국에서 인터넷몰을 운영하는 갑은 소비자들로부터 구매위탁을 받아 영국 현지에서 의류, 신발, 가방 등 구매하여 국내소비자에게 배송(2009.8.부터 2012.3.까지)

② 갑은 배송한 물품을 국내소비자를 납세의무자로 하여 수입신고 함(소액 감면 대상)

③ 세관장은 갑이 수입화주임을 근거로 2012.11.19. 375,697,820원의 관세 등 부과처분을 하고 2012.12.12. 및 2012.12.25. 2차례에 걸쳐 독촉을 하였음

④ 갑은 2013.3.26. 당초처분 등의 취소를 구하는 관세심사청구를 하였으나 심사청구기간인 90일을 도과하였다는 이유로 2013.5.2. 관세청장으로부터 각하결정을 받음

⑤ 갑은 2013.5.10. 당초 부과처분 및 위 각 독촉의 취소를 구하는 소(2013구합1142)를 제기하였으나, 제1심법원은 원고의 소 중 당초 부과처분의 취소를 구

---

63) 관세법상 실질과세원칙 사례와 관련한 심화내용은 저자의 논문 <관세법상 실질과세원칙의 적용 범위와 한계-사례를 중심으로-(2023), 한국국제조세협회>를 참고하여도 좋다.

64) 대법원 2020.1.9.선고 2018두61888 판결. 이에 대한 분석 논문으로는 김상만, "관세법상 해외직구 및 해외구매대행 관련 최근 판결의 주요 쟁점 분석(관세등부과처분, 밀수입죄, 후발적 경정청구 등)", 「관세학회지」제23권 3호, 한국관세학회(2022. 8), pp.3-18.

하는 부분에 대하여는 심사청구기간 및 제소기간을 도과하여 부적법하다는 이
유로, 위 각 독촉의 취소를 구하는 부분에 대하여는 항고소송의 대상이 되는
행정처분이라고 볼 수 없다는 이유로 원고의 소를 모두 각하하였음

⑥ 제1심 판결은 항소심 및 대법원에서 원고의 항소 및 상고가 모두 기각됨으로
써 그대로 확정되었음

⑦ 한편 검사는 갑이 이를 판매하였음에도 국내거주자가 자가사용물품으로 수입
하는 것처럼 신고하여 소액 부정 감면을 받았다는 이유로 2012.4.12. 관세법
위반 기소[65]

(2) 쟁 점

쇼핑몰 운영자의 소액 구매 배송 시 납세의무자는 갑인지 또는 국내소비자 을인
지 여부이며, 형사판결에서는 "실제 소유자는 국내소비자"라고 판시하여 대법원에서
확정되었다.

(3) 평 석

대상판결이 문제될 당시에는 명확한 법 규정은 없었으나 구 「전자상거래물품 등
의 특별통관 절차에 관한 고시」에서는 인터넷 전자상거래 방식을 직접 구입형 거래,
배송/결제대행형 거래, 수입대행형 거래와 수입쇼핑몰형 거래 등 4가지로 구분하되
수입쇼핑몰 형태의 경우에만 전자상거래업체를 수입화주로 정하고 나머지 경우에는
모두 국내구매자를 수입화주로 정하고 있었다.[66] 자가사용물품으로 신고하면 소액
물품 면세제도가 적용되어 관세를 납부하지 않지만 사업자인 갑을 납세의무자로 보
면 그 물품가액이 합산되어 거액의 관세 부과가 가능하기 때문에 과세관청은 이 사
례를 수입쇼핑몰형 거래로 보아 과세한 것으로 생각한다.

그러나 수입대행형 거래와 수입쇼핑몰형 거래의 구분이 쉽지 않을뿐더러 그러한
구분이 법적인 구속력을 가진다고 볼 수 없으므로 결국에는 실질귀속의 원칙에 따른
판단이 필요했을 것으로 생각한다. 즉 판매가격의 결정이나 배송, 환불이나 거래에
대한 책임 등을 종합적으로 고려하여 판단할 수밖에 없는데 '수입'이란 매매, 즉 소

---

65) 피고는 관세법 위반죄에 대해서는 무죄 판결을 받아 이를 근거로 경정청구를 하였는데, 형
   사판결이 후발적 경정청구 사유인 '판결'에 해당하는지 여부가 대상 판결의 주요 쟁점이다.
66) 이 사건 고시는 2014.6.16. 개정되면서 4가지 유형의 전자상거래 구분을 삭제하였다.

유권의 이전이 수반되어야 하지만 이 건 사례에서 갑에게 소유권의 이전이 있었는지 여부도 중요한 판단기준이 될 수밖에 없다. 판례상의 사실관계 기재만으로는 정확한 사실관계를 파악하기는 어렵지만, 예컨대 갑이 소모품인 의류, 신발, 가방에 대한 소유권을 취득했다고 해야만 수입화주가 될 수 있을 것인데 갑에게 그런 의사가 있었다고 보기는 어렵지 않을까 생각되어 굳이 분류한다면 수입대행형 거래에 해당한다고 본다.[67]

또한 종전의 대법원 판례에 의하면 '해외판매자→판매촉진·반품 등 보조적 행위 국내사업자(인터넷쇼핑몰)→국내소비자' 방식으로 거래가 이루어진 경우이더라도 특별한 사정이 없는 한 물품을 수입한 실제소유자는 국내소비자이며, 만약 국내사업자가 실제 소유자가 되려면 해외 판매자와 국내사업자, 그리고 국내사업자와 국내 소비자 간의 2단계 거래가 실질적으로 존재하는 사정 등이 증명되어야 한다고 본다.[68] 그 결과 이러한 2단계 거래가 충분히 증명되지 않은 경우에는 여전히 국내 소비자가 실제 소유자가 되는데, 대상판결의 경우 보조적 행위를 하는 국내사업자와 실질에 있어서 차이가 없다고 본다.[69] 따라서 국내 소비자는 자신이 화주가 되어 해외로부터 직접 의류, 신발 등을 수입하는 거래를 하였다고 보아야 할 것이다.

다만 현재는 대행수입한 물품(주문-결제-배송까지 대행하는 경우)은 그 수입을 위탁한 자(본 건 사례의 경우에는 국내소비자)를 납세의무자로 하므로(제19조 제1항 1호) 굳이 실질과세의 원칙을 원용하지 않고 명문 규정인 제19조에 따라 이를 판단할 수 있다.

---

67) 이 사건은 제1심에서 심사청구기간 경과로 각하되었는데, 김상만, 전게 논문, p.15.에서는 실제 수입자에 대한 쟁점이 행정소송에서 다루어졌다면 행정소송에서도 국내 소비자들을 실제 수입자로 판단하였을 것이라고 한다.

68) 대법원 2015.11.27. 선고 2014두2270 판결.

69) 2014두2270 판결의 원심은 "이 사건 인터넷쇼핑몰은 국내 소비자만을 대상으로 개설되어 판매물품의 현금결제, 반품 및 환불이 국내에서 이루어졌고, 반품된 물품이 원고에 의하여 국내에서 전량 재판매되거나 폐기처분되었으며, 원고가 판매대금 중 상당 부분을 자신의 부동산 구입자금 등으로 사용한 점 등에 비추어, 이 사건 인터넷쇼핑몰의 운영자 및 수입화주로서 관세 및 부가가치세의 납세의무를 부담하는 자를 원고로 보아야 한다."고 보았으나, 대법원에서는 이를 파기하였다. 대상판결의 사안과 2014두2270 판결의 사안을 비교하면 실질에 있어서 차이가 없다고 생각한다. 대상판결의 원심 판결문에서도 원고가 국내 판매가격을 새롭게 책정하였으나 영국판매가격에다 영국의 부가가치세, 현지 배송비, 카드수수료, 국내 배송비, 구매대행수수료를 합한 금액으로 구성되어 **원고가 실질적으로 취득하는 이익은 구매대행수수료뿐**이라는 점을 인정하였다.

2. 명의대여 관련

(1) 사실관계70)

① 갑은 오렌지 수입을 하는 제수 을의 부탁으로 자기명의로 무역업체인 ○○상
　 사의 사업자등록을 하여 미국에서 오렌지를 수입할 때 제출하는 각종 서류에
　 갑 명의로 수입통관절차를 마침(갑은 수입 과정에 전혀 관여한 사실 없음)
② 을은 갑 명의로 수입신고를 하면서 실제가격보다 낮은 가격으로 신고하였음
③ 세관장은 을에게 관세포탈을 이유로 경정 처분하고 형사 소추(을은 유죄 판결)
④ 세관장은 갑에게 형사소추 하지 않았으나 관세 부과처분

(2) 쟁 점

사업자등록명의를 대여하여 준 형식상의 수입신고명의인이 구 관세법 제6조에서
규정하는 '물품을 수입한 화주'에 해당하는지 여부이다. 그런데 대상판결은 '그 물품
을 수입한 화주'란 실제소유자를 말하는 것이며 그 판단에는 수출자와의 교섭, 신용
장 개설, 수입으로 인한 이익의 귀속 등 사정을 종합하여 판단하여야 하며 이것이
'관세법에도 적용되는 실질과세 원칙에 부합한다.'고 판시하면서 갑은 납부의무가 없
다고 결론 내렸다.

(3) 평 석

사업자명의대여는 형사처벌 등을 별론으로 하면 전형적인 실질귀속의 원칙 적용
범위 내에 속하는 것이기 때문에 이를 적용하여 갑의 납부의무를 부인한 대상 판결
의 결론은 타당하다. 다만 현재는 관세법 제19조 제1항 나목71)에 의하여 명의를 대여
한 갑에게도 연대납부의무가 있으며, 명의대여행위죄로 형사처벌72) 받을 수도 있다.

---

70) 대법원 2003.4.11. 선고 2002두8442 판결.
71) 수입신고인이 수입신고를 하면서 수입신고하는 때의 화주가 아닌 자를 납세의무자로 신고
　 한 경우를 규정한다.
72) 제275조의3(명의대여행위죄 등) 관세의 회피 또는 강제집행의 면탈을 목적으로 하거나 재
　 산상 이득을 취할 목적으로 타인에게 자신의 명의를 사용하여 납세신고를 하도록 허락한
　 자 또는 신고를 한 자는 1년 이하의 징역 또는 1천만 원 이하의 벌금에 처한다.

3. 실질 계산 관련 국제마케팅비 사례

(1) 사실관계[73]

① 갑 주식회사가 자신이 수입하는 스포츠용 의류 등에 부착된 상표의 상표권자인 을과 라이선스 계약을 체결(아디다스, 리복, 락포트)

② 2009.1.1. 종전의 상표권 사용계약에 갈음하여 을에게 권리사용료로 매년 순매출액의 10% 상당액을 지급하는 한편 그와 별도로 국제마케팅비 명목으로 순매출액의 4% 상당액 지급

③ 갑은 아디다스 등의 상표가 부탁된 스포츠용 의류와 신발 등을 수입하면서 권리사용료는 수입물품 과세가격에 가산하여 신고하였으나 국제마케팅비는 가산하지 않음

④ 세관장은 2012.1.12. 이 사건 국제마케팅비의 실질은 권리사용료로 보아 수입물품의 과세가격에 가산하고 관세 및 부가가치세를 부과

(2) 쟁 점

국제마케팅비는 '상표권 및 이와 유사한 권리의 사용대가'로 보는 것이 거래의 실질에 부합하는지 여부인데, 대상 판결은 이를 긍정하였다. 국제마케팅 활동의 결과 상표권의 가치가 상승하므로 상표권 사용대가를 추가로 요구할 합당한 이유가 되고, 그러한 지출 내역을 원고에게 공개할 필요가 없으며 사후정산을 거치지 않기 때문에 국제마케팅 활동, 비용지출 등은 전적으로 을에 귀속된다는 점을 근거로 하였다.

(3) 평 석

수입물품의 과세가격은 우리나라에 수출하기 위하여 판매되는 물품에 대하여 구매자가 실제로 지급하였거나 지급하여야 할 가격을 기준으로 하지만 만약 특허권, 실용신안권, 디자인권, 상표권 및 이와 유사한 권리를 사용하는 대가로 지급하는 금액(=권리사용료)이 있다면 이를 가산하여 산출한 금액으로 결정한다(제30조 제1항 4호). 이러한 권리사용료를 가산하기 위해서는 해당 물품과의 관련성과 거래조건성을 충

---

73) 대법원 2016.8.30.선고 2015두52098 판결. 이에 대한 평석으로 박설아, "광고선전비의 관세평가에 관한 연구(거래가격방법을 중심으로)", 「조세학술논문집」33−3, 한국국제조세협회, 2017.10, pp.377−383.

족해야 하는데,[74] 이 건의 경우 상표가 의류나 신발 등에 구현되어 있기 때문에 물품과의 관련성은 당연히 인정되고 수입물품의 구매와 이 건 국제마케팅비 지급을 분리할 수 없다고 보이므로 거래조건성도 충족되는 것으로 판단된다.[75] 국제마케팅비는 판매자가 부담해야 하는 비용이므로 거래조건 기준만 충족한다면 간접지급금액으로 보아 과세가격에 포함된다고 설명하는 견해도 있다.[76]

어쨌든 이 건 사례는 계약서 내용에 포함되어 거래조건성이 인정되고 해당 물품과의 관련성도 인정되어 권리사용료의 요건을 충족한다. 판매자가 부담하는 비용을 구매자가 국제마케팅비라는 명목으로 지출한 것은 실질과세의 원칙에 의하면 간접지급금액에 해당한다고 볼 수 있지만, 이 건 사례는 제30조에서 규정하는 '권리의 사용대가'의 해석으로 해결될 수 있어 동조의 해석 문제이고 굳이 실질과세의 원칙을 원용하지 않아도 될 것이다.

4. 실질계산 관련 국제마케팅 분담금 사례

(1) 사실관계[77]

① 갑 유한회사(을의 자회사임)가 자신이 수입하는 스포츠용 의류 등에 부착된 상표의 상표권자인 을과 라이선스 계약을 체결(나이키)

② 갑은 을과 유명 선수 등의 후원 및 국제마케팅 활동 등과 관련하여 국제마케팅 분담금(WWP; world wide promotion)을 지원하기로 하는 마케팅 지원계약을 체결

③ 갑은 나이키 상표가 부착된 스포츠용 의류와 신발 등을 수입하면서 권리사용료는 수입물품의 과세가격에 가산하여 신고하였으나 국제마케팅 분담금은 가산하지 않음

④ 세관장은 2012.1.12. 이 사건 국제마케팅 분담금의 실질을 권리사용료로 보아 수입물품의 과세가격에 가산하고 관세 및 부가가치세를 부과

---

74) 박영기, 『관세평가법』(2021 최신판), 삼일인포마인(2021), p.276 등 통설.
75) 원심은 '개별 수입물품에 대해 이루어지는 활동이 아니므로 관련성이 없고 국제마케팅비는 상품사용료와 성격이 다르며 브랜드나 상표의 가치가 증가하는 것은 간접적이고 부수적인 효과이므로 관세법상 가산요소인 상표사용료가 아니라'고 판단하여 대법원의 입장과 달랐다.
76) 박설아, 전게 논문, p.393. 박영기, 전게서, p.277.
77) 대법원 2017.10.12.선고 2017두44879 판결.

(2) 쟁 점

국제마케팅 분담금이 '상표권 및 이와 유사한 권리의 사용대가'로 보는 것이 거래의 실질에 부합하는지 여부인데 대상 판결은 이를 긍정하였다. 국제마케팅비용과 WWP 분담금의 성질이 거의 같다고 생각되므로[78] 위 3.의 내용과 같다.

5. 실질계산 관련 BOG 운임 사례

(1) 사실관계[79]

① 원고는 카타르, 말레이시아 등에 있는 수출업자들로부터 액화천연가스를 본선인도(FOB; Free On Board) 조건으로 수입하면서 에스케이해운 주식회사 등 국내 운항선사와 이 사건 운송계약을 체결하였다. 운임은 자본비, 선박경비, 운항비, 이윤으로 구성되고, 운항비 중 연료비는 보증된 1일 평균 연료소비량을 한도로 실제 사용한 연료량에 따르도록 하였으며, 이윤은 선박경비와 운항비의 합계액에 연동하도록 정하였다. 원고는 운항선사에 위 계약에서 정한 바에 따라 작성·청구된 운임명세서상의 금액을 운임으로 지급하였다.

② 천연가스는 해상운송 시 영하 약 162°C로 냉각하여 액화상태로 수입되는데, 국내로 운송하는 과정에서 온도와 압력 차이 등으로 액화천연가스 중 일부가 BOG(Boil Off Gas)로 다시 변환되는 특성을 갖고 있고, BOG는 압력 상승 시 폭발할 위험이 있어 선박의 안전을 저해할 우려가 있으므로 국내 운항선사의 수송선은 이러한 BOG를 이중 연료(dual fuel) 엔진 구조를 통해 수송선박의 연료로 사용하거나 소각하는 방식을 채택하여 설계·건조되어 있었다.

③ 원고는 이 사건 운송계약을 체결하면서 국내 운항선사가 운송과정에서 발생하는 BOG를 수송선박의 연료로 사용하더라도 그에 해당하는 액화천연가스 대금을 운임에 포함시키지 않고 1일 BOG 허용발생량을 한도로 무상으로 사용할 수 있도록 하였다.

---

78) 마케팅은 광고와 판매촉진을 포함하는 광범위한 개념이나, 관세평가 상 위 개념들은 서로 호환되는 용어로 사용되고 있는데, 예컨대 미국 관세법은 광고라는 단어만 사용하고 있지만 미국 관세청 예규는 마케팅과 광고를 혼용하고 있다(박설아, 전게 논문, p.364).

79) 대법원 2016.12.15. 선고 2016두47321 판결.

④ 피고는 세계관세기구(WCO, 이하 'WCO'라고 한다)에 연료로 사용된 BOG를 운임으로 평가하여 과세할 수 있는지에 대해 질의하였는데, 위 기관은 WTO 평가협약 제8조에 의하면 운임을 과세가격에 포함시킬 것인지는 회원국의 국내법에 의하여 결정된다는 취지로 회신하였다.

⑤ 이에 따라 피고는 위와 같이 원고가 국내 운항선사에 BOG를 연료로 사용할 수 있도록 함으로써 운임 중 일부를 현물로 지급하였는데도 관세 등 신고 당시 BOG의 가액 상당의 운임을 누락하였다고 보아 원고에 대하여 관세 등을 추가로 부과하는 이 사건 각 처분을 하였다.

⑥ 원고는 이 사건 각 처분에 불복하여 4차례에 걸쳐 심판청구를 하였는데, 과세가격에 운임을 포함하는 것이 WTO 평가협약 위반이라는 점, BOG 가격을 운임으로 별도 과세하는 것이 이중과세금지 원칙에 반한다는 점 등을 주장하였다.

⑦ 조세심판원은 2014.2.3. 및 2014.2.4. 원고가 국내 운항선사에 연료로 제공한 BOG가 가산요소인 운임으로서 수입물품의 과세가격에 포함되어야 함은 이론상 명백하나 세법의 미비 내지 세법 해석상 견해대립 등으로 원고가 BOG가 과세대상이 된다고 판단하기 어려웠으므로 원고의 의무해태를 탓할 수 없는 정당한 이유가 있다고 보아 가산세를 과세하지 않는 것으로 하여 그 세액을 경정하고 관세 및 부가가치세에 대한 청구를 기각하는 결정을 하였다.

⑧ 원심은 이 사건 각 운송계약에 따라 실제 선박의 연료로 사용된 BOG를 운임으로 가산하는 것을 WTO 평가협약이나 실질과세의 원칙에 위반되는 것으로 볼 수 없고, 또한 원고가 카타르 수출자와의 도입계약에서 애초부터 BOG를 제외한 도착 당시의 수량에 대한 물품가격을 정한 것으로 보는 이상 BOG는 도착 당시의 과세물건의 수량에 포함되지 않음은 물론이고 물품가격에서도 제외되어 있으므로 BOG의 가격을 운임으로 가산한다 하여 이중과세의 문제가 생길 여지는 없다고 하면서 원고의 청구를 기각하였다.

(2) 쟁　점

BOG의 가격을 운임으로 볼 수 있는지 여부가 쟁점이며 이는 수입물품의 과세가격에 가산되는 조정요소인 '수입항까지의 운임'의 의미, 운임을 BOG와 같이 현물지급 할 수 있는지, 운임명세서 등에 기재된 운임에 BOG가 기재되지 않은 경우 관세청장이 이를 법령상 운임으로 인정할 수 있는지, 인정할 수 없다면 관세청장이 운임을 정할 수 있는 조건 및 그 입증책임에 대한 것이다.

(3) 평 석

대상판결은 운임명세서 등에 기재된 금액 외에 BOG도 운임에 포함하여야 한다는 점이 다투어진 것으로서 실질계산의 원칙과 관련된 것이라고 할 수 있는데, 관세법 제30조 제1항 6호에는 운임을 가산한다는 내용만 있을 뿐 그 의미나 인정 범위 등에 대한 내용은 없어서 시행령 제20조의 해석 문제가 다투어진 사례이다.

먼저 운임이란 화주가 계약자유의 원칙에 따라 운송계약에서 운송인에게 운송의 대가로 지급하기로 약정한 보수를 말하며 화주가 운송인에게 실제로 지급하는 금전 뿐만 아니라 금전적 가치를 가지는 현물도 포함되는 것은 당연하다.

다음으로 이와 같이 지급된 운임의 대가는 무엇으로 확인할 수 있나? 관세법에는 규정이 없으나 20년 개정 전 동법시행령 제20조 제1항은 '운임 및 보험료는 당해 사업자가 발급한 운임명세서·보험료명세서 또는 이에 갈음할 수 있는 서류에 의하여 산출한다.'고 규정하여 운송인이 발행한 서류로 이를 확인하는 것으로 되어 있었는데, 대상판결의 경우 운임명세서의 존재에 다툼이 없었다.

그런데 대상판결에서와 같이 BOG가 운임인지 여부에 다툼이 있는 경우에, 과세관청은 그 운임명세서의 기재내용을 부인하고 실질계산의 원칙에 따라 운임을 계산할 수 있는지 문제될 수 있다. 왜냐하면 2020년 개정 전 동법시행령 제20조 제2항은 '제1항의 규정에 의하여 운임 및 보험료를 산출할 수 없는 때에는 운송거리·운송방법 등을 참작하여 관세청장이 정하는 바에 따라 산출한다.'고 되어있어, 운임 및 보험료를 계산할 수 없는 때에 BOG와 같이 '누락'한 경우가 포함되는지 다툴 수 있기 때문이다.

과세관청은 납세자가 고의 또는 과실로 BOG 부분을 누락하여 할인 받은 운임명세서를 작성한 것이므로 위 법령에 따른 운임으로 볼 수 없어 이 건 사례도 동법시행령 제20조 제2항의 적용범위에 포함된다는 주장을 하였다. 그러나 대상판결은, "운임명세서 등에 운임이 기재되어 있는 경우에는 이를 위 조항에 따른 운임으로 보아야 한다."고 하면서 사례의 경우 동법시행령 제20조 제2항의 적용 범위가 아니라는 취지로 판시하였다.

생각건대 운송인과 납세의무자인 원고는 특수관계인도 아니므로 의사에 따라 자유롭게 계약을 체결했다고 보아야 할 것이고, 따라서 당사자 간에 확인되어 발행된 운임계산서는 원칙적으로 법령에 부합하는 것으로 인정되어야 할 것이다. 특히 운항비 중 연료비는 보증된 1일 평균 연료소비량을 한도로 실제 사용한 연료량에 따르도록 하였기 때문에, 그러한 서류에 기재되지 않은 BOG를 운임으로 인정하려면 그 운임의 발생사실 및 금액에 대하여 과세관청이 이를 입증하여야 할 것이다.[80]

따라서 쟁점은 BOG의 누락이 자유의사에 기인한 것이고 부당한 것이냐 여부에 있다. 그런데 BOG의 발생은 필수적인 것이고 그를 연료로 사용하느냐 또는 소각하느냐 여부는 운송인의 선택 사항이지만 국내 운항선사들 대부분 연료로 사용하더라도 이러한 것은 운송의 목적을 수행하는 데 부수적인 것에 불과하다고 생각한다.[81]

6. 무료샘플 계약과 거래의 재구성 관련된 판례

(1) 사실관계[82]

① 갑 주식회사는 일본국 법인 을과 의약품 원료 독점수입계약을 체결하고 연간 구매수량의 일정비율에 해당하는 물품을 '무료샘플' 명목으로 공급받기로 약정함

② 이 사건 특약에 따라 추가로 공급되는 물품의 수량은 연간 1,688 BU 미만인 경우 연간 구매수량의 10% 또는 11%를, 그 이상인 경우 더 큰 비율에 따라 추가공급 하기로 함

③ 갑은 2014.1.15.부터 2015.4.29.까지 3차례에 걸쳐 별도로 대가를 지급하지 않은 이 사건 물품에 대하여 단위(BU)당 1,187,500원에 공급받기로 계약한 계약의 내용과 달리 5,000엔을 거래가격으로 하여 저가 수입신고를 함

---

80) 조성권, "판례평석: 액화LNG운송도중 자연발생적으로 기화되어 선박연료로 사용된 BOG가 운임인지 여부", 법률신문(2017.10.23.자).

81) 제1심에서 원고는 게다가 물품계약 체결 시에 BOG가 포함된 가격을 대가로 지급하였기 때문에 과세가격에 포함된 상황에서 다시 운임이라고 하여 이를 가산하는 것은 이중과세에 해당하므로 물품가격으로만 과세하든지 아니면 운임에 가산하는 경우에는 물품가격에서 이를 공제해주는 것이 타당하다는 취지로 주장하였다. 제1심법원은 "설령 원고의 주장과 같이 BOG 가격이 물품가격에 포함되어 있는 것으로 본다 하더라도 물품가격과 운임은 과세가격을 구성하는 별개의 요소이고, 그 물품대금이 총액계약에 따라 정해진 이상 선적 물량 중 일부인 BOG를 운송과정에서 운임에 갈음하여 현물로 지급한 경우 이를 운임으로 별도 과세하더라도 양자는 과세대상 포착의 측면을 달리하는 것이어서 이중과세에 해당한다고 보기는 어렵다."고 하여(수원지방법원 2015.6.4. 선고 2014구합53200 판결) 이중과세 여부도 문제되었으나, 대상판결에서는 이를 판단하지 않았다.

82) 대법원 2022.11.17. 선고 2018두47714 판결.

④ 관할 세관장은 이 사건 물품은 무상으로 수입되었다는 이유로 갑회사가 신고한 과세가격을 부인하고, 2방법에 따라 원료 독점 수입가격에서 정한 단위당 구매가격을 기초로 과세가격을 결정하여 갑의 관세 및 부가가치세를 경정·고지하였음

⑤ 원고는 이 건 계약은 1년 단위로 양 당사자가 결정한 잠정적인 기본가격을 설정하고 원고가 연간으로 일정 수량 이상을 수입한 경우 사후적·조건적으로 할인물량을 추가로 공급함으로써 결국 수량에 따른 할인을 적용하여 최종적인 가격이 결정되는구조의 계약으로서 이 사건 특약은 가격조정약관에 해당한다고 주장하였음

⑥ 원심은 이 사건 특약은 수량할인이나 가격조정약관에 해당하지 않고 이 사건 물품은 무상수입물품으로서 우리나라에 수출하기 위하여 판매되는 물품에 해당하지 않으므로 제2방법에 따라 과세가격을 결정한 과세관청의 처분은 적법하다고 판시하였음

(2) 쟁 점

이 사건 특약인 무료샘플 계약이 본 계약에 포함되는 것으로서 수량할인 및 가격조정약관이 포함된 것으로 보아야 하는지 여부이다. 과세관청과 원심은 이를 부인하였으나 대법원은 이를 인정하였다.

(3) 평 석

과세관청과 원심은 무료샘플 계약을 별개로 보고 무료샘플 계약은 무상거래로서 제1방법이 적용되지 않으므로 동종·동질물품의 평가에 관한 제2방법에 따라 관세를 부과하여야 한다는 입장이다. 그러나 대상 판결은 이는 연간 구매계약에 해당하여 무료샘플 계약에 따라 공급받은 물품은 '무상으로 정한 물품'에 해당한다고 볼 수 없다고 판시하면서 원심은 무상성 및 실질과세의 원칙 법리를 오해했다는 점을 지적하고 있다.

관세평가 협정 권고의견에서는 '물품의 거래수량에 상응하여 물품의 가격을 할인해주는' 수량할인과 수입물품의 대가를 현금으로 지급하는 경우의 현금할인에 대해서만 언급하고 있으나,[83] 수량할인이나 현금할인 이외에도 정상적인 할인이라면 인정될 수 있다.[84] 그런데 이 건 무료샘플계약의 성질을 어떻게 보느냐에 양자의 차이가 발생한다.

대상판결의 취지는 '유상거래＋무상거래(원심)'를 '유상거래＋유상거래(대상판결)'로 하여 재계산 하라는 취지인데, '잠정적 기본계약＋연간 구매수량에 따라 최종적 거래가격이 결정되는 구조의 연간 구매계약'이라는 점을 근거로 한다(가격조정약관).[85] 단일한 거래이지만 무상샘플계약은 그 이행이 나중에 이루어지는 것일 뿐이라고 보게 되어 지불총액에는 변동이 없고 수량만 늘어나게 된다. 즉 일종의 수량할인거래로 보는 것이다.[86] 그 결과 관세 부담에는 차이가 없게 되는데 무료샘플에 대한 대가는 전년도 유상구매물량의 대가 중 일정비율 상당으로 선급되었으므로 이에 대해 별도로 가격을 매겨 관세를 부과하는 것은 타당하지 않다고 보기 때문이다. 그러나 과세관청은 공급 시점의 차이가 있기 때문에 이를 하나의 거래로 볼 수 없고 무료샘플계약도 별개의 거래로서 별도로 관세를 부과해야 한다는 입장으로 보인다.

납세의무자의 거래 형식상 수량 할인 등 공제요소가 문제되는 경우 그 경제적 실질에 따라 과세표준을 계산하라는 것으로 국세기본법 제14조 제2항 규정을 관세 분야에 적용할 수 있다고 본다면,[87] 대법원과 같이 해석하는 것도 가능할 것이고 대법원이 거래의 실질은 연간 구매계약으로서 전체적으로 하나의 거래라고 하면서 납세자에게 유리한 판결을 내렸다는 점에서는 좋은 평가를 할 수도 있다.

그러나 이 건 무상샘플 계약은 공급 시점이 그 다음 해로서 차이가 있기 때문에 수량할인거래로 보기 어려운 점이 있고 그러한 판단에는 무엇보다도 무상샘플에 대한 제약업계의 관행 등이 고려되어야 할 뿐 아니라 하나의 독립한 무상거래로 본 경우와 통관절차의 차이 등 관세법상의 특성도 고려해야 하기 때문에[88] 내국세법과

---

83) https://unipass.customs.go.kr/clip/index.do: 최종 접속일자 2023.8.20. 협정에 따른 현금할인의 처리에 대해 권고의견 5.1, 수량할인의 처리에 대해서는 권고의견 15.1 참조.
84) 박영기, 전게서, p.141.
85) 원심에서는 "과세가격의 임의변경을 방지하기 위해서 가격조정약관은 평가대상 물품이 수입통관 되기 전 계약상 그러한 취지가 명시되어 있어야 한다."고 하면서 이 건 계약의 문언상 기재된 기준가격이 향후 구입물량에 따라 조정가능하다고 규정되어 있지 않은 점 등을 고려하면 이 사건 특약은 가격조정약관에 해당하지 않는다고 하였다.
86) 다만 원심에서는 "…수량할인은 판매자가 판매된 물품의 수량에 기초한 고정가격표에 따라 자산의 물품가격을 책정한다는 사실이 입증되는 경우에만 인정된다."고 하면서 이 건 특약상 구매수량에서 무료샘플물량을 제외하고 있는 점 등을 고려하면 이 사건 특약은 수량할인에 해당하지 않는다고 보았다.
87) 강정모, 전게 논문, p.36.
88) 예컨대 대법원과 같이 해석하는 경우 잠정가격신고의 대상이 되는 것은 아닌지 문제될 수 있다. 관세법 제28조 제1항은 "납세의무자는 가격신고를 할 때 신고하여야 할 가격이 확정되지 아니한 경우로서 대통령령으로 정하는 경우에는 잠정가격으로 가격신고를 할 수 있

같은 명문 규정이 없음에도 실질과세 원칙을 적용하여 위와 같이 판단하는 것이 타당한가 하는 의문이 있다.

특히 형식적으로 본다면 '유상거래 + 무상거래(원심)'를 '유상거래 + 유상거래(대상판결)'로 재구성하는 결과가 되기 때문에 더욱 그러하다. 앞에서 본 바와 같이 절충설에 따라 유효한 거래행위를 재구성하려면 조세회피 목적 등이 있는 경우에만 가능한데 관세법은 내국세법과 달리 명문의 규정이 없을뿐더러 그 적용에 있어서도 소극적이기 때문이다.

7. 선박의 수입과 실질과세 관련 판례

(1) 사실관계

① 갑은 해당 선박이 건조된지 10년이 경과하여 수입면허를 받을 수 없음을 알았으나 온두라스 국적의 유령회사(paper company)를 만들고 위 회사가 이 사건 선박을 매수한 것처럼 위장하여 부산항에 반입하면서 마치 운항목적으로 입항한 양 입항신고를 하였음[89]

② 갑은 관세의 부과대상이 되는 물품에 대하여 수입면허를 받음이 없이 무단으로 수입한다는 인식이 있었고 이를 국내에 반입하여 사용한 이상 관세법상의 수입에 해당함

③ 세관장은 갑에게 관세포탈죄의 구성요건인 사위 기타 부정한 방법에 따라 수입한 것으로 하여 관세포탈죄에 따른 절차 진행함

(2) 쟁 점

수입 면허 없이 선박을 수입하는 경우와 실질과세 원칙의 적용 여부에 대한 것인데, 선박에 대해서는 수입면허를 받지 않았더라도 ① 우리나라의 국적을 취득하고

다."고 규정하고 있기 때문이다. 그러나 이 건 사례의 경우 동법 시행령 제16조 제1항에서 정하는 잠정가격신고 대상에 포함되지 않는 것으로 보인다.

89) 대법원 1994.4.12.선고 93도2324 판결. 보험금을 노린 방화로 인하여 선박의 기관이 소실됨으로써 그 수리를 위하여 예인선이 그 선박을 여수항에 입항시킨 것이고 선박을 수리하여 이를 국내에서 사용할 목적으로 입항하였다고 보기 어려워 관세법 제180조 소정의 수입에 해당하지 않는다는 것으로는 대법원 2000.5.12.선고 2000도354 판결.

② 그 사용에 제공한 때에 관세법상 선박의 수입이 있는 것으로 본다(원칙).

그러나 ①의 조건과 관련하여 우리나라의 거주자가 외국에 있는 선박의 사실상 소유권 내지 처분권을 취득하고 그 선박이 우리나라에서 사용에 제공된 때에는 실질 과세의 원칙에 비추어 관세부과의 대상이 되는 수입에 해당한다는 판례[90] 또는 편의치적에 의하여 서류상 회사(paper company)를 만들어 놓고 그 외국회사의 소유로 선박을 등록하여 외국(일본)의 국적을 취득하여 이를 국내에 반입하여 사용에 제공한 때에도 관세법상의 수입에 해당한다는 판례[91]가 있다.

(3) 평 석

선박이 우리나라의 국적을 취득하지 않더라도 사실상의 소유권 내지 처분권을 갖는 경우 또는 편의치적에 의하여 외국국적을 가지고 있더라도 우리나라에서 사용에 제공된 때에는 실질과세의 원칙에 따라 관세법상의 수입에 해당된다는 것이 대상판결을 포함한 일관된 판례의 내용이다. 이것은 그 행위자를 수입한 자 또는 화주로 본다는 의미이므로 실질귀속의 원칙 적용 범위로 볼 수 있으나, 명문의 규정을 두지 않고 실질귀속의 문제로 보아 처리하는 것은 문제가 있고 게다가 관세포탈죄의 구성요건의 해석 문제가 되므로 더 큰 문제이다.

실질과세의 문제라기보다는 목적론적 해석 또는 유추·확장해석에 해당된다고 볼수 있으나 조세법률주의 또는 죄형법정주의에 따라 엄격해석이 요구된다는 점 때문에 실질과세의 원칙을 들여온 것이 아닌가 생각한다.

90) 대법원 1983.10.11.선고 82누328 판결.
91) 대법원 1998.4.10.선고 97도58 판결.

제2장

관세의 일생

2-1 관세의 일생 개관

I. 의 의

관세의 납세의무는 내국세의 경우처럼 법률에서 정한 과세 요건을 충족하는 경우에 성립하고, 납세의무자의 납세신고 또는 과세관청의 부과고지에 의하여 확정되며, 관세의 납부·충당·부과의 취소나 제척기간의 만료, 소멸시효의 완성 등으로 소멸하는 점은 동일하다.

그러나 내국세와 달리 관세채무에 있어 "확정"은 중요하지 않다. 이론적으로 수입신고행위를 통하여 과세영역에 포섭되어 성립·확정된다고 보아야 할 것이다. 또한 기간과세가 아닌 수시부과와 유사하기 때문에 성립·확정 구별의 필요성이 적다.

II. 관세 채무의 성립

1. 내국세법상 채무의 성립시기

관세의 납세의무는 관세의 과세요건이 충족하는 경우 추상적으로 성립하며 관세의 4대 과세요건은 납세의무자, 과세물건, 과세표준, 세율로 구성되어 내국세와 다르지 않다. 그런데 내국세법상 민사채권과 달리 조세채권은 그 성립 및 확정이 구별되고 있다. 즉 이론상 조세채권의 성립시기는 개별 세법에 따라 해당 사실이 충족되는 경우 행정청의 개입 없이 당연히 성립하는 것으로 하고 있으며, 세액의 확정은 절차적인 것으로서 납세의무자의 신고나 과세관청의 부과 또는 자동확정의 방식을 취하는 것으로 설명하고 있다.

이에 따라 소득세, 법인세, 부가가치세 등은 과세기간 종료일에, 상속세는 사망일, 증여세는 그 재산취득일에 당연히 납세의무가 성립하는 것으로 규정하고 있고(국세기본법 제21조), 지방세기본법 제34조도 취득세, 재산세, 자동차세 등 각종 지방세의 성립시기를 규정하고 있다.

2. 관세채무의 성립시기

관세법은 관세채권의 성립시기에 관한 설명이 없다. 관세가 수입물품에 대하여 부과되는 것이므로(관세법 제14조), 이론상 성립시기는 수입일이라고 해야 할 것인데 왜 규정되지 않았는지 설명이 없는 것이다. 소득세나 법인세, 증여세 등 내국세는 과세요건사실이 발생하였는지 여부를 과세당국이 파악하는 것이 어려운 반면에 관세는 그 수입화물을 적재한 선박이나 항공기가 입항한 때부터 수입통관절차가 종료될 때까지 과세당국에 의한 엄격한 통제가 이루어지므로 납세의무의 발생사실을 알지 못하는 경우는 드물다.[1] 이런 이유 때문에 과세당국에서 관세채권의 성립시기에 관한 규정을 둘 필요성이 적다고 판단한 때문은 아닐까 생각한다.

그런데 납세의무 성립을 따지는 중요성은 당해 조세에 대해 적용할 법령이 특정되는 데 있으므로,[2] 수입신고 시에 과세물건이 확정된다는 관세법 제16조, 수입신고 당시의 법률을 적용한다는 관세법 제17조, 제척기간의 기산일을 수입신고일의 다음 날로 보는 것[3]은 성립시기를 정한 것으로 해석하여야 한다. 즉 관세채권의 성립시기를 수입신고 시, 정확히는 해당 물품의 수입신고서가 세관의 EDI 통관시스템에 접수된 때라고 해석함이 타당하다.[4]

III. 관세 채무의 확정

1. 관세 확정시기 불명확

관세의 확정절차에 대하여 이미 성립하여 객관적으로 존재하는 납세의무를 사후적으로 확인하는 절차라고 설명하거나,[5] 납부의무는 확정된 조세채무의 변제의무이므로 신고납부방식의 관세는 납세의무자의 납세의무에 의해 성립하며 부과고지방식의 관세는 세관장의 징수권 행사인 납부고지에 의해 성립한다고 설명하지만,[6] 그 확정시기는 명확하지 않다.

---

1) 정재완, 전게 논문, p.209.
2) 소순무, 『조세소송: 개정7판』, 영화조세통람(2014), p.16.
3) 전한준, 『관세법 법리연구』, 광교이택스(2015), p.117.
4) 김용태·이명구, 『관세법원론』, 무역경영사(2017), p.24. 정재완, 전게 논문, p.208.
5) 박종수·김종권, 『최신관세론』, 법문사(2015), p.216.
6) 전한준, 전게서, p.112.

수입신고 수리 시 납세의무가 확정된다고 해석할 수 있으나 내국세의 신고주의 세목이 납세신고 시에 확정된다고 해석하는 것과 비교하면 균형이 맞지 않고 수입신고와 그 수리 시점 간의 차이가 길지 않은 점, 어차피 세관의 통제 하에 있는 물품이므로 수입신고 시를 확정시기로 보더라도 문제가 없다는 비판 제기가 가능하다.

수입신고를 할 때 납세신고가 동시에 이루어지고(관세법 제38조 제1항) 이 때 납부하여야 할 세액도 기재하므로(동법 시행령 제32조 제1항 1호) 수입신고 시로 볼 수 있으나, 관세법은 통관절차의 적정에도 그 목적이 있으므로 그 수리의 효력을 부인하고 내국세와 동일하게 보는 것도 문제가 있다.

2. 수입신고 수리의 성격과 관세 확정

행정법학에서는 타인의 행정청에 대한 행위를 유효한 행위로서 받아들이는 행정행위를 수리라고 설명하면서, 내국세의 신고는 수리를 요하지 않고 신고 그 자체로서 효과가 발생하는 자체완성적 신고의 성격을 가지지만, 관세의 신고는 행정청이 수리함으로써 효과가 발생하는 행정요건적 신고에 해당한다고 설명한다.[7] 즉 내국세의 신고는 수리를 요하지 않으나, 관세의 납세신고는 수리를 해야만 효력이 발생하기 때문에 차이가 있고, 그래서 관세는 다른 규정이 없는 한 수입신고 수리 후에만 수입물품의 반출이 가능하도록 하고 있다.

납세업무처리에 관한 고시 제9조 제1항은, "납세의무자가 제7조의 규정에 따라 납세신고를 하고 해당 세액을 납부한 때에 세액이 확정된다."고 규정하고 있어서 수입신고 시에 확정되는 것처럼 설명하지만 역시 명확하지 않다.

생각건대 '수리'의 법적 성격을 고려하여 '수입신고 수리 시에 확정'된다고 보거나(제1설) 또는 '수입신고 수리를 정지조건으로 해서 수입신고 시'에 확정된다(제2설)고 해석할 수밖에 없다. 다만 이러한 차이는 개념상 문제될 뿐, 수입신고와 수입신고 수리 간의 기간 차이가 매우 짧고 물품이 세관에 의해 통제되고 있어서 징수권 행사 등 실제 적용에 문제되는 상황은 별로 없을 것이다.

---

7) 정하중, 『행정법개론』, 법문사(2011), p.228.

3. 관세채권액의 변경

내국세의 경우 일단 확정된 조세채무에 대하여 오류나 탈루가 있는 경우 이를 바로잡을 수단이 필요한데, 이에는 3가지 유형이 있다.

먼저 과소신고 또는 불완전 신고한 경우 과세관청의 결정 또는 경정 전까지 할 수 있는 수정신고(제45조)가 있으며 이 수정신고는 확정의 효력이 있다. 두 번째 납세의무자가 과세표준이나 세액의 감액을 법정신고기한이 지난 후 5년 이내에 청구하는 경정청구(제45조의2)가 있는데, 경정청구에는 세액의 확정적 효력이 없다. 세 번째 납세의무자에 의한 신고가 없더라도 과세관청은 직권으로 경정결정(제44조)을 할 수 있다.

관세채권액의 변경절차에 있어서는 정정→보정→수정신고 또는 경정청구의 순에 의한다. 예컨대 관세의 신고납부세액이 확정된 때에는 보정신청·수정신고 또는 경정청구를 하지 않고는 신고납부세액을 정정할 수 없으며(위 고시 제9조 제2항), 납세의무자는 납세신고 한 세액을 납부하기 전에 그 세액이 과부족(過不足)하다는 것을 알게 되었을 때에는 납세신고 한 세액을 정정할 수 있다(관세법 제38조 제4항).

이러한 관세법의 변경절차는 내국세법과 차이가 있는데, 내국세법에서는 정정과 보정의 개념을 사용하지 않기 때문이다. 왜 이러한 차이가 발생하는지 여부에 대한 설명은 찾기 어려운데, 과세요건 중 과세표준의 결정에서 재량적 판단이 필요가 경우가 적지 않은 내국세의 경우와 달리 관세는 대부분 객관적 자료에 의해서만 과세표준이 인정되어 과세관청의 재량 판단에 의해 결정할 여지가 아주 협소하다는 설명[8]을 고려한다면 이러한 차이가 관세채권액의 변경절차에도 반영된 것은 아닐까 추측한다.

이러한 관세법의 정정과 보정은 납세신고 한 세액, 즉 아직 납부하지 아니한 상태에서 변경하는 것을 정정, 납부한 상태의 변경은 보정이라 하여 2003.12. 개정 관세법에서 구분하여 규정하였는데, 종전에는 같은 의미로 사용하였다.[9] 한편 국세의 수정신고는 당초의 신고에 따라 확정된 과세표준과 세액을 증액하여 확정하는 효력을 가진다고 되어 있으나(국세기본법 제22조의2), 관세법에서는 그 당부를 따져야한다는 견해와 자기완결적 신고로 보는 견해로 나뉘어 다툼이 있다. 이처럼 관세채권액의 변경절차에 있어서도 내국세와 관세에 차이가 존재한다.

---

8) 정재완, 전게 논문, pp.209 – 210.
9) 이종익·최천식·박병목, 『관세법해설』, 세경사(2016), p.181

IV. 관세채무의 이행

1. 납 부

관세채무의 이행이란 곧 납부를 의미한다. 관세채무의 납부에 따라 관세의 납세의무는 소멸하게 된다. 납부의무를 이행하지 않는 경우 강제징수의 대상이 될 뿐 아니라 경우에 따라서는 통고처분 등에 따라 형벌의 책임을 부담하기도 한다.

2. 이행 확보 절차

관세채무의 이행 확보를 위하여 보증인, 제2차납세의무 등 납세의무가 확장되기도 하고 담보제공의무를 부담시키기도 하는 등의 조치를 취하고 있으며, 관허사업의 제한이나 출입국금지 등 국세징수법 상의 간접강제방법도 규정하고 있다. 해당 부분에서 다시 설명한다.

3. 이행의무 완화

기한연장, 경정청구 등 내국세와 같은 제도 외에 월별납부제도, 일괄납부제도 등 관세법 특유의 제도를 통해 이행의무를 완화하고 있다. 이에 대해서는 해당 부분에서 다시 설명한다.

V. 관세 납세의무 소멸

관세의 납세의무는 내국세와 마찬가지로 납부, 충당, 부과처분의 취소, 제척기간 만료, 소멸시효 완성 등의 사유로 소멸한다. 다만 제척기간과 소멸시효와 관련하여 관세법에 특유한 것들이 일부 포함되어 있는데 이에 대해서는 해당 부분에서 다시 설명한다.

VI. 적용법령

수입통관절차의 진행 중 법령 등 개정이 있는 경우 '수입신고 당시'의 법령에 따라 부과한다(제17조 본문). 다만 과세물건 확정시기의 예외에 해당되어 수입신고가 없는 경우에는 그 사실이 발생한 날(제17조 단서 제1호), 보세건설장에 반입된 외국물품은 사용 전 수입신고한 때가 아니라 '수리된 날'의 법령을 적용한다(제2호).

왜냐하면 보세건설장(예: 하이닉스 이천 반도체공장)의 반도체설비는 건설장 반입신고→사용전 수입신고 시에 과세물건이 확정(=반도체 설비로 품목 신고)→설비 등 공사에 투입된 후 보세건설장의 건설이 완료되면(완료신고) 그 때에 수입신고를 수리하여 반도체공장을 가동하게 된다. 그런데 그 기간이 장기간인 경우가 많고, 운영인은 보세건설장에서 건설된 시설을 수입신고가 "수리되기 전"에 가동할 수 없기 때문에 (법 제194조), 결과적으로 보세건설장에 대해서는 그 사용 전 수입신고가 수리된 날 (=완성품의 수입신고 수리일)의 법령을 적용하는 것이다.

|**사례 1**| A회사가 미국으로부터 수입하는 PCB(Printed Circuit Board) 검사기기는 현재 감면대상이나, 관세 감면 대상에서 제외될 예정으로 입법예고되어 있다. A회사의 수입물품에 대한 관세감면 가능 여부는 어느 시점의 법령에 의하여 판단하여야 하는가?[10]

---

10) 관세는 수입신고 시점의 법령을 기준으로 부과하므로, 입법예고에 관계없이 수입신고 당시의 법령에 따라 판단하여야 한다(관세사 기출, 2012년).

2-2　관세의 과세물건

I. 관세의 납세의무와 과세물건

관세의 납세의무는 내국세의 경우처럼 법률에서 정한 과세 요건을 충족하는 경우에 성립하고, 납세의무자의 납세신고 또는 과세관청의 부과고지에 의하여 확정되며, 관세의 납부·충당·부과의 취소나 제척기간의 만료, 소멸시효의 완성 등으로 소멸하는 점은 동일하다.

이러한 관세를 부과하는 대상을 과세물건이라 하며, 수입물품에 부과한다(제14조).

관세의 과세물건이 수입'물품'으로 되어 있으므로, 동산 성격의 유체물 및 관리할 수 있는 자연력(전기, 가스 등)에 관세를 부과할 수 있다. 무체물인 권리사용료(특허권, 상표권, 의장권 등)은 계약서만 존재하므로 그 자체로는 관세를 부과할 수 없으나, 상표가 구현된 상품이 수입되는 경우에는 유체물의 가격에 포함되어 있는 경우이므로 과세대상이 된다.

II. 과세물건의 확정

1. 과세물건 확정의 의의

수입물품의 성질이나 수량, 중량 등을 정하는 것을 과세물건 확정이라고 한다. 이것이 문제되는 이유는 "수입물품"이 선박 등 수출국 출항→수입국 입항→보세구역 반입→수입신고→수리→반출 등과 같은 과정을 거치면서 서류와 물건의 현상이 불일치하는 상황이 발생하기 때문이다. 예컨대 운송 후 수량이 200→190→180→170→160→150개로 변경된 경우 어느 수량을 기준으로 할 것이냐에 따라 관세액 등에 차이가 발생할 수 있으므로 문제되는 것이다.

2. 과세물건 확정의 시기

관세법에서는 '수입신고를 하는 때'인 170개로 정한다는 취지를 규정하고 있다. 즉 관세는 수입신고(입항전수입신고를 포함)를 하는 때의 물품의 성질과 그 수량에 따라 부과한다(제16조 본문). 다만 각각 규정된 때의 물품의 성질과 그 수량에 따라 부과하는 경우도 있다(제16조 단서).

단서의 예외 규정은 수입신고를 생략하거나 정상적인 수입신고가 어렵거나 그 본질상 수입신고가 불가능한 경우들이다. 수입신고 없이 외국물품에 대한 사용이나 소비가 이루어지기 때문에 그러한 사용, 소비에 대한 허가·승인·신고(＝수입신고 아닌 별개신고), 사용·소비(＝도난·멸실 시), 기타(＝매각, 통관우체국) 등에 확정된 것으로 보는 것이다.

| **사례 1**| 대한민국 국적 D수산㈜의 ○○호는 태평양 공해상에서 직접 잡은 참치 300톤과 여기에 미국 어선이 인근 공해에서 어획한 참치 200톤을 톤당 1천달러를 주고 구입하여 총 500톤을 한국에서 온 운반선에 인도하였다. 운반선은 부산항에 정상적으로 입항하여 세관에 수입신고 하고자 하는 경우, 과세물건은 총 몇 톤일까?[11]

---

3. 예외적 과세물건의 확정시기

① 선(기)용품을 허가대로 적재하지 않아 관세를 징수하는 경우(제143조 제6항, 제151조 제2항): 선박용품 등을 국제무역선 또는 국제무역기에 하역하거나 환적하려면 세관장의 허가를 받아야 하며, 하역 또는 환적허가의 내용대로 하역하거나 환적하여야 하는데, 하역 또는 환적허가의 내용대로 운송수단에 적재되지 아니한 경우에는 해당 허가를 받은 자로부터 즉시 그 관세를 징수한다. 따라서 확정시기는 하역을 허가받은 때(본래 선박용품 등은 통관절차 없음)

② 보세구역 외의 보수작업 물품(제158조 제7항): 보세구역 밖에서 하는 보수작업을 승인받은 때(지정기간이 경과한 물품)

③ 보세구역 장치물품이 멸실(자연재해)·폐기되어 관세를 징수하는 물품(제160조 제2항): 해당 물품이 멸실되거나 폐기된 때(귀책사유 있는 경우. 사유 없으면 관세×)

④ 보세공장(보세건설장)외 또는 종합보세구역 외 작업 시 작업허가 기간의 경과로 인하여 관세를 징수하는 물품(제187조 제7항, 제195조 제2항, 제202조 제3항): 보세공장 외 작업, 보세건설장 외 작업 또는 종합보세구역 외 작업을 허가받거나 신고한 때

---

11) 대한민국 국적의 ○○호가 공해에서 어획한 참치 300톤은 내국물품이므로 수입신고 대상이 아니다. 과세물건은 미국 국적의 어선이 어획한 200톤이다(국가직 기출, 2011년).

⑤ 보세운송기간이 경과하여 관세를 징수하는 물품(제217조): 보세운송을 신고하거나 승인받은 때

⑥ 수입신고가 수리되기 전에 소비하거나 사용하는 물품(제239조에 따라 소비 또는 사용을 수입으로 보지 아니하는 물품은 제외한다): 해당 물품을 소비하거나 사용한 때

⑦ 수입신고전 즉시반출신고를 하고 반출한 물품(제253조 제1항): 수입신고전 즉시반출신고를 한 때(10일 내 수입신고를 하여야 함)

⑧ 우편으로 수입되는 물품(수입신고 대상에 해당하는 우편물은 제외한다): 제256조에 따른 통관우체국(이하 "통관우체국"이라 한다)에 도착한 때(간이통관절차)

⑨ 도난물품 또는 분실물품: 해당 물품이 도난되거나 분실된 때(=관리부실에 따른 책임)

⑩ 관세법에 따라 매각되는 물품(예: 화주가 수입신고 전 도산): 해당 물품이 매각된 때

⑪ 수입신고를 하지 아니하고 수입(=밀수)된 물품(제1호부터 제10호까지에 규정된 것은 제외한다): 수입된 때

과세물건 확정의 원칙을 수입신고 시로 하고 있기 때문에, 수입신고 시의 화주를 납세의무자로 하는 규정과의 관계에서도 예외가 된다. 즉 과세물건 확정의 예외에 해당하는 사유들은 특별납세의무자와 연결된다. 해당 부분에서 다시 설명한다.

> **|사례 2|** '甲'이 인터넷을 이용하여 전자상거래로 구매한 물품이 우편으로 도착되었다. 관세법령의 개정으로 전자상거래물품에 대한 면세기준이 달라졌을 때, 어느 시점의 법령을 기준으로 면세 여부를 판단하게 되는가?[12]

---

12) 관세는 수입신고 당시의 법령에 따라 부과되나, 우편물의 과세물건 확정시기는 통관우체국에 도착한 때이므로, 해당 물품이 통관우체국에 도착한 날 시행하는 법령에 따라 면세여부를 판단하여야 한다(관세사 기출, 2006년).

2-3 관세의 과세표준

I. 결정기준

물품의 가격을 과세표준으로 하는 경우에 이를 종가세라하고, 물품의 수량을 과세 표준으로 하는 경우에는 종량세라 한다. 과세표준을 수량으로 정하는 경우에는 국제 적으로 통일된 계량기준이 존재하므로 과세표준의 결정이 그리 어렵지 않지만, 가격 으로 정하는 경우에는 다양한 국가와 다양한 형태의 계약으로 무역이 이루어지기 때 문에 그 가격을 결정하는 것이 쉽지 않다. 그래서 WTO 관세평가협정에 따라 여러 가지 가격결정 방법을 정하고 관세법도 이를 수용하여 정하고 있다.

종가세가 일반적인 경우이며, "수입품 도착가격＋운임, 보험료 포함"(＝CIF)에 관 세를 부과하는 방식이다. 이 경우는 가격에 비례하여 관세액도 증가하므로 인플레이 션에 대응 가능하다. 그러나 가격판단이 쉽지 않고, 덤핑의 경우처럼 가격이 낮을수 록 관세액도 감소하므로 국내산업 보호 기능이 약하다는 단점이 있다.

종량세는 비례세이므로 수입품 가격은 관세율에 영향이 없어서 세액 판단이 쉬운 장점이 있으나, 물가변동에 따라 관세 부담의 불균형이 발생하는 단점이 있다.

II. 관세법의 태도

관세의 과세가격은 수입물품의 가격 또는 수량으로 한다(제15조). 즉 종가세와 종 량세를 모두 인정하고 있으나, 현실에서는 종가세가 99%에 달할 정도로 일반적이 다. 종량세는 확정된 영화필름(미터당 가격), 일부 농수산물(킬로그램당 가격) 등 일부 에만 적용되고 있다.

III. 과세환율

외국통화로 표시된 가격을 우리 통화로 환산해야 하므로 과세환율을 어떻게 정하 느냐 여부는 관세금액에 영향을 미치는 매우 중요한 문제이다. 외국통화로 표시된 경우 과세환율은 수입신고 한 날 또는 수입신고가 없는 경우에는 그 사실이 발생한 날(보세건설장에 반입된 물품의 경우에는 수입신고를 한 날)의 전주의 기준환율 또는 재정환율을 평균하여 관세청장이 정하며(제18조), 유니패스에 고시된다.[13] 과세환율의 적용기간은 일요일 00시부터 토요일 24시까지로 하며, 관세청 전자통관시스템(UNI-PASS)을 통하여 시달한다(수입물품 과세가격 결정에 관한 고시 제3조).

|사례 1| 아르헨티나산 오렌지를 수입하면서 미국 달러로 대금을 결제하였다. 수입신고일이 속하는 주의 전주의 기준환율은 1,200원이며, 전전주의 기준환율은 1,250원이다. 과세가격 결정과 관련하여 달러를 원화로 환산함에 있어 적용 과세환율은?[14]

---

13) https://unipass.customs.go.kr/csp/index.do 예컨대 2024.3.17.−3.23. 수출환율($)은 1315.66, 수입환율도 1315.66.
14) 관세환율은 1주일 단위로 고시되며, 수입 과세환율은 수입신고를 한 날이 속하는 주의 전주의 기준환율 또는 재정환율을 평균하여 관세청장이 정하는 율이다. 따라서 1,200원이 과세환율이다(관세사 기출, 2007년).

2-4 관세법의 세율

I. 의 의

과세표준에 대한 관세액의 비율을 말하며, 수입물품에 대한 관세액은 '과세표준×관세율'로 결정된다. 관세율에는 기본세율(=8%), 잠정세율(=일정기간 한정, 항상 기본세율에 우선하지만 2007년 이후 사용×), 탄력세율 등이 있고(법 제49조), 그 적용방법의 특례로서 입국자의 수입화물에 대한 간이세율, 소액수입화물에 대한 간이세율 등이 있다.

관세는 기본적으로 국가에서 재정확보를 위하여 징수하는 국세이며, 소비세적 성격을 띠고 있어 원재료에서 완제품으로 갈수록 즉 가공단계가 올라갈수록 세율도 올라간다(경사관세구조 tariff escalation system). 이는 국내 제조 및 수출산업을 육성하기 위한 것이다.

II. 관세율과 품목분류

수입물품에 대한 관세는 해당 품목번호(HS CODE)마다 적용되는 관세율 및 원산지 결정기준이 미리 정해져 있으므로, 품목분류에 따라 관세율의 크기가 달라진다. 품목분류란 전 세계에서 거래되는 각종 물품을 세계관세기구(WCO)가 정한 국제통일상품분류체계(HS)에 의거 하나의 품목번호(Heading)에 분류하는 것을 말하며, 국제통상상품분류체계에 관한 국제협약(The International Convention on the Harmonized Commodity Description and Coding System: HS협약)에 따라 모든 체약국은 HS체계에서 정한 원칙에 따라 품목분류업무를 수행하도록 되어 있다. 현재 HS협약 부속서인 품목분류표는 6단위로 작성되어 WCO회원국(212개국) 공통으로 사용한다. HS Code는 총 10자리로 앞 6자리까지는 국제 공통으로 사용하는 코드이고, 뒤 4자리는 각 나라에서 자국 실정에 맞게 세분화해 사용한다.

관세법은 신고납부 방식을 원칙으로 하므로 HS코드의 일차적인 결정 주체는 물품을 수입하는 납세자가 된다. 다만 그에 대해서는 과세관청과 의견이 대립되는 경우도 많은데, 특히 HS 품목분류표가 기술산업의 발전 속도를 따라가지 못하는 경우에는 그러한 차이가 더 크게 발생할 수 있다. 품목분류에 따라 관세율이 정해지며, 경합되는 품목분류 간 관세율 차이가 큰 경우도 있다. 예컨대 쌀의 가공 정도에 따라 제1006호(684%) 또는 제1904호(8%)에 분류된다. 자세한 것은 제6장에서 서술한다.

III. 세율의 종류

법 제51조에서 제56조까지 덤핑방지관세, 제57조에서 제62조까지 상계관세, 제63조, 제64조에서 보복관세, 제65조에서 제67조의2까지 긴급관세를 규정하고 있으며, 제68조에서 농림축산물에 대한 긴급관세, 제69조, 제70조에서 조정관세, 제71조에서 할당관세, 제72조에서 계절관세, 제73조에서 국제협력관세, 제74조, 제75조에서 편익관세, 제76조, 제77조에서 일반특혜관세를 정하고 있다.

크게 보면 법률에 의한 기본세율과 잠정세율, 탄력세율(시행령 등으로 정하는 세율) 등 3종류의 세율이 있는 것이다. 잠정세율의 경우 기본세율에 우선하여 적용되는 것이지만(법 제50조), 잠정세율은 2006년 이후 적용되는 물품이 없다. 관세율의 종류에 관한 내용을 정리하면 다음 <표 3>과 같다.

| 표 3 | 관세율의 종류

종류		내용 및 근거
국정 관세율	기본 관세율	관세법 별표 관세율표상의 기본세율
	잠정 관세율	기본관세율과는 다른 세율을 잠정 적용(현재 운용×)
	탄력 관세율	덤핑방지관세, 상계관세, 계절관세, 조정관세 등 관세법 제51조 내지 제75조(제73조 제외)에 규정
협정 관세율		외국과의 조약이나 행정협정에 의거 결정된 세율

IV. 세율의 적용순위

세율적용의 예외로서, 편익관세와 국제협력관세는 기본관세, 잠정관세, 조정관세, 할당관세, 계절관세, 일반특혜관세 보다 낮은 경우에만 우선하여 적용하고, 할당관세는 물가안정을 위해 수입을 늘리는 위해 관세율을 낮추는 경우이므로 일반특혜관세 보다 낮은 경우에 한하여 우선 적용한다. 또한 국제기구와의 양허세율은 기본세율 및 잠정세율에 우선하여 적용한다(제50조 제3항). 관세율의 적용 순위에 관한 내용을 정리하면 다음 <표 4>와 같다.

| 표 4 | 관세율의 적용 순위

순위	적용 관세율	비고
1	덤핑방지(제51조), 상계(제57조), 보복(제63조), 긴급(제65조), 특정국물품긴급(제67조의2), 농림축산물특별긴급(제68조), 조정(제69조 제2호)	관세율의 높낮이에 관계없이 우선 적용
2	국제협력관세(제73조), 편익관세(제74조)	3, 4, 5, 6순위 세율보다 낮은 경우에만 우선 적용
3	조정관세(제69조 제1호, 제3호, 제4호), 할당관세(제71조), 계절관세(제72조)	단, 할당관세는 4의 관세율보다 낮은 경우에만 우선 적용
4	일반특혜관세(제76조)	
5	잠정관세(제50조)	
6	기본관세(제50조)	

V. 세율의 적용

1. 간이세율의 적용

간이세율이란, 수입물품에 대한 관세, 임시수입부가세 및 내국세의 세율을 기초로 "통합하여 하나의 세율"로 과세하는 것을 말하며(제81조 제3항), 신속한 통관을 위해서 간이세율로 부과해도 실제 계산액과 차이가 별로 없는 경우에 적용한다. 예컨대 여행자휴대품에 대해서는 관세8% + 임시수입부가세 + 부가가치세10%(= 18.8%)와 같이 과세하는 것이 아니고 15%의 단일세율로 과세하는 것을 말한다(시행령 제96조 제1항). 관세청 홈페이지에 의하면 여행자휴대품의 경우 총 과세가격 1,000$까지의 선물 등 개인용품은 15%의 단일세율이 적용된다(별표2 참조). 우편물(수입신고를 하여야 하는 것은 제외), 탁송품(= DHL 등) 또는 별송품(= 예컨대 휴대품이 너무 많아 다음 비행기로 보내는 경우)도 간이세율을 적용할 수 있다(동조 제1항).

① 관세율이 무세인 경우나 감면되는 경우에는 세액 차이가 너무 크다는 이유로, ② 환급이 필요한 수출용원재료에는 내수와 구분이 어렵다는 이유로, ③ 범칙물품인 경우 신속통관이 불필요하다는 이유로, ④ 화주가 수입신고를 할 때에 과세대상물품의 "전부에 대하여" 간이세율의 적용을 받지 아니할 것을 요청한 경우의 당해 물품은 납세자가 원하지 않는다는 이유 등으로 인해 간이세율 계산의 전제가 성립하지

않으므로 간이세율을 적용하지 않는다(시행령 제96조).

또한 부과고지 대상으로서 1개나 1조의 과세가격이 500만원을 초과하는 물품, 상업용으로 인정되는 수량의 물품, 관세법 제49조 제3호에 따라 탄력관세를 적용받는 물품 중 기본관세율보다 높은 세율을 적용받는 물품은 간이세율 적용이 배제된다.

2. 합의에 따른 세율 적용

합의에 의한 세율적용은 간이세율과 마찬가지로 신속한 통관을 위해 인정되는 제도이다(제82조). 물품별 세율이 다르지만 물품 수가 많아서 1건으로 일괄하여 수입신고를 하되(예: 땡처리 의류) 그 세율 중 가장 높은 세율을 적용하여 개별적인 세액 계산 없이 신속하게 통관시키는 것이다. 그렇기 때문에 수입신고인의 신청이 필요하다(제1항). 이와 같이 합의에 의한 세율을 적용하는 경우에는 관세액이 증가하였더라도 자의에 의해 신고한 것이어서 심사와 심판에 대한 규정(제119조부터 제132조까지)을 적용하지 않으므로, 결국 불복할 수 없다(제2항).

3. 용도세율의 적용(=다용도 물품인 경우)

용도에 따라 세율(기본, 잠정, 양허, 탄력 등)을 달리 정한 물품을 세율이 낮은 용도에 사용하고자 할 때 세관장의 승인을 얻어 낮은 세율을 적용하는 것을 말한다. 예컨대 감자 등 농산물을 수입하면서 종자(=0%)로 사용한다고 하면 식용(=8%)으로 하는 경우보다 세율이 낮아지게 된다. 그래서 이러한 경우에는 세관장의 승인을 요한다.

다만, 별표 관세율표, 잠정세율, 덤핑방지관세, 상계관세, 보복관세, 긴급관세, 특정국물품 긴급관세, 농림축산물 특별긴급관세, 조정관세, 할당관세, 계절관세, 국제협력관세, 일반특혜관세의 경우에는 용도에 따라 세율을 다르게 정하는 물품을 세율이 낮은 용도에 사용하여 해당 물품에 그 낮은 세율(이하 "용도세율"이라 한다)의 적용을 받으려는 자는 대통령령으로 정하는 바에 따라 세관장에게 신청하여야 한다. 그러나 대통령령으로 정하는 바에 따라 미리 세관장으로부터 해당 용도로만 사용할 것을 승인받은 경우에는 신청을 생략할 수 있다(제83조 제1항). 용도세율의 사후관리는 그 수입신고 수리일부터 3년의 범위에서 인정된다(동조 제2항). 종자용 감자를 식용에 사용하는 등 사후관리에 위반한 경우 정상적인 세액과 용도세율에 따른 관세액의 차액을 즉시 징수하고, 양도인으로부터 징수할 수 없으면 양수인으로부터 즉시 징수한다. 재해멸실 또는 미리 승인을 받아 폐기한 경우에는 차액관세를 징수하지 않는다(동조 제3항).

VI. 세율의 조정

세율의 조정에 관한 내용을 정리하면 다음 표와 같다(무역 관련 국제경제학의 내용임).

| 표 5 | 세율의 구분과 종류

구분	부과사유	종류	부과방식
1그룹 (WTO 규정)	상대방 원인	덤핑관세	덤핑/기본관세 + 추가
		우회덤핑관세	물리적 특성이나 형태 등을 경미하게 변경/부과 회피
		상계관세	보조금 지급/기본관세 + 추가
		보복관세	무역이익 침해/별도 관세
	우리 측 원인	긴급관세	단기간 수입 급등, 보상조치 ○
		특정국 긴급관세	시행 ×
		농수축산물 긴급관세	기준 가격 및 기준 초과, 조사 없이 자동적 ○
2그룹	긴급 ×	조정관세	무역이익 보호(수입자유화), 100%
		할당관세(이중관세)	관세↓ 수입 늘리기 위함(±40%)
		계절관세	출하기↑, 비출하기↓, +는 40%↑
3그룹	산업피해 구제×, 편익 부여	국제협력관세 (상호주의)	양허, 국제기구는 50%
		편익관세	일방적, 국가를 지정
		일반특혜관세	일방적, 개발도상국

2-5 납세의무자

I. 원칙

관세를 납부하는 자, 즉 원칙적인 납세의무자는 수입신고를 하는 때의 화주(貨主)이며, 수입을 위탁하지 않고 수입신고를 하는 경우에는 수출업자가 작성하여 수입업자에게 보내는 선적안내서·내용증명서·선적화물의 계산서 등의 송품장(invoice)이나 선하증권(항공화물운송장)에 적힌 물품수신인(受荷人)이 납세의무자가 된다. 납세의무자는 외국물품을 직구매할 수 있으나 대행수입을 통해 이를 취득할 수도 있는데 이 경우의 납세의무자가 문제될 수 있다.

구체적으로 ① 수입을 위탁받아 수입업체가 대행수입한 물품인 경우에는 그 물품의 수입을 위탁한 자, ② 수입을 위탁받아 수입업체가 대행수입한 물품이 아닌 경우에는 상업서류(=송품장, 선하증권(Bill of Lading) 또는 항공화물운송장)에 적힌 물품수신인(受荷人), ③ 수입물품을 수입신고 전에 양도한 경우에는 그 양수인이 된다(제19조 제1항 1호). 대행수입이란 주문－결제－배송까지 대행하는 것을 의미한다.

> |사례 1| 보세장치장에 장치된 채로 수입물품을 그 실질적 소유자로부터 증여받은 자도 관세법상의 납세의무자가 될 수 있을까?[15)]

> |사례 2| 한국의 A사는 어떠한 물품에 대하여 한국의 B사로부터 수입대행요청에 의하여 단순 수입대행계약을 체결하고 A사를 신용장 발행신청인으로 하고 C사를 수익자로 하는 양도가능 수입신용장을 개설하였다. C사는 사정에 의하여 D사에게 동 신용장을 양도하고 D사 명의의 선적서류가 한국에 도착되었다. 동 물품은 수입신고 후 최종적으로 국내의 E사 및 F사로 판매되었다. 이 경우 관세법에 따른 관세의 납세의무자는 누구일까?[16)]

---

15) 수입물품의 관세법상의 납세의무자는 수입신고를 한 자가 아니면 화주라 할 것이므로 수입물품의 실질적 수요자로부터 이를 증여받은 자는 관세법상 수입물품의 화주라 할 수 없다는 종전 판례(대법원 1976.6.22. 선고 76누43 판결)가 있었으나, 2019년 법 개정으로 수입물품을 수입신고 전에 양도받은 양수인도 납세의무자가 되는데 여기의 양도는 소유권이전을 의미하므로 증여를 받은 자도 납세의무자가 된다.
16) 수입을 위탁받아 대행수입하는 경우 물품의 수입을 위탁한 자가 납세의무자이다. 따라서 수입대행을 위탁한 B사가 납세의무자이다. 신용장의 수익자는 물품대금을 지급받게 되는 수

다만, 수입신고가 수리된 물품 또는 제252조에 따른 수입신고 수리전 반출승인을 받아 반출된 물품에 대하여 납부하였거나 납부하여야 할 관세액이 부족한 경우 해당 물품을 수입신고하는 때의 화주의 주소 및 거소가 분명하지 아니하거나 수입신고인이 화주를 명백히 하지 못하는 경우에는 그 신고인이 해당 물품을 수입신고하는 때의 화주와 연대하여 해당 관세를 납부하여야 한다(위 1호 단서).

한편, 일본의 경우에는 "화물을 수입하는 사람"으로 되어 있으며, 통상적으로는 송품장(Invoice)에 기재된 물품수신인이 되지만, 송품장이 없는 경우에는 선하증권에 기재된 수하인이 납세의무자가 된다.

II. 특별납세의무자

특별납세의무자란 수입신고에 의하지 않고 관세의 납부책임이 발생하는 다음과 같은 경우이다. 이는 제16조 과세물건 확정의 예외에 해당하는 사유들이며, 부과주의에 의해 과세되는 경우이기도 하다. 원칙적인 납세의무자인 화주 또는 수입신고인과 아래에서 보는 특별납세의무자가 경합되는 경우에는 특별납세의무자를 납세의무자로 한다(제19조 제2항).

① 선(기)용품을 허가대로 적재하지 않아 관세를 징수하는 경우(제143조 제6항, 제151조 제2항)에는 하역허가를 받은 자
② 보세구역 외의 보수작업 물품(제158조 제7항): 보세구역 밖에서 하는 보수작업을 승인받은 자
③ 보세구역 장치물품이 멸실 폐기되어 관세를 징수하는 물품(제160조 제2항)인 경우에는 운영인 또는 보관인
④ 보세공장(보세건설장) 외 또는 종합보세구역 외 작업 시 작업허가 기간의 경과로 인하여 관세를 징수하는 물품(제187조 제7항, 제195조 제2항, 제202조 제3항)인 경우에는 보세공장 외 작업, 보세건설장 외 작업 또는 종합보세구역 외 작업을 허가받거나 신고한 자
⑤ 보세운송기간이 경과하여 관세를 징수하는 물품(제217조)인 경우에는 보세운송을

출자이므로 C와 D는 납세의무가 없고, 수입신고 후 물품을 구매한 E와 F도 납세의무가 없다(국가직 기출, 2007년).

신고하였거나 승인을 받은 자

⑥ 수입신고가 수리되기 전에 소비하거나 사용하는 물품(제239조에 따라 소비 또는 사용을 수입으로 보지 아니하는 물품은 제외한다)인 경우에는 그 소비자 또는 사용자

⑦ 수입신고전 즉시반출신고를 하고 반출한 물품(제253조 제4항)인 경우에는 해당 물품을 즉시 반출한 자

⑧ 우편으로 수입되는 물품인 경우에는 그 수취인

⑨ 도난물품이나 분실물품인 경우에는 다음 각 목에 규정된 자(=멸실장소에 따른 구분)

   (a) 보세구역의 장치물품(藏置物品): 그 운영인 또는 제172조 제2항에 따른 화물관리인

   (b) 보세운송물품: 보세운송을 신고하거나 승인을 받은 자

   (c) 그 밖의 물품: 그 보관인 또는 취급인

⑩ 이 법 또는 다른 법률에 따라 따로 납세의무자로 규정된 자

⑪ 원칙적 납세의무자 또는 위 ①~⑩에 해당하지 않는 경우에는 그 소유자 또는 점유자

III. 납세의무의 확장

1. 총 설

납세의무의 확장과 관련해서는 납세보증인, 납세의무의 승계, 연대납부의무, 제2차납세의무, 양도담보재산에 대한 납세의무 등에 대한 규정으로서, 국세기본법의 그것과 거의 같다. 다만, 관세행정과 관련한 불법행위를 차단하기 위하여 수입신고한 물품의 납세의무자를 수입신고하는 때의 화주로 명확히 하고, 수입신고 시 실제화주가 아닌 자를 납세의무자로 신고해 관세포탈, 부정감면죄를 저지른 경우 실제화주 외에 수입신고자나 신고 된 납세의무자에게 연대해 납세의무를 지우도록 개정하였다. 경우에 따라서는 수입신고인인 관세사도 책임을 부담하도록 하는데 이러한 규정은 관세법에 특유한 것이다.

2. 납세보증인

이 법 또는 다른 법령, 조약, 협약 등에 따라 관세의 납부를 보증한 자는 보증액의

범위에서 납세의무를 진다(제19조 제3항). 당사자의 의사에 의해 보증채무를 지는 것이므로 의사와 무관하게 법 규정에 의해 책임을 지는 제2차 납세의무와 구별되지만, 책임의 내용이 2차적이라는 점에서는 유사하다.

3. 납세의무의 승계

법인이 합병하거나 상속이 개시된 경우에는 「국세기본법」 제23조 및 제24조를 준용하여 관세·가산세 및 강제징수비의 납세의무를 승계한다. 예컨대 피상속인의 체납관세를 상속인이 포괄승계 한다. 이 경우 같은 법 제24조 제2항 및 제4항의 "세무서장"은 "세관장"으로 본다(제19조 제4항).

4. 연대납세의무

이 법에 따라 관세·가산세 및 강제징수비를 연대하여 납부할 의무에 관하여는 「민법」 제413조부터 제416조까지, 제419조, 제421조, 제423조 및 제425조부터 제427조까지의 규정을 준용한다(제19조 제7항).

수입물품에 관계되는 관세·가산세 및 강제징수비에 대해서 연대하여 납부할 의무를 지는 경우는 크게 두 가지로 나누어 보아야 한다(제19조 제5항).

첫째 수입신고물품의 경우이다. 이 경우에는 다음과 같은 사람들이 연대납세의무를 부담한다.

① 수입신고물품이 공유물이거나 공동사업에 속하는 물품인 경우: 그 공유자 또는 공동사업자인 납세의무자
② 수입신고인이 수입신고를 하면서 수입신고하는 때의 화주가 아닌 자를 납세의무자로 신고한 경우: 수입신고인 또는 납세의무자로 신고된 자가 관세포탈 또는 부정감면의 범죄를 범하거나 정황을 알면서 교사·방조[17](관세포탈 또는 부정감면에 따른 행위를 교사하거나 방조한 경우에 한정한다)에 따른 범죄를 범하여 유죄의 확정판결을 받은 경우 그 수입신고인 및 납세의무자로 신고된 자와 해당 물품을 수입신고하는 때의 화주. 다만, 관세포탈 또는 부정감면으로 얻은 이득이 없는

---

[17] 제271조(미수범 등) ① 그 정황을 알면서 제269조 및 제270조에 따른 행위를 교사하거나 방조한 자는 정범(正犯)에 준하여 처벌한다.

수입신고인 또는 납세의무자로 신고된 자는 제외한다.

③ 다음 중 어느 하나를 업으로 하는 자(이하 "구매대행업자"라 한다)가 화주로부터 수
입물품에 대하여 납부할 관세 등에 상당하는 금액을 수령하고, 수입신고인 등에게
과세가격 등의 정보를 거짓으로 제공한 경우: 구매대행업자와 수입신고하는 때의
화주

    (a) 자가사용물품을 수입하려는 화주의 위임에 따라 해외 판매자로부터 해당
        수입물품의 구매를 대행하는 것

    (b) 사이버몰(컴퓨터 등과 정보통신설비를 이용하여 재화 등을 거래할 수 있도록 설
        정된 가상의 영업장을 말한다. 이하 같다) 등을 통하여 해외로부터 구매 가능
        한 물품의 정보를 제공하고 해당 물품을 자가사용물품으로 수입하려는 화
        주의 요청에 따라 그 물품을 구매해서 판매하는 것

둘째, 특별납세의무자가 2인 이상인 경우이다. 이 경우에는 그 2인 이상의 납세의
무자가 연대납부의무를 진다. 다만 법인이 분할되거나 분할합병 되는 경우, 법인이
분할 또는 분할합병으로 해산하는 경우, 법인이 채무자 회생 및 파산에 관한 법률에
따라 신회사를 설립하는 경우에는 분할되는 법인이나 분할 또는 분할합병으로 설립
되는 법인, 존속하는 분할합병의 상대방 법인 및 신회사가 관세·가산세 및 강제징
수비를 연대하여 납부할 의무를 진다(제19조 제6항).

5. 제2차납세의무

관세의 징수에 관하여는 「국세기본법」 제38조부터 제41조까지의 규정(＝제2차납
세의무)을 준용한다(제19조 제8항). 이 경우 제2차 납세의무자는 관세의 담보로 제공
된 것이 없고 납세의무자와 관세의 납부를 보증한 자가 납세의무를 이행하지 아니하
는 경우에 납세의무를 진다(제9항).

6. 양도담보재산

타인의 재산에 대한 강제징수는 인정되지 않은 것이 원칙이다. 그런데 법률상으로
는 타인 명의의 재산이지만 경제적으로는 채무자의 재산인 경우 그러한 채무자 명의
의 재산에 대해 강제징수를 할 수 있을까? 이것이 양도담보재산에 대한 강제징수의

문제인데 내국세와 구조는 거의 같다.

즉 납세의무자(관세의 납부를 보증한 자와 제2차 납세의무자를 포함)가 관세·가산세 및 강제징수비를 체납한 경우 그 납세의무자에게 「국세기본법」 제42조 제3항에 따른 양도담보재산이 있을 때에는 그 납세의무자의 다른 재산에 대하여 강제징수를 집행하여도 징수하여야 하는 금액에 미치지 못한 경우에만 「국세징수법」 제7조를 준용하여 그 양도담보재산으로써 납세의무자의 관세·가산세 및 강제징수비를 징수할 수 있다.

다만, 그 관세의 납세신고일(제39조에 따라 부과고지하는 경우에는 그 납부고지서의 발송일을 말한다) 전에 담보의 목적이 된 양도담보재산에 대하여는 그러하지 아니하다 (제19조 제10항). 납세신고일 즉 수입신고일 전에는 구체적인 세액을 알 수 없기 때문에 관세채무로 양도담보권자에게 대항할 수 없다고 할 것이다.

법문에는 납세의무자에 보증인과 제2차납세의무자를 포함하고 있으므로, 셋 다 보충책임이지만 양도담보재산에 대한 책임을 묻는 순서는 보증인→제2차납세의무→양도담보의 순으로 순차 적용된다.

> **|사례 3|** 인천상사는 실화주로 동해물산에게 수입을 위탁하였다. 송품장 등 무역서류에는 동해물산이 화주로 표시되어 있다. 동해물산이 반입한 외국물품이 인천세관의 지정장치장에서 화물관리인의 관리하에 장치 도중 도난되었다면 이 물품에 대한 납세의무자는 누구일까?18)

---

18) 원칙적인 납세의무자는 수입을 위탁한 인천상사이나, 보세구역에 장치되어 있는 중에 도난이 된 경우에는 보세구역 운영인 또는 화물관리인이 특별납세의무자가 된다. 원칙적인 납세의무자와 특별납세의무자가 경합되는 경우 특별납세의무자를 납세의무자로 하므로 보세구역 화물관리인에게 납세의무가 있다(관세사 기출, 2009년).

2-6 납세의무의 소멸

I. 사 유

납부의무에는 세금 이외에 공과금이나 수수료 등 금전을 지급하는 것을 포함하므로 납세의무보다는 넓은 개념인데, 관세의 납부·충당, 관세부과의 취소, 제척기간 만료, 소멸시효 완성의 사유로 소멸한다(제20조).

II. 제척기간

관세는 해당 관세를 부과할 수 있는 날(＝수입신고일의 다음 날 or 사실·사유발생일·환급일의 다음 날)부터 5년이 지나면 부과할 수 없다. 다만, 부정한 방법으로 관세를 포탈하였거나 환급 또는 감면받은 경우에는 관세를 부과할 수 있는 날부터 10년이 지나면 부과할 수 없다(제21조 제1항). 2013년 법 개정으로 관세 부과의 제척기간을 2년에서 5년으로 연장하였고, 부정한 방법으로 관세를 포탈한 경우 제척기간을 5년에서 10년으로 연장하였다. 또한 2020년 개정 시 조문을 정리하면서, 관세법에 의한 심사청구·심판청구에 대한 결정, 감사원법에 의한 심사청구에 대한 결정, 행정소송법에 의한 소송에 대한 판결이나 압수물품의 환부결정이 있는 경우에는 제척기간이 경과된 경우에도 결정 또는 판결이 있은 날부터 1년간 관세를 부과할 수 있도록 하였다(제2항 1호). 특히 압수물품의 반환결정이 있는 경우에는 미납관세 부과·징수 후 반환하게 되기 때문에 결정 후 1년 이내에 제척기간이 만료되도록 한 것이다.

|사례 1| 4월 2일(월요일)에 보세창고에 반입된 외국물품이 관리 소홀로 4월 7일(토요일)에 도난되었다. 도난 사실은 4월 9일(월요일)에 보세창고 운영인에 의해 확인되었다. 관세부과를 위한 제척기간의 산정에서 그 기산일은 언제가 될까?[19]

이 법과 「자유무역협정의 이행을 위한 관세법의 특례에 관한 법률」 및 조약·협정 등에서 정하는 바에 따라 양허세율의 적용여부 및 세액 등을 확정하기 위하여 원산

---

[19] 과세물건 확정시기의 예외에 해당하는 경우 그 사실이 발생한 다음날을 관세부과 제척기간의 기산일로 한다. 따라서 보세구역 장치물품이 도난된 경우 과세물건의 확정시기는 보세구역 장치물품이 도난된 날이고, 관세부과 제척기간의 기산일은 보세구역 장치물품이 도난된 날의 다음날이므로 4월 8일이 기산일이 된다(관세사 기출, 2007년).

지증명서를 발급한 국가의 세관이나 그 밖에 발급권한이 있는 기관에게 원산지증명서 및 원산지증명서확인자료의 진위 여부, 정확성 등의 확인을 요청한 경우에는 ① 해당 요청에 따라 회신을 받은 날, ② 이 법과「자유무역협정의 이행을 위한 관세법의 특례에 관한 법률」및 조약·협정 등에서 정한 회신기간이 종료된 날 중 먼저 도래하는 날부터 1년이다(동항 2호). 압수물품의 반환 및 원산지증명 요청과 관련한 내용은 국세기본법에 없는 관세법의 특유사항이다.

한편 ① 제38조의3 제2항·제3항(＝수정 및 경정) 또는 제38조의4(＝수입물품 과세가격 조정) 제1항에 따른 경정청구 예컨대 제척기간 만료직전 경정청구를 한 경우, ② 제38조의4 제4항(＝기획재정부장관에게 국세의 정상가격과 관세의 과세가격 간의 조정을 신청한 경우)에 따른 조정 신청에 대한 결정통지가 있는 경우 예컨대 조정결정통지가 만료 직전에 된 경우에는 경정청구일 또는 결정통지일부터 2개월이다(3호).

이 법이나 감사원법, 행정소송법에 따른 결정 또는 판결에 따라 명의대여 사실이 확인된 경우에는 당초의 부과처분을 취소하고 그 결정 또는 판결이 확정된 날부터 1년 이내에 실제로 사업을 경영한 자에게 경정이나 그밖에 필요한 처분을 할 수 있다(제3항).

III. 소멸시효

1. 기 간

관세의 징수권은 이를 행사할 수 있는 날(＝납부기한 다음 날)부터 ① 5억원 이상의 관세(내국세를 포함한다)는 10년, ② 그 외의 관세는 5년의 기간 동안 행사하지 아니하면 소멸시효가 완성된다(제22조 제1항). 2014년 법 개정 시 국세기본법과 동일하게 고액 관세채권에 대한 징수권 소멸시효 기간을 연장하였다. 즉 내국세의 경우 5억 이상 국세징수의 소멸시효를 10년으로 연장한 것과 마찬가지로 고액인 관세채권에 대한 관세의 징수권을 강화하기 위하여 금액이 5억원 이상인 관세채권의 징수권 소멸시효를 현행 5년에서 10년으로 연장하였다. 납세자의 과오납금(＝잘못 납부하거나 초과하여 납부한 금액) 또는 그 밖의 관세의 환급청구권은 그 권리를 행사할 수 있는 날부터 5년간 행사하지 아니하면 소멸시효가 완성된다(제2항). 제2항도 국세기본법의 규정과 같다.

2. 중단과 정지

관세징수권의 소멸시효는 납부고지, 경정처분, 납부독촉, 통고처분, 고발, 「특정범죄 가중처벌 등에 관한 법률」 제16조에 따른 공소제기, 교부청구, 압류 등의 사유로 중단된다(제23조 제1항). 다만 납세고지, 경정처분, 납부독촉의 경우에는 납부기한까지, 통고처분은 그 이행기간까지, 고발의 경우는 판결 등 처분일까지, 공소제기의 경우는 공소판결일까지, 교부청구는 교부청구기간 중, 압류는 압류해제가 될 때까지 중단되는 등 기간에는 차이가 있다. 기본적으로 관세부과권을 행사한 경우 소멸시효가 중단된다는 점(제1항), 환급청구권도 그 행사로 소멸시효가 중단된다는 점(제2항)은 국세기본법과 다르지 않으나, 중단사유에 고발과 공소제기가 추가되었다는 점만 차이가 있다.

관세징수권의 소멸시효는 관세의 분할납부기간, 징수유예기간, 압류·매각의 유예기간 또는 사해행위(詐害行爲) 취소소송기간 중에는 진행하지 아니한다고 하여(제3항) 소멸시효 정지사유도 차이가 없으나, 사해행위 취소소송이 각하, 기각 또는 취하된 경우에는 소송의 효력이 없는 것이므로 정지되지 않는다(제4항). 관세징수권과 환급청구권의 소멸시효에 관하여 이 법에서 규정한 것을 제외하고는 「민법」을 준용하는 것(제5항)도 국세기본법과 같다.

2-7　납세 담보

I. 의 의

관세는 "보세구역의 외국화물"자체가 담보물의 성격이 있다(=유치권적 효력)는 점에서, 다른 조세채권과 차이가 있다. 그래서 너무 엄격하면 통관의 규제가 될 수 있으므로 조화가 필요하다. 종전에는 관세를 납부한 후에만 외국화물의 반출이 가능했으나 현재는 통관의 합리화를 위해 수입신고 수리 후 15일 이내 납부하는 것으로 개정되었다.

II. 납세 담보의 종류

이 법에 따라 제공하는 담보의 종류는 다음과 같다(제24조 제1항).

① 금전: 담보제공서 + 금융기관납입확인서

② 국채 또는 지방채: 담보제공서 + 채권에 관한 모든 권리를 행사하는 자의 위임장

③ 세관장이 인정하는 유가증권: 담보제공서 + 발행자의 증권확인서 + 권리행사위임장

④ 납세보증보험증권: 담보제공서 + 보증보험증권

⑤ 토지: 담보제공서 + 저당권설정 필요서류

⑥ 보험에 가입된 등기 또는 등록된 건물·공장재단·광업재단·선박·항공기 또는 건설기계: 담보제공서 + 보험증권(= 납세담보 필요기간 + 30일 이상) + 저당권설정 필요서류

⑦ 세관장이 인정하는 보증인의 납세보증서: 담보제공서 + 보증서

이때 납세보증보험증권 및 납세보증서는 세관장이 요청하면 특정인이 납부하여야 하는 금액을 일정 기일 이후에는 언제든지 세관장에게 지급한다는 내용의 것이어야 한다(제24조 제2항). 또한 납세의무자(관세의 납부를 보증한 자를 포함한다)는 이 법에 따라 계속하여 담보를 제공하여야 하는 사유가 있는 경우에는 관세청장이 정하는 바에 따라 일정 기간에 제공하여야 하는 담보를 포괄하여(= 포괄담보) 미리 세관장에게 제공할 수 있다(제24조 제4항).

III. 납세 담보 설정 절차

담보의 제공에 필요한 사항은 시행령 제10조에 규정되어 있다(제24조 제3항). 관세의 담보를 제공하고자 하는 자는 담보의 종류·수량·금액 및 담보사유를 기재한 담보제공서를 세관장에게 제출하여야 한다(시행령 제10조 제1항). 담보제공서 외에 각 담보물마다 별개의 첨부서류를 정하고 있다(제2항 이하). 다만 4호, 7호의 경우 담보가 되는 보증 또는 보험의 기간은 해당 담보를 필요로 하는 기간으로 하되, 납부기한이 확정되지 아니한 경우에는 관세청장이 정하는 기간(=납세담보를 필요로 하는 기간에 30일 이상을 더한 것)으로 한다(시행령 제10조 제5항).

제공하고자 하는 담보의 금액은 납부하여야 하는 관세에 상당하는 금액이어야 하므로, 상당액이 제공되었는지 여부의 심사가 필요하다. 다만, 그 관세가 확정되지 아니한 경우에는 관세청장이 정하는 금액으로 한다(시행령 제10조 제8항). 동일한 수입물품에 대하여 수입신고수리후 관세납부, 보세구역외 장치허가, 수입신고전 물품반출, 월별납부의 승인 등 8개 사유 중 2개 이상의 담보제공 사유에 해당하는 경우 2개 이상의 사유에 대하여 한번만 담보를 제공할 수 있다(고시 제14조 제2항). 납세담보 제공 사유별 담보액이나 기간이 다른 때에는 최대의 담보액과 기간으로 제공하여야 하며, 담보물이 납세보증(4호, 7호)인 경우에는 해당 담보물에 사용할 수 있는 담보의 용도들이 모두 명기되어야 한다(고시 제14조 제3항). 포괄담보를 제공하는 경우의 보증서에는 보증 또는 보험기간이 종료된 후 해당 관세 등의 납기가 도래하는 경우에도 해당 관세 등을 납부한다는 문언이 기재된 것이어야 한다(고시 제15조 제3항).

IV. 관세의 충당(담보에 의한 징수)

세관장은 담보를 제공한 납세의무자가 그 납부기한까지 해당 관세를 납부하지 아니하면 기획재정부령으로 정하는 바에 따라 그 담보를 해당 관세에 충당할 수 있다. 납부한 경우에는 담보를 해제하고 담보물을 반환하기 때문에 충당의 문제는 발생하지 않는다. 즉 납세담보로서 금전을 제공한 자는 그 금전으로 담보한 관세 등을 납부할 수 있으며, 세관장은 납세담보를 제공받은 관세 등이 담보의 기간에 납부되지 아니하면 그 담보로써 그 관세 등을 징수한다(고시 제21조).

납세담보로 제공한 금전으로 관세 등을 납부하려는 자는 그 뜻을 적은 문서로 해당 세관장에게 신청하여야 하며, 신청서류는 우편으로 제출할 수 있는데, 이 경우 신청한 금액에 상당하는 관세 등을 납부한 것으로 본다(고시 제22조 제1항). 이 경우 납부기한이 지난 후에 충당하였더라도 가산세를 징수하지 않는다(제25조 제1항). 담보물이 보증보험증권이거나 보증서인 경우에는 그 보증인에게 담보한 관세에 상당하는 금액을 납부할 것을 즉시 통보하고, 채권이나 유가증권, 토지, 건물 등인 경우에는 공매절차에 따라 매각하여 징수하거나 환가한 금전을 해당 관세에 충당한다(고시 제22조 제2항).

담보의 관세충당 후 잔액이 있으면 이는 담보제공자에게 반환하여야 하는데, 반환할 수 없는 경우에는 법원의 공탁소에 공탁할 수 있다(법 제2항). 납세의무자가 아닌 자의 보증이 있는 경우(=금액으로 보증하였음)의 잔액은, 납세의무자가 아닌 보증인에게 직접 돌려주어야 한다(제3항).

V. 담보가 없는 경우

담보 제공이 없거나 징수한 금액이 부족한 관세의 징수에 관하여는 이 법에 규정된 것을 제외하고는 「국세기본법」과 「국세징수법」의 예(=강제징수)에 따르는데(제26조 제1항), 관세법에는 강제징수에 관한 규정이 없기 때문이다. 예컨대 수입물품의 과세가격 조정으로 인하여 추가로 관세를 징수하여야 하는 경우, 제공된 담보가 있다면 그 담보물로써 충당하면 되지만 담보 제공이 없거나 징수한 금액이 부족한 경우라면 국세기본법과 국세징수법의 예에 따라 징수할 수밖에 없을 것이다. 세관장이 제1항에 따라 관세의 강제징수를 하는 경우에는 재산의 압류, 보관, 운반 및 공매에 드는 비용에 상당하는 강제징수비를 징수할 수 있다(제2항).

세관장이 본 조의 강제징수를 할 수 있는 경우란 예컨대 종합보세구역에 장치된 물품에 대하여 그 장치기간에 제한이 없는 경우로서 미통관 체납물품이 있는 경우라는 요건을 충족해야 한다.

그러나 보세구역에 반입한 외국물품의 장치기간이 정해진 경우에는 수입신고·체납 여부와 관계없이 그 기간이 지나면 그 사실을 공고한 후 해당 물품을 강제적으로 매각할 수 있다고 별도의 규정이 있으므로(=체화공매)(법 제208조) 이 경우에는 본조의 강제징수가 적용되지 않는다. 장치기간 경과물품에 대한 매각대금도 그 매각비용, 관세, 각종 세금의 순으로 충당하고, 잔금이 있을 때에는 이를 화주에게 교부한다(법 제211조).

VI. 담보의 해제

세관장은 납세담보의 제공을 받은 관세 및 강제징수비가 납부되었을 때에는 지체없이 담보해제의 절차를 밟아야 한다(제26조의2). 세관장은 담보를 제공한 자가 담보해제신청서를 제출하거나 국가관세종합정보망에서 납세담보의 제공을 받은 관세 등이 납부된 사실 등을 확인한 경우에는 지체 없이 담보해제 절차를 밟아야 한다(고시 제20조 제1항). 납세자가 제공한 포괄담보의 담보기간이 만료되었을 때에는 납세자의 포괄담보 사용내역을 확인하고, 관세 등 납부완료 및 담보사용 용도별 이행이 완료된 때에 담보해제 절차를 밟아야 한다(동조 제2항).

담보의 해제는 담보해제통지서를 담보를 제공한 자에게 통지함으로써 하며, 이 경우 담보를 제공할 때 제출한 납세보증서 등 관계서류가 있는 때에는 그 서류를 첨부하여야 하지만, 전자보증서 등을 국가관세종합정보망을 통하여 제공한 경우에는 첨부를 생략한다(동조 제3항). 세관장이 담보를 해제하는 경우에는 납세자가 제공한 담보에 대하여 관계 관서에 저당권의 등기 또는 등록을 촉탁한 경우에는 저당권 말소의 등기 또는 등록을 촉탁하여야 한다(동조 제4항).

제3장

관세의 과세가격

가격신고

I. 의 의

관세를 부과하기 위한 과세가격은 무역 거래 당사자 간의 거래가격을 기초로 관세법에서 정하는 가산·조정 절차인 관세평가를 통하여 결정된다. 납세의무자가 관세평가에 필요한 가격정보를 가격신고서에 의하여 자진하여 신고하는 것을 가격신고라고 하며, 이는 수입신고서에 의한 수입신고 및 납세신고와 구분된다. 납세신고 시 신고서에 첨부되는 구매명세서, 운임 명세서 등만으로는 과세가격의 계산의 기초가 분명하지 않은 경우에 해당 과세가격의 계산에 필요한 사항을 신고하는 것인데,[1] 그 결과 수입신고서와 별개로 가격신고서를 제출하게 된다.

II. 가격신고 절차

1. 신고시기

원칙적으로 수입신고를 하는 때에 납세의무자가 통관지 세관장에게 가격신고를 한다. 다만 통관의 능률을 높이기 위하여 필요하다고 인정되는 경우에는 수입신고 시가 아닌 물품의 수입신고를 하기 전에 가격신고를 할 수 있다(제27조 제1항 단서). 물품의 수입신고일 이전에 가격신고를 하고자 하는 자는 그 사유와 수입관련거래에 관한 사항, 과세가격산출내용에 관한 사항을 기재한 신고서를 세관장에게 제출하여야 한다(동조 제4항).

2. 절차

가격신고를 할 때에는 송품장, 계약서, 각종 비용의 금액 및 산출근거를 나타내는 증빙자료, 기타 가격신고의 내용을 입증하는 데에 필요한 자료(＝과세가격결정자료)를 첨부하여야 하며(제27조 제2항), 과세가격결정에 곤란이 없다고 세관장이 인정하는 경우에는 자료의 일부를 제출하지 아니할 수 있다(시행령 제15조 제5항).

---

1) 일본은 '평가신고'라고 하여 용어는 다르지만 우리 관세법상 가격신고와 같은 취지로 설명하고 있다.

| 그림 1 | 가격신고서 예

가격신고서(A) – 실제거래가격(제1방법)

<참고사항> : 이 가격신고서는 2면으로 구성되어 있습니다. 가격신고서를 작성하기 전에 <별표 제6호> 작성요령을 참고하시어 성실히 작성해 주시기 바랍니다.

1. 납세의무자 상호 및 사업자등록번호(가격신고자)	※ 수입신고번호
2. 판매자의 이름과 주소(수출자와 다른 경우에만 기재)	※세관기재란(심사담당자가 특이사항 기재)
3. 구매자의 이름과 주소(납세의무자와 다른 경우에만 기재)	⌐
4. 송품장번호와 발행일	
5. 계약번호와 계약일	⌐

6. 구매주문서(Purchase Order) 번호와 주문일	**적용되는 칸에 ∨ 표기**
7. (a) 구매자와 판매자는 관세법 시행령 제23조 제1항중 특수관계에 해당합니까?	□ 예　□ 아니오
(해당하지 않으면, (b), (c), (d), (e)는 기재하지 마세요)	
(b) 질문7 (a)에서 특수관계에 해당한다면 관세법 시행령 제23조 제1항중 어느 특수관계에 해당합니까?	[①~⑧ 택1]
① 구매자와 판매자가 상호 사업상의 임원 또는 관리자인 경우	
② 구매자와 판매자가 상호 법률상의 동업자인 경우	
③ 구매자와 판매자가 고용관계에 있는 경우	
④ 특정인이 구매자 및 판매자의 의결권 있는 주식을 직접 또는 간접으로 5퍼센트 이상 소유하거나 관리하는 경우	
⑤ 구매자 및 판매자중 일방이 상대방에 대하여 법적으로 또는 사실상으로 지시나 통제를 할 수 있는 위치에 있는 등 일방이 상대방을 직접 또는 간접으로 지배하는 경우	
⑥ 구매자 및 판매자가 동일한 제3자에 의하여 직접 또는 간접으로 지배를 받는 경우	
⑦ 구매자 및 판매자가 동일한 제3자를 직접 또는 간접으로 공동지배하는 경우	
⑧ 구매자와 판매자가 「국세기본법 시행령」 제1조의2제1항 각 호의 어느 하나에 해당하는 친족관계에 있는 경우	
(c) 특수관계가 수입물품의 가격 결정에 영향을 미쳤습니까?	□ 예　□ 아니오
(d) 거래가격이 관세법시행규칙 제5조의 비교가격에 근접합니까?(선택적 기재)	□ 예　□ 아니오
(e) 특수관계자간 거래시 수입물품의 가격결정방법은 어느 것입니까?	[①~⑧ 택1]
① 비교가능제3자가격법　② 재판매가격법　③ 원가가산법　④ 이익분할법	
⑤ 거래순이익률법(영업이익률)　⑥ 거래순이익률법(총원가가산율)	
⑦ 거래순이익률법(Berry Ratio)　⑧ 기타 (　　　　　　　　)	
8. (a) 수입물품의 처분 또는 사용에 있어서 다음 각 호 이외의 제한이 있는가?	□ 예　□ 아니오
－ 수입국의 법령에 의한 강제 또는 의무 이행	
－ 상품판매 지역의 제한	
－ 상품가격에 실질적으로 영향을 미치지 아니하는 제한	
(b) 상품가격 이외　판매 또는 가격과 관련한 조건 또는 사정이 있습니까?	□ 예　□ 아니오
(만일 위 질문에 '예'라면 상세한 정보를 별도 제출하시오)	

가격신고서(B) – 기타 가격(제2~6방법)

<참고사항> : 이 가격신고서는 2면으로 구성되어 있습니다. 가격신고서를 작성하기 전에 <별표 제6호> 작성요령을 참고 하시어 성실히 작성해 주시기 바랍니다.

1. 납세의무자 상호 및 사업자등록번호(가격신고자)	※ 수입신고번호
2. 판매자의 이름과 주소(수출자와 다른 경우에만 기재)	※세관기재란(심사담당자가 특이사항 기재) 「
3. 구매자의 이름과 주소(납세의무자와 다른 경우에만 기재)	
4. 송품장번호와 발행일	
5. 계약번호와 계약일	⌟

6. 구매주문서(Purchase Order) 번호와 주문일	적용되는 칸에 ∨ 표기
7. 수입물품의 관세평가방법	
(a) 과세가격으로 인정된 바 있는 동종물품의 거래가격(제2방법)	☐
(b) 과세가격으로 인정된 바 있는 유사물품의 거래가격(제3방법)	☐
(c) 수입일과 거의 동시에 가장 많은 수량으로 국내 판매된 당해물품, 동종/유사물품의 판매가 격에서 역산한 가격(제4(A)방법)	☐
(d) 수입일과 가장 가까운 시점(90일 이내)에서 가장 많은 수량으로 국내 판매된 당해물품, 동 종/유사물품의 판매가격에서 역산한 가격(제4(B)방법)	☐
(e) 수출국 생산자의 제조원가와 이윤 및 일반경비 등 가산방법(제5방법)	☐
(f) 기타 합리적 방법으로 결정되는 과세가격 (제6방법)	☐

8. 4(B)방법 적용 시에만 해당 : 잠정 90일 이내 결정되는 관세의 과세가격 추정치를 기재하시오.

9. 신고하는 관세의 과세가격을 뒷받침하는 증거서류, 또는 4(b)방법 적용 시는 수입 후 90일 이내 제출할 증명자료를 기술하시오. (예시 : 세관심사 시 과세가격 산출에 사용된 자료 등)
  (a)
  (b)

10. 잠정가격신고의 경우
  (a) 잠정가격신고번호 _____ (b) 잠정가산율 _____
  (c) 잠정가산되어야 할 금액 _____ (d) 가격확정예정시기(분할확정시기) _____
  (e) 관련수입거래 계약기간 _____

  (f) 잠정가격신고 사유(Y, N)
수수료 [ ]	중개료 [ ]	용기 비용 [ ]	포장노무비 [ ]
포장자재비 [ ]	생산지원비용 [ ]	권리사용료 [ ]	사후귀속이익 [ ]
보험료 [ ]	운임 [ ]	운송관련비용 [ ]	실제지급가격 [ ]

    원유, 곡물, 광석 등 1차산품으로서 수입신고일 현재 가격이 정해지지 않은 경우   [ ]
    특수관계자간 거래가격 결정방법 사전심사(ACVA) 신청업체인 경우   [ ]
    국내판매가격에 기초로 한 과세가격 결정(제4방법)으로 가격결정에 장시간 소요되는 경우   [ ]
    턴키방식 플랜트 등 물품의 최초 발주 이후 상당기간 후 인도 완료되는 경우   [ ]

3. 방법

(1) 개별신고원칙

가격신고는 매 수입신고 건에 대하여 개별신고 하는 것을 원칙으로 한다. 가격신고는 해당 물품의 과세가격이 제1방법에 따라 결정되는 경우에는 별지 제3호 서식의 가격신고서(A), 제2방법부터 제6방법까지에 따라 결정되는 경우에는 별지 제4호 서식의 가격신고서(B)에 의하여 전자문서로 제출한다. 다만, 세관장이 사실 확인을 위하여 필요하다고 인정하는 경우에는 서면신고서와 그 증명자료를 별도로 제출하게 할 수 있다(수입물품과세가격결정에 관한 고시(이하 '고시'라고 함) 제45조).

(2) 포괄신고

같은 물품을 같은 조건으로 반복적으로 수입하는 경우 건건이 가격신고를 하는 것이 아니라 일정기간(1년 이내) 일괄하여 신고(＝포괄가격신고)하게 할 수 있다(시행령 동조 제3항). 다만 시행규칙 제2조에 따라 세관장이 관세를 부과 징수하는 물품, 잠정가격 신고물품, 수입신고수리 전 사전세액심사대상 물품에 해당하는 경우에는 가격신고서를 건별로 제출하여야 한다.

포괄가격신고를 하고자 하는 자는 수입신고 전에 과세가격이 제1방법에 따라 결정되는 경우에는 별지 제5호 서식의 포괄가격신고서(C)를, 제2방법부터 제6방법까지에 따라 결정되는 경우에는 별지 제6호 서식의 포괄가격신고서(D)를 계약서, 송품장 등 과세가격 결정에 관한 사항을 확인할 수 있는 자료와 함께 통관예정지 세관장에게 제출하여야 한다(고시 제47조).

4. 가격신고의 생략

과세가격을 결정하기가 곤란하지 아니하다고 인정하여 기획재정부령으로 정하는 물품에 대하여는 가격신고를 생략할 수 있다(제27조 제3항). 즉 과세가격이 소액으로 미화 1만 불 이하인 물품(개별소비세, 주세, 교통·에너지·환경세가 부과되는 물품, 분할신고한 물품은 제외), 종량세적용물품(가격에 따라 세율이 달라지는 물품은 제외), 과세가격 사전심사 결정을 받은 물품 중 어느 하나에 해당하는 경우에는 가격신고서의 제출을 생략할 수 있다.

그러나 해당 물품의 과세가격이 제2방법부터 제6방법까지에 따라 결정되는 경우, 법 제30조 제2항에 따라 실제지급금액에 포함될 금액(구매자가 해당 수입물품의 대가와 판매자의 채무를 상계하는 금액, 구매자가 판매자의 채무를 변제하는 금액 및 기타 간접지급 금액)이 있는 경우, 법 제30조 제3항 제1호 또는 제2호에 따른 할인이 있는 경우 중 어느 하나에 해당하는 경우에는 반드시 가격신고서를 제출하여야 한다(고시 제46조).

III. 잠정가격신고

1. 의 의

수입신고일에 신고하여야 할 가격이 확정되지 않는 경우 임시의 가격을 신고하는 것을 잠정가격신고라고 한다. 잠정가격신고를 하는 경우에는 반드시 확정가격신고가 요구된다.

2. 잠정가격신고의 사유

납세의무자는 가격신고를 할 때 신고하여야 할 가격이 확정되지 아니한 다음과 같은 경우에 잠정가격으로 가격신고를 할 수 있다. 이 경우 신고의 방법과 그 밖에 필요한 사항은 대통령령으로 정한다(관세법 제28조 제1항, 시행령 제16조 제1항).

(1) 법령에서 정하는 경우

① 거래관행상 거래가 성립된 때부터 일정기간이 지난 후에 가격이 정하여지는 물품(기획재정부령으로 정하는 것으로 한정한다)으로서 수입신고일 현재 그 가격 이 정하여지지 아니한 경우

② 법 제30조 제1항 각 호에 따라 조정하여야 할 금액이 수입신고일부터 일정기 간이 지난 후에 정하여 질 수 있음이 영 제16조 제2항에 따른 서류 등으로 확 인되는 경우

③ 법 제37조 제1항 제3호에 따라 과세가격 결정방법의 사전심사를 신청한 경우

④ 제23조 제1항 각 호의 어느 하나에 해당하는 특수관계가 있는 구매자와 판매

자 사이의 거래 중 법 제30조 제1항 본문에 따른 수입물품의 거래가격이 수입
신고 수리 이후에 「국제조세조정에 관한 법률」 제5조에 따른 정상가격으로 조
정될 것으로 예상되는 거래로서 기획재정부령으로 정하는 요건을 갖춘 경우
⑤ 계약의 내용이나 거래의 특성상 잠정가격으로 가격신고를 하는 것이 불가피하
다고 세관장이 인정하는 경우 등이다.

(2) 세관장이 인정하는 경우

계약의 내용이나 거래의 특성상 잠정가격신고가 불가피한 경우란 다음과 같다.
① 4방법에 따라 과세가격을 결정하기 위한 이윤 및 일반경비 산출 등에 장시간
이 소요되는 경우
② 턴키방식으로 계약된 플랜트 등 물품의 최초 발주가 행해진 시기보다 상당기
간이 지나 인도가 완료되는 경우
③ 수입 후에 수입물품의 가격이 확정되는 경우로서 "ⓐ 수입 이전에 거래 당사
자 간의 계약에 의해 최종 거래가격 산출 공식이 확정되어 있어야 한다. ⓑ 최
종 거래가격은 수입이후 발생하는 사실에 따라 확정되어야 한다. ⓒ 수입이후
발생하는 사실은 거래 당사자가 통제할 수 없는 변수에 기초하여야 한다"는 요
건을 모두 충족하는 경우
④ 그 밖에 잠정가격으로 가격신고를 하는 것이 불가피하다고 세관장이 인정하는
경우 등이다(고시 제49조).

3. 잠정가격신고의 효과

'잠정'신고이므로 차후에 확정신고 또는 직권확정절차가 필요하고 잠정신고와 확
정신고에 따른 차액의 정산이 수반되므로 수정신고나 경정청구가 필요하게 된다.

(1) 확정신고

잠정가격 신고를 한 자는 세관장이 지정하는 기간 내(=원칙적으로 2년)에 별지 제
8호 서식의 확정가격신고서와 영 제15조 제5항 제3호 및 제4호의 과세자료를 제출
하여 확정된 가격을 신고(이하 "확정가격신고"라 한다)하여야 한다(제28조 제2항). 다만,
확정가격신고시 신고가격의 변동이 없는 경우에는 제48조에 따른 잠정가격신고시

제출한 서류는 제출을 생략한다(고시 제51조 제1항).

확정가격 신고기간을 연장하고자 하는 자는 확정가격 신고기간이 끝나기 3일 전까지 별지 제9호 서식의 확정가격 신고기간 연장신청서에 관련 증빙자료를 첨부하여 전자통관시스템에 전송하여야 한다(고시 51조의3).

납세의무자는 신고한 확정가격이 잠정가격보다 높은 경우 확정가격신고 수리서를 받은 날부터 10일 이내에 수정신고를 하여야 한다. 다만, 확정가격이 잠정가격보다 낮은 경우에는 확정가격신고 수리서를 받은 날부터 경정청구를 할 수 있다(고시 제5항).

(2) 차액의 정산

세관장이 확정된 가격을 신고 받거나 직권으로 가격을 확정한 경우에는 잠정가격을 기초로 신고납부 한 세액과 확정된 가격에 따른 세액의 차액을 징수하거나 환급하여야 한다(제28조 제4항). 이 경우 신고가 이루어진 경우이므로 추징 시 가산세를 부과하지 않으며 환급에 대한 가산금도 적용하지 않는다.

(3) 직권확정

세관장은 납세의무자가 확정가격 신고기간 내에 확정된 가격을 신고하지 아니하는 경우에는 신고한 잠정가격으로 해당 물품에 적용될 가격을 확정할 수 있다(＝직권확정). 다만, 납세의무자가 폐업, 파산신고, 법인해산 등의 사유로 확정된 가격을 신고하지 못할 것으로 인정되는 경우에는 제2항에 따른 기간 중에도 해당 물품에 적용될 가격을 확정할 수 있다(제28조 제3항). 다만, 확정가산율을 통보한 경우에는 동 확정가산율을 적용하여 가격을 확정할 수 있다.

3-2 과세가격 결정방법 개관

I. 과세가격과 거래가격

무역 거래당사자 간 물품의 대금으로 협의된 거래가격과 관세를 부과하기 위한 관세의 과세가격은 항상 일치하는 것은 아니다. 수입자가 수출자에게 실제로 지급하였거나 지급하기로 합의한 가격에 수입물품과 관련한 간접지급금액, 법정가산요소 및 공제요소 등을 조정하여 과세가격이 결정되는 것이기 때문이다. 과세가격을 결정하기 위한 조정절차, 즉 법률의 규정에 따라 과세 대상 가격을 결정하는 것을 관세평가(Customs Valuation)라고 한다. 우리나라의 관세평가제도는 국제적으로도 통용되는 관세평가 방법으로, 1994년 「관세무역일반협정 제7조의 이행에 관한 협정」(이하 '관세평가협정'이라고 한다)에 근거하고 있는데, 이 협정은 1995년 1월 1일 출범한 세계무역기구(WTO) 설립을 위한 마라케시 협정의 부속서 1A "상품 무역에 관한 다자간 협정"에 통합되어 있는 것이다.

II. 과세가격 결정방법

1. 원 칙

실제거래가격을 기초로 하여 과세가격을 결정하는 것이 원칙이며 관세법 제30조에서 이를 규정하고 있는데, 일본 관세정률법 제4조 제1항도 수입화물의 거래가격에 의한 방법이라고 규정하고 있다. 또한 유럽관세법 제70조 제1항도 "상품에 대한 관세평가의 1차적 기준은 거래가격(transaction value), 즉 유럽연합의 관세 지역으로 수출하기 위해 판매될 때 상품에 대해 실제로 지불되거나 지불해야 하는 가격이며, 필요한 경우 조정된 가격을 말한다."고 규정하고 있다.[2] 미국의 연방관세법(Title 19 U.S.Code)도 "일반적인 거래가액을 결정함에 있어 파생방식에 관계없이 실제로 지급했거나 지급할 가격(Price actually paid or payable)으로 평가한다."고 규정하고 있다.[3]

---

2) https://eur-lex.europa.eu/legal-content/EN/TXT/PDF p.45.
3) 19 CFR Part §152.103 Transaction value.

2. 예외적인 경우

(1) 동종·동질(제2방법)물품 또는 유사(제3방법)물품의 거래가격을 기초로 과세가격 결정

수입거래 없이 수입되거나 특별한 사정이 있는 물품은 원칙적 평가 방법에 따라 평가할 수 없고, 동종·동질[4] 물품 또는 유사[5] 물품(동일한 원산지의 상품이 이러한 수입품의 수출일 또는 이와 인접한 날짜에 우리나라에 수출된 상품)의 거래 가치를 기준으로 평가하게 된다.

일본 관세정률법 제4조의2에서는 '수입화물과 동종 또는 유사한 화물의 거래가격에 의한 방법'이라고 규정하고 있어서, 관세법 제31조(동종), 제32조(유사) 등 별개로 구분하여 규정하는 우리와 일부 다르지만 기본적인 내용은 같다. 이에 반하여 미국 관세법은 우리와 같이 6개의 방법으로 구분하여 규정하고 있다.[6] 유럽관세법은 제74조 제2항에서 관세평가의 이차적 방법(Secondary methods of customs valuation)이라고 하여 동종(identical goods), 유사(similar goods), 국내 단위판매가격(the value based on the unit price), 제조원가(the computed value, consisting of the sum of)에 의한 방법을, 동조 제3항에서 합리적 방법(reasonable means consistent with the principles and general provisions of all of the following)을 규정하여 조문의 체계 등에서 차이가 있지만 내용은 우리와 같다.

(2) 국내판매가격을 기초로 한 과세가격의 결정(제4방법)

원칙적 방법 또는 (1)에 기재된 방법으로 물품을 평가할 수 없는 경우, 과세가격은 수입화물의 국내 판매가격을 기준으로 결정한다(관세법 제33조). 일본 관세정률법

---

4) "동종·동질물품"이라 함은 당해 수입물품의 생산국에서 생산된 것으로서 물리적 특성, 품질 및 소비자 등의 평판을 포함한 모든 면에서 동일한 물품(외양에 경미한 차이가 있을 뿐 그밖의 모든 면에서 동일한 물품을 포함한다(시행령 제25조). 미국 연방관세규칙 §152.102(d)의 설명도 거의 같다.
5) "유사물품"이라 함은 당해 수입물품의 생산국에서 생산된 것으로서 모든 면에서 동일하지는 아니하지만 동일한 기능을 수행하고 대체사용이 가능할 수 있을 만큼 비슷한 특성과 비슷한 구성요소를 가지고 있는 물품을 말한다(시행령 제26조). 미국 연방관세규칙 §152.102(i)의 설명도 거의 같다.
6) 19 CFR Part §152.101(b)에서 (1)~(6)의 방법을 소개하면서 '그 순서대로 평가한다.'고 규정한다.

제4조의3 제1항은 '수입화물(또는 가공화물) 또는 수입화물과 동종 또는 유사한 화물
의 국내 판매가격에서 역산하는 방법'이라고 규정하여 우리와 같다.

(3) 제조원가를 기초로 한 과세가격의 결정(제5방법)

(2)에 기술된 방법으로 과세가격을 계산할 수 없거나 수입업자가 (2)에 우선하여
이 방법을 적용하고자 하는 경우, 과세가격은 수입품의 제조원가를 기준으로 결정한
다(관세법 제34조). 일본 관세정률법 제4조의3 제2항은 '수입화물의 제조원가에 따라
가산하는 방법'이라고 규정하여 우리와 같다.

(4) 합리적 기준에 의한 과세가격의 결정(제6방법)

(3)의 계산 방법으로 과세가격을 산정할 수 없는 경우에는, ① 앞의 (1)~(3) 가격
계산 방법을 합리적으로 조정하여 과세가격을 산정하거나, ② WTO 관세평가협정에
부합하는 방식으로 세관장이 정하는 방식으로 과세가격을 결정한다(관세법 제35조).

일본 관세정률법 제4조의4는 '원칙적으로 과세가격 또는 위에 규정된 방법에 있어
서 필요한 요건을 구비 하지 못한 사항에 대하여 합리적으로 조정된 규정에서 규정
하는 방법에 따라 계산된 가격에 따르거나 세관장이 정하는 방법에 따라 계산된 방
법에 따르는 방법'으로 규정하고 있어, 우리와 같다.

III. 과세가격 결정방법의 적용순서

과세가격 결정방법은 제1방법부터 6방법까지 순차적으로 적용하며, 선순위 결정
방법으로 과세가격을 결정할 수 없는 경우에 한하여 후순위 결정방법을 적용한다.
다만, 납세의무자가 서면으로 요청하는 경우 제4방법에 우선하여 제5방법을 적용할
수 있다. 유럽관세법 제74조 제1항도 순차적으로 적용하되, 납세의무자의 신청이 있
으면 제4방법에 우선하여 제5방법을 적용할 수 있음을 규정한다.[7]

---

7) The order of application of points (c) and (d) of paragraph 2 shall be reversed if
   the declarant so requests.

3-3　실제거래가격 기준 과세가격의 산정

I. 의　의

　관세법 제30조는 원칙적으로 과세가격을 산정하는 방법을 규정하고 있다. 즉 "원칙적으로 수입품에 관한 수입거래와 관련하여 구매자가 판매자에게 또는 판매자를 위하여 실제로 지급했거나 지급해야 하는 가격(이하 "실제지급가격"이라고 함)에, 그에 포함되지 않는 범위 내에서 운임 등(이하 "가산요소"라고 함)의 금액을 가산한 가격을 과세가격으로 한다."고 규정하고 있으며, 이는 일본 관세정률법 제4조 제1항의 내용과 같다.

II. 수출하기 위한 판매

　우리나라에 수출하기 위한 것이어야 하므로 타국에 수출하기 위한 물품은 과세가격 결정 대상이 아니다. 수출한다는 것은 ① 국제 상관행에 따른 수출계약 ② 소유권이전과 대가의 지급 ③ 물건의 국제적 이송을 포함하는 의미이다.

　따라서 ①과 관련하여 거래상대방이 법적 사업체가 아닌 지점 등에 불과한 경우, ②와 관련하여, 무상인 수입거래 또는 수출자의 부담으로 수입하거나, 임대차의 경우에는 제1방법을 적용할 수 없다. 위탁판매수입물품의 경우 수입 당시에는 무상으로 공급자에게 유리한 가격 결정을 전제로 하여 인도된 것이고 수수료를 지급해야 할 뿐만 아니라 그 재고는 수출자의 부담이 되는 것이므로, 실제지급금액을 전제로 한 제1방법을 적용할 수 없다(시행령 제17조).

　수입거래에서 '매수인'이라 함은 국내에 사업장을 가지고(구매자가 국내에 주소, 거주지, 본사, 지점, 사무소, 사업장 기타 이에 준하는 것이 없는 경우 제외), 수입화물에 대하여 자기의 계산과 위험부담으로 판매자와 수입거래를 행하는 자를 말하고, '매도인'이라 함은 수입화물에 관하여 구매자와 수입거래를 하는 자를 말하는데, 양자는 수입거래에서 수입 상품의 품질, 수량, 가격 등에 관한 협의를 해야 하며, 하자, 수량부족, 사고, 불량채권 등의 위험을 부담한다.

　일반적으로 수입업자와 수출업자는 '구매자'와 '판매자'이지만, 수출업자가 수입화물의 송하인이고 실제로 화물을 판매하는 다른 사람이 있는 경우 실제 판매자가 '판매자'가 된다. 예컨대 국내 소재 제조사 또는 해외 소재 제조사와 매매계약을 체결하고 제조사로부터 출하지시를 받은 중국의 수출자로부터 화물이 도착한 경우 판매자는 제조자가 된다.[8]

III. 실제로 지급하였거나 지급하여야 할 금액

1. 의 미

(1) 구입명세서 상의 가격 기초

제1방법을 적용하려면 구매자가 실제로 지급하였거나 지급하여야 할 금액이 있어야 한다. 이 경우 물품이 실제로 이전되어야 하고 그에 대하여 지급하여야 함은 물론이다. 실제 지불 가격은 수입화물의 수입 거래에 관한 구매명세서 또는 대체 문서에, 그 거래의 가격 기타 조건에 대한 정당한 표시가 있는 경우 그 구매명세서에 표시된 금액을 기초로 하여 인정한다. 예컨대 해외판매자로부터 기계류를 수입하는 경우 실제지급가격은 구매명세서(invoice)에 표시된 가격을 기초로 하여 인정한다.

|사례 1| 한 외국 화주가 미국 수입업자에게 단위당 100달러에 상품을 판매했다. 그 후 외국 화주는 가격을 단위당 110달러로 인상했고, 상품은 가격 인상 발효일 이후에 수출되었다. 송장 가격 100달러는 원래 합의된 가격이자 미국 수입업자가 상품에 대해 실제로 지불한 가격인 경우 상품은 얼마로 평가해야 하는가?[9]

|사례 2| 판매자는 현금 2% 할인을 제외한 100달러에 상품을 수출하였고, 구매자는 현금 할인을 활용하여 98달러의 현금을 송금한 경우 실제 지급가격은 얼마인가?[10]

---

8) 財務省·税関, 関税評価の初歩(2023, 10), p.4-5 사례 1(매도인이 국내에 소재하는 경우), 사례 2(수출대행자가 수출하는 경우).

9) 미국 연방관세규칙 §152.103(a)(1) example2. 실제거래가격은 실제로 지불했거나 지불해야 하는 가격을 기준으로 하므로 단위당 $100이다.

10) 미국 연방관세규칙 §152.103(a)(1) example5. 거래금액은 98달러이며, 이는 실제로 지불했거나 지불해야 하는 가격이다.

|사례 3| 의류판매업체인 갑이 프랑스로부터 유행이 지나 상품가치가 떨어진 의류 2,000여 점에 대하여 할인된 가격으로 수입해 국내에서 판매하고자 한다. 수입통관을 위하여 갑이 우선적으로 검토해야 하는 관세법상 과세가격 결정방법은?11)

(2) 구입명세서 이외의 가격

상계, 판매자의 채무변제, 기타 간접적인 지급액은 지급이 간주된다(제2항). 예컨대 채무의 상환 또는 상계가 있으나, 그러한 금액이 구매 품목 가격에 포함되지 않은 경우에는 이러한 추가 지불은 실제지급가격의 일부를 구성하기 때문에 구매명세서 가격에 가산한다. 즉 대가의 지급방법은 송금 등 직접적인 지급 외에 상계나 채무변제 등을 통한 지급도 실제 지급으로 인정된다는 의미이다.

"그 밖의 간접적인 지급액"이란, 판매자의 요청으로 수입물품의 대가 중 전부 또는 일부를 제3자에게 지급하는 경우 그 지급금액, 구매자가 해당 수입물품의 거래조건으로 판매자 또는 제3자가 수행하여야 하는 하자보증(=자동차 등 고가품의 a/s 비용)을 대신하고 그에 해당하는 금액을 할인받았거나 하자보증비 중 전부 또는 일부를 별도로 지급하는 경우 해당 금액,12) 수입물품의 거래조건으로 구매자가 지급하는 외국훈련비 또는 외국교육비(=사용방법 모르면 무용지물인 슈퍼컴퓨터), 그 밖에 일반적으로 판매자가 부담하는 금융비용 등을 구매자가 지급하는 경우(=대신 지급) 그 지급금액을 포함한다(시행령 제20조 제6항).

|사례 4| 매수인은 매도인으로부터 전기제품을 수입하였다. 매매계약에는 당해 수입화물의 생산을 위해 사용하는 금형대금을 매수인이 지급하는 것으로 부기되어 있어서, 매수인이 구매명세서상의 가격과 별도로 금형대금을 지급한 경우, 실제지급가격에 금형대금도 가산해야 하는가?13)

---

11) 물품의 가치가 떨어져서 인하된 가격으로 수입한 경우에도 과세가격 결정의 원칙으로서 실제거래가격을 검토하여야 한다. 즉, 갑이 실제로 지급하였거나 지급할 가격을 기초로 과세가격 결정을 고려하여야 한다(관세사 기출, 2021년).

12) 거래하기 위한 조건이므로 수입자가 지켜야하는 계약 내용이 된다. 그런데 물의 하자는 원래 수출자가 부담하여야 하는 것인데 거래조건으로 수입자가 부담하는 것으로 되어 있으니 실질적으로 그 하자보증비는 거래의 대가가 된다. 거래조건으로 부담하는 외국훈련비도 같은 취지로 이해하면 된다.

13) 財務省·稅關, 関税評価の初步(2023, 10), p.6 사례 4(구매명세서 상의 가격에 금형대금을 가산한다).

|사례 5| 매수인은 매도인으로부터 10억 원에 기계류를 수입하였다. 매도인이 제3자에게 2억 원의 손해배상채무를 부담하고 있어 매수인이 대신 2억 원의 손해배상금을 지불하기로 하고 매도인은 8억 원을 청구하여 매수인은 8억 원을 지급한 경우, 제3자에 대한 손해배상금은 실제지급금액에 포함되는가?[14]

법 제30조 제1항 각 호에서 정한 가산요소 이외에 구매자가 자기의 계산으로 행한 활동은 비록 판매자의 이익이 되더라도 판매자에 대한 간접지급으로 보지 않는다(고시 제4조 제2항). 예컨대 국내 광고비를 지출한 경우가 이에 해당한다.

(3) 공제요소

구매명세서 가격에서 실제지불가격으로 볼 수 없는 비용이 포함되어 있고 그 금액이 명확한 경우에는 차감되는데 ① 관세 등 세금 및 ② 도착 이후의 운임 등과 ③ 대금결제방식의 차이에 따른 연불이자[15]는 공제하는 것으로 정하고 있다(제2항). 이 경우 연불이자는 수입물품의 대가로 실제로 지급하였거나 지급하여야 할 금액과 구분될 것, 서면에 의한 계약서로 확인될 것, 당해 물품이 수입신고 된 가격으로 판매되고, 이자율이 금융이 제공된 국가에서 당시 그러한 거래에서 통용되는 수준을 초과하지 아니할 것 등의 요건을 충족한 것에 한한다(시행령 제20조 제7항).

|사례 6| 매수인은 DDP조건으로 매도인으로부터 의류를 수입하였다. 매도인은 당해 수입화물의 관세와 부가가치세 등을 납부하여 수입허가를 받은 후 매수인의 창고까지 운송하여 관세 등과 창고까지의 국내 운임 등이 포함된 구입명세서 가격을 지급하기로 매수인과 합의하였다. 관세 등과 국내 운임 등이 명확한 경우, 구입명세서 가격에서 이러한 비용을 공제해야 하는가?[16]

---

14) 財務省·税関, 関税評価の初步(2023, 10), p.6 사례 5(배상금은 매수인 채무의 변제에 해당하므로 구매명세서 상의 가격에 가산한다).

15) 연불수입이란 <u>선적서류 등을 영수하고 일정한 기간이 지난 후에 대급지급 하는 조건으로 수입하는 것</u>(＝구매자가 자기이익 위해 지불하는 금융비용→공제)이므로, 일정한 조건을 충족하는 경우에만 공제가 인정된다.

16) 財務省·税関, 関税評価の初步(2023, 10), p.6 사례 7(구매명세서 상의 가격에서 그러한 비용을 공제한 것이 실제지급가격이 된다).

(4) 할인이 있는 경우의 처리

가. 법령 규정

가격할인이 있는 경우에 대한 관세법 규정이나 시행령 규정은 없다. 다만 미국 연방관세법은 "거래 가치를 결정할 때 실제로 지불하거나 지불해야 하는 가격은 파생 방법에 관계없이 고려될 수 있는데, 할인(discounts), 인상 또는 협상의 결과일 수도 있고, 런던 상품 시장에서 수출일에 유효한 가격과 같은 공식의 적용에 의해 도달할 수도 있다."고 하여,[17] 할인이 있는 경우 거래가격에 반영될 수 있다고 규정한다. 관세평가협정도 "가격이 동종·동질 물품의 일반적인 시장가격보다 낮다는 단순한 사실이 해당 가격을 실제거래가격 결정 시 부인하는 이유가 되지 않아야 한다."[18]고 하고 있지만 구체적인 경우는 살펴보아야 한다. 일반적으로는 '조건이나 사정에 따라 영향을 받지 않은 공정한 할인'이라면 인정된다고 할 수 있다.[19]

나. 허용되는 경우

① 현금할인(cash discount): 관세평가협정 제1조에 따른 거래가격은 수입물품에 대하여 실제로 지급한 가격이기 때문에 현금할인은 거래가격 결정시 허용되며,[20] 이는 물품에 대한 지급이 평가시점에 이루어지지 않은 경우에도 마찬가지이고,[21] 송장 등을 기초로 하여 수입자가 물품에 대하여 지급할 금액을 거래가격으로 한다.[22]

② 수량할인(quantity discounts): 정해진 기준연도(given basic period) 동안 구매된 수량에 따라 판매자가 고객에게 물품가격에서 공제하기로 허용한 금액인데, 수량할인은 판매자가 판매된 물품의 수량에 기초한 고정 가격표(fixed scheme)에 따라 자신의 물품가격을 책정한다는 사실이 입증되는 경우에만 발생하며 단일 선적에 의하든 분할선적에 의하든 무관하다.[23]

---

17) 미국 연방관세규칙 §152.103(a)(1) General.
18) WCO 권고의견:2.1 동종·동질 물품에 대한 일반적인 시장가격보다 낮은 가격의 인정 여부.
19) 관세법상 할인거래와 관련한 심화내용은 저자의 발표문 <관세법상 저가거래의 유형 및 그 효과에 관한 심판사례의 분석과 평가, 2024.6 한국무역통상학회 하계학술대회 발표문>을 참고하여도 좋다.
20) WCO 권고의견:5.1.
21) WCO 권고의견:5.2.
22) WCO 권고의견:5.3.
23) WCO 권고의견:15.1. Example 1.

③ 반짝세일(flash sales): 수입물품의 과세가격은 "상업적 관행과 일치하는 단순하고 공평한 기준을 기초로 하여야 한다." 반짝세일은 잠재적인 구매자를 끌어들이기 위해 단기간 동안 매우 할인된 가격으로 제공되는 판촉 판매이므로 반짝세일 중에 구입한 수입물품에 대한 할인된 가격은 과세가격의 기초로 수용될 수 있다.[24] 반짝세일 물품은 공개시장에서 어떠한 구매자에게라도 제공되는 가격할인이라는 점 때문에 실제거래가격에 해당한다고 본다.

④ 대금선지급할인: 예컨대 수입 상품의 대금 전액을 미리 지불하면 판매가격에서 5% 할인을 해주기로 한 경우 수입화물의 과세가액은 할인된 가격을 실제 지불가격으로 하여 계산할 수 있는지 문제 된다. 일본 관세청은 이 사례에서 "할인된 가격을 실제 지불가격으로 한다."고 명확히 하고 있다.[25] 우리 실무도 "선불할인이 적용된 거래가격이 관세법 제30조 제3항에 해당하지 아니하고 수입 이전에 판매자와 구매자 간의 계약에 의해 확정되었다면, 수입신고 당시에 대금 결제가 이루어지지 않았더라도 할인이 적용된 가격을 기초로 과세가격을 결정할 수 있다."고 하여 수입신고 전에 당사자 간의 계약으로 확정된 선불할인을 인정한다.[26]

⑤ 재고 소진·단종 등 사유에 의한 할인: 우리 실무는 가격할인이 현금할인이나 수량할인이 아닌 특별할인이라고 하더라도, 동 할인이 제한이나 조건, 사정 등에 해당하지 아니하고 할인금액이 실제로 지급하였거나 지급하여야 할 가격에 포함되지 않는다면 할인된 거래가격을 인정한다.[27] 예컨대 브랜드의 라이센스 계약 종료에 따른 재고 소진을 위해 할인된 단가로 시계를 수입하게 된 경우 관세법 제30조 제3항의 배제사유에 해당하지 않고, 수입 이전에 판매자와 구매자 간의 합의에 따른 거래가격인 점을 객관적인 자료를 통해 증명할 수 있다면 동 거래가격을 기초로 과세가격을 산정할 수 있다.[28]

---

24) WCO 협정 권고의견 23.1 "반짝세일"에서 구매한 수입물품의 평가.
25) 일본 관세청, 質疑応答事例(關稅評價): 貨物代金を前払いすることを条件に与えられる値引き, 4110017.pdf.
26) 관세평가분류원, 선불할인이 실제대금지급 시기를 기준으로 수입신고수리 전에만 인정되는지, 계약 조건에 지급시기를 정하는 경우 수리 후에도 인정되는지 여부, 관리번호 70-2019-0002호(2019.1.11.자).
27) 관세평가분류원, 가격할인에 있어 비정상적 할인 또는 특별할인이 아닌 일반적으로 인정되는 현금할인 및 수량할인만 인정할 것인지 여부, 관리번호 30-2011-0027호(2011.9.7.자).
28) 관세평가분류원, 수입신고시 할인된 단가로 신고가 가능한지에 대한 질의, 관리번호

다. 허용되지 않는 경우

① 제30조 제3항의 사유로 인한 할인거래: 해당 물품의 처분 또는 사용에 제한이 있다는 이유로 할인받거나 금액으로 계산할 수 없는 조건 또는 사정에 따라 할인받은 경우 또는 특수관계의 영향을 받아 할인된 경우 등에는 할인 전 가격을 거래가격으로 한다.

② 종전 거래와 관련된 채권에 근거를 둔 가격할인: 이것은 특별할인에 해당하는데 실제 거래가격에 포함하는 것이 일반적이다. 즉 종전거래와 관련하여 발생한 적립금, 할인 등의 신용채권(credit)으로 수입물품을 결제하였다면 이는 동 수입물품의 실제지급가격의 일부이므로 과세가격에 포함되어야 하며, 예컨대 promotional gift card는 해당 수입물품과 관련되어 발급된 것이 아니라 종전 거래에 대해 보상으로 일정 금액 또는 일정 비율로 지급된 것으로 판단되므로 그 금액은 과세가격에 포함되어야 한다.29) 제품 구입 후 다음번 주문 시 사용할 수 있는 $25의 할인쿠폰을 발급받고, 그 쿠폰으로 다음번 물품구입금액 $220의 일부를 결제한 경우, 동 수입물품의 실제지급가격은 종전거래와 관련된 신용채권(credit)인 $25이 포함된 $220이며 이를 과세가격으로 신고하여야 한다.30)

③ 상품의 수입일 이후 행해진 할인: 미국 연방관세법은 "상품의 수입일 이후에 구매자와 판매자 간에 실제로 지불했거나 지불해야 하는 가격의 리베이트 또는 다른 할인(Any rebate of, or other decrease in)은 거래가격을 결정할 때 무시된다(will be disregarded)된다."고 규정한다.31) '관세평가운영에관한고시'도 "해당 수입물품이 우리나라에 도착한 이후에 구매자와 판매자 간에 이루어지는 가격에 대한 환불, 감액 등은 실제지급가격을 결정할 때 고려되지 않는다."고 규정한다(제16조 제2항 본문). 그러나 해당 수입물품이 우리나라에 도착하기 이전에 규칙 제3조 제3항 제3호 각 목의 요건32)을 모두 충족하는 가격조정약관이 유

70-2017-0011호(2017.3.10.자).

29) 관세평가분류원, 바우처의 정의, 관리번호 70-2018-0067호(2018.12.19.자).
30) 관세평가분류원, 할인쿠폰과 기프트카드를 사용해 결제한 물품의 과세가격 결정방법, 관리번호 70-2018-0068호(2018.12.19.자).
31) 미국 연방관세규칙 §152.103(a)(4).
32) 3. 수입 후에 수입물품의 가격이 확정되는 경우로서 다음 각 목의 요건을 모두 충족하는 경우
　　가. 수입 이전에 거래 당사자 간의 계약에 따라 최종 거래가격 산출공식이 확정되어 있을 것
　　나. 최종 거래가격은 수입 후 발생하는 사실에 따라 확정될 것

효하게 존재하고 해당 수입물품의 가격이 해당 가격조정약관에 따른 경우에는 실제지급가격에 고려된다(고시 제16조 제2항 단서). 즉 가격조정조항이 있는 계약에 따라 수입 거래에서 구매 주문 가격이 조정되는 경우 조정된 가격이 실제지급가격이 된다.

2. 가산요소

(1) 구매자가 부담하는 수수료와 중개료

수입 거래에 대하여 대리상이나 중개인이 개입한 경우 대리상에게는 수수료가, 중개인에게는 중개료가 지급되는데, 통상 이것은 판매가격에 포함되지만 이를 송장가격에 포함하지 않고 별도로 구매자에게 지급하도록 한 경우에는 이를 거래가격에 포함시켜야 한다(제1항 1호). 즉 구매자가 수수료를 부담하는 경우 수수료에 상당하는 금액이 구매명세서 가격에 포함되는 것으로 간주한다. 그래야 누가 부담하든 물건 값이 동일하게 된다.

> **|사례 7|** 매수인은 매도인으로부터 식료품을 100에 수입하였다. 이 거래에는 중개인이 수입화물의 발주 및 수주 등 쌍방을 위해 거래의 성립을 위한 활동을 하여 쌍방은 그 대가로 각각 10의 수수료를 지급하였다. 매수인은 구입명세서 가격 110을 매도인에게 지급하고, 중개인수수료 10은 별도로 지급한 경우, 구입명세서 가격에 매수인이 지급한 수수료 10을 가산해야 하는가?[33]

다만 구매수수료는 해당 수입물품의 구매와 관련하여 외국에서 구매자를 대리하여 행하는 활동의 대가로서 구매자가 구매대리인에게 지급하는 비용이므로(시행령 제17조의2), 즉 수출자에게 대가로 지급되는 비용이 아니고 필요적인 비용이 아니어서 과세가격에 포함되지 않는다.[34] 납세자는 구매수수료임을 주장하여 과세가격을

다. 수입 후 발생하는 사실은 거래 당사자가 통제할 수 없는 변수에 기초할 것

33) 財務省·稅関, 関税評価の初歩(2023, 10), p.10 사례 9(구입명세서 가격 110에 매수인이 지급한 중개수수료 10을 가산해서 120을 과세가격으로 해야 한다).

34) 구매수수료는 해당 물품을 구매함에 있어서 해외에서 구매자만을 위하여 그를 대리하여 행하는 용역(공급자를 물색하고, 구매자의 요구사항을 판매자에게 알려주고, 샘플을 수집하고, 물품을 검사하며, 때로는 보험, 운송, 보관 및 인도 등을 주선)의 대가로 구매자가 그

낮추는 것이 유리하므로 실제로는 법령 상 구매수수료인지 여부가 다투어진다.

(2) 용기비용 등

수입화물의 용기비용(예: 화물의 발송 및 운송에 사용되는 판지상자나 나무상자)은 수입 거래와 관련하여 구매자가 해당 비용을 부담하는 경우 실제 지불한 가격에 가산한다. 용기비용은, 수입물품과 동일체로 취급되는 악기나 골프채 백 등의 경우에는 품목분류상 동일하게 분류하되 용기비용으로 처리하고, 동일체로 취급되지 않는 경우에는 품목분류가 다르게 처리되며 이 경우에는 운송관련비용으로 가산하게 된다. 예컨대 액화천연가스를 용기에 담아 수입한 경우 용기는 동일체로 취급되지 않고 운송관련비용으로 처리하므로 수입항까지의 비용만이 가산된다.

수입물품의 포장에 대한 비용으로서 구매자가 부담하는 노무비와 자재비도 과세가격에 가산되는데, 이것은 농산물이나 중고의류, 석탄 등 광산물 등을 벌크로 대량구매 후 구매자가 포장해서 판매하는 경우 포장·판매를 이유로 저가로 매입했을 것이기 때문에, 정상적인 경우 즉 포장비는 통상 판매가격에 포함되는 것과 비교하여 동일한 취급을 하려는 것이다. 예컨대 수입품의 포장을 위한 판지, 완충재, 포장지, 비닐봉지 등은 수입거래와 관련하여 구매자가 부담하는 경우 실제지급가격에 가산한다.[35]

(3) 생산지원비용

해당 수입물품의 생산[36] 및 수출거래를 위하여 구매자가 직접 또는 간접적으로 일정한 물품 및 용역을 무료 또는 인하된 가격으로 공급하였다면 이로 인하여 수출자의 가격이 인하될 것이다. 통상 이를 생산지원비용이라 하는데, 생산지원방법은 수입물품에 결합되는 재료 또는 부분품이거나(예컨대 상표라벨, 품명이나 원산국, 원산지 등의 표시라벨 등), 생산에 사용되거나(예컨대 기계나 장비, 공구나 금형 등) 소비에 사용되는 물품(예컨대 연료, 화학공정의 촉매제를 사용하는 경우)을 공급하거나 또는 수출자에게 그 특정기술이 없어서 그에 필요한 기술 제공을 한 경우(예컨대 기술, 설계, 고안, 의장 등을 제공하는 경우이며 우리나라에서 개발된 경우 제외[37])를 말한다(시행령

대리인에게 지급하는 비용을 말한다(고시 5조). 구매수수료는 수입자의 입장에서는 물품의 취득원가에 포함되지만, 과세가격에는 포함되지 않는다는 결과가 된다.

35) 財務省·稅関, 関税評価の初歩(2023, 10), p.9.
36) "해당 수입물품의 생산"이란 **재배, 제조, 채광, 채취, 가공, 조립 등 해당 물품을 만들어 내거나 가치를 창출해내는 행위**를 말한다(고시 제6조).

제18조). 예컨대 구매자는 외국에서 개발된 제조방법과 관련된 기술(노하우 포함)을 습득하여, 해외 생산자에게 무상으로 기술을 제공하고 이 기술을 바탕으로 수입화물을 생산하는 경우, 구매자에 의한 생산지원에 따라 그 지원 부분만큼은 수입물품가격에서 낮게 표시될 것이므로 그 차액을 물품가격에 가산하여야 한다.

> **|사례 8|** 매수인은 매도인으로부터 완구를 100에 수입하였다. 매수인은 금형판매상으로부터 수입화물의 생산에 사용할 1회용 금형을 구입한 후 매도인에게 무상으로 제공하여 생산량 전부를 수입하였다. 구매명세서 비용 100을 매도인에게 지급하면서 금형판매상에게 금형비용으로 10을 지급한 경우 구입명세서 가격에 매수인이 지급한 금형비용 10을 가산해야 하는가?[38]

가산방법으로는 해당 수입물품의 총생산량 대비 실제 수입된 물품의 비율(=양적인 비율)[39], 공급하는 물품 및 용역이 해당 수입물품 외의 물품 생산과 함께 관련되어 있는 경우 각 생산 물품별 거래가격(해당 수입물품 외의 물품이 국내에서 생산되는 경우에는 거래가격에서 부가가치세를 제외한다) 합계액 대비 해당 수입물품 거래가격의 비율(=가격별 비율)을 고려하여 배분한다(시행령 제18조의2).

구매자가 영 제18조의 물품 및 용역의 생산에 필요한 요소를 제공한 경우에는 해당요소의 비용까지 과세가격에 포함하며, 외국에서 구매한 디자인 등의 용역이 체화되어 있는 경우에는 해당 용역의 국내 수행 여부와 관계없이 생산지원비용에 포함한다(고시 제6조 제3항, 제4항).

(4) 권리사용료: 재현생산권 제외

특허권, 실용신안권, 디자인권, 상표권 및 이와 유사한 권리인 저작권, 영업비밀(시행령 제19조 제1항) 등을 사용하는 대가로 지급하는 것(=로열티)은, 그러한 권리가

---

37) 예컨대 기술 제공시 기술사용료를 받아야 하는 사유이다. 우리나라 기술은 가산요소가 아니지만 외국 개발 기술은 가산요소가 되는데, 우리나라가 개발한 것(예: 뽀로로나 펭수)에 관세를 부과하는 것은 논리상 맞지 않기 때문이다.
38) 財務省·稅關, 関税評価の初歩(2023, 10), p.11 사례 10(구매자가 매도인에게 무상으로 제공한 금형비용은 가산요소에 해당하므로 금형비용 10은 과세가격에 산입해야 한다).
39) 예컨대 주문 1,000개 받았는데 다 공급할 수 없어서 내가 300개 생산하고 해외위탁 700개 생산한 경우 그 비율로 계산한다.

① 당해 물품에 관련되고 ② 당해 물품의 거래조건으로 구매자가 직접 또는 간접으로 지급하는 금액인 경우에는 실제지급금액으로 가산한다(동 시행령 2항).

|사례 9| 매수인은 상표권자인 매도인으로부터 상표가 부착된 스포츠의류를 수입하였다(라이센스 조항 포함). 매수인은 상표권 사용대가로 수입화물과 별도로 로열티를 지급하였다. 로열티는 과세가격에 가산되는가?[40]

|사례 10| 국내의 컴퓨터 생산자 갑은 영국의 유명 상표권자인 A사와 갑이 생산하는 컴퓨터에 A사의 고유상표를 부착할 수 있는 상표권 사용계약을 체결하고 A사의 상표를 부착한 컴퓨터 1,000대를 수원에서 생산하여 컴퓨터 1대당 미화 1,000달러로 중국에 수출한 다음 그 판매액의 10%에 상당하는 미화 100,000달러를 권리사용료로 A에게 지급하였다. 이 경우 100,000달러의 권리사용료는 관세를 부과하기 위한 과세가격에 가산되는가?[41]

① 수입물품에 관련이 있다는 것은 각 권리가 수입상품에 그 내용이 구현(특허)·표현 또는 반영(디자인)·부착(상표)·수록(저작권)된 경우를 의미한다(동 시행령 제3항). 수입품을 가공하여 전혀 다른 물품이 되는 경우에는 관련성이 부정된다. 단 컴퓨터소프트웨어는 과세하지 않는 다운로드와의 형평성 때문에(= 복제권은 무체재산권 인정×) 그 마그네틱디스크나 CD 등에 저장된 권리(소프트웨어 등)에 대해 권리사용료와 관계없는 것으로 본다(제4항). 즉, 개념상 '복제'는 수입 이후에 행해지는 것이므로 가산하지 않는다.

② 물품의 거래조건으로 지급한다는 것은 그 조건이 없다면 계약을 하지 않는다는 의미이므로 계약상 반드시 지급이 이루어진다는 것, 즉 구매자에게 구매선택권이 없다는 것(대법원 2020.11.26. 선고 2020두46455 판결)인데 그 모습은 3가지 형태이다. 판매자가 특허권자여서 물품 구매를 위해 판매자에게 권리사용료를 지급하거나, 제3자가 특허권자여서 물품구매를 위해 제3자에게 권리사용료를 지급하는 경우 또는 구매자가 특허권자의 사용 허가를 받아 판매자가 사용하게 하고 제3자에게 권리사용료를 지급하는 경우 등을 말한다(제5항).

---

40) 財務省·税関, 関税評価の初歩(2023, 10), p.12 사례 11(구매자가 매도인에게 지급한 로얄티는 수입물품 관련성과 거래조건성이 충족되므로 구매명세서 상의 가격에 가산한다).
41) 과세물건이 없으므로 과세가격도 없다. 권리사용료의 지급이 있지만 이와 관련성 및 거래조건을 충족하는 수입물품이 없기 때문이다(국가직 기출, 2009년).

일본 관세정률법에서는 특허권 등의 유형을, (a) 수입화물과 관련된 특허권자가 매도인인 경우 매수인이 매도인에게 지급하는 로얄티, (b) 수입화물의 특허권자가 매도인과 매수인이 아닌 제3자인 경우로서 매수인이 매도인과의 약정에 따라 특허 권자에게 지급하는 로얄티, (c) 수입화물의 특허권자가 매도인(자회사)의 모회사인 경우로서 매수인이 특허권자인 모회사에게 지급하는 로얄티, (d) 판매자가 수입화물 의 특허권자의 하청업체인 경우로서 매수인이 특허권자에게 지급하는 로얄티, (e) 판매자 A가 수입품의 특허권자 C로부터 특허권에 대한 전용실시권[42]을 취득하고 매수인 B에게 통상실시권을 승인받아 매수인 B가 매도인 A에게 지급하는 로얄티, (f) 매수인 B가 수입화물의 특허권자 C로부터 특허권에 대한 전용실시권을 취득하 고, 판매자 A에게 특허권에 대한 통상실시권을 부여한 후 매수인 B가 특허권자 C에 게 지급하는 로얄티 등으로 구분하여 설명한다.[43]

다만 우리나라에서 복제할 수 있는 권리의 대가로 지급된 경우에는 가산요소에서 제외되는데, 그러한 판단을 할 때에는 (a) 복제하는 것이 복제할 권리의 대상인지 여부, (b) 복제하는 권리가 매매계약 기타 다른 계약에서 매수인에게 부여되어 있는 것인지 여부, (c) 복제하는 권리를 가진 자가 복제할 권리의 대가의 지급을 요구하 는지 여부 등을 주의하여야 한다.[44]

(5) 사후귀속이익

해당 수입물품을 수입한 후 재판매 등을 통하여 생긴 수익금액[45] 중 판매자에게 직접 또는 간접으로 귀속되는 금액이 있다면, 이는 물품가격에 가산하여야 한다. 당 사자 간에 합의된 가격이 있었으나 재판매 가격의 변동으로 생긴 수익의 일부를 판 매자에게 송금하였다면 이는 사후귀속이익이 되어 물품가격에 가산하여야 한다는

---

42) 특허권자가 타인에게 특허발명을 독점적으로 실시할 수 있는 권리를 허락한 경우를 전용실 시권(특허법 제100조), 특허권자가 아닌 제3자가 허락이나 설정행위 등을 통해 시간적·장 소적·내용적 제약 범위 등 일정한 조건 내에서 특허발명을 실시할 수 있는 채권적 권리로 서 전용실시권과는 달리 비독점적·비배타적인 성격을 갖는 것을 통상실시권이라고 한다 (특허법 제102조).
43) 東京稅関業務部総括関稅評価官(関稅評価センター), 関稅評価の基礎(2023.10), pp.14−15.
44) ibid, p.15.
45) "해당 수입물품을 수입한 후 전매·처분 또는 사용하여 생긴 수익금액"은 **해당 수입물품의 판매, 사용 등에서 얻어지는 판매대금, 임대료, 가공임 등을 말한다**(고시 제10조 제1항).

것이다. 주식배당금, 금융서비스의 대가, 수입물품과 직접 관련이 없는 손익조정 목
적의 송금액 등은 사후귀속이익에 해당하지 않는다(고시 제10조 제2항).

> **|사례 11|** 매수인은 매도인으로부터 교육용기기를 수입하였다. 매수인과 매도인 간의 합의
> 에 따라 구입명세서 가격의 지급에 추가하여 매수인이 국내판매에 따라 얻는 이윤의 50%를
> 매도인에게 지급하는 것으로 한 경우, 국내판매이윤의 50%는 과세가격에 포함되는가?[46]

다만 사후귀속이익의 인정은 객관적이고 계량화 할 수 있는 자료(예컨대 GAAP)에
의한 것이어야 하며, 이러한 자료가 없다면 거래가격에 관한 제1방법은 적용할 수
없다(법 제30조 제1항 단서). 또한 사후귀속이익은 해당 수입물품과의 거래조건 해당
여부와 관계없이 즉 여하한 명목이든 지급되었다면 과세가격에 가산한다(고시 제10
조 제3항).

(6) 수입항까지의 운임 · 보험료 · 운송비용 등

6호 본문에서의 운임 등이란, 당해 수입물품이 수입항에 도착하여 본선하역준비
가 완료될 때까지 수입자가 부담하는 비용을 말한다(시행령 제20조 제5항). 수입항은
국제무역선(기)으로부터 양륙이 이루어지는 항구(공항)를 말하며, "수입항까지" 또는
"수입항 도착"이란 수입물품이 수입항에 도착하여 본선하역준비가 완료된 시점과 장
소를 말한다(고시 제11조 제1항).

"해당 운송과 관련된 기타 비용"은 수입품이 수입항에 도착할 때까지 수입품의 운
송에 부수적으로 발생하는 수출국에서의 선적 전 임시 보관에 발생한 비용, 수출시
통관 절차 등에 발생한 비용, 수출국에서 발생한 컨테이너 서비스 요금, 수출국에서
의 컨테이너 환적 비용, 수출항에서의 선적비용, 운송 중 환적 비용을 포함한다.[47]

---

46) 財務省 · 税関, 関税評価の初歩(2023, 10), p.12 사례 12(구매자가 매도인에게 지급한 국내
    판매이윤 50%는 매도인에게 귀속되는 것으로서 가산요소에 해당하기 때문에 과세가격에
    포함된다).
47) 財務省 · 税関, 関税評価の初歩(2023, 10), p.8.

|사례 12| 매수인은 매도인으로부터 FOB 조건으로 생선·과실류를 수입하였다. 매수인은 선박회사와 운송계약을 체결하고 당해 수입화물에 대한 수입항까지의 운임을 지급하였다. 수입화물은 FOB 조건으로 거래되었으므로 구매명세서 가격은 실제지급가격이 되는데, 이 경우 수입항까지의 운임을 가산해야 하는가?[48]

가산요소로서 운임보험료 등은 판매자가 부담한다면 이미 가격에 반영되어 있기 때문에 수입자가 부담하는 경우를 전제로 하며, 본선하역비는 국내운임이므로 본선하역준비가 완료될 때까지의 비용만을 포함한다. 운임 및 보험료는 당해 사업자가 발급한 운임명세서·보험료명세서 또는 이에 갈음할 수 있는 서류에 의하여 산출하며(시행령 제20조 제1항), 운임 및 보험료를 산출할 수 없는 때에는 운송거리·운송방법 등을 참작하여 관세청장이 정하는 바에 따라 산출한다(시행령 제20조 제2항).

이에 따라 ① 자력운항에 의하여 도착한 수입물품에 대하여는 해당 선박 또는 항공기가 수출국의 항구로부터 수입항에 도착할 때까지의 연료비, 승무원의 급식비, 급료, 수당, 선원 등의 송출비용 및 기타비용 등 운송에 실제로 소요되는 금액을, ② 운송비가 무료이거나 자기소유 운송수단 또는 구매자(수입자 포함)와 특수관계에 있는 운송사업자의 운송수단에 의하여 운송된 물품은 일반 운송사업자가 통상적으로 적용하고 있는 운임요율표에 의한 운임을, ③ 용선계약에 의하여 운송하는 때에는 해당 용선계약에 의하여 실제로 지급하는 일체의 비용(공선회조료 포함)을 운임의 산출방법으로 정하고 있다(고시 제11조).

관세청장이 정하는 물품이 항공기로 운송되는 경우에는 당해 물품이 항공기외의 일반적인 운송방법에 의하여 운송된 것으로 보아 운임 및 보험료를 산출한다(시행령 제20조 제3항). 수입자의 선박 또는 항공기로 운송되는 물품 또는 운임과 적재수량을 특약한 항해용선계약에 따라 운송되는 물품(실제 적재수량이 특약수량에 미치지 아니하는 경우를 포함한다) 등으로서 물품의 운임이 통상의 운임과 현저하게 다른 때에는 운송거리·운송방법 등을 참작하여 관세청장이 정하는 통상의 운임을 당해 물품의 운임으로 할 수 있다(시행령 제20조 제4항).

---

48) 財務省·稅関, 関稅評価の初歩(2023, 10), p.8 사례 8(매수인이 선박회사에 지급한 운임 등의 액은 실제지급가격의 가산요소이므로 수입화물의 과세가격에 산입한다).

> **|사례 13|** 갑이 전산장비를 수입하면서 지급한 금액은 아래와 같다. 과세가격은?[49]
> - 거래가격: FOB US $100,000
> - 수입항 보세구역 창고료: US $10,000
> - 제3자에게 지급한 중개수수료: US $1,000
> - 해상운임: US $30,000
> - 보험료: 비부보(단, CIF에서와 같이 최소담보조건 부보시 US $500)

IV. 거래가격 적용의 배제

1. 배제 요건(=특별한 사정이 있거나 거래가격에 의심 있는 경우)

(1) 수입거래에 의하지 않은 수입화물

관세법 시행령 제17조에 따라 무상으로 수입하는 물품, 수입 후 경매 등을 통하여 판매가격이 결정되는 위탁판매수입물품, 수출자의 책임으로 국내에서 판매하기 위하여 수입하는 물품, 별개의 독립된 법적 사업체가 아닌 지점 등에서 수입하는 물품, 임대차계약에 따라 수입하는 물품, 무상으로 임차하는 수입물품, 산업쓰레기 등 수출자의 부담으로 국내에서 폐기하기 위하여 수입하는 물품에 대하여는 거래가격 적용이 배제된다. 일본 관세정률법 제4조 제2항 및 기본통칙 4-1의2(1)에도 동일한 규정이 있다.

(2) 특별한 사정에 해당하는 경우(관세법 제30조 제3항)

미국 연방관세법에도 거의 같은 취지의 규정이 있으며,[50] 일본 관세정률법 제4조 제2항에도 같은 취지의 규정이 있다.

---

49) 사례에 제시된 금액 중 수입물품의 과세가격은 실제지급가격, 중개수수료, 해상운임이고, 수입항 도착이후에 발생한 운송관련비용은 비과세한다. 보험료는 실제 부보된 경우에만 과세한다. 따라서 100,000(거래가격)+1,000(중개수수료)+30,000(해상운임)=131,000$이다(관세사 기출, 2009년).
50) 미국 연방관세규칙 §152.103(j)(1).

가. 처분 또는 사용상의 제한이 있는 경우(제1호).

이러한 제한이 있다면 통상적으로 가격이 인하되기 때문인데, 가격에 영향을 미치는 처분 또는 사용상의 제한에는, 전시용·자선용·교육용 등 당해 물품을 특정용도로 사용하도록 하는 제한, 당해 물품을 특정인에게만 판매 또는 임대하도록 하는 제한, 기타 당해 물품의 가격에 실질적으로 영향을 미치는 제한을 포함한다(시행령 제21조).

다만 우리나라의 법령이나 법령에 의한 처분에 의하여 부과되거나 요구되는 제한(=술과 담배는 미성년자 판매 불가하지만 가격에는 영향 없음), 수입물품이 판매될 수 있는 지역의 제한, 그 밖에 해당 수입물품의 특성, 해당 산업부문의 관행 등을 고려하여 통상적으로 허용되는 제한으로서 수입가격에 실질적으로 영향을 미치지 않는다고 세관장이 인정하는 제한은 거래가격에 실질적으로 영향을 미치지 아니한다고 인정한다(시행령 제32조).

|사례 14| 판매자가 자동차 구매자에게 모델 연도의 시작을 나타내는 고정된 날짜 이전에 자동차를 판매하거나 전시하지 않도록 요구하는 경우 거래가격에 영향이 있는가?[51]

나. 금액으로 계산할 수 없는 조건이나 사정의 영향을 받아 가격이 결정된 경우(제2호)

이 경우의 조건(condition) 또는 사정(consideration)의 가치(value)를 구체적으로 결정하기 위해 개별 당국이 무엇을 충분한 정보로서 고려할 것인지 여부는 개별 당국에 맡겨져 있다.[52] 조건(condition)이란 민사법에서 인정되는 법률행위의 부관을 의미한다.[53] 예컨대 끼워팔기인 A거래의 성립(정지조건) 또는 소멸(해제조건)을 조건으로 하여 본 거래인 B 거래를 하는 경우이다. '사정'으로 번역한 consideration은 영미 계약법상 약인(約因)이라 번역되는 것으로서 대륙법에는 없는 개념인데, '약속의 교환에 있어서 주어진 법적 가치'로 정의되며 '금전이나 자산의 지급 또는 법적 서비스의 제공 등의 이행 행위' 중 하나로 구성되는 것이 가장 일반적인 형태인데

---

51) 미국 연방관세규칙 §152.103(k)(1)(ⅰ). 그 가치에 실질적으로 영향을 미치지 않는 수입 상품의 구매자에게 가해지는 제한이므로 거래가격(transaction value)이 평가가격(the appraised value)으로 인정된다.
52) WCO 협정 권고의견 16.1 판매 또는 가격이 평가대상 물품과 관련하여 가치(value)를 결정할 수 있는 조건 또는 사정(consideration)에 의하여 영향을 받은 경우의 처리.
53) 김병철·김태인(2015), "관세평가상 거래가격 배제사유에 관한 연구 : 처분 등 제한과 조건 또는 사정을 중심으로", 무역연구 11-5호, p.675.

계약이 존재하기 전에 반드시 요구되는 것이다.54) 법적으로 강제할 수 있는 계약이 성립하기 위해 양 당사자 약속 사이에 대가관계가 필요한데 이 대가관계를 약인이라고 설명하기도 한다.55) 결과적으로 할인 가격이 이러한 조건이나 대가관계에 의해 영향을 받은 경우에 거래가격으로 부인된다는 의미가 된다.

그런데 WTO 관세평가협정 예해 2.1에서는 '협정의 기본개념이 구매자와 판매자의 거래에 관한 것이고 그들 사이에 직·간접으로 무엇이 이루어지는가에 대한 것이므로 이런 관점에서 볼 때 이 경우의 조건 및 고려사항은 구매자와 판매자 간의 의무사항으로 해석되어야 할 것이다'라고 하면서 끼워팔기, 연계거래/일괄거래/구상무역 및 제품환매 등을 제시하고 있다. 즉 조건을 이행하지 않으면 할인이 이루어지지 않는 것 즉 조건의 이행이 의무사항인 경우임을 설명하고 있다. 예컨대 끼워팔기에서 한 거래의 가격은 판매자와 구매자 간의 다른 거래의 조건에 영향을 받으므로 이러한 판매에서 가격은 유일한 대가(consideration)가 아니기 때문에 이러한 끼워팔기는 가격이 평가대상 물품과 관련하여 가치(value)를 결정할 수 없는 조건 또는 사정(consideration)에 좌우되는 상황에 해당하고, 따라서 해당 가격은 제1조 제1항 (b)의 규정에 따라 거래가격을 결정할 목적상 부인되어야 한다.56)

관세법도 이러한 취지에 따라 규정을 두고 있는데, 예컨대 구매자가 판매자로부터 지정된 수량의 다른 물품도 구매하는 조건으로 당해 물품의 가격이 결정(=끼워팔기)되는 경우, 구매자가 판매자에게 다른 상품을 판매하는 경우 그 판매하는 다른 물품의 가격에 따라 당해 물품의 가격이 결정되는 경우, 판매자가 반제품을 구매자에게 공급하고 그 대가로 그 완제품의 일정수량을 받는 조건으로 당해 물품의 가격이 결정되는 경우를 포함한다(시행령 제22조의 2항).57)

다. 금액으로 환산할 수 없는 사후귀속이익이 있는 경우(제3호)

사후귀속이익의 인정은 객관적이고 계량화 할 수 있는 자료(예컨대 GAAP)에 의한 것이어야 하며, 이러한 자료가 없다면 거래가격에 관한 제1방법은 적용할 수 없다(법 제30조 제1항 단서).

---

54) Henry R. Cheeseman(2006), 『Contemporary Business and Online Commerce law(fifth Edition)』, Pearson Education, Inc., pp.194-195.
55) 서철원(1998), 『미국비즈니스법』, 법원사, p.27.
56) WCO 평가협정 예해 11.1 끼워팔기의 처리.
57) 미국 연방관세규칙 §152.103(k)(1)(ⅱ)의 내용과 같다.

라. 특수관계에 있어 물품가격에 영향을 미친 경우(제4호)

구매자와 판매자 간에 대통령령으로 정하는 특수관계가 있다면 거래가격의 조작이 있을 가능성이 높기 때문에 1방법을 사용할 수 없다. 다만 그 가격이 해당 산업부문의 정상적인 가격결정 관행에 부합하는 방법으로 결정되어 특수관계에 있더라도 물품가격에 영향이 없다면 1방법을 사용할 수 있다.

특수관계란 서로에 대해서 영향력을 행사할 수 있는 지위, 예컨대 구매자와 판매자가 상호 사업상의 임원 또는 관리자인 경우 또는 특정인이 구매자 및 판매자의 의결권 있는 주식을 직접 또는 간접으로 5퍼센트 이상 소유하거나 관리하는 경우 등을 말한다(시행령 제23조 제1항).

물품가격에 영향이 없는 경우란, ① 특수관계가 없는 구매자와 판매자간에 통상적으로 이루어지는 가격결정방법으로 결정된 경우, ② 당해 산업부문의 정상적인 가격결정 관행에 부합하는 방법으로 결정된 경우, ③ 해당 물품의 가격이 'ⓐ 특수관계가 없는 우리나라의 구매자에게 수출되는 동종·동질물품 또는 유사물품의 거래가격 또는 ⓑ 법 제33조 및 법 제34조의 규정에 의하여 결정되는 동종·동질물품 또는 유사물품의 과세가격' 즉 비교가격에 근접하는 가격으로서 그 차이가 비교가격을 기준으로 하여 비교할 때 100분의 10 이하인 경우임을[58] 구매자가 입증한 경우 등이다(시행령 제23조 제2항). 특수관계가 가격에 영향이 없음을 적용받고자 하는 자는 관세청장이 정하는 바에 따라 가격신고를 하는 때에 그 증명에 필요한 자료를 제출하여야 한다(시행령 제23조 제4항).

미국 연방관세법도, "특수관계 있는 구매자와 판매자 간의 판매 상황을 조사한 결과 실제로 지불되거나 지불해야 하는 가격에 영향을 미치지 않았음이 밝혀지거나 수입 상품의 거래 가치가 다음의 가격과 거의 유사한 경우 허용된다."[59]고 규정하는데, 그러한 경우란 (a) 동일한 상품의 거래 가치 또는 미국에서 관련 없는 구매자에게 판매되는 유사한 상품, (b) 동일한 상품 또는 유사한 상품의 공제 가치 또는 계산 가치, (c) 위 (a), (b)의 가격을 참조한 비교가격으로서 수입 상품과 거의 동시에 미

---

58) 다만, 세관장은 해당 물품의 특성·거래내용·거래관행 등으로 보아 그 수입가격이 합리적이라고 인정되는 때에는 비교가격의 100분의 110을 초과하더라도 비교가격에 근접한 것으로 볼 수 있으며, 수입가격이 불합리한 가격이라고 인정되는 때에는 비교가격의 100분의 110 이하인 경우라도 비교가격에 근접한 것으로 보지 아니할 수 있다(관세법시행규칙 제5조 제1항 단서).

59) 미국 연방관세규칙 §152.103(j)(2)(ⅰ).

국으로 수출된 상품 가격 등이다. 비교가격을 고려할 때에는 상업 수준, 수량 수준, 비용, 커미션, 가격(values), 수수료(fees), 과정 등과 판매자와 구매자가 특수관계인이 아닌 경우에는 판매자에게 발생했으나 특수관계에 있을 때에는 판매자에게 발생하지 않은 비용 등을 고려한다.[60] 비교가격의 판단에 있어서도 기본적으로는 관세법의 내용과 거의 같은데, 다음의 사례가 그 예이다.

> **|사례 15|** 테스트 가격(test values) 중 어느 하나를 적용함에 있어서, 95가 100에 근접하지 않기 때문에 고려중인 판매에서의 거래가격(transaction value)이 거부된다면, 105에서 또는 거의 동시에 발생하는 동일한 상품의 판매에 대한 거래가격도 마찬가지로 거부되어야 하는가?[61]

> **|사례 16|** 구매자가 특정한 제3자에 의하여 직접적으로 지배를 받는 경우에 과세가격의 결정에 있어 고려되어야 할 요소로서 구매자와 판매자간에 '특수관계'가 있다고 볼 수 있는가?[62]

(3) 수입물품의 과세가격에 대한 의구심이 해명되지 않은 경우

이러한 경우 세관장은 동종·동질물품 또는 유사물품의 거래가격과 현저한 차이 즉 현저하게 낮은 신고가격에 대해 과세가격으로 인정하지 않고 그 거래가격에 대한 입증을 요구할 수 있다(관세법 제30조 제4항). 납세의무자가 자료의 무제출·회계원칙에 위반한 자료 제출·자료가 거래관계를 구체적으로 나타내지 못하거나 사실관계를 확인할 수 없는 등 정확성이나 진실성에 합리적 의심이 있는 경우(시행령 제24조 3항) 등에는 제1방법을 적용하지 않는다.

---

60) 미국 연방관세규칙 §152.103(j)(2)(ⅱ).
61) 미국 연방관세규칙 §152.103(l)(2)(ⅱ) Example에 의하면 거부되어야 한다. 마찬가지로 마찬가지로, 103이 100에 근접한 것으로 간주되는 경우 97의 거래가격도 100에 근접한다.
62) 사례의 경우 특수관계가 있다고 볼 수 없다. 구매자와 판매자가 모두 제3자에 의하여 지배를 받는 경우 특수관계가 있는 것으로 본다(관세사 기출, 2009년).

2. 배제 효과

신고가격을 과세가격으로 인정하기 곤란한 경우에는 제1방법을 적용하지 않고 제
31조 이하의 방법에 따라 과세가격을 결정한다.

3-4 동종·동질 물품의 거래가격(2방법)

I. 의 의

제30조에 따른 방법으로 과세가격을 결정할 수 없는 경우에는 과세가격으로 인정된 사실이 있는 동종·동질물품의 거래가격으로서 다음의 요건을 갖춘 가격을 기초로 하여 과세가격을 결정한다(제31조 제1항). "동종·동질물품"이라 함은 당해 수입물품의 생산국에서 생산된 것으로서 물리적 특성, 품질 및 소비자 등의 평판을 포함한 모든 면에서 동일한 물품(외양에 경미한 차이가 있을 뿐 그 밖의 모든 면에서 동일한 물품을 포함한다)을 말한다(시행령 제25조).

제1방법으로 과세가격을 결정할 수 없는 경우 제2방법부터 제6방법까지를 순차적으로 적용하게 되는데, 그중 제2방법은 동종·동질 물품에 대한 것으로서 실무상 사용례가 제한적이다.

II. 인정요건

1. 우리나라

① 생산국의 동일성, ② 물리적 특성 등 물품의 동일성이 인정되어야 한다. 예컨대 동일한 나이키 운동화인 경우에도 베트남과 인도네시아에서 생산되었다면 동종·동질 물품이 아니며 유사물품도 아니다(고시 제23조 제3항). 동종·동질의 제품(=생산자가 같으나) 상표가 다른 경우에는 유사물품으로 보아야 한다.

이외에 ③ 선적일 등 시간요소 및 수량이나 거리 등 운송 형태의 동질성이 요구된다(법 제30조 1호, 2호). 즉 해당 물품의 선적일(船積日)에 선적되거나 해당 물품의 선적일을 전후하여 가격에 영향을 미치는 시장조건이나 상관행(商慣行)에 변동이 없는 기간 중에 선적되어야 한다. 이 때 "선적일"이란 수입물품을 수출국에서 우리나라로 운송하기 위하여 선적하는 날을 말하며 선하증권, 송품장 등에 의하여 확인하되, 선적일의 확인이 곤란하고 선적국, 운송수단이 동일한 경우에는 입항일을 사용할 수 있다(고시 제23조 제2항). 또한 상관행에 변동이 없는 기간이란, 해당 물품의 선적일 전후 60일(총 120일)을 말한다. 다만, 계절에 따라 가격의 차이가 심한 농림축산물 등의 경우에는 선적일 전후 30일(총 60일)을 말한다(고시 제23조 제1항).

이때 두 물품 간에 차이가 있는 경우 예컨대 거래단계, 거래수량, 운송거리, 운송 형태에 차이가 있는 경우 그에 따른 가격 차이를 조정한 가격이어야 하는데, 동종·동질 물품의 거래에 관한 유효한 가격표가 있고 그 가격표의 가격으로 수입된 동종·동질 물품이 있는 경우에는 그 가격표에 기초하여 거래 단계, 거래 수량, 운송 거리, 운송 형태의 상이에 따른 가격 차이를 반영하여 조정한다. 다만 과세가격으로 인정된 사실이 있는 동종·동질물품의 거래가격이라 하더라도 그 가격의 정확성과 진실성을 의심할만한 합리적인 사유가 있는 경우 그 가격은 과세가격 결정의 기초자료에서 제외한다(동조 제2항).

2. 미 국

미국 관세법은 "동일 상품(Identical merchandise)은 감정 대상 상품과 모든 면에서 동일하고 동일한 국가에서 동일한 사람에 의해 생산된 상품을 의미하며, 대상 상품과 모든 면에서 동일하고 동일한 국가에서 생산되지만 동일한 사람이 생산하지 않은 상품도 동일한 상품으로 취급될 수 있다."고 규정하며,[63] 유럽관세법 제74조 제2항 (a)는 "평가되는 상품과 거의 동시에"(at or about the same time as the goods being valued) 수출된 거래가격을 기준으로 한다고 설명한다.

미국 관세법은 외관상의 사소한 차이(Minor differences in appearance)로 인해 다른 방식으로 부합하는 상품이 '동일한' 것으로 간주되는 것을 배제하지 않는다고 규정한다.[64]

3. 일 본

일본의 경우, "예를 들어, 수입거래로 인정되는 판매에 따른 수입물품에 하자가 발생하여 무상화물로서 대체품을 수입하는 경우, 당해 무상화물의 과세가격은 매매에 따라 수입된 화물이 일본에 수출하는 날 또는 수출일 전후 1개월 이내의 날짜에 수출되고 당해 수입화물의 생산국에서 생산된 것에 해당한다면, 판매에 의해 수입된 이전 수입화물의 거래가격에 따라 과세가격을 결정하게 된다."고 설명하는데,[65] 선적일의 차이를 제외하고는 우리와 거의 같다.

---

63) 미국 연방관세규칙 §152.102(d).
64) 미국 연방관세규칙 §152.104(b).
65) 일본 세관, 수입화물에 관한 과세가격의 계산방법 및 그 유의사항에 관한 일반적인 질의응답집, 2023.10, p.3. Q 2 − 1.

|사례 1| 당사(구매자)가 판매자로부터 마스크를 구매(수입)했는데 수입 후 곰팡이가 생긴 것으로 확인되었다. 판매자와 협의하여 해당 화물을 폐기처분하기로 결정하고, 대체품으로 처분한 것과 동일한 화물을 다음 주에 무상으로 발송하는 것으로 결정하였다. 판매자가 당사에 보낸 교체 상품의 구매명세서상의 가격은 편의상 판매자가 설정한 것으로 전회(前回) 수입했던 동일 화물의 구매명세서상 가격의 1/10인 경우, 이 가격을 수입품인 대체품의 실제지급가격으로 계산할 수 있을까?[66]

|사례 2| 당사(구매자)가 판매자로부터 기계류를 구매(수입)했는데 판매가격 개정에 따라 가격이 소급 인상되어 판매자로부터 가격인상에 대한 요청을 받고 이를 지급한 후 수정신고를 할 예정인 상황에서, 이때의 수입화물에는 해당 기계류 외에 그 이전에 수입했던 같은 기종의 기계류의 대체품이 있었는데 그 대체품은 무상화물이었기 때문에 '동종 또는 유사 물품의 거래가격을 기준으로 하는 방법'에 따라 이번에 가격 인상의 대상이 된 그 기계의 거래가격으로 계상하게 된 경우, '동일한 유형의 상품'의 가격 인상에 따른 수정신고서를 제출해야 하는가?[67]

III. 거래가격이 복수인 경우 특례

동종·동질물품의 거래가격이 둘 이상 있는 경우에는 생산자, 거래 시기, 거래 단계, 거래 수량 등(이하 "거래내용등"이라 한다)이 해당 물품과 가장 유사한 것에 해당하는 물품의 가격을 기초로 하고, 거래내용 등이 같은 물품이 둘 이상이 있고 그 가격도 둘 이상이 있는 경우에는 가장 낮은 가격을 기초로 하여 과세가격을 결정한다 (동조 제3항).

---

66) 수입하는 대체품은 무상화물로서 수입 거래에 따르지 않는 수입화물이기 때문에, 실제지급가격을 기준으로 하는 제1방법에 따라 세액 계산을 할 수 없고, 상기 거래에서의 대체물은 이전에 수입된 화물과 동일한 종류의 화물로, 동일한 종류의 화물을 일본에 수출한 날에 가까운 날짜에 일본에 수출된 것이므로, 이전에 수입된 화물의 과세가액을 "수입화물의 거래가격에 기초한 방법"으로 계산한 경우, 과세대상액은 이전에 수입된 화물의 거래가격을 기준으로 계산된다(일본 관세청 質疑応答事例(関税評価), 1.대체품으로 수입된 무상화물의 과세가격).
67) 가격 인상 후의 거래가격이 과세 대상 가격이 되기 때문에, 가격 인상분에 대해서는 수정신고를 할 필요가 있다(일본 관세청 質疑応答事例(関税評価), 2.동종화물의 가격인상 시 무상화물의 과세가격).

즉 그 거래가격이 둘 이상 있는 경우에는 동일 생산자가 생산한 물품의 거래가격을 가장 우선적으로 적용하며, 동일 생산자에게는 유사물품이 있으나 다른 생산자의 동종물품이 있는 경우에도 다른 생산자의 동종물품이 우선한다(제2방법). 다만 이러한 경우에도 그 거래내용도 비슷하고 그 가격도 둘 이상 있는 경우에는 '가장 낮은 가격'을 기초로 하여 결정한다.

예를 들어 동일 국가에서 생산된 X(1.05)(생산자 A), Y(1.00)(생산자 A), Z(1.10)(생산자 B)의 거래가격이 존재하는데 이를 과세가격으로 인정할 수 없다면, X의 과세가격은 동일한 생산자가 생산한 1.00, Y의 과세가격은 동일한 생산자가 생산한 1.05, Z의 과세가격은 X, Y, Z 중 가장 낮은 가격인 1.00으로 정해진다. 한편 동일한 물품을 제3국에 수출하는 거래가격이 있는 경우에도, 동종·동질물품은 우리나라에 수입된 것을 전제로 하는 것이므로 이는 채택할 수 없다.

|사례 3| 갑이 4월 10일 미국의 A사와 거래한 장비가 관세법 제 30조에 규정한 과세요건을 충족하지 못하여 동법 제31조(동종·동질물품의 거래가격을 기초로 한 과세가격의 결정) 제2항을 적용하여 과세하고자 한다. 조회결과 생산자, 거래단계, 거래수량 등은 동일하였으며, 국내의 을, 병, 정이 동종·동질물품의 장비를 미국의 A사와 거래한 다음과 같은 거래실적이 있었다. 과세가격으로 채택하여야 할 거래가격은?[68]

거래일자	거래자	과세가격으로 인정된 거래가격
3/15	을	US$ 11,000
3/20	병	US$ 6,000
4/5	병	US$ 7,000
4/5	정	US$ 8,000

---

68) 관세법 제31조에 따라 과세가격을 결정하기 위해서는 과세가격으로 인정된 거래가격 중 생산자, 거래단계, 거래수량이 가장 유사한 거래가격에 기초하고, 거래내용이 유사한 가격이 둘 이상 있는 경우 가장 낮은 가격을 기초로 하여 결정한다. 해당 사례에서 거래 시기가 가장 유사한 거래는 4/5일에 병과 정이 한 거래이므로, 둘 중 더 낮은 가격인 병의 거래가격 7,000달러를 기초로 과세가격을 결정한다(관세사 기출, 2007년).

3-5 유사물품의 과세가격 결정(3방법)

I. 의 의

제30조와 제31조에 따른 방법으로 과세가격을 결정할 수 없으면 유사물품의 거래
가격을 기초로 하여 과세가격을 결정하게 된다. 그런데 "유사물품"이라 함은 당해
수입물품의 생산국에서 생산된 것으로서 모든 면에서 동일하지는 아니하지만 동일
한 기능을 수행하고 대체사용이 가능(=소비자평판 등 고려, 상업적 교환가능성)할 수
있을 만큼 비슷한 특성과 비슷한 구성요소를 가지고 있는 물품을 말한다(시행령 제26
조). 조문 구조는 제31조와 거의 같다.

II. 인정요건

과세가격으로 인정된 사실이 있는 유사물품의 거래가격으로서, 과세가격을 결정
하려는 해당 물품의 생산국에서 생산되어 해당 물품의 선적일에 선적되거나 해당 물
품의 선적일을 전후하여 가격에 영향을 미치는 시장조건이나 상관행에 변동이 없는
기간 중에 선적되어 우리나라에 수입된 것일 것의 요건을 갖춘 거래가격을 기초로
하여 과세가격을 결정한다(관세법 제32조).

다만 이 경우에도 그 가격의 정확성과 진실성을 의심할만한 합리적인 사유가 있
다면 그 가격은 과세가격 결정의 기초자료에서 제외된다(동조 제2항).

한편 유사물품의 거래가격이 둘 이상이 있는 경우에는 거래내용 등이 해당 물품
과 가장 유사한 것에 해당하는 물품의 가격을 기초로 하고, 거래내용 등이 같은 물
품이 둘 이상이 있고 그 가격도 둘 이상이 있는 경우에는 가장 낮은 가격을 기초로
하여 과세가격을 결정한다(동조 제3항).

미국 연방관세법은 상품의 품질, 평판 및 상표의 존재는 상품이 '유사'한지 여부를
결정하는 데 고려되는 요소라고 설명한다.[69]

---

69) 미국 연방관세규칙 §152.104 (c)

|사례 1| 동종·동질 또는 유사물품의 인정에 있어서 품질에 차이가 있는 경우 예컨대 목재용으로만 쓰이는 접착제를 E국 소재 특수관계 없는 A회사로부터 수입하였다가 역시 E국 소재 특수관계 있는 자회사 B로부터 목재 및 금속용의 접착제를 수입하는 경우, 자회사 B로부터 수입한 접착제의 과세가격 산정 시 동종·동질 또는 유사물품의 거래가격으로 A회사의 거래가격을 사용할 수 있을까?[70]

|사례 2| A회사가 인도네시아로부터 LNG를 수입한 후, B회사가 카타르로부터 LNG를 수입하였는데 B회사가 수입가격을 인위적으로 낮췄다고 주장하는 경우 B회사의 과세가격 결정 시 A회사의 거래가격을 사용할 수 있을까?[71]

---

70) "동종 물품"이라 함은 형태, 품질, 사회적 평판 등 모든 면에서 동일한 화물을 의미하는데, 위 거래에서 A사로부터 구매(수입)하는 접착제와 B사로부터 구매(수입)하는 접착제는 품질이 다르며 서로 "동일 화물"로 인정되지 않는다. 또한 A사에서 구매(수입)한 접착제는 목재에만 사용할 수 있고, B사에서 구매(수입)한 접착제는 목재뿐만 아니라 금속에도 사용할 수 있기 때문에 같은 기능을 가지고 있다고 말할 수 없어 상업적으로 상호 교환할 수 없기 때문에 서로 "유사 화물"로 간주되지 않는다. 따라서 A사로부터 구매(수입)한 접착제의 거래가격을 기준으로 산정할 수 없다(일본 관세청 質疑応答事例(関税評価), 3.동종 또는 유사 화물의 인정 상 품질의 차이가 있는 화물).

71) LNG의 거래가격에 특수관계, 처분·사용의 제한, 조건·사정 등에 의해 영향을 받았는지 여부에 따라 제1방법을 부인하고 제3방법에 따라 유사물품의 거래가격을 기초로 과세가격을 결정하여 관세를 부과하는 사례가 여러 건 있다. 예컨대 조심 2018관0062, 2019.10.17. 및 조심 2018관0184, 2019.11.13. 결정에서는 이러한 관세 부과처분에 잘못이 있는 것으로 판단하였다. 사례의 경우 생산국이 다르므로 사용할 수 없다.

3-6 국내 판매가격(4방법)

I. 의 의

제30조부터 제32조까지에 규정된 방법으로 과세가격을 결정할 수 없을 때에는 제1호의 금액에서 제2호부터 제4호까지의 금액을 뺀 가격을 과세가격으로 한다. 즉 국내판매(＝자가사용물품은 4방법 적용 못함) 단위가격에서 관세와 조세, 국내운송비용 등 및 통상적인 이윤과 일반경비를 공제한 액을 과세가격으로 결정한다는 취지인데, "국내에서 판매되는 단위가격"이란 수입 후 최초의 거래에서(＝연속된 판매가격은 고려하지 않음) 판매되는 단위가격을 말한다. 미국 연방관세법은 Deductive value라고 표현하고 있다.[72]

다만, 납세의무자가 요청하면 제34조(＝5방법)에 따라 과세가격을 결정하되 제34조에 따라 결정할 수 없는 경우에는 이 조, 제35조(＝6방법)의 순서에 따라 과세가격을 결정한다(제33조 제1항).

II. 제4방법의 적용 요건

① 해당 물품, 동종·동질 또는 유사물품이 수입된 것과 동일한 상태로(＝가공 없이) 판매될 것
② 해당 물품의 수입신고일 또는 거의 동시에 판매될 것
③ 특수관계가 없는 자에게 판매될 것
④ 수입 후 최초의 거래에서 판매되는 가격일 것
⑤ 가장 많은 수량으로 국내에서 판매될 것
⑥ 무료 또는 인하된 가격이 아닌 단위가격으로 판매될 것 등으로 정리할 수 있다.

|사례 1| 특수관계가 없는 사람에 대하여 두 번의 판매가 발생하였는데, 첫 번째 판매에서는 500개가 개당 95달러의 가격으로 판매되었고, 두 번째 판매에서는 400개가 개당 90달러에 판매된 경우, 판매 단위가격은 얼마로 정해지는가?[73]

---

72) 미국 연방관세규칙 §152.105.

해당 물품의 국내판매가격이 동종·동질, 유사물품의 국내판매가격보다 현저하게
낮은 경우 등 해당 물품을 적용하지 아니할 합리적인 사유가 있는 경우에는 해당물
품의 국내판매가격 사용을 배제할 수 있다(고시 제2항). 예컨대 최초거래의 구매자가
판매자 또는 수출자와 특수관계에 있는 경우(1호) 및 최초거래의 구매자가 판매자
또는 수출자에게 생산지원활동을 위한 물품이나 용역을 무상 또는 인하된 가격으로
공급하는 경우(2호)의 가격은 이를 국내에서 판매되는 단위가격으로 보지 아니한다
(시행령 제27조 제1항).

또한 1호의 금액을 산정할 때에는 일반적으로 인정된 회계원칙에 따라 매출액에
서 차감되는 금액(매출에누리, 매출할인 등)을 공제하고, 매출환입된 판매수량은 단위
가격을 산정할 때 판매되지 않은 것으로 본다.

수입신고일과 거의 동시에 판매되는 단위가격은 당해 물품의 종류와 특성에 따라
수입신고일의 가격과 가격변동이 거의 없다고 인정되는 기간 중의 판매가격으로 하
며, 수입신고일부터 90일이 경과된 후에 판매되는 가격을 제외한다(동 시행령 제2항).
즉 수입신고일부터 90일 이내에 판매되는 경우에는 "동시에" 판매되는 가격으로 인
정될 수 있다.

III. 국내판매가격에서 공제할 금액

1. 개 요

그 계산식은 아래 산식과 같이 표시된다(제33조 제1항 2호 내지 4호). 국내 판매 단
위가격에서 공제되는 항목 중 국내 운송비 등 관련비용과 관세 등의 조세는 거의 정
형적이지만 통상적인 이윤 및 일반경비는 결정이 쉽지 않다. 납세의무자는 이 부분
을 크게 하여 결국 관세를 줄이고자 하므로 분쟁의 소지가 있다.

과세가격 = 국내판매가격 − {동종·동류 수입화물 국내 판매 관련 통상의 수수료 또는
이윤 및 일반경비 + 수입항 도착 후의 운송비용 등 + 관세 기타 공과}

---

73) 이 예에서 특정 가격으로 판매되는 최대 단위 수는 500개이므로 최대 총 수량의 단가는 95
　　달러가 된다(미국 연방관세규칙 §152.105.(h)(2) Interpretative note 2).

2. 동종·동류 수입화물 국내 판매 관련 통상수수료·이윤·경비(2호)

"동종·동류의 수입물품"이라 함은 당해 수입물품이 제조되는 특정산업 또는 산업부문에서 생산되고 당해 수입물품과 일반적으로 동일한 범주에 속하는 물품(동종·동질물품 또는 유사물품을 포함한다)을 말한다(동 시행령 제3항). 미국 연방관세법은 '동일한 등급 또는 종류의 상품(Merchandise of the same class or kind)'에는 평가되는 상품과 동일한 국가 및 다른 국가에서 수입된 상품이 포함된다고 해석한다.[74] 이 점에서 동일한 생산국을 전제로 하는 제2방법, 제3방법과 다르다.

이윤 및 일반경비는 일체로서 취급하며, 일반적으로 인정된 회계원칙에 따라 작성된 회계보고서를 근거로 하여 계산한 이윤 및 일반경비 비율이 관세청장이 정하는 동종·동류비율을 적용하여 산출한 이윤 및 일반경비의 100분의 110 이하인 경우에는 그대로 인정하고, 그 외의 경우에는 동종·동류비율을 적용하여 산출한 이윤 및 일반경비에 따라 계산한다(동 시행령 4항). 그 비율은 동종·동류의 수입물품이 국내에서 판매되는 때에 부가되는 이윤 및 일반경비의 평균값을 기준으로 관세청장이 산출하는데, 세관장은 동종·동류비율 및 그 산출근거를 납세의무자에게 서면으로 통보하여야 한다(제5항, 제6항). 예컨대 납세의무자가 제출한 회계보고서에 따라 계산한 이윤 등 비율이 A에 대해서는 32%, B에 대해서는 40%인 경우, 관세청장이 결정한 동종·동류비율이 30%라면, 100분의 110의 범위 내 즉 33%의 범위 내에 있는 경우에는 그 비율을 그대로 인정하므로 A는 32%, B는 33%를 초과하므로 동종·동류비율인 30%를 이윤 등으로 인정받는다는 취지이다.

다만 국내 판매가격의 경우에도 그 정확성이나 진실성을 의심할 만한 합리적인 사유가 있는 경우에는 그에 기초하여 과세가격 결정을 하지 아니할 수 있다(제33조 제2항). 배제사유에는 예컨대 세관장이 제26조에 따라 동종·동류비율을 산출함에 있어 선정된 비교 대상업체의 업종과 산업부문, 비교대상물품의 용도·완성도·거래 단계 등을 종합적으로 검토하여 동종·동류비율의 산출 등이 현저히 곤란하거나 불합리하다고 인정되는 경우를 포함한다(고시 제4항).

---

74) 미국 연방관세규칙 §152.105 (b)

3. 수입항 도착 후에 발생한 운임, 보험료와 그 밖의 관련 비용(3호)

제1방법 적용 시 실제로 지급한 또는 지급할 비용에서 수입항 도착 후의 운임, 보험료 등을 공제한 것처럼. 국내판매가격에서도 이를 공제해야 과세가격이 도출된다. "그 밖의 관련 비용"이란 해당 물품, 동종·동질물품 또는 유사물품의 하역, 검수, 검역, 검사, 통관 비용 등 수입과 관련하여 발생한 제비용을 말한다(고시 제24조 제5항).

| **|사례 2|** 외국 화주가 미국 구매자에게 장비를 판매하는데, 장비의 총 계약 가격에는 미국에서의 기술지원(technical assistance)이 포함되는 경우 기술 지원 없이는 장비를 구입할 수 없지만 계약에 따라 비용이 절감된다면 평가액에 기술지원이 포함되어야 하는가?[75] |

4. 납부하였거나 납부하여야 할 조세와 그 밖의 공과금(4호)

제1방법에서 조세 등을 공제한 것처럼 제4방법의 경우에도 국내 판매가격에서 조세와 공과금을 공제하여야 한다. 공제되는 조세 등은 해당 물품의 수입 및 판매와 관련된 것이라면 관세, 내국세, 지방세 및 공과금이 모두 포함되며, 수입과 관련하여 납부하는 조세이면 예컨대 덤핑관세나 상계관세도 여기에서의 조세에 포함된다. "조세와 그 밖의 공과금"이 수입물품의 과세가격을 기초로 계산되는 경우에는 세관장이 제4방법을 적용하여 산출한 조세 등을 적용한다(고시 제24조 제6항).

IV. 국내 판매 단위가격이 없는 경우: 가공물품을 기초로 산출 (=초공제법)

① 납세의무자가 요청할 때에는 해당 물품이 ② 국내에서 가공된 후(=반대해석상 1, 2항은 가공이 없는 상대를 전제로 함) 특수관계가 없는 자에게 가장 많은 수량으로 판매되는 단위가격을 기초로 하여 산출한다. 즉 그 단위가격에서 관세와 조세, 국내 운송비용 등 및 통상적인 이윤과 일반경비 이외에 추가로 국내가공에 따른 부가가치

---

75) 미국 연방관세규칙 §152.103 (i)(1)(i) example. 거래금액에는 미국으로 수입된 후 수입된 상품에 대한 건설, 설치, 조립, 유지 보수 또는 기술 지원에 대한 합리적인 비용이 포함되지 않는데, 해당 비용은 관련 상품에 대해 실제로 지불되거나 지불해야 하는 가격과 별개로 정확하게 식별되어야 한다.

를 공제하여 산출한다(제33조 제3항). 수입물품에 가공이 반드시 필요한 경우에 납세의무자의 요청에 따라 적용하는 경우라 할 것인데, [국내판매가격 - (가공에 따른 부가가치 + 통상수수료 · 이윤 · 경비 + 수입항 도착 후의 운임 · 보험료 + 관세 등 공과금)]으로 정리할 수 있다.

V. 장기 · 반복 수입물품의 특례

관세청장 또는 세관장은 장기간 반복하여 수입되는 물품에 대하여 제1방법 또는 제4방법을 적용함에 있어서 납세의무자의 편의와 신속한 통관업무를 위하여 필요하다고 인정하는 때에는 당해 물품에 대하여 통상적으로 인정되는 가산율 또는 공제율을 정하여 이를 적용할 수 있다(시행령 제30조 제1항). 가산율 또는 공제율의 적용은 납세의무자의 요청이 있는 경우에 한한다(제2항).

3-7 산정가격(5방법)

I. 의 의

　제1방법부터 제4방법으로 과세가격을 결정할 수 없는 경우에는 제5방법에 따라 과세가격을 산정하는데, 제5방법은 원재료 비용 및 가공비용(=제조원가)[76]에서 수출을 위한 판매와 관련되는 통상의 이윤 및 통상경비, 수입화물의 수입항까지의 운임을 가산하여 과세가격을 결정하는 방법이다. 미국 연방관세법은 Computed value of imported merchandise로 표현하고 있다.[77] 그 산식은 아래와 같이 표현할 수 있다.

　　과세가격 = 수입화물의 제조원가+{생산국이 동일한 동종·동류 수입화물의 국내 수출
　　　　　　　을 위한 판매 관련 통상의 이윤 및 일반경비+당해 수입화물의 수입항까지
　　　　　　　의 운임 등}

II. 요 건

　① 해당 물품의 생산에 사용된 원자재 비용 및 조립이나 그 밖의 가공에 드는 비용 또는 그 가격, ② 수출국 내에서 해당 물품과 동종·동류의 물품의 생산자가 우리나라에 수출하기 위하여 판매할 때 통상적으로 반영하는 이윤 및 일반 경비에 해당하는 금액, ③ 해당 물품의 수입항까지의 운임·보험료와 그 밖에 운송과 관련된 비용으로서 제30조 제1항 제6호에 따라 결정된 금액을 합한 가격을 기초로 하여 과세가격을 결정한다(관세법 제34조 제1항).

　미국 연방관세법은 원자재의 비용 또는 가치에는 수출국에 의해서 부과된 내국세가 포함되지 않는다고 하는데, 원자재 또는 그 처분에 직접 적용되는 세금으로서 원자재가 사용된 생산 상품의 수출 시 세금이 송금 또는 환급(=remitted or refunded)되는 경우이다.[78] 또한 이윤 등의 금액은 충분한 정보(sufficient information)에 따라 결정된 대로 해당 판매에서 해당 생산자의 일반적인 이익 및 일반 비용(The amount

---

76) 해당 물품의 생산자가 제공하는 회계장부 등 생산에 관한 자료를 근거로 하여 산정한다(고시 제28조 제1항).
77) 미국 연방관세규칙 §152.106
78) 미국 연방관세규칙 §152.106(b)(1).

for profit and general expenses)을 기준으로 한다.[79] 이 경우 동종·동류 상품의 생산국은 평가되는 상품의 생산국과 동일한 것이어야 한다.[80]

> **|사례 1|** 외국 화주가 특수관계에 있는 미국 수입업체에 상품을 판매하는데, 외국 화주는 특수관계가 없는 자에게는 판매한 사실이 없다. 외국 화주와 미국 수입업자 간의 거래는 관계의 영향을 받은 것으로 판단되고, 동일한 생산 국가에서 동일하거나 유사한 상품도 없다. 미국 수입업자는 제품을 추가로 가공한 후 수입일로부터 180일 이내에 미국 내에서 특수관계 없는 구매자에게 완제품(the finished product)을 판매하였다. 특수관계 없는 미국 구매자로부터 생산 지원 등은 없었으며 가공 과정 등에 대해서는 정확한 비용이 책정될 수 있다. 이러한 상황에서 미국 수입업자가 선적된 화물을 제조원가법에 따른 가치(under computed value)로 평가해 줄 것을 요청한 경우, 상품은 어떻게 평가해야 하는가? 단, 미국으로 수출하기 위해 수출하는 국가에서 동일한 등급 또는 종류의 상품에 대한 이익 및 일반 비용 수치는 알려져 있다.[81]

조립 기타 가공에 소요되는 비용 또는 그 가격에는 해당 수입물품과 동일체로 취급되는 용기의 비용과 해당 수입물품의 포장에 드는 노무비와 자재비로서 구매자가 부담하는 비용(=용기 및 포장비용)이 포함되는 것으로 하며, 우리나라에서 개발된 기술·설계·고안·디자인 또는 공예에 소요되는 비용을 생산자가 부담(=돈 주고 매입한 경우)하는 경우에는 당해 비용도 제조원가에 포함된다(시행령 제28조).

III. 적용 배제

다만 이러한 자료 제출을 하는 것이 쉽지 않기 때문에 그 적용이 힘들고 실제사례는 적다. 그 금액 확인에 필요한 자료를 제출하지 않거나, 수입자가 제1항에 따라 제출하는 자료만으로 제조원가 등을 확인할 수 없는 경우에는 제5방법을 적용하여 과세가격을 결정할 수 없다(동조 제2항, 고시 제28조 제2항).

---

[79] 미국 연방관세규칙 §152.106(b)(2).
[80] 미국 연방관세규칙 §152.106(e) …must be from the same country as the merchandise being appraised.
[81] 미국 연방관세규칙 §152.106(e) Example: 상품은 동일한 등급 또는 종류의 상품 판매에 일반적으로 반영되는 것과 일치하지 않는 경우 회사의 이익 및 일반 비용을 사용하여 계산된 가치로 평가되어야 한다. 우리 관세법도 납세의무자의 신청이 있으면 제5방법을 제4방법에 우선하여 적용할 수 있다.

3-8　합리적 기준(6방법)

I. 의 의

제1방법부터 제5방법까지의 원칙과 부합되는 합리적 기준에 따라 과세가격을 결정하거나, 이러한 방법으로도 결정할 수 없는 경우 국제거래시세 등 거래의 실질 및 관행에 비추어 합리적으로 인정되는 방법으로 결정하는 것이다(관세법 제35조). 이때 제1방법부터 제5방법까지를 순차적으로 신축 적용하여야 하며, 이미 결정된 과세가격이 있는 경우 이를 최대한 활용하여야 한다(고시 제29조 제2항).

II. 합리적 기준

1. 시간적 요건을 신축적으로 해석하는 방법

동종·동질물품 또는 유사물품의 거래가격을 기초로 하는 경우 "과세가격을 결정하려는 해당 물품의 생산국에서 생산된 것으로서 해당 물품의 선적일(船積日)에 선적되거나 해당 물품의 선적일을 전후하여 가격에 영향을 미치는 시장조건이나 상관행(商慣行)에 변동이 없는 기간 중(＝60일)에 선적되어 우리나라에 수입된 것일 것" (제31조 제1항 제1호)이라는 요건을 신축적으로 해석·적용하여, 타국 생산품 또는 90일 이후 등에도 이를 인정한다(시행령 제29조 제1항 1호).

2. 미가공 요건을 신축적으로 해석

국내판매가격을 적용함에 있어서 수입된 것과 동일한 상태로 판매되어야 한다는 요건을 신축적으로 해석·적용하는 방법이다(시행령 제29조 제1항 제2호). 이것은 가공이 필요한 경우 납세의무자의 요청이 없는 경우에도 4방법을 적용하는 것 등을 말한다.

3. 과세가격 인정방법을 신축적으로 해석

법 제33조 또는 법 제34조의 규정에 의하여 과세가격으로 인정된 바 있는 동종·동질물품 또는 유사물품의 과세가격을 기초로 과세가격을 결정하는 방법(동조 동항 제3호)이다. 이것은 동종·동질·유사물품의 가격결정시 제1방법에 따라 과세가격이 인정된 사실이 있는 경우에 적용이 가능하지만, 그 가격이 없는 경우 과세가격으로 인정된 동종·동질·유사물품을 가격 산정기준으로 하여 과세가격을 결정할 수 있다(시행령 제29조 제1항 3호).

4. 국내판매기간의 확대 적용

제27조 제2항 단서의 규정을 적용하지 아니하는 방법이다(동조 동항 제4호). 위 단서 규정은 수입신고일부터 90일이 경과된 후에 판매되는 가격을 제외한다는 규정이므로 수입신고일부터 180일까지 판매되는 가격을 포함하는 것으로 해석할 수 있다(시행령 제29조 제1항 4호).

III. 거래·실질 관행에 따른 합리적 기준(특수물품)

1. 총　설

특수물품 등에 대하여는 거래의 실질 및 관행에 비추어 합리적이라고 인정되는 방법을 적용항 과세가격을 결정하는데(동조 제1항 제5호), 관세청장이 별도의 규정을 두는 것으로 하는 것(시행령 제29조 제3항) 등이 그러한 예에 속한다. 통상의 수입거래와는 다른 경우로서, 변질·손상이 없었던 경우의 과세가격에서 변질 등에 의해 감소한 가격을 공제하여 과세가격을 결정하거나, 간이통관에 의해 면세 등이 되거나 판매용이 아닌 것 등에 대해 별도의 과세가격 결정을 하는 경우이다.

2. 구체적인 경우

(1) 수입신고 전에 변질·손상된 물품

변질 등 감소분을 반영하여 제1방법부터 제6방법까지 '순차적으로' 적용한다. 예컨대 실제지급금액은 변질 또는 손상된 물품의 대가로 지급한 것이 아니므로 제1방법을 적용할 수 없고, 다만 물품의 일부만 변질 또는 손상이 되고 나머지 물품은 정상물품인 경우라면 물품의 전체물량 중에서 정상물품이 차지하는 비율에 대한 가격은 제1방법에 따라 과세가격을 결정한다(고시 제31조 제1항 1호). 변질 또는 손상된 물품과 동종·동질물품의 거래가격이 있는 경우에는 제2방법에 따라 과세가격을 결정한다(고시 제31조 제1항 2호).

(2) 여행자 또는 승무원의 휴대품·우편물·탁송품 및 별송품(=여행자휴대품 등)

간이통관을 하며, 신고인의 결제금액(해당 금액을 확인할 수 있는 서류를 신고인이 제출한 경우), 관세청장이 조사한 가격표, 외국에서 통상적으로 거래되는 가격으로서 객관적으로 조사된 가격(예: BLUEBOOK 등) 등의 가격을 기초로 세관장이 결정한다.

(3) 임차수입물품

① 임차료의 산출기초가 되는 해당 임차수입물품의 가격, ② 해당 임차수입물품, 동종·동질 또는 유사물품을 우리나라에 수출할 때 공개된 가격자료에 기재된 가격, 해당 임차수입물품의 경제적 내구연한 동안 지급될 총 예상임차료를 기초로 하여 계산한 가격 등을 순차적으로 적용하여 과세가격을 결정하며(고시 제33조) '임차물의 가격×면세율'을 공제하여 세액이 결정된다.

(4) 중고물품(해체용 선박 포함)

① 국내 공인감정기관의 감정가격을 기초로 하여 산출한 가격, ② 국내도매가격에 시가역산율을 적용하여 산출한 가격, ③ 해외로부터 수입되어 국내에서 거래되는 신품 또는 중고물품의 수입당시의 과세가격을 기초로 가치 감소분을 공제한 가격(많이 사용)을 적용하여 과세가격을 결정하며, 내용연수가 경과된 물품에는 ③의 방법을 적용하지 않는다(고시 제34조 제1항).

(5) 보세공장 제품과세 혼용승인 규정에 의하여 외국물품으로 보는 물품

혼용승인의 경우 제조에 사용된 외국물품의 가격은 제1방법부터 제6방법까지에서 정하는 방법에 의하고, 제조에 사용한 내국물품의 가격은 해당 보세공장에서 구매한 가격으로 하게 된다(고시 제35조 제2항).

(6) 범칙물품

일반수입물품이 범칙물품으로 된 때에는 1~6방법에 따라 과세가격을 결정하며 시행령 제29조 제3항 제1호 내지 제5호 및 제7호에 해당하는 물품이 범칙물품이 된 때에는 제31조부터 제39조까지에 따라 과세가격을 결정한다(고시 제40조).

(7) 기타 관세청장이 과세가격결정에 혼란이 발생할 우려가 있다고 인정하는 물품

보세전시장으로부터 반입하는 물품의 과세가격은 제1방법부터 제6방법까지에 의한다(고시 제39조 제1항).

IV. 사용할 수 없는 가격의 범위

제6방법에 의하여 과세결정을 하는 경우에도 다음의 가격은 이를 사용할 수 없는데(시행령 제29조 제2항) 관세평가협정에서도 이러한 가격 등을 기준으로 과세가액을 산정하는 방법을 금지하고 있으며,[82] 미국 연방관세법에도 Unacceptable bases of appraisement라고 하여 같은 취지의 규정이 있다.[83]

① 우리나라에서 생산된 물품의 국내 판매가격: 통상 수입물품보다 국내 판매가격이 높기 때문에 수입하는 것인데, 이를 기준으로 하면 관세액이 과다해지기 때문이다.

② 선택가능한 가격 중 반드시 높은 가격을 과세가격으로 하여야 한다는 기준에 따라 결정하는 가격: 관세평가협정은 낮은 가격을 적용하도록 한다.

③ 수출국의 국내 판매가격: 여기에 수출항까지의 운임 등도 추가해야 관세의 과세가격이 된다. 수출국의 국내 판매가격에 의하면 덤핑 등 문제가 발생하게 된다.

④ 동종·동질물품 또는 유사물품에 대하여 법 제34조의 규정에 의한 방법 외의 방법으로 생산비용을 기초로 하여 결정된 가격: WTO 협정에 의하면 생산비용은 5방법 외의 다른 방법은 인정되지 않는다.

⑤ 우리나라 외의 국가에 수출하는 물품의 가격: 수출시장의 조건에 따라 가격 달라질 수 있는데 실제거래가격에 부합하는 것은 우리나라에 수출한 것이어야 하기 때문이다.

⑥ 특정수입물품에 대하여 미리 설정하여 둔 최저과세기준가격: 낮은 가격으로 수입되는 것을 전제로 하여 일정 금액 이상으로 평가하겠다는 것인데 관세평가를

---

82) 東京稅關業務部總括關稅評價官(關稅評價センター), 關稅評價の基礎, p.22.
83) 미국 연방관세규칙 §152.108에 (a)~(g)의 7개 항목이 열거되어 있다.

다른 목적에 사용하므로 관세평가협정에 위반한다.

⑦ 자의적 또는 가공적인 가격: 주관적인 가격이거나 실제 거래와 무관한 가격이므로 실제거래가액과 무관하기 때문이다.

V. 과세가격 결정방법 등의 통보

세관장은 납세의무자가 서면으로 요청하면 과세가격을 결정하는 데에 사용한 방법과 과세가격 및 그 산출근거를 그 납세의무자에게 서면으로 통보하여야 한다(제36조).

|사례 1| 미국에서 가족과 함께 1년간 교환교수로 근무하다가 귀국하게 된 홍길동 교수는 사용하던 승용자동차를 국내로 가져오기 위해 관세청 홈페이지에서 이사물품 수입통관에 관련된 관세청 고시를 찾아보았더니, "승용자동차의 과세가격은 정기적으로 발행되는 자동차가격에 관한 책자에 게재된 신차가격(List Price)에서 수입물품 과세가격 결정에 관한 고시 별표 2의 기준에 따라 최초등록일 이후 수입신고일까지의 사용으로 인한 가치감소분을 공제한 후 운임 및 보험료를 포함한 가격으로 한다."라고 나와 있었다. 이 사례와 관련성이 높은 과세가격 결정방법은?[84]

---

84) 관세법 제35조 합리적 기준에 의한 과세가격 결정방법과 관련있다(관세사 기출, 2010년).

3-9 거래가격 결정방법 사전심사 제도

I. 의 의

가격신고를 하기 전에 과세가격 결정과 관련한 사항에 대하여 의문이 있을 때 관세청장(관세평가분류원장에게 위임)에게 신청하면 과세가격 결정방법을 회신하는 유권해석제도이다. 이러한 사전심사제도는 관세법상 과세가격(제37조)뿐 아니라 품목분류(제86조), 원산지(제236조의2)에도 인정된다.

II. 신청절차

1. 신청권자

「관세법」 제38조 제1항에 따라 납세신고를 하여야 하는 자, 즉 물품을 수입하려는 자이다.

2. 신청 사항

① 제30조 제1항부터 제3항까지에 규정된 사항(＝가산비용, 공제요소, 거래가격 배제요건 등), ② 제30조에 따른 방법으로 과세가격을 결정할 수 없는 경우에 적용되는 과세가격 결정 방법, ③ 판매자와 구매자간에 특수관계가 있는 경우의 물품의 과세가격 결정방법을 말한다(제37조 제1항).

III. 관세청장의 회신과 재심사

① 신청을 받은 관세청장은 대통령령으로 정하는 기간 이내에(1, 2호: 1개월, 3호는 1년) 과세가격의 결정방법을 심사한 후 그 결과를 신청인에게 통보하여야 한다(제37조 제2항).

② 일반심사의 경우 주요 심사사항은 실제지급가격 적정 여부, 가산요소, 공제요소 해당 여부, 거래가격 배제요건 해당 여부, 제1방법을 적용할 수 없는 경우 적용되는 과세가격 결정방법 등이며, 특수관계 사전심사의 경우 특수관계가

거래가격에 영향을 미쳤는지 여부, 신청 과세가격 결정방법(제1-6방법)의 타당성 여부, 가산 또는 공제요소 해당 여부, 과세가격 적정성 여부 등이다.

③ 결과를 통보받은 자가 그 결과에 이의가 있는 경우에는 그 결과를 통보받은 날부터 30일 이내에 대통령령으로 정하는 바에 따라 관세청장에게 재심사를 신청할 수 있다. 이 경우 재심사의 기간 및 결과의 통보에 관하여는 제2항을 준용한다(제37조 제3항).

IV. 사전심사 결정의 효력: 심사에 따른 신고 시 그 가격대로 결정

① 세관장은 관세의 납세의무자가 제2항 또는 제3항에 따라 통보된 과세가격의 결정방법에 따라 납세신고를 한 경우 ⓐ 신청인과 납세의무자가 동일하고, ⓑ 제출된 내용에 거짓이 없고 그 내용이 가격신고된 내용과 같을 것, ⓒ 사전심사의 기초가 되는 법령이나 거래관계 등이 달라지지 아니하였을 것, ⓓ 결과의 통보일로부터 3년 이내에 신고될 것(시행령 제31조 제5항) 등 회신 받은 사건과 신고하는 사건과의 동일성이 인정된다면 그 결정방법에 따라 과세가격을 결정하여야 한다(제37조 제4항).

② 특수관계에 대한 사전심사를 신청하여 제2항에 따라 결과를 통보받은 자는 심사결과 결정된 과세가격 결정방법을 적용하여 산출한 과세가격 및 그 산출과정 등이 포함된 보고서를 대통령령으로 정하는 바에 따라 관세청장에게 제출하여야 한다(제37조 제5항). 관세청장은 제5항에 따른 보고서를 제출하지 아니하는 등 대통령령으로 정하는 사유에 해당하는 경우에는 제2항에 따른 사전심사 결과를 변경, 철회 또는 취소할 수 있다. 이 경우 관세청장은 사전심사를 신청한 자에게 그 사실을 즉시 통보하여야 한다(제37조 제6항).

③ 관세조사는 과세가격 결정방법 사전심사 신청으로 중단되지 아니하며, 심사에 따라 결정된 과세가격결정방법에 따라 신고 시 적법한 신고로 효력이 있다.

V. 국세의 정상가격과의 사전조정

납세자가 특수관계 있는 경우 그에 관하여 의문이 있어 관세청장에게 관세의 과세가격 결정방법에 대한 사전심사를 신청하는 경우에 국세의 정상가격 산출방법에 대한 사전승인을 동시에 신청할 수 있도록 하고(제37조의2 제1항), 국세청장과 관세청장이 공동으로 참여하여 과세가격 결정방법 및 정상가격 산출방법을 협의하여 결정하도록 하며(동조 제2항), 관세청장은 이 협의에 따라 사전조정을 하여(동조 제3항), 사전심사 신청의 결과를 신청자 및 기획재정부장관에게 통보하도록 한 것이다(동조 제4항).

VI. 특수관계자 수입물품 과세가격 결정자료 제출

　세관장은 특수관계에 있는 자로부터 제출받은 과세가격의 결정에 관계되는 자료에서 구매자가 부담하는 수수료와 중개료 등이 이에 해당하지 아니하는 금액과 합산되어 있는지 불분명한 경우에는 이를 구분하여 계산할 수 있는 객관적인 증명자료의 제출을 요구할 수 있도록 하고, 특수관계에 있는 자가 세관장이 요청한 과세가격결정자료 등을 제출하지 아니한 경우 세관장은 거래가격을 과세가격으로 보는 결정방법이 아닌 다른 결정방법(2−6방법)으로 과세가격을 결정할 수 있도록 하되, 특수관계에 있는 자와 협의 및 의견제출 절차를 의무적으로 거치도록 한 것이다(제37조의4).

　즉 자료제출의 강제를 위해 입법한 것으로, 자료 거짓제출 시 신고가격을 인정하지 않고 1억 원 이하의 과태료 부과대상(제277조 제1항)으로 정하고 있다(제37조의4 제6항).

3-10　운송비용 관련 사례

I. 서 론

관세평가협정은 운송비용에 대해서는 과세가격의 포함 여부에 대하여 명시적인 통일 기준을 정하지 않고 WTO 회원국의 선택에 위임하면서, 실제지급가격에 가산하는 운송비용의 범위를 '수입항 도착시까지 발생한 운송비용과 운송관련비용, 운송관련 보험료'로 한정하여 정하고 있다.[85] 우리나라는 과세표준에 국제운송비용(운임, 보험료, 기타 운송관련 비용)이 포함되므로 FOB주의 국가에 비하여 운송비용만큼 관세의 과세표준이 증가하며, 수입부가가치세의 과세표준도 함께 증가하여 이에 관한 다툼이 발생할 여지가 많다. 그래서 관련 구체적인 사례들을 검토해보고자 한다.[86]

II. 관세법상 운송비용에 대한 해석

1. 운송비용의 범위

(1) 운송과의 관련성

WTO 평가협정은 운송비용을 ① 수입항까지의 운임, ② 운송관련비용, ③ 운송관련 보험료의 3가지 요소로 나누어 규정하고 있으며, 운송비용으로 포함되려면 그것이 운송관련 필수적인 비용으로 인정되어야 한다. 운송은 운송수단에 적재하여 행해지는 것이므로 그러한 운송 과정에 필수적으로 부수하여 발생하는 비용들 예컨대 적하 기타 역무의 대가로 지불하는 비용들이어야 하지만 '필수적으로 부수하는 것인지' 여부의 판단은 쉽지 않다. 통상적으로 부대비용으로 거론되는 것은 수출국에서의 내국운송료, 화물보관료, 선적항 부두사용료, 제3국에서의 환적료 등과 컨테이너 임차료, 터미널 사용료 등인데 부대비용이 가산요소로서 인정되려면 그 운송과 '관련'되어 있다는 점이 증명되어야 한다.

---

85) WTO 관세평가협정 제8조 제2항.
86) 관세평가상 운송비용 관련 사례와 관련한 심화내용은 저자의 논문 <관세평가 상 운송비용의 처리에 관한 사례 연구(2024), 한국무역통상학회>를 참고하여도 좋다.

|사례 1| 의류를 수입하기로 하면서 A선박에서 B선박으로 환적하기 위해 중간기항지에 일시 정박하게 되었는데 기항하는 국가의 세관에 출항전보고의 사무를 행하는 대가로 선박회사에 출항전보고 수수료를 지급한 경우 운송비용에 가산할 수 있을까??87)

|사례 2| 잡화를 FOB 조건으로 수입하면서 해상인명안전조약(SOLAS조약)에 따라 국제해상운송 시 컨테이너 총중량정보를 선장에게 제공할 의무를 부여하고 있기 때문에 수출국에서 컨테이너 총중량확정을 위한 비용을 운임과 별도로 지급한 경우 운송비용에 가산하여야 하는가?88)

|사례 3| 건강보조식품을 CIF 조건으로 수입하기로 하였는데 제조 후 검사결과 용기에 기재된 유통기한이 제조일로 잘못 기재되어 국내 판매사 A에게 인도가 불확실하게 되어 수출자와 협의하여 차회 수입 분은 항공운송으로 하되 그 운임은 수입자가 아닌 국내 판매사 A가 부담하기로 한 경우 추가운송비용은 가산되는가?89)

(2) 수입항 도착까지의 비용

운임과 운송관련 부대비용에는 수입항 도착 후의 것은 여기에 포함되지 않는다. 우리 관세법은 CIF주의 채택에 따라 수입항까지의 운송비용만을 법정가산요소 중 하나로 가산하도록 규정하고 있기 때문인데, 구체적으로는 '해당 수입물품이 수입항에 도착하여 본선하역준비가 완료될 때까지 발생하는 비용'으로 정하고 있다(시행령 제20조 제5항).

수입항이란 해당 수입물품이 외국에서 우리나라에 도착한 운송수단으로부터 양륙(일시 양륙은 제외한다)이 이루어지는 항구 또는 공항을 말하며, '수입항에 도착하여

---

87) 일본 관세청 사례를 소개하는 것이다. 중간기항지 외국세관 출항전보고 수수료는 운송에 부수하여 발생하는 보고사무에 관련된 비용이므로 가산할 필요가 있다(外国税関への出港前報告に伴い発生する手数料).

88) 수입자가 컨테이너총중량을 확정하기 위해 지출하는 비용은 수출국에서 수출하기 위해 필요한 비용이므로 운송에 부수하여 발생하는 비용으로 가산할 필요가 있다(買手が船会社に支払う輸出コンテナー総重量確定のための費用(「海上人命安全条約(SOLAS条約)」改正により発生する費用)).

89) 수출자의 납기지연에 따라 운송방법을 변경함에 따른 추가운송비용은 제작지연 기타 수입자의 귀책사유로 돌릴 수 없는 사유에 기한 것이므로 가산할 수 없다(納入期遅延により運送方法が変更された貨物の課税価格).

본선하역준비가 완료될 때'란 수입물품의 양륙을 할 수 있는 상태가 된 때를 말한다. 따라서 수입항에 도착하기 이전에 수출국에서 발생한 수출국 내륙 운임, 수출국에서의 선적 전 보관료, 적하료 등은 수입물품의 운송에 관련된 비용으로 과세가격에 가산되어야 한다. 이에 따라 관세법 시행규칙은 '수출항으로부터 수입항에 도착할 때까지의 연료비, 승무원의 급식비, 급료, 수당, 선원 등의 송출비용 및 그 밖의 비용 등 운송에 실제로 소요되는 금액'을 운임으로 정하고 있다(제4조의3 제1항).

> **|사례 4|** 선박을 구입하여 수출국에서 인도받은 후 당사가 선원을 파견하여 당사 비용 부담으로 적재화물이 없는 상태에서 선박을 국내까지 운항한 경우 운임을 가산해야 하는가?[90]

> **|사례 5|** 선박회사가 기계류를 수입하여 자사선박으로 운송한 경우 운임을 가산해야 하는가?[91]

(3) 실제지급비용

운송비용의 확인을 어떻게 할 것인가? 통상적으로는 해당 운송의 대가로서 운송인 또는 운송주선인 등에게 '실제로 지급되는 금액'이고 용선계약에 따라 운송하는 때에는 해당 용선계약에 의하여 실제로 지급되는 모든 금액으로 정한다. 운송비용 산출 방법에 대하여 해당 사업자가 발행한 운임명세서 또는 이에 갈음할 수 있는 서류에 의하여 산출하도록 정하고 있다(시행령 제20조 제1항).

> **|사례 6|** 실리콘수지를 FOB 조건으로 수입하면서 수출항 선적작업에 지연이 발생하여 1일 도착 지연됨으로써 도착통지서에는 운임이 105로 기재되어 있으나 지연 손해배상책임과 운임을 상계하여 실제로 지출한 운임액이 없게 된 경우 운임은 과세가격에 산입되는가?[92]

---

90) 선박을 구입하여 자력운항 한 경우에는 연료비, 승무원 인건비 등의 비용을 운임으로 가산한다(輸入貨物である船舶を自力運航により運送した場合の運賃).
91) 선박회사가 자사수입 기계류를 자사선박으로 운송하는 경우에는 선박의 감가상각비에 연료비, 선원인건비, 보험료 등을 가산하여 계산한다(自己の所有する船舶により輸入貨物を運送した場合の運賃).

|사례 7| 기계를 FOB 조건으로 수입하면서 A운송주선인과 운송계약을 체결하였는데 통상적인 영업 중의 가격인하로 계약금액 100이 아닌 80을 청구한 경우 실제지급비용은 100인가?[93]

|사례 8| 공작기계를 FOB 조건으로 수입하면서 수입화물의 거래가 급하게 되어 당사가 50, 최종사용자인 제3자가 50의 운임을 부담한 경우 실제지급금액은 얼마인가?[94]

2. 수입항 도착 이후의 운송비용의 공제

수입항 도착 이후의 운송비용이 있다면 실제지급급액 총금액에서 '명백히 구분할 수 있는 것을 조건'으로 공제하도록 규정한다(제30조 제2항 제2호). 명백히 구분할 수 없는 경우에는 전체 운임이 가산되는데,[95] 운송계약에 수입자가 개입하지 않음에도 그 위험을 전부 수입자가 부담하는 것이 되어 부당한 측면이 있다.

|사례 9| 가구를 FOB 조건으로 수입하면서 운임과 별도로 수입항 내에서의 컨테이너 세정·보수(補修) 명목의 보수점검 비용을 지불한 경우 운임에서 공제할 수 있는가?[96]

---

92) 선사의 책임으로 운임을 면제받아 무상인 경우에는 채무변제를 위해 운임을 면제한 것이므로 과세가격에 가산한다(船会社の責により運賃が無償の場合の課税価格).

93) 운송주선인의 할인이 있는 경우에는 실제로 지급한 금액인 80을 가산한다(運送取扱人に支払う値引きされた運賃).

94) 수입자 이외의 최종사용자가 운임 일부를 부담한 경우에는 '운송의 대가'로서 최종 지급한 금액인 100을 가산하여야 한다(買手以外の第三者がその一部を支払う運賃).

95) 조세심판원 조심2013관0051 결정(2013.6.18.). 육류를 DDU(Delivered Duty Unpaid) 조건으로 수입하면서 도착 후 발생한 운임이 포함되었으나 국내운송업체의 확인서만으로는 실제 운임을 알 수 없고 수입항까지의 운임명세서 등을 갈음할 수 있는 서류로 이를 산출하여야 하지만 그 확인서는 이에 해당하지 않으므로 전체 운임을 가산하여야 한다는 사례이다.

96) 이것은 컨테이너 반환 후에 발생하는 것으로서 수입항 도착 후의 비용에 해당하므로 운임에 가산할 필요가 없다(コンテナー返却後に船会社が行う日本における洗浄´保守に要する費用).

3. 통상적 범위를 벗어난 운송비용의 처리

운임은 당해 운송거리와 운송수단을 고려할 때 통상적으로 적용되는 수준의 것이어야 할 것이다. 관세법시행령 제20조 제4항은 통상적인 범위를 벗어난 운송비용이 지불되는 경우 통상 운임을 그 해당 물품의 운임으로 할 수 있다는 취지를 규정하고 있다. 즉 "수입자 또는 수입자와 특수관계에 있는 선박회사 등의 운송수단으로 운송되는 물품, 운임과 적재수량을 특약한 항해용선계약에 따라 운송되는 물품(실제 적재수량이 특약수량에 미치지 아니하는 경우를 포함한다), 기타 특수조건에 의하여 운송되는 물품의 운임이 통상의 운임과 현저하게 다른 때에는 선박회사 등이 통상적으로 적용하는 운임을 해당 물품의 운임으로 할 수 있다."고 규정한다.

'운임과 현저하게 다른 때'란 운임을 과도하게 높게 계산한 경우도 포함된다고 볼 수 있으나 이 경우에는 오히려 관세부담이 높아지는 것이므로 실제로는 운임을 낮게 계산하여 관세 부담을 줄이는 경우를 의미한다고 보아야 할 것이다.

또한 통상적이지 않은 상황에서 발생한 비용 예컨대 수입항 내에서 태풍으로 인한 적하 선박 좌초사고로 인해 항구까지의 예인비용이 발생한 경우 이는 특수한 사정에 의한 것이고 통상적인 것이 아니므로 운임에 가산하지 않는다.[97]

|**사례 10**| A 선박회사와 FOB 조건으로 운송계약을 체결하여 운임을 지급하였는데 중간기항지에서 A회사의 도산으로 B회사가 업무를 인수받아 환적하여 수입항까지 도착한 후 B회사가 중간기항지부터 수입항까지의 운임을 청구한 경우 이를 가산할 수 있을까?[98]

---

4. 유럽(EU) 관세법과의 비교

EU 관세 영역의 관세 규칙 및 절차에 대한 내용은 UCC(Union Customs Code)에 규정되어 있는데, 유럽의외와 이사회가 제정한 규정으로 EU 회원국 모두에게 직접

---

97) 4111012.pdf.(座礁事故により生じたタグボートによる本船の曳航に要した費用).
98) 선박회사의 도산에 따라 타 선박회사에 추가 지불한 운임은 매수인의 책임으로 돌릴 수 없는 사유에 기한 것이므로 B회사에 지급한 비용은 가산하지 않는다(輸入貨物の運送途上において´船会社が倒産したことにより´別の船会社に運送引き継ぎを行うための積替えに要した費用).

적용되며 구속력이 있는 것이다.[99]

UCC 제69조는 "상품무역과 관련된 특정 분야에 적용되는 유럽연합 규정에 의해 규정된 공동 관세 및 비관세 조치를 적용할 목적으로 상품의 관세가격은 제70조 및 제74조에 따라 결정된다."고 하면서, 제70조 제1항은 "물품 관세가격의 일차적 기준은 거래가격, 즉 연합 관세영역으로의 수출을 위해 물품을 판매할 때 물품에 대해 실제로 지불했거나 지불하여야 할 가격으로서 필요한 경우 조정될 수 있다"고, 동조 제2항은 실제로 지불했거나 지불하여야 할 가격이란 수입물품에 대해 판매자의 이익을 위해 구매자가 판매자에게 지급했거나 지급할 총금액이며 모든 지급액을 포함한다."고 하여 우리 관세법의 규정과 다르지 않다.

제71조는 거래가격의 구성요소를 규정하는데 그중 1.(e)는 "실제로 지급하였거나 지급하여야 할 가격에 수입물품이 연합의 관세영역으로 반입되는 장소까지 소요되는 비용을 가산한다."고 규정하면서, "ⅰ)수입물품의 운송비 및 보험료, ⅱ)수입물품의 운송과 관련한 선적 및 취급 비용(loading and handling charges)"을 명시하고 있다. 또한 제72조 (a)는 과세가격에서 공제하는 요소를 규정하면서 "과세가격을 결정할 때 연합의 관세영역으로 수입된 후의 수입물품 운송비용은 과세가격에 포함되지 않는다."고 규정한다. 동조 제74조는 2차적 평가방법(Secondary methods of customs valuation)으로 동일한 상품(identical goods), 유사한 물품(similar goods) 등 제2방법부터 제6방법까지 규정하고 있다.

이러한 EU 관세법의 내용과 우리 관세법을 비교하면, 첫째 우리나라와 같이 수입물품의 과세가격을 평가함에 있어 CIF주의를 취하고 있다. 둘째 관세평가의 기본 내용 역시 거래가격을 기본으로 하는 우리나라 관세법과 다르지 않다. 셋째 "연합에 수입된 이후의 수입물품 운송비용은 과세가격에 포함되지 않는다."고 규정하여, 수입물품에 대한 실제지급가격과 공제요소가 '명백히 구분되는 경우'에만 과세가격에 포함되지 않는다고 규정한 우리나라와 차이가 있다.

---

99) https://eur-lex.europa.eu/legal-content/EN/TXT/?uri=CELEX%3A02013R0952-2022 1212 참조.

5. 미국 관세법과의 비교

미국은 전통적으로 아시아, 유럽 국가와 달리 관세부과 목적의 과세표준을 계산하기 위한 관세평가에 있어 FOB주의를 채택해왔다. 미국의 연방관세법(Title 19 U.S.Code)은 "일반적인 거래가액을 결정함에 있어 파생방식에 관계없이 실제로 지급했거나 지급할 가격(Price actually paid or payable)으로 평가한다."는 원칙을 선언하고 있으나,[100] 거래가격의 구성요소에서 제외되는 것으로서 상품의 국제 선적에 따른 외국 내륙 운임 및 기타 내륙 요금, 수입으로 인해 수입된 상품에 대해 현재 지불해야 하는 관세 및 기타 연방세와 연방소비세 등[101]을 언급할 뿐 우리나라와 같이 도착지까지의 운임, 보험료 등에 관한 내용은 없다. 그래서 수입상품의 거래가액은 수입상품의 가격에 간접지불액을 더한 금액이 되지만 거래 가격에는 해상 운임 및 보험료가 제외된다.[102]

실제지급가격에 대한 해석으로 예컨대 "외국 배송업체가 미국 수입업체에 상품을 단위당 $100에 판매한 후 외국 배송업체는 가격을 개당 110달러로 인상하고 그 가격 인상 발효일 이후에 상품이 수출되었는데, 100달러의 송장 가격은 원래 합의된 가격이자 미국 수입업자가 상품에 대해 실제로 지불한 가격인 경우에는 실제 지불했거나 지불해야 할 가격을 기준으로 한 단위당 실제 거래 가치는 $100이다."라고 설명하고 있다.[103] 100달러 상품을 현금할인 받아 98달러만 지급한 경우 실제 지급하였거나 지급할 가격은 98달러가 된다.[104] 다만 실제로 지불했거나 지불해야 하는 가격에는 실제 지급액 및 그 가산요소와 별도로 식별되는(if identified separately from the price) 수입 후 상품의 운송비용은 수입 상품의 거래가격에 포함되지 않는다.[105] 또한 우리나라 관세평가 제2방법 내지 제6방법에 대하여도 거의 동일한 규정이 있다.[106]

이러한 미국 관세법의 내용과 우리 관세법을 비교하면, 첫째 우리나라와 달리 미

---

100) 19 CFR Part §152.103 Transaction value.
101) 19 CFR Part §152.103 (a)(5)
102) https://www.ecfr.gov/current/title−19/chapter−I/part−152 Example 4.
103) https://www.ecfr.gov/current/title−19/chapter−I/part−152 Example 3.
104) https://www.ecfr.gov/current/title−19/chapter−I/part−152 Example 5.
105) 19 CFR Part §152.103 (i)(1)(ⅱ)
106) 제2, 3방법에 대하여는 19 CFR Part §152.104에서, 제4방법에 대하여는 §152.105에서, 제5방법에 대하여는 §152.106에서, 제6방법에 대하여는 §152.107에서 규정하고 있다.

국은 수입물품의 과세가격을 평가함에 있어 CIF주의가 아닌 FOB주의를 취하고 있으므로 수입항까지의 운송비용을 가산하여 조정하여야 한다는 규정이 없다. 그 결과 우리나라가 운송비용을 가산요소로 정하고 있는 것과 달리 해당 비용을 실제지급가격에서 공제하는 정반대의 운송비용 처리방식을 취한다.[107] 둘째 관세평가의 기본 내용은 거래가격을 기본으로 하는 우리나라 관세법과 다르지 않다. 셋째 "미국에 수입된 이후의 수입물품 운송비용은 실제지급 된 비용 및 가산요소와 '별도로 식별되는 경우' 과세가격에 포함되지 않는다."고 규정하여, 수입물품에 대한 실제지급가격과 공제요소가 '명백히 구분되는 경우'에만 과세가격에 포함되지 않는다고 규정한 우리나라와 차이가 있다.

---

[107] 이러한 관세평가방식을 CIF주의를 채택한 국가와 비교하면, 전체적으로 보았을 때 미국으로 수입되는 수입물품의 과세가격이 국제운송비용만큼 인하되는 효과가 있다.

제4장

신고와 납부

신고 · 납부 절차 개관

I. 의 의

관세의 납세의무는 내국세의 경우처럼 법률에서 정한 과세요건을 충족하는 경우에 성립하고, 납세의무자의 납세신고 또는 과세관청의 부과고지에 의하여 확정된다. 즉 관세 역시 여타 내국세와 같이 신고주의가 원칙이며 법문상으로는 수입신고 수리후 15일 내에 세액을 납부하는 것으로 되어 있으나 실제로는 수입신고 할 때에 납부하는 경우가 많다.

II. 납세신고와 세액심사

1. 납세신고 방법

물품을 수입하려는 자는 수입신고시에 관세의 납부에 관한 신고 즉 납세신고를 하여야 하는데(제38조 제1항),[1] 수입신고서에 동조 각호의 사항 외에 당해 물품의 관세율표상의 품목분류 · 세율과 품목분류마다 납부하여야 할 세액 및 그 합계액, 관세의 감면을 받는 경우에는 감면액과 법적 근거, 특수관계에 해당하는지 여부와 그 내용 등을 기재하여 제출하여야 한다(시행령 제32조). 즉 납세신고는 별도의 납세신고서가 없고 납세의무자가 세관장(통관부서)에게 수입신고서를 제출하는 것으로 갈음하게 된다.

---

[1] 고시 제46조 신고인은 **수입신고 시 다음 각 호의 징수형태 중에서 하나를 선택해 수입신고를 하여야** 한다.
1. 신고납부(담보면제) 2. 신고납부(신용 · 포괄담보) 3. 신고납부(개별담보) 4. 신고납부(신고수리전 납부) 5. 부과고지(담보면제) 6. 부과고지(신용 · 포괄담보) 7. 부과고지(개별담보) 8. 부과고지(신고수리전 납부) 9. 과세보류 10. 일괄납부(사후정산) 11. 월별납부('04.3.30 신설) 12. 수리전반출 일괄고지

| 그림 2 | 수입신고서 예

UNI-PASS

수입신고서

※ 처리기간 : 3일

①신고번호 _____	②신고일 YYYY/MM/DD	③세관.과	⑥입항일 YYYY/MM/DD	⑦전자인보이스 제출번호
④B/L(AWB)번호 (　　)	⑤화물관리번호 YY--		⑧반입일 YYYY/MM/DD	⑨징수형태

⑩신 고 인 ⑪수 입 자 (　)	⑮통관계획	⑲원산지증명서 유무	㉑총중량
⑫납세의무자 (____ /__) 　　　(주소) 　　　(상호) 　　　(전화번호) 　　　(이메일주소) 　　　(성명)	⑯신고구분	⑳가격신고서 유무	㉒총포장갯수
	⑰거래구분	㉓국내도착항	㉔운송형태
	⑱종류	㉕적출국	
		㉖선기명	
⑬운송주선인 (　　)	㉗MASTER B/L 번호		㉘운수기관부호
⑭무역거래처 (　　) /			
㉙검사(반입)장소 ____ (　　　)			

※ 수입화물 관련 공통사항

● 품명·규격 (란번호/총란수 :　　/　)

㉚품　　명	㉛거래품명	㉜상 표	

㉝모델·규격	㉞성분	㉟수량	㊱단가()	㊲금액()
		,.	,.	,.
		,.	,.	,.

㊳세번 부호	.-	㊵순중량	,,,,	㊸C/S 검사	㊹사후확인기관
㊴과세가격(CIF)	$	㊶수　量	,,,	㊺검사변경	
	₩,,,,	㊷환급물량	,,,,	㊻원산지	㊼특수세액
㊽수입요건확인 (발급서류명)	(　)	(　)	(　)	(　)
	(　)	(　)	(　)	

※ 수입화물 관련 란(欄)사항

㊾세종	㊿세율(구분)	51감면율	52세액	53감면분납부호	감면액	* 내국세종부호
	,.(　)		..		.....	,,,,

54결제금액(인도조건-통화종류-금액-결제방법)	--,,,,-			56환　율	,.

55총과세가격	$,,,,	57운임	,,,,	59가산금액	,,,,	64납부서번호	---
	₩,,,,	58보험료	,,,,	60공제금액	,,,,	65총부가가치세과표	,,,,

61세　종	62세 액	※신고인기재란	66세관기재란
관　　세	,,,,	※	
개별소비세	,,,,		
교 통 세	,,,,	- 전화번호 -	
주　　세	,,,,	- 이메일주소 -	
교 육 세	,,,,		
농 특 세	,,,,		
부 가 세	,,,,		
신고지연가산세			
미신고가산세	,,,,		
63총세액합계	,,,,	67담당자	68접수일시 YYYY/MM/DD,HH:MM	69수리일자 YYYY/MM/DD

※ 수입화물 관련 납세신고 사항

> **|사례 1|** 수입신고서에는 품명 및 가격을 기재하도록 되어 있는데, 여기에서의 가격이란 구입가격을 의미하는가 아니면 과세가격을 의미하는가?[2]

> **|사례 2|** 수입신고서에 따라 수입신고와 납세신고가 동시에 이루어지는데, 그 기재사항 중 운임에 대하여 잘못 기재한 경우 수입신고를 허위로 하는 허위신고죄로 처벌이 될까?[3]

2. 사후 세액심사와 예외

세관장은 납세신고를 받으면 수입신고서에 기재된 사항과 이 법에 따른 확인사항 등을 심사하되, 신고한 세액 등 납세신고 내용에 대한 심사(＝세액심사)는 수입신고를 수리한 후에 한다. 다만 관세채권을 확보하기가 곤란하거나 수입신고를 수리한 후 세액심사를 하는 것이 적당하지 아니하다고 인정하여 사전세액심사 대상 물품으로 정한 경우에는 수입신고를 수리하기 전에 이를 심사한다(동조 제2항). 그러한 경우란 ① 관세 또는 내국세를 감면받고자 하는 물품: 감면 후 세액 추징문제 발생할 수 있으므로 수리 전 심사. ② 관세를 분할납부 하려는 물품: 감면과 동일함, ③ 관세를 체납하고 있는 자가 신고하는 물품(＝체납액 10만 미만, 체납기간 7일 이내 신고 제외), ④ 불성실신고인이 신고하는 물품, ⑤ 물품의 가격변동이 큰 물품(＝물품의 하자 등으로) 등 기타 수입신고수리 후 세액심사가 적합하지 않는 물품 등이다.

---

2) 이 신고는 규정의 체계상 수출신고·수입신고 및 반송신고의 경우에 모두 동일하게 적용되어야 하는데 수출신고나 반송신고는 관세의 부과와 상관이 없다는 점 등을 감안하면, 법 제1조가 규정한 관세법의 두 가지 목적, 즉 '관세의 부과·징수'를 통한 '관세수입의 확보'와 '수출입물품의 통관을 적정하게' 하는 것 중 통관의 적정을 위한 것이다. 따라서 위 신고사항 중 하나로 규정된 물품의 '가격'은 수출신고나 반송신고뿐 아니라 수입신고의 경우에도 이를 '과세가격'으로 볼 것이 아니라 과세가격(법 제30조)을 결정하는 기초가 되는 실지거래가격, 즉 '구매자가 실제로 지급하였거나 지급하여야 할 가격'(구입가격)을 의미한다(대법원 2016.7.14. 선고 2013도8382 판결).

3) 납세신고와 수입신고는 하나의 서면으로 한꺼번에 이루어지게 되지만, 납세신고는 관세수입의 확보를 위한 것이므로 수입신고와는 목적이 다르다.…따라서 수입신고서에 기재된 사항이 수입신고 사항인지 납세신고 사항인지는 분명하게 가려서 판단하여야 하므로, 수입신고를 하면서 수입물품의 구입가격을 사실대로 신고하였다면, 과세가격의 결정에 가산·조정하는 요소인 운임 등에 관하여 사실과 달리 신고한 부분이 있더라도 이를 법 제276조 제1항 제4호에 따라 허위신고죄로 처벌할 수는 없다(대법원 2016.7.14. 선고 2013도8382 판결).

3. 세액의 자율 심사

세관장은 납세실적과 규모를 고려하여 요건을 갖춘 자로 하여금 스스로 세액의 자율심사를 하도록 할 수 있다(동조 제3항).

III. 신고의 하자가 있는 경우

1. 세액의 정정

납세의무자가 세액 납부 전에 그 과부족을 안 경우 그 "신고세액"을 정정할 수 있다. 세액을 정정하고자 하는 자는 당해 납세신고와 관련된 서류를 세관장으로부터 교부받아 해당 납세신고와 관련된 서류의 정정할 부분에 "( )"형으로 표시를 한 후 날인하고 그 위에 실제사항을 기재하는 방식으로 과세표준 및 세액 등을 정정하고, 그 정정한 부분에 서명 또는 날인하여 세관장에게 제출하는 방식으로 하게 된다(시행령 제32조의3, 수입통관사무처리에관한고시 제49조). 다만, 실제로는 전자적 방식으로 정정신청서 작성 및 제출이 이루어지고 있다.

납세의무자는 정정한 내용대로 세액을 정정하여 납부서를 재발행하되 납부서번호와 납부기한은 변경하지 않는다(동조 제4항). 관세의 납부는 신용카드 등으로 할 수 있으며 국세납부대행기관의 승인일을 납부일로 보는데(동조 제6항) 내국세와 같다.

2. 보 정

(1) 의 의

내국세와 달리 관세법에 특유한 제도이며, 관세 납부 후의 정정 제도라고 볼 수 있다. 납세의무자는 관세를 납부하기 전에 "과부족"한 신고세액을 정정 할 수 있지만, 실제로는 수입신고와 동시에 납부가 이루어지므로 정정 신청을 하기에 어려운 점이 있다. 일단 납부를 한 후 세액의 부족 등 오류를 발견한 경우에 납세의무자로 하여금 스스로 "납부세액"을 "증액"하도록 할 필요가 있기 때문에 '보정(補正)'을 인정한 것인데, 보정기간은 납부일로부터 6개월이다(법 제38조의2 제1항).

(2) 세관장의 보정 통지

세관장도 납부한 세목에 잘못이 있음을 안 경우에는 보정신청을 하도록 통지할 수 있도록 하는 규정을 두었다(동조 제2항). 납세의무자가 세액보정통지를 받거나 세액보정 사유를 안 때(법 제28조 제2항에 따라 잠정가격신고 후 확정가격을 신고하는 경우는 제외한다)에는 세액보정신청내용을 기재한 수입·납세신고정정승인(신청)서를 통관시스템에 전송하여야 한다.

(3) 보정이자 납부

보정을 한 경우에는 보정신청일의 다음 날까지 관세를 납부하여야 하며(제4항), 납부기한(수리전납부는 납부일) 다음날부터 보정신청을 한 날까지 기간과 영 제56조 제2항에 따른 이율을 적용하여 계산된 보정이자를 더하여 부족세액을 징수하여야 한다(동조 제5항). 국가 등이 직접 수입하는 물품 또는 납세의무자에게 세액 부족 등에 대해 정당한 사유가 있는 경우 보정이자를 징수하지 않는다(동조 제5항).

(4) 가산세가 부과되는 경우

종전에는 납세자가 신고납부한 세액의 부족분에 대하여 보정신청을 한 후 그 부족세액을 추가로 납부하면 그에 대한 가산세 면제와 함께 세액심사도 면제하였으나 보정 이후에도 세액심사를 실시하여 부족한 세액을 추가로 징수할 수 있을 뿐 아니라 납세의무자가 과세표준 또는 세액 계산의 기초가 되는 사실을 은폐하거나 가장하는 등 부당한 방법으로 과소신고 한 후 세액의 보정을 신청하는 경우에는 가산세를 부과한다(동조 제6항).

3. 수정 및 경정

(1) 수정신고

수정신고의 경우 '신고납부한 세액이 부족한 경우 보정기간 6월을 경과한 후부터 수정신고를 할 수 있다는 점'을 제외하고는 국세기본법의 내용과 다르지 않다(제38조의3 제1항). 당해 물품의 수입신고번호와 품명·규격 및 수량, 수정신고전의 당해 물

품의 품목분류·과세표준·세율 및 세액, 수정신고후의 당해 물품의 품목분류·과세
표준·세율 및 세액, 가산세액을 기재한 수정신고서를 세관장에게 제출하여야 한다
(시행령 제33조). 구체적으로는 수정신고 내용을 기재한 수입·납세신고정정신청서를
통관시스템에 전송하여야 하고, 수정신고를 한 날의 다음 날까지 추가 납부할 세액
(법 제42조 제2항에 따른 가산세 포함)을 납부하여야 한다. 세관장은 그 납부한 내용을
통관시스템에서 확인한 후 당초의 수입신고서 등에 수정신고 내용 등을 기록·날인
한다(고시 제47조).

> **|사례 3|** 납세사유가 없음에도 세관장의 형사고발 및 과세 전 통지를 받고 불이익을 피하기
> 위해 불가피하게 관세납부 신고행위(수정신고)를 하고 세금납부를 한 경우 수정신고는 '당연
> 무효'라고 볼 수 있을까?4)

(2) 경정청구

신고납부한 세액이 과다한 경우 5년 이내에 경정청구를 할 수 있다는 점도 국세
기본법의 내용과 다르지 않다(동조 제2항). 즉 납세의무자는 신고납부한 세액, 보정신
청한 세액 및 수정신고한 세액이 과다한 것을 알게 되었을 때에는 최초로 납세신고
를 한 날부터 5년 이내에 신고한 세액의 경정을 세관장에게 청구할 수 있다. 당해
물품의 수입신고번호와 품명·규격 및 수량, 경정전의 당해 물품의 품목분류·과세
표준·세율 및 세액, 경정후의 당해 물품의 품목분류·과세표준·세율 및 세액, 경정
사유 등을 기재한 경정청구서를 세관장에게 제출하여야 한다(시행령 제34조 제3항).
이에 따라 경정을 하는 경우 이미 납부한 세액에 부족이 있거나 납부할 세액에 부족
이 있는 경우에는 그 부족세액에 대하여 납부고지를 하여야 하며, 동일한 납세의무
자에게 경정에 따른 납부고지를 여러 건 하여야 할 경우 통합하여 하나의 납부고지

---

4) 원고가 서울세관장의 형사고발 및 수원세관장의 과세전 통지를 받고 이로 인하여 발생할
수 있는 불이익을 피하기 위하여 불가피하게 이 사건 수정신고에 이르게 된 점, 원고가 이
사건 수정신고 이후 각종 구제절차에서 이 사건 수정신고의 하자를 적극적으로 주장한 점,
이 사건 수정신고의 하자에 관하여 달리 원고를 구제할 수단이 없는 점 등을 종합하여, 이
사건 수정신고는 그 하자가 중대하고 명백하여 당연무효라고 판단하였는데, 신고납세방식
의 조세에서 신고행위의 당연무효에 관한 법리 오해 등의 위법이 없다(대법원 2009.9.10.
선고 2009다11808 판결).

를 할 수 있다(시행령 제34조 제4항). 세관장이 경정을 한 후 그 세액에 과부족이 있는 것을 발견한 때에는 그 경정한 세액을 다시 경정(=재경정)한다(시행령 제34조 제5항).

> |사례 4| 여러 건의 수입신고에 대한 경정거부처분 취소소송에서 납세의무자가 신고·납부한 세액이 정당한 세액을 초과하는지 여부는 수입신고 건별로 판단하여야 하는가 아니면 수입신고에 포함된 수입물품을 기준으로 판단해야 하는가?5)

(3) 후발적 경정청구

　납부한 세액에 대한 후발적 경정청구 내용도 국세기본법의 내용과 같다. 즉 납세의무자는 최초의 신고 또는 경정에서 과세표준 및 세액의 계산근거가 된 거래 또는 행위 등이 그에 관한 소송에 대한 판결(판결과 같은 효력을 가지는 화해나 그 밖의 행위를 포함한다)에 의하여 다른 것으로 확정되는 등의 사유로 납부한 세액이 과다한 것을 알게 되었을 때에는 그 사유가 발생한 것을 안 날부터 2개월 이내에 납부한 세액의 경정을 세관장에게 청구할 수 있다(제38조의3 제3항).

　경정청구사유는, ① 최초의 신고 또는 경정에서 과세표준 및 세액의 계산근거가 된 거래 또는 행위 등이 그에 관한 소송에 대한 판결(판결과 같은 효력을 가지는 화해나 그 밖의 행위를 포함)에 의하여 다른 것으로 확정된 경우, ② 최초의 신고 또는 경정을 할 때 장부 및 증거서류의 압수, 그 밖의 부득이한 사유로 과세표준 및 세액을 계산할 수 없었으나 그 후 해당 사유가 소멸한 경우. 예컨대 압수물을 반환받은 경우, ③ 법 제233조 제1항 후단에 따라 원산지증명서 등의 진위 여부 등을 회신받은 세관장으로부터 그 회신 내용을 통보받은 경우 등을 말한다(시행령 제34조 제2항). 이때 판결에 의하여 다른 것으로 확정된 경우란, 결국 판결에 의하여 최초의 신고 등이 정당하게 유지될 수 없게 된 경우를 의미하며 형사판결은 여기에서의 판결에 해당하지 않는다(대법원 2020.1.9. 선고 2018두61888 판결).

---

5) 경정의 청구를 하고자 하는 자는 '당해 물품의 수입신고번호와 품명·규격 및 수량'(제1호), '경정 전의 당해 물품의 품목분류·과세표준·세율 및 세액'(제2호), '경정 후의 당해 물품의 품목분류·과세표준·세율 및 세액'(제3호) 등을 기재한 경정청구서를 세관장에게 제출하여야 한다(관세법 시행령 제34조 제1항). 이와 같이 관세의 경정청구도 수입물품을 기준으로 이루어진다(대법원 2022.4.14. 선고 2017두53767 판결).

(4) 세관장의 경정 결과 통지의무 및 그 효과

세관장의 결과 통지의무, 통지가 없는 경우의 불복절차 등은 국세기본법의 내용과 같다. 즉 세관장은 경정의 청구를 받은 날부터 2개월 이내에 세액을 경정하거나 경정하여야 할 이유가 없다는 뜻을 그 청구를 한 자에게 통지하여야 한다(제38조의3 제4항). 경정을 청구한 자가 2개월 이내에 경정 결과 통지를 받지 못한 경우에는 그 2개월이 되는 날의 다음 날부터 이의신청, 심사청구, 심판청구 또는 「감사원법」에 따른 심사청구를 할 수 있다(제38조의3 제5항).

(5) 직권경정

세관장은 신고납부한 세액, 납세신고 한 세액(＝납부 전 사전심사가 있는 경우), 경정청구 한 세액을 심사하여 '과부족'하다는 것을 알게 되었을 때에는 직권경정을 할 수 있음은 물론이다(동조 제6항). 즉 직권경정은 증액하는 경우에도 인정되는데, 세관장이 세액을 직권경정하는 때에는 경정통지서를 납세의무자에게 교부하면서 부족세액에 대하여 납부고지를 하여야 한다(시행령 제34조 제3항, 제4항).

4. 과세가격 조정에 따른 후발적 경정

(1) 국세청장의 소급 적용 승인에 따른 경정

국세청장이 해당 수입물품의 거래가격과 관련하여 정상가격 산출방법을 소급하여 적용하도록 사전승인을 함에 따라 그 거래가격과 이 법에 따라 신고납부·경정한 세액의 산정기준이 된 과세가격 간 차이가 발생한 경우에는 그 결정·경정 처분 또는 사전승인이 있음을 안 날(처분 또는 사전승인의 통지를 받은 경우에는 그 받은 날)부터 3개월 또는 최초로 납세신고를 한 날부터 5년 내에 대통령령으로 정하는 바에 따라 세관장에게 세액의 경정을 청구할 수 있다(제38조의4 제1항). 즉 해당 물품의 수입신고번호와 품명·규격 및 수량, 경정 전의 해당 물품의 품목분류·과세표준·세율 및 세액, 경정 후의 해당 물품의 품목분류·과세표준·세율 및 세액, 수입물품 가격의 조정내역, 가격결정방법 및 계산근거 자료, 경정사유 등을 적은 경정청구서를 세관장에게 제출하여야 한다(시행령 제35조 제1항).

|사례 5| A 법인은 최근 해외계열사인 B 법인으로부터 원자재를 수입하여, A 법인은 B 법
인에게 실제로 지급한 원자재 대금(=1억원)을 기준으로 관세와 법인세를 납부하였다. 그런데
국세청은 A 법인이 B 법인에게 지급한 원자재 대금이 시가(정상가격)보다 높아 법인세 과세
표준이 낮게 신고됨으로써 법인세를 과소 납부하였다고 하면서 실제 지급한 원자재 대금보다
낮은 금액(=8,000만원)을 기준으로 법인세를 다시 계산하고 A 법인으로부터 법인세를 추가로
납부받았다. A 법인은 법인세를 추가로 납부한 후 국세청이 인정한 원자재 가격인 8,000만
원을 기준으로 관세를 경정하여 차액인 2,000만원을 환급해 달라고 관세청에 청구할 수 있는
가?6)

(2) 세관장의 조치

경정청구를 받은 세관장은 대통령령으로 정하는 바에 따라 해당 수입물품의 거래
가격 조정방법과 계산근거 등이 제30조부터 제35조까지의 규정에 적합하다고 인정
하는 경우에는 세액을 경정할 수 있다(동조 제2항). 즉 지방국세청장 또는 세무서장
의 결정·경정 처분에 따라 조정된 사항이 수입물품의 지급가격, 권리사용료 등 법
제30조 제1항의 과세가격으로 인정되는 경우, 지방국세청장 또는 세무서장이「국제
조세조정에 관한 법률」제5조에 따른 정상가격의 산출방법에 따라 조정하는 경우로
서 그 비교대상거래, 통상이윤의 적용 등 조정방법과 계산근거가 법 제31조부터 제
35조까지의 규정에 적합하다고 인정되는 경우 중 어느 하나에 해당하는 경우에는
세액을 경정할 수 있다(시행령 제35조 제3항).

세관장은 경정청구를 받은 날부터 2개월 내에 세액을 경정하거나 경정하여야 할
이유가 없다는 뜻을 청구인에게 통지하여야 한다(동조 제3항). 경정청구서를 제출받
은 세관장은 경정청구의 대상이 되는 납세신고의 사실과 경정청구에 대한 의견을 첨
부하여 관세청장에게 보고하여야 하며, 관세청장은 세관장을 달리하는 동일한 내용
의 경정청구가 있으면 경정처분의 기준을 정하거나, 경정청구를 통합 심사할 세관장
을 지정할 수 있다(시행령 제35조 제2항).

---

6) A 법인은 하나의 수입거래와 관련하여 서로 다른 거래대금을 기준으로 법인세(=8,000만
   원)와 관세(=1억원)를 납부한 셈이 되었으므로, 법 제38조 제4항에 따른 후발적 경정절차
   에 따라 환급청구를 할 수 있다. 세관장으로부터 통지를 받지 못하거나 거부처분을 받은 경
   우에는 동조 제5항의 불복절차를 진행할 수 있다.

(3) 통지에 대한 이의와 조정신청

세관장의 통지에 이의가 있는 청구인은 그 통지를 받은 날(2개월 내에 통지를 받지 못한 경우에는 2개월이 지난 날)부터 30일 내에 기획재정부장관에게 국세의 정상가격과 관세의 과세가격 간의 조정을 신청할 수 있는데, 이 경우「국제조세조정에 관한 법률」제20조를 준용한다(동조 제4항). 기획재정부장관은 납세의무자가 조정을 신청한 경우 과세당국 또는 세관장에게 국세의 정상가격과 관세의 과세가격에 대한 과세의 조정을 권고할 수 있으며, 그 조정 권고에 대한 과세당국 또는 세관장의 이행계획(이행하지 아니할 경우 그 이유를 포함)을 받아 납세의무자에게 그 조정의 신청을 받은 날부터 90일 이내에 통지하여야 한다(국제조세조정에관한법률 시행령 제20조 제2항).

(4) 불복청구

청구인은 세관장으로부터 2개월 이내에 통지를 받지 못한 경우에는 그 2개월이 되는 날의 다음 날부터 제5장에 따른 이의신청, 심사청구, 심판청구 또는 「감사원법」에 따른 심사청구를 할 수 있다(동조 제5항).

(5) 경정청구서 등 우편제출의 특례

경정청구서 등 우편제출에 대한 특례가 인정되고 있는데, 각각의 기한까지 우편으로 발송(국세기본법 제5조의2에서 정한 날을 기준으로 한다)한 청구서 등이 세관장 또는 기획재정부장관에게 기간을 지나서 도달한 경우, 그 기간의 만료일에 신청·신고 또는 청구된 것으로 본다(법 제38조의5). 즉 만료 전 발송한 것이 도착해도 적법하다는 의미이다.

IV. 부과고지

1. 부과고지 하는 경우

관세는 수입신고를 하면서 신고납부 하는 것이 원칙이지만, 세관장이 부과·징수하는 경우가 있다. 성질상 수입신고나 납세신고가 곤란하거나, 법 규정을 위반한 무단반출, 납세의무자의 요청, 신속통관을 위한 경우 등이 그러한 예인데, 이는 과세물건 확정시기의 예외인 경우로서 특별납세의무자 및 부과고지 사유에 해당한다.

즉 ① 제16조(=과세물건 확정시기) 제1호부터 제6호까지 및 제8호부터 제11호까지에 해당되어 관세를 징수하는 경우(=수입통관 없거나 불가능한 경우)(제1호), ② 보세건설장에서 건설된 시설로서 제248조에 따라 수입신고가 수리되기 전에 가동된 경우(제2호), ③ 보세구역(제156조 제1항에 따라 보세구역 외 장치를 허가받은 장소를 포함한다)에 반입된 물품이 제248조 제3항을 위반하여 수입신고가 수리되기 전에 반출된 경우(제3호), ④ 납세의무자가 관세청장이 정하는 사유로 과세가격이나 관세율 등을 결정하기 곤란하여 부과고지를 요청하는 경우(제4호), ⑤ 제253조에 따라 즉시 반출한 물품을 같은 조 제3항의 기간 내(=즉시반출신고일부터 10일 내)에 수입신고를 하지 아니하여 관세를 징수하는 경우(제5호), ⑥ 그 밖에 제38조에 따른 납세신고가 부적당한 것으로서 기획재정부령으로 정하는 경우(제6호) 등이다.

2. 납세의무자의 부과고지 요청 사유

납세의무자가 부과고지를 요청하는 사유로 관세청장이 정하는 것은 ① 제37조 제1항 각 호 외의 사항으로 과세가격 결정방법 사전심사 신청대상에는 해당되지 아니하나 과세가격을 결정하는 것이 곤란하여 부과고지를 요청하는 경우, ② 법 제83조에 따른 용도세율 적용대상 여부와 관련하여 관세율 등을 결정하기 곤란하여 부과고지를 요청한 경우를 말한다(고시 제13조).

3. 납세신고가 부적당한 구체적인 사유

납세신고가 부적당한 것으로서 시행세칙에서 정하는 사항은, 여행자 또는 승무원의 휴대품 및 별송품, 우편물(법 제258조 제2항에 해당하는 것을 제외한다), 법령의 규정에 의하여 세관장이 관세를 부과·징수하는 물품 등을 말하고, 이 외에 관세청장이 정하는 것은 개인인 국내거주자가 수취하는 탁송품(간이신고특송물품은 제외), 해체·절단 또는 손상·변질 등으로 물품의 성상이 변한 물품, 「이사물품 수입통관 사무처리에 관한 고시」 적용대상 물품, 중고승용차 중 별표에 해당하는 물품 등이다(시행규칙 제9조, 고시 제13조 제3항).

세관장은 과세표준, 세율, 관세의 감면 등에 관한 규정의 적용 착오 또는 그 밖의 사유로 이미 징수한 금액이 부족한 것을 알게 되었을 때에는 그 부족액을 징수하는데(법 제39조 제2항), 세관장이 부과·징수하는 경우에는 세목·세액·납부장소 등을 기재한 납부고지서를 납세의무자에게 교부하여야 한다(법 제39조 제3항). 다만, 법 제43조의 규정에 의하여 물품을 검사한 공무원이 관세를 수납하는 경우에는 그 공무원으로 하여금 말로써 고지하게 할 수 있다(시행령 제36조).

V. 미신고·납부 가산세 및 감면

1. 가산세

일반적인 경우 10%, 부정한 방법의 경우 40%, 밀수의 경우 20%(밀수 유죄 40%)의 가산세를 부담한다는 취지인데, 가산금 제도가 폐지되고 가산세와 통합하여 납부지연가산세가 되면서 그에 따른 개정작업이 함께 이루어진 것이다(법 제42조).

2. 가산세 감면

가산금의 폐지로 가산세 규정을 정비하면서 종전 시행령 제39조 제3항에 규정되어 있던 것을 새로이 법률로 규정한 것이다(제42조의2). 그 유형은 전액 면제, 일부 면제 등으로 나눌 수 있다.

① 가산세 전액이 면제되는 경우는 수입신고가 수리되기 전에 관세를 납부한 결과 부족세액이 발생한 경우로서 수입시고 수리 전 수정신고를 하거나 세관장이 경정하는 경우(동조 제1항 제1호), 잠정신고에 의해 부족액이 발생한 경우(제2호), 국가나 지방자치단체가 직접 수입하는 물품(제6호), 납세의무자에게 정당한 사유가 있는 경우(제8호) 등이다.

② 사전심사의 결과를 통보받은 날에 신고납부한 세액을 수정신고하는 경우(제3호), 수입신고수리전 세액심사 대상물품의 감면대상 및 감면율을 잘못 적용하여 부족세액이 발생한 경우(제4호)에는 부족세액의 100분의 10의 가산세를 면제하고 일할계산 한 납부지연가산세만 납부한다.

③ 수정신고(보정기간이 지난 날부터 1년 6개월이 지나기 전에 한 수정신고로 한정)를 한 경우(제6호)에는 수정신고 시 부족세액의 100분의 10의 30%(6월 내), 20%(1년 내)

또는 10%(1년 6월 내)를 감면한다.

④ 관세심사위원회가 제118조 제3항 본문에 따른 기간 내에 과세전적부심사의 결정·통지를 하지 아니한 경우(제7호) 결정·통지가 지연된 기간에 대하여 부과되는 가산세 금액의 100분의 50을 감면한다. 이 경우 가산세액은 '미납부세액 또는 부족세액×법정납부기한의 다음 날부터 납부일까지의 기간(납부고지일부터 납부고지서에 따른 납부기한까지의 기간은 제외한다)×금융회사 등이 연체대출금에 대하여 적용하는 이자율 등을 고려하여 대통령령으로 정하는 이자율'로 계산한다(제42조 제1항 2호).

|**사례 6**| 세관장은 납세의무자인 갑이 신고납부한 세액을 심사한 결과 납부한 세액이 부족한 것을 발견하여 가산세를 징수하고자 한다. 부족세액은 100만원이고, 법정납부기한의 다음 날부터 납부일까지의 기간(납부고지일부터 납부고지서에 따른 납부기한까지의 기간은 제외한다)은 100일이라고 가정할 경우 징수하는 가산세는 얼마인가? (단, 법정납부기한까지 납부하여야 할 세액 중 납부고지서에 따른 납부기한까지 납부하지 아니한 세액은 없으며 1일당 29/100,000율로 계산함)[7]

VI. 관세 납부의 예외규정

1. 징수금액의 최저한

세관장은 납세의무자가 납부하여야 하는 관세와 부가세 등의 총 세액이 1만원 미만인 경우에는 이를 징수하지 아니한다. 이 경우 수입신고 수리일을 납부일로 의제한다(시행령 제37조 제2항).

2. 관세의 현장 수납

여행자의 휴대품, 조난 선박에 적재된 물품으로서 보세구역이 아닌 장소에 장치된 물품 예컨대 조난 물품을 건져서 쌓아 놓은 경우 등에는 그 물품을 검사한 공무원이 검사 장소에서 관세를 수납할 수 있다(제43조 제1항). 이 때 부득이한 사유가 없으면

---

7) (부족세액×10%)+(부족세액×기간×이자율)=(100만원×10%)+(100만원×100일×29/100,000)
    =129,000원(관세사 기출, 2012년)

다른 공무원을 참여시켜야 하고, 출납공무원이 아닌 공무원이 관세를 수납한 경우에는 지체 없이 출납공무원에게 인계하여야 하며, 출납공무원이 아닌 공무원이 선량한 관리자의 주의의무를 게을리하여 수납한 현금을 잃어버린 경우에는 이를 변상하여야 한다(동조 제2항 내지 제4항).

4-2 관세의 환급

I. 의 의

관세법상 환급은 과오납금환급(제46조), 위약물품환급(제106조 제1항), 지정보세구역 장치물품 멸실 등에 대한 환급(제106조 제4항), 수입 상태 그대로 6개월 내 재수출되는 자가사용물품에 대한 환급(제106조의2), 종합보세구역 판매물품에 대한 관세환급(제199조의2) 등이 있다. 이 중 과오납금 환급은 내국세법의 그것과 거의 같아 공법상 부당이득반환청구의 성질을 갖는다. 다른 환급 항목 규정들은 관세법에 특유한 것들이다.

내국세법에서는 과오납금과 부가가치세법상 매출세액을 초과하는 매입세액 등과 같은 환급세액을 구별하고 있다. 양자는 모두 부당이득금이라는 점에서 공통되지만, 과오납금의 발생 근거는 개별 세법이 아닌 공법상의 부당이득반환에 관한 일반원칙이라고 한다. 그런데 환급세액의 발생근거는 조세채권의 조기징수 확보 등 조세정책적 목적에 따라 개별세법 규정이라고 하므로 양자는 행사요건 및 그 절차에 차이가 있다고 설명한다.[8] 이러한 설명은 관세법에서도 동일하므로 과오납금과 다른 환급 규정은 행사요건 및 절차에 차이가 있다.

II. 관세환급의 종류

1. 과오납금 환급

(1) 환급 요건 및 절차

세관장은 납세의무자가 관세·가산세 또는 강제징수비의 과오납금 또는 이 법에 따라 환급하여야 할 환급세액의 환급을 청구할 때(＝잠정조치에서 과다 납부)에는 대통령령으로 정하는 바에 따라 지체 없이 이를 관세환급금으로 결정하고 30일 이내에 환급하여야 한다. 세관장이 확인한 관세환급금은 납세의무자가 환급을 청구하지 아니하더라도 환급하여야 하는데(제46조 제1항), 세관장은 관세환급 사유를 확인한 때에는 권리자에게 그 금액과 이유 등을 통지하여야 한다(동법 시행령 제51조). 이러

---

8) 이태로·한만수, 전게서, p.165.

한 규정들은 세관장의 신속한 환급절차 및 직권환급절차를 규정하는 것이다.

(2) 환급금 충당

제46조 제2항은 관세와 그 밖의 세금, 가산세 또는 강제징수비가 있을 때의 관세환급금의 충당절차를 규정하는데 기본적으로 국세기본법의 규정과 같다. 세관장은 법 제46조 제2항의 규정에 의하여 관세환급금을 충당한 때에는 그 사실을 권리자에게 통보하여야 하며, 다만 권리자의 신청에 의하여 충당한 경우에는 그 통지를 생략한다(동법 시행령 제52조).

(3) 환급금 양도

제46조 제3항은 관세환급금에 대한 권리는 양도할 수 있음을 규정하고 있는데, 법 제46조 제3항의 규정에 의하여 관세환급금에 관한 권리를 제3자에게 양도하고자 하는 자는 ① 양도인의 주소와 성명, ② 양수인의 주소와 성명, ③ 환급사유, ④ 환급금액 등을 기재한 문서에 인감증명을 첨부하여 세관장에게 제출하여야 한다(동법 시행령 제53조).

(4) 환급금 지급

관세환급금의 환급은 「국가재정법」 제17조에도 불구하고(＝지출은 세출계정) 대통령령으로 정하는 바에 따라 「한국은행법」에 따른 한국은행의 해당 세관장의 소관 세입금에서 지급한다(제46조 제4항). 세관장은 관세환급금을 결정한 때에는 즉시 환급금 해당액을 환급받을 자에게 지급할 것을 내용으로 하는 지급지시서를 한국은행(국고대리점을 포함)에 송부하면서 그 환급받을 자에게 환급내용 및 방법 등을 기재한 환급통지서를 송부하여야 하고, 한국은행이 환급금을 지급하는 때에는 환급받을 자로 하여금 주민등록증 기타 신분증을 제시하도록 하여 그가 정당한 권리자인지를 확인하여야 한다(동법시행령 제54조 제1항, 제4항).

2. 기타 관세법에 의한 관세환급

(1) 위약환급

수입신고가 수리된 물품이 당초 계약한 내용과 달라 이를 다시 수출했을 때, 일정한 조건을 충족한다면 당초 납부한 관세를 돌려주는 것을 말한다(제106조). 위약환급을 받기 위해서는 수입신고 수리된 물품이 계약내용과 다르고, 수입신고 당시의 성질이나 형태가 변경되지 않아야 하며, 외국에서 수입된 물품을 수입신고 수리일로부터 1년 이내에 보세구역에 반입했다가 다시 수출해야 한다. 이때 환급신청인은 보세구역 반입 사실을 증명해야 한다.

(2) 해외직구 물품 환급

수입신고가 수리된 개인이 구매한 상품을 수입된 상태 그대로 다시 수출할 때(＝수입신고 당시의 성질, 형태가 변형되지 않은 상태여야 하며, 해당 물품을 국내에서 사용한 사실이 없음을 세관장이 인정해야)에도 관세환급이 인정된다(제106조의2).

(3) 지정보세구역 장치물품 멸실 등 환급

수입신고 수리된 물품이 지정보세구역에 머물러 있던 중에 멸실·변질·손상된 경우 그 관세를 환급하는 것인데(제106조 제4항), 지정보세구역 장치물품 멸실 등 환급을 받으려면, 수입신고 수리된 물품이 수입신고 수리 후에도 지정보세구역에 계속 머물러 있던 중에 재해로 멸실되거나 변질 또는 손상돼 그 가치가 떨어졌다는 것을 증명해야 한다.

(4) 종합보세구역 판매물품에 대한 관세환급

외국인 관광객 등이 종합보세구역에서 구입한 물품을 국외로 반출하는 경우, 당초 구입시 납부한 관세 및 내국세를 환급하는 것을 말한다(제199조의2). 종합보세구역에서 외국인 등에게 물품을 판매하는 자는 판매하는 물품에 대해 수입신고·신고납부를 해야 한다. 종합보세구역에서 물품을 구입한 외국인은 판매자로부터 판매확인서를 교부받고 출국할 때 환급을 받을 수 있다.

3. 수출용원재료에 관한 관세등 환급에 관한 특례법상 환급

수입하는 때에 관세 등을 납부하고 수입한 원재료가 수출이행기간인 2년 내(＝수출신고수리일부터 소급하여 2년)에 수출을 한 경우 그 기간 내 수입된 해당 물품의 수출용원재료에 대한 관세 등을 환급하며(동법 제9조 제1항), 물품이 수출 등에 제공된 날부터 5년 이내에 소요량 등을 계산하여 관세청장이 지정한 세관에 환급신청을 하여야 한다(동법 제14조). 원재료를 가공하여 수출한 경우 원재료 부분은 최종적인 국내소비가 아니므로 환급하는 것이다. 자세한 설명은 [14−1]에서 다룬다.

III. 과오납금 환급 절차

1. 환급신청

과오납금 환급을 받고자 하는 자는 당해 물품의 품명·규격·수량·수입신고수리 연월일·신고번호 및 환급사유와 환급받고자 하는 금액을 기재한 신청서를 세관장에게 제출하여야 한다(시행령 제50조). 다만 관세환급금을 환급받을 자가 환급통지서발행일부터 1년내에 환급금을 지급받지 못한 때에는 세관장에게 다시 환급절차를 밟을 것을 요구할 수 있으며, 세관장은 이를 조사·확인하여 그 지급에 필요한 조치를 하여야 한다(시행령 제55조 제3항).

2. 환급통지와 지급지시

납세의무자가 환급을 신청하지 않더라도 세관장이 환급금을 확인한 경우 환급하여야 한다. 세관장은 관세환급금을 결정한 때에는 즉시 환급금 해당액을 환급받을 자에게 지급할 것을 내용으로 하는 지급지시서를 한국은행(국고대리점을 포함)에 송부하면서 그 환급받을 자에게 환급내용 및 방법 등을 기재한 환급통지서를 송부하여야 한다(시행령 제54조 제1항).

3. 신분증제시

한국은행이 환급금을 지급하는 때에는 환급받을 자로 하여금 주민등록증 기타 신분증을 제시하도록 하여 그가 정당한 권리자인지를 확인하여야 한다(시행령 제54조 제4항).

4. 지급과 세관장통지

한국은행은 환급통지서를 제시받은 때에는 이를 세관장으로부터 송부받은 지급지시서와 대조·확인한 후 환급금을 지급하고 지급내용을 세관장에게 통지하여야 한다(시행령 제54조 제3항). 국고금송금요구서 또는 국고금입금의뢰서를 첨부하여 신청한 경우에도 같다(동조 제7항).

5. 세관장의 보고서제출

세관장은 매월 관세환급금결정액보고서를 작성하여 기획재정부장관에게 제출하여야 하며(시행령 제51조 제3항), 관세환급금결정액계산서와 그 증빙서류를 감사원장이 정하는 바에 따라 감사원에 제출하여야 한다(제51조 제4항).

IV. 과다환급 관세의 징수

관세환급금이 과다한 경우 해당 관세환급금을 지급받은 자로부터 과다지급된 금액을 징수하여야 하는데(제47조 제1항), 과다환급을 한 날의 다음 날부터 징수결정을 하는 날까지의 기간에 대하여 대통령령으로 정하는 이율에 따라 계산한 금액(=가산금)을 과다환급액에 더하여야 한다(제2항).

가산금의 이율은 「은행법」에 의한 은행업의 인가를 받은 은행으로서 서울특별시에 본점을 둔 은행의 1년 만기 정기예금 이자율의 평균을 감안하여 기획재정부령으로 정하는 이자율로 하며, 2024년 2월 기준 연 1천분의 29로 정해져있다(시행령 제56조, 시행규칙 9조의3).

V. 관세 환급 가산금

세관장은 제46조에 따라 관세환급금을 환급하거나 충당할 때에는 대통령령으로
정하는 관세환급가산금 기산일부터 환급결정 또는 충당결정을 하는 날까지의 기간
과 대통령령으로 정하는 이율에 따라 계산한 금액을 관세환급금에 더하여야 한다.
이것은 법정이자의 성격을 갖고 있기 때문인데, 대법원 판례 중에는 환급 신청 당시
관세 환급가산금 규정이 없었음에도 국세기본법의 규정을 준용하여 환급가산금을
지급해야 한다는 것도 있다.9)

이러한 환급가산금 기산일은 다음 예에서 정하는 날의 다음 날이 된다. 예컨대 ①
착오납부, 이중납부 또는 납부 후 그 납부의 기초가 된 신고 또는 부과를 경정하거
나 취소함에 따라 발생한 관세환급금은 납부일(2회 이상 분할납부된 것인 경우에는 그
최종 납부일), ② 적법하게 납부된 관세의 감면으로 발생한 관세환급금은 감면 결정
일, ③ 적법하게 납부된 후 법률이 개정되어 발생한 관세환급금은 개정된 법률의 시
행일, ④ 이 법에 따라 신청한 환급세액(잘못 신청한 경우 이를 경정한 금액을 말한다)을
환급하는 경우에는 신청을 한 날부터 30일이 지난 날(다만, 환급세액을 신청하지 아니
하였으나 세관장이 직권으로 결정한 환급세액을 환급하는 경우에는 해당 결정일로부터 30일
이 지난 날), ⑤ 「자유무역협정의 이행을 위한 관세법의 특례에 관한 법률」 제9조 제
4항에 따른 관세환급금은 같은 법 제9조제3항 후단에 따른 협정관세 적용 등의 통
지일」의 다음 날이 된다(동법시행령 제56조).

다만, 국가 또는 지방자치단체가 직접 수입하는 물품 등에 대하여는 환급가산금을
적용하지 않는다(제48조).

---

9) 본 건 환급당시 시행된 구 관세법 및 동법시행령에는 과오납관세의 환급에 있어서 환급가
산금(이자)에 관한 규정이 없는바, 부당하게 징수한 조세를 환급함에 있어서 국세와 관세를
구별할 합리적인 이유가 없고 과오납관세의 환급금에 대하여만 법의 규정이 없다 하여 환
급가산금을 지급치 아니한다는 것은 심히 형평을 잃은 것이라 할 것이므로(따라서 현행 관
세법에는 환급가산금에 관한 규정을 신설하였다) 국세기본법의 환급가산금에 관한 규정을
유추적용하여 과오납관세의 환급금에 대하여도 납부한 날의 다음날부터 환급가산금(이자)
을 지급하여야 한다고 해석하여야 할 것이다(대법원 1985.9.10. 선고 85다카571 판결).

|사례 1| 과오납금 및 기타 관세의 환급청구권은 이를 행사할 수 있는 날로부터 5년간 행사하지 아니하면 소멸시효가 완성한다고 규정하고 있는바, 기타 관세의 환급청구권에 관세환급가산금이 포함되는가?[10)]

|사례 2| 납세자가 관세환급금에 대하여 이행청구를 한 이후 법정이자의 성질을 가지는 환급가산금청구권 또는 이행지체로 인한 지연손해금청구권을 행사할 수 있는가?[11)]

10) 관세법 제25조 제1항은 관세의 징수권은 이를 행사할 수 있는 날로부터 2년간 행사하지 아니하면 소멸시효가 완성한다고 규정하고 그 제3항은 과오납금 및 기타 관세의 환급청구권은 이를 행사할 수 있는 날로부터 2년간 행사하지 아니하면 소멸시효가 완성한다고 규정하고 있는바, 이를 그 규정의 목적에 비추어 생각하여 보면 위 제3항의 "기타 관세의 환급청구권"은 관세환급가산금을 포함한다고 새겨야 할 것이다(대법원 1987.4.14. 선고 86다카2215 판결). 관세징수권 소멸시효가 2년인 때의 판례이지만, 현재도 그 취지는 같다.
11) 조세환급금은 조세채무가 처음부터 존재하지 않거나 그 후 소멸하였음에도 불구하고 국가가 법률상 원인 없이 수령하거나 보유하고 있는 부당이득에 해당하고, 환급가산금은 그 부당이득에 대한 법정이자로서의 성질을 가진다. 부당이득반환의무는 일반적으로 기한의 정함이 없는 채무로서, 수익자는 이행청구를 받은 다음 날부터 이행지체로 인한 지연손해금을 배상할 책임이 있다. 그러므로 납세자가 조세환급금에 대하여 이행청구를 한 이후에는 법정이자의 성질을 가지는 환급가산금청구권 및 이행지체로 인한 지연손해금청구권이 경합적으로 발생하고, 납세자는 자신의 선택에 좇아 그중 하나의 청구권을 행사할 수 있다(대법원 2018.7.19. 선고 2017다242409 전원합의체 판결).

제5장

관세율

5-1 세율 조정 개관

I. 의 의

관세법상 기본 관세율은 관세법 제50조 별표의 관세율표에서 정하고 있으며, 현행 평균적인 기본세율은 대략 8%이다. 기본관세에 추가하여 부과하거나 조정하여 부과하는 경우로서 12가지의 세율구조를 관세법 제51조부터 제77조에서 규정하고 있으며, 상계관세의 부과절차는 덤핑방지관세와 유사하다. 다만, 우리나라가 부과 주체로서 상계관세를 부과한 사례는 없다.

II. 관세율 구분과 종류

세율의 조정에 관한 내용을 정리하면 다음 표와 같다(무역 관련 국제경제학의 내용임).

| 표 6 | 관세율 구분과 종류

구분	부과사유	종류	부과방식
1그룹 (WTO 규정)	상대방 원인	덤핑관세	덤핑/기본관세 + 추가
		우회덤핑관세	물리적 특성이나 형태 등을 경미하게 변경/부과 회피
		상계관세	보조금 지급/기본관세 + 추가
		보복관세	무역이익 침해/별도 관세
	우리 측 원인	긴급관세	단기간 수입 급등, 보상조치○
		특정국 긴급관세	시행×
		농수축산물 긴급관세	기준 가격 및 기준 초과, 조사 없이 자동적 ○
2그룹	긴급×	조정관세	무역이익 보호(수입자유화), 100%
		할당관세(이중관세)	관세↓ 수입 늘리기 위함(±40%)
		계절관세	출하기↑, 비출하기↓, +는 40%↑
3그룹	산업피해 구제×, 편익 부여	국제협력관세 (상호주의)	양허, 국제기구는 50%
		편익관세	일방적, 국가를 지정
		일반특혜관세	일방적, 개발도상국

III. 관세부과 절차 특징

1. 절차(덤핑, 상계, 조정관세)

법령에 정한 부과요건 조사 신청 → 조사개시 여부 결정(2월 내) → 결정 후 10일 내 통지/관보 게재 → 관보게재일부터 3월 내 예비조사 결과 제출 → 예비조사 제출 일로부터 1월 내 잠정조치 여부 결정 ⇒ 예비조사 결과가 기준미달 또는 피해 경미 라면 본조사 종결 후 관보 게재, 피해가 있다면 예비조사 제출 후 3월 내 본조사 결 과 제출 → 부과 여부 및 내용 결정 → 부과(관보게재일로부터 12월 내, 5년간 효력) → 재심사(변경 시행 시 5년간 효력)

2. 예비조사와 본조사가 분리

본조사가 길어지면 피해구제가 되지 않기 때문에 예비조사와 본조사가 분리되어 있고 그 중간에 잠정조치를 하려는 것이다.

다만 농수산물 긴급관세처럼 요건이 충족되면 조사 없이 바로 관세가 부과되는 경우도 있다.

> **|사례 1|** 다음 무역거래 내용을 보고 동 물품이 수입될 때 적용되어야 할 관세율은?[1]
> - 국산부품 20%, 중국산 부품 20%, 싱가포르산 부품 405, 일본산 부품 205를 사용하여 중국에서 생산한 공기청정기를 수입한다.
> - 부품의 세 번과 공기청정기의 세 번은 HS 6단위가 서로 다르다.
> - 국산부품은 공기청정기의 핵심부품들로, 이는 수입자에 의해 생산자에게 무료로 공급되었다. 이 수출을 이유로 관세 등을 환급받은 사실은 없다.
> - 한국과 싱가포르는 자유무역협정을 체결하고 있으며, 동 협정에 따르면 우리나라가 양허한 공기청정기의 협정세율은 현재 1%이다.
> - 공기청정기의 기본세율은 8%이고, WTO에 우리나라가 양허한 협정세율은 현재 5%이다. 한국, 중국, 일본, 싱가포르는 모두 WTO 회원국이다.
> - 한국과 중국은 아시아태평양무역협정을 맺고 있으며, 동 협정에서 우리나라가 양허한 공기청정기의 협정세율은 현재 3%이다.

---

[1] 사례의 수입물품은 세번변경기준을 충족한 중국산 제품이다. 중국은 WTO협정 및 아시아태평양무역협정 세율이 적용가능하다. 협정세율이 두 개 이상 적용되는 경우 더 낮은 세율을 선택할 수 있으므로 3%의 아시아태평양무역협정 세율이 적용가능하다(관세사 기출, 2007년).

5-2 덤핑방지관세

I. 의 의

덤핑(dumping)이란 어떤 상품을 정상가격보다 더 낮은 가격으로 외국시장에 판매하는 것을 말한다. 그 수입국이 우리나라인 경우 국내산업에 실질적인 피해를 줄 수 있으므로 그에 대응하여 덤핑방지관세를 추가하여 부과할 수 있도록 한 것이다.

그 요건은 ① 이해관계인의 부과 요청, ② 덤핑의 인정, ③ 국내 산업의 실질적 피해 또는 발전 지연(조사·확인), ④ 보호의 필요성 인정, ⑤ 덤핑차액에 상당하는 금액 이하로 부과 ⑥ 필요한 경우 잠정덤핑방지관세 부과 ⑦ 약속의 제의가 있는 경우 잠정조치 또는 덤핑방지관세의 부과 없이 조사가 중지 또는 종결 ⑧ 덤핑방지관세의 부과와 잠정조치는 각각의 조치일 이후 수입되는 물품에 대하여 적용 등이다.

II. 부과절차

1. 덤핑 피해조사

(1) 조사절차

그 조사는 무역위원회가 담당한다. 조사절차는 조사신청→2월 내 조사개시여부 결정→10일 내 통지 및 관보게재→관보게재일부터 3월 내 예비조사결과 제출(2월 연장 가능)→예비조사 제출일부터 1월 내 잠정조치 여부 결정하되, 기준미달 또는 실질적 피해 경미하면 본조사 종결 후 관보 게재→예비조사제출일 다음날부터 3월 내 본조사 결과 제출(2월 연장 가능)→관보게재일부터 12월 이내에 덤핑방지관세 부과여부 및 내용 결정하고 부과조치 등이다(시행령 제61조). 급한 상황인데, 본조사가 길어지면 피해구제가 안 되므로 예비조사와 본조사로 나누고 중간에 잠정조치를 하려는 것이다.

(2) 정상가격 이하 판매

① 직접 수입하는 경우: 정상가격이라 함은 당해 물품의 '공급국'에서 소비되는 동종물품의 통상거래가격을 말한다. 다만, 동종물품이 거래되지 아니하거나 특수

한 시장상황 등으로 인하여 통상거래가격을 적용할 수 없는 때에는 당해 국가
에서 제3국으로 수출되는 수출가격 중 대표적인 가격으로서 비교가능한 가격
또는 원산지국에서의 제조원가에 합리적인 수준의 관리비 및 판매비와 이윤을
합한 가격(=구성가격)을 정상가격으로 본다(시행령 제58조 제1항).

② 제3국을 거쳐 수입하는 경우: 당해 물품의 원산지국으로부터 직접 수입되지 아
니하고 제3국을 거쳐 수입되는 경우에는 그 '제3국의 통상거래가격'을 정상가격
으로 본다. 다만, 그 제3국 안에서 당해 물품을 단순히 옮겨 싣거나 동종물품의
생산실적이 없는 때 또는 그 제3국내에 통상거래가격으로 인정될 가격이 없는
때에는 원산지국의 통상거래가격을 정상가격으로 본다(시행령 제58조 제2항).

③ 통제경제 국가로부터 수입하는 경우: 당해 물품이 통제경제를 실시하는 시장경제
체제가 확립되지 아니한 국가로부터 수입되는 때에는 예컨대 우리나라를 제외
한 시장경제국가에서 소비되는 동종물품의 통상거래가격 또는 우리나라를 제
외한 시장경제국가에서 우리나라를 포함한 제3국으로의 수출가격 또는 구성가
격을 정상가격으로 본다(시행령 제58조 제3항 본문).

(3) 덤핑가격

덤핑가격이라 함은 제60조의 규정에 의하여 조사가 개시된 조사대상물품에 대하
여 실제로 지급하였거나 지급하여야 하는 가격을 말한다. 다만, 공급자와 수입자 또
는 제3자 사이에 특수관계 또는 보상약정이 있어 실제로 지급하였거나 지급하여야
하는 가격에 의할 수 없는 때에는 ① 수입물품이 그 특수관계 또는 보상약정이 없는
구매자에게 최초로 재판매된 경우에는 기획재정부령이 정하는 바에 따라 그 재판매
가격을 기초로 산정한 가격, ② 수입물품이 그 특수관계 또는 보상약정이 없는 구매
자에게 재판매된 실적이 없거나 수입된 상태로 물품이 재판매되지 아니하는 때에는
기획재정부령이 정하는 합리적인 기준에 의한 가격 중 하나의 가격으로 할 수 있다
(시행령 제58조 제4항).

(4) 정상가격과 덤핑가격과의 차액

정상가격과 덤핑가격의 비교는 가능한 한 동일한 시기 및 동일한 거래단계(통상적
으로 공장도 거래단계를 말한다)에서 비교하여야 한다(시행령 제58조 제5항 1문). 이 경
우 당해 물품의 물리적 특성, 판매수량, 판매조건, 과세상의 차이, 거래단계의 차이,

환율변동 등이 가격비교에 영향을 미치는 경우에는 기획재정부령이 정하는 바에 따라 정상가격 및 덤핑가격을 조정하여야 하며, 덤핑률 조사대상기간은 6월 이상의 기간으로 한다(동조 동항 제2문). 가격조정을 요구하는 이해관계인은 물리적 특성, 판매수량 및 판매조건의 차이가 시장가격 또는 제조원가에 직접적으로 영향을 미친다는 사실을 입증하여야 한다(시행령 제58조 제6항).

2. 국내산업의 실질적 피해와 덤핑의 인과관계

(1) 판단 방법

덤핑물품으로 인하여 국내산업이 실질적 피해를 입었는지 여부는 덤핑물품의 수입물량, 덤핑물품의 가격, 덤핑차액의 정도, 국내산업의 영업 및 재무지표, 덤핑물품의 수입물량 및 가격이 국내산업에 미치는 실재적 또는 잠재적 영향을 종합적으로 고려하여 판단하여야 하고, 실질적 피해 등을 받을 우려가 있는지는 위와 같은 사항에 더하여 실질적인 수입증가의 가능성을 나타내는 덤핑물품의 현저한 증가율, 덤핑물품의 재고 및 동종물품의 재고상태 등을 포함한 사실을 종합적으로 고려하여 판단한다(관세법 제52조 제1항, 동법 시행령 제63조 제1항, 제2항).

(2) 가격효과 분석

최근 하급심 판결은 덤핑물품으로 인한 가격효과 분석에 관하여 "① 국내 동종물품에 비해 저가판매(price undercutting)되었는지 여부, ② 국내 동종물품의 가격하락(price depression)을 유발하였는지 여부, ③ 국내 동종물품의 가격인상 억제(price suppression)를 초래하였는지 여부에 대한 분석으로 구분되며, 위 3가지 효과는 각각 독립하여 발생할 수도 있고 동시에 발생할 수도 있다."고 설명한다(서울고등법원 2019.7.3. 선고 2017누73251 판결).

(3) 명백히 예견되고 급박한 피해

실질적인 피해 등을 받을 우려가 있는지에 관한 판정은 실질적인 수입증가의 가능성을 나타내는 덤핑물품의 현저한 증가율, 우리나라에 덤핑수출을 증가시킬 수 있는 생산능력의 실질적 증가, 덤핑물품의 가격이 동종물품의 가격을 하락 또는 억제

시킬 수 있는지 여부 및 추가적인 수입수요의 증대가능성, 덤핑물품의 재고 및 동종
물품의 재고상태를 포함한 사실에 근거를 두어야 하며, 덤핑물품으로 인한 피해는
명백히 예견되고 급박한 것이어야 한다(시행령 제63조 제2항).

(4) 2 이상의 국가로부터의 수입과 피해의 누적적 평가

무역위원회는 2 이상의 국가로부터 수입된 물품이 동시에 조사대상물품이 되고
덤핑차액 및 덤핑물품의 수입량이 기획재정부령이 정하는 기준에 해당하는 경우 또
는 덤핑물품이 상호 경쟁적이고 국내 동종물품과 경쟁적인 경우에는 그 수입으로부
터의 피해를 누적적으로 평가할 수 있다(시행령 제63조 제3항).

3. 잠정조치

(1) 의   의

덤핑방지관세의 부과 여부를 결정하기 위하여 조사가 시작되었는데 실질적 피해
등이 추정되는 충분한 증거가 있어서 조사기간 중에 발생하는 피해의 방지를 위하여
해당 조사가 종결되기 전에 기획재정부장관이 그 물품과 공급자 또는 공급국 및 기
간을 정하여 잠정적으로 추계(推計)된 덤핑차액에 상당하는 금액 이하의 잠정덤핑방
지관세를 추가하여 부과하도록 명하거나 담보를 제공하도록(＝토지, 건물은 담보에서
제외) 명하는 조치를 말한다(법 제53조 제1항).

조사개시의 결정에 관한 사항이 관보에 게재된 날부터 3월 이내에 예비조사의 결
과를 기획재정부장관에게 보고하도록 되어 있고, 그로부터 1개월 이내에 잠정조치의
여부를 결정하도록 되어 있다(시행령 제61조). 제1항에 따르면 잠정조치로 잠정덤핑방
지관세액에 해당하는 관세를 부과하거나 담보제공명령을 발할 수 있다는 의미인데,
잠정조치는 조사 개시 후 최소한 60일이 지난 후부터 가능하다(시행령 제66조 제1항).

(2) 잠정조치의 환급 및 담보해제

잠정조치의 필요성이 없어진 경우라면 잠정조치에 따라 추가된 관세의 환급 또는
제공된 담보의 해제가 필요할 것이다. 그래서 ① 잠정조치를 한 물품에 대한 덤핑방
지관세의 부과요청이 철회되어 조사가 종결된 경우, ② 잠정조치를 한 물품에 대한

덤핑방지관세의 부과 여부가 결정된 경우, ③ 제54조에 따른 약속이 수락된 경우에는 납부된 잠정덤핑방지관세를 환급하거나 제공된 담보를 해제하여야 한다(법 제53조 제2항). ②의 경우에는 덤핑관세의 부과에 따른 정산이 뒤따르게 된다.

(3) 잠정덤핑방지관세의 정산

잠정조치를 한 후 반덤핑관세가 부과된 경우 세액 간 차이가 발생할 수 있다. 그런데 잠정덤핑방지관세액을 지나치게 높여 부과하는 것을 방지하기 위하여[2] 약속이 수락된 경우 또는 소급하여 부과하는 경우에는 잠정덤핑관세액이 더 크면 환급을 하지만, 더 작은 경우에는 그 차액을 징수하지 않는다(법 제53조 제3항). 구체적으로는 덤핑과 그로 인한 산업피해를 조사한 결과 해당 물품에 대한 덤핑관세 부과로 판정된 이후에 제54조에 따른 약속이 수락된 경우, 또는 제55조 단서에 따라 덤핑방지관세를 소급하여 부과하는 경우 등이 이에 해당한다.

4. 약속의 제의

(1) 의 의

예비조사를 한 결과 해당 물품에 대한 덤핑 사실 및 그로 인한 실질적 피해 등의 사실이 있는 것으로 판정된 경우, 해당 물품의 수출자 또는 기획재정부장관이 덤핑으로 인한 피해가 제거될 정도의 가격수정이나 덤핑수출의 중지에 관한 약속을 제의하는 것을 말한다(법 제54조 제1항). 즉 예비조사결과가 나온 이후에만 약속의 제의를 할 수 있으며, 약속의 내용은 즉시 가격수정이나 약속일로부터 6월 이내의 덤핑수출의 중지이다. 이 경우에는 기획재정부장관은 그 약속을 수락할 수 있다. 기획재정부장관은 수출자를 지정하여 그 약속을 제의할 수도 있다(시행령 제68조).

(2) 약속 제의의 효력

① 조사의 중지 또는 종결: 약속이 수락된 경우 기획재정부장관은 잠정조치 또는 덤핑방지관세의 부과 없이 조사가 중지 또는 종결되도록 하여야 한다(법 제54조 제2항 본문).

---

2) 이종익·최천식·박병목, 『관세법해설』, 세경사(2016), p.236.

② 수출자의 약속불이행: 수출자가 법 제54조 제2항에 따라 수락된 약속을 이행하지 아니한 경우 덤핑방지를 위하여 조사를 계속하여 덤핑방지관세율 등 부과 내용을 정한 경우에는 덤핑방지관세의 부과, 그렇지 않은 경우에는 잠정조치 등 신속한 조치를 취할 수 있다(시행령 제68조 제5항).

③ 조사를 계속하는 경우: 기획재정부장관이 필요하다고 인정하면 조사를 계속할 수 있고 수출자 스스로 덤핑이 아니라고 판단하는 경우에는 수출자가 그 조사를 계속할 것을 요구할 수 있는데(제54조 제2항 단서) 조사를 계속한 결과 실질적 피해등의 사실이 없거나 덤핑차액이 없는 것으로 확인한 때에는 당해 약속의 효력은 소멸된 것으로 본다(시행령 제68조 제6항).

5. 관세부과 효력발생 시기

(1) 원 칙

덤핑방지관세의 부과와 잠정조치는 각각의 조치일 이후 수입되는 물품에 대하여 적용된다(제55조). 즉 소급효가 없음이 원칙이다.

(2) 소급효가 인정되는 경우

잠정조치가 적용된 물품에 대하여 국제협약에서 달리 정하는 경우와 그 밖에 대통령령으로 정하는 경우에는 소급효가 인정되어 그 물품에 대하여도 덤핑방지관세를 부과할 수 있다(제55조 단서). 다음의 경우 등이 이에 해당한다(시행령 제69조 제1항).

① 실질적 피해 등의 최종판정 또는 실질적인 피해 우려 등 최종판정이 내려졌으나 잠정조치가 없었다면 실질적인 피해가 있을 것으로 인정되어 잠정조치 기간 동안 수입된 물품(제1호)

② 비교적 단기간 내에 대량 수입되어 발생되는 실질적 피해등의 재발을 방지하기 위하여 덤핑방지관세를 소급하여 부과할 필요가 있는 경우로서 당해 물품이 과거에 덤핑되어 실질적 피해등을 입힌 사실이 있었던 경우 또는 수입자가 덤핑사실과 그로 인한 실질적 피해등의 사실을 알았거나 알 수 있었을 경우에는 잠정조치를 적용한 날부터 90일전 이후에 수입된 물품(제2호). '단기간·대량' 등 피해가 크고 '악의'인 경우라서 소급기간이 90일로 길다.

③ 법 제54조 제1항에 따른 약속을 위반하여 잠정조치가 적용된 물품의 수입으로 인한 실질적 피해 등의 사실이 인정되는 경우에는 잠정조치를 적용한 날부터 90일 전 이후에 수입된 물품(기획재정부장관이 필요하다고 인정한 경우 약속을 위반한 물품으로 한정할 수 있다)(제3호). 이 경우 약속위반일 이전에 수입된 물품을 제외한다. 즉 약속위반 이후의 수입물품에 대해 소급부과 한다는 의미이다.

④ 국제협약에서 정하는 바에 따라 기획재정부장관이 정하는 기간에 수입된 물품 (제4호).

> **|사례 1|** 관세법상 덤핑방지관세를 정률세의 방법으로 부과하는 경우 최대 덤핑방지 관세액은?[3]
> * 과세가격: 200원
> * 조정된 정상가격: 280원
> * 조정된 덤핑가격: 180원

III. 관세부과 효력

1. 효 력

덤핑방지관세는 그 조치일 이후 수입되는 물품에 대해서만 적용되므로, 소급효가 없는 것이 원칙이다. 다만 국제협약에 의하는 경우, 덤핑방지관세의 최종 결정이 내려진 경우로서 그 잠정기간 중에 수입된 물품에 대해서도 소급하여 부과할 필요성이 있는 경우에는 소급효가 적용되어 덤핑방지관세를 부과한다.

> **|사례 2|** 일본국 법률에 따라 설립된 갑 법인이 일본에서 공기압 전송용 밸브를 생산하여 우리나라에 수출하고 있는데, 기획재정부장관이 갑 법인 등이 공급하는 일정 요건을 갖춘 일본산 공기압 전송용 밸브에 대하여 5년간 적용할 덤핑방지관세율을 규정하는 '일본산 공기압 전송용 밸브에 대한 덤핑방지관세의 부과에 관한 규칙'을 제정·공포하였다. 이에 갑 법인이 위 시행규칙이 관세법 제51조에서 정한 덤핑방지관세의 부과요건을 갖추지 못하여 위법하다고 주장하면서 취소를 구하는 소를 제기한 경우 그 효력은?[4]

---

3) 덤핑률은 과세가격에 대하여 조정된 정상가격에서 조정된 덤핑가격을 차감한 가격의 비율이다. 덤핑률 내에서 결정한 율을 덤핑방지관세율이라 하므로, 최대 덤핑방지 관세액이란 과세가격×덤핑방지관세율이므로 200×50%＝100원이다(관세사 기출, 2017년).

4) 위 시행규칙은 덤핑방지관세를 부과할 물품(＝덤핑물품)과 공급자를 지정하고 해당 물품에

|사례 3| 원고 상하이 아사 세라믹 코 엘티디(Shanghai ASA Ceramic Co., Ltd)가 공급
한 타일에 대해 37.40%의 덤핑률 및 29.41%의 국내 산업피해율을 최종 판정한 다음 그 판
정에 기초하여 기획재정부장관은 이 사건 타일에 대해 향후 5년간 29.41%의 덤핑방지관세
를 부과하는 내용으로 이 사건 규칙을 제정·공포하였다. 이 때 이 사건 규칙의 적법 여부를
다투는 원고들이 우리나라 정부의 반덤핑부과처분이 WTO 협정 위반이라는 이유로 직접 국
내 법원에 그 처분의 취소를 구하는 소를 제기하거나 협정 위반을 처분의 독립된 취소사유로
주장할 수 있을까?5)

2. 재심사

(1) 의 의

덤핑을 재조사한다는 것은 그 필요성이 낮아지면 덤핑가능성이 낮다는 의미이기
때문에 변경조치가 필요하다는 의미가 되고, 그 필요성이 높다면 덤핑가능성이 높다
는 의미이므로 종료 후에도 계속 덤핑방지관세를 부과하겠다는 의미이다. 이 경우에
는 덤핑방지관세가 이미 부과된 것이므로 예비조사는 필요 없고 바로 본조사를 하게

적용할 관세율을 정한 조세법령으로, 위 시행규칙에서 덤핑물품과 관세율 등 과세요건을
규정하는 것만으로 납세의무자에게 덤핑방지관세를 납부할 의무가 성립하는 것은 아닌 점,
위 시행규칙은 수입된 덤핑물품에 관한 세관장의 덤핑방지관세 부과처분 등 별도의 집행행
위가 있어야 비로소 상대방의 권리의무나 법률관계에 영향을 미치게 되는 점, 위 시행규칙에
근거한 관세 부과처분 등에 따라 덤핑방지관세를 납부하게 될 자는 덤핑물품을 수입하는 화
주 등이지 덤핑물품을 수출하는 자가 아니라는 점 등을 고려하면 위 시행규칙은 항고소송의
대상이 될 수 없고, 위 시행규칙의 취소를 구하는 소는 부적법하다(대법원 2022.12.1. 선고
2019두48905 판결).
5) 원고들의 상고이유 중에는, 우리나라가 1994.12.16. 국회의 비준동의를 얻어 1995.1.1. 발효
된 '1994년 국제무역기구 설립을 위한 마라케쉬협정'(Marrakesh Agreement Establishing
the World Trade Organization, WTO 협정)의 일부인 '1994년 관세 및 무역에 관한 일반
협정(General Agreement on Tariffs and Trade, GATT 1994) 제6조의 이행에 관한 협정'
중 그 판시 덤핑규제 관련 규정을 근거로 이 사건 규칙의 적법 여부를 다투는 주장도 포함
되어 있으나, 위 협정은 국가와 국가 사이의 권리·의무관계를 설정하는 국제협정으로, 그
내용 및 성질에 비추어 이와 관련한 법적 분쟁은 위 WTO 분쟁해결기구에서 해결하는 것
이 원칙이고, 사인(사인)에 대하여는 위 협정의 직접 효력이 미치지 아니한다고 보아야 할
것이므로, 위 협정에 따른 회원국 정부의 반덤핑부과처분이 WTO 협정위반이라는 이유만
으로 사인이 직접 국내 법원에 회원국 정부를 상대로 그 처분의 취소를 구하는 소를 제기
하거나 위 협정위반을 처분의 독립된 취소사유로 주장할 수는 없다(대법원 2009.1.30. 선고
2008두17936 판결).

된다. 재심사의 결과에 따라 덤핑방지조치의 변경, 환급 등 필요한 조치를 할 수 있다(제56조 제1항).

(2) 대 상

덤핑방지관세의 부과, 제54조에 따른 약속에 대하여 재심사를 할 수 있다. 부과일 또는 약속시행일로부터 1년 경과 후로서 관세 효력 상실 또는 약속효력 상실 6개월 전까지 할 수 있다(시행령 제70조). 심사 내용은 덤핑방지관세 또는 약속의 적정성에 관한 것이다.

(3) 재심사에 따른 변경의 효력기간

덤핑과 산업피해를 재심사하고 그 결과에 따라 내용을 변경할 때에는 기획재정부령으로 그 적용시한을 따로 정하는 경우를 제외하고는 변경된 내용의 시행일부터 5년이 지나면 그 효력을 잃는다. 다만, 대통령령으로 정하는 사유로 재심사하는 경우에는 재심사가 끝나기 전에 해당 덤핑방지조치의 적용시한이 종료되더라도 재심사기간 동안 그 덤핑방지조치는 효력을 잃지 아니한다(법 제56조 제3항).

3. 덤핑부과에 따른 무역구제 사례

(1) 현대제철㈜ 사례

중국산 H형강 제품의 덤핑수입을 원인으로 회사의 영업이익이 악화되는 등 실질적 피해가 발생하여 반덤핑조사를 신청하였다. 그에 따른 구제조치로 가격인상약속의 시행 및 덤핑방지관세를 5년간 부과하였다. 그 결과 현대제철㈜는 중국산 H형강에 대한 반덤핑관세 및 가격약속의 시행 이후 국내시장은 가격, 경쟁여건 측면에서 공정하고 정상적인 질서를 다소 회복하게 되었다.[6]

(2) 롯데케미컬㈜ 사례

롯데케미컬㈜는 미국 이스턴케미칼, 다우케미칼과 프랑스 이네오스로부터 덤핑

---

6) https://www.ktc.go.kr/pageLink.do?link=/contents/KG27100 무역위원회 웹사이트 사례를 참고하였다.

수입되는 부틸 글리콜에테르로 인해 피해를 입었다고 주장하며 반덤핑조사를 신청
하였다. 그에 따른 구제조치로 덤핑방지관세가 부과되었고, 무역위원회의 철저한 조
사와 신속한 조치로 다우(Dow) 및 4개 해외 화학기업에 20~25%의 덤핑방지관세를
부과함에 따라 국내산업을 보호할수 있게 되었다.[7]

IV. 상계관세와의 유사성과 차이

1. 유사성

덤핑방지관세와 상계관세는 '인하된 가격'으로 수입되어 국내산업에 피해를 준다
는 점, 부과절차가 거의 같다는 점 등에서 유사성이 있다.

2. 차이점

상계관세는 정부보조금 등이 인하된 가격의 원인이 되므로 보조금 심사에 애로가
있다는 점, 덤핑방지관세와 달리 상계관세는 우리나라에서 부과된 적이 없다는 점,
약속의 제의 시에 '수출국 정부의 동의'가 필요하다는 점 등에서 덤핑방지관세와 차
이가 있다. 상계관세를 부과하는 경우는 흔하지 않다. 예컨대 일본 관세청 홈페이지
에는 3건이 소개되어 있는데 그중 '대한민국 하이닉스에서 제조한 DRAM'에 대하여
상계관세를 부과하기 위한 절차의 진행상황이 시간별로 공시되어 있다.

---

7) https://www.ktc.go.kr/pageLink.do?link=/contents/KG27100 무역위원회 웹사이트 사례
   를 참고하였다.

5-3 우회덤핑물품에 대한 관세

I. 의 의

2025.1.1. 시행하는 것으로서 2023.12.31. 법 개정 시 신설되었다. 덤핑방지관세 부과요청을 한 자가 우회덤핑 해당 여부에 대한 조사를 신청한 경우 덤핑방지관세가 부과되는 물품의 물리적 특성이나 형태 등을 경미하게 변경하는 행위 등을 통하여 해당 덤핑방지관세의 부과를 회피(=우회덤핑)하려는 사실이 조사를 통하여 확인되는 경우에는 기획재정부령으로 그 물품을 지정하여 덤핑방지관세를 부과하는 것을 말한다(제56조의2). 원래 우리나라와 일본 등은 반덤핑제도의 실질적인 개정을 통해 반덤핑 조치의 오·남용을 방지해야 한다는 입장으로서 제3국에서의 생산 재배치 및 조립이 우회덤핑을 구성하게 되는 부분에 대해 회의적인 입장을 가지고 있었으나,[8] 우회덤핑을 통한 덤핑방지조치의 무력화를 차단하기 위하여 결국 이 제도를 도입하게 된 것이다. 우회덤핑방지규정에 대해서는 2024.7월 기준 대통령령(안) 및 시행규칙(안)이 발표되어 있다.

II. 부과절차

1. 우회덤핑의 인정

우회덤핑의 행위 유형은 "물리적 특성이나 형태 등을 경미하게 변경하는 행위 즉 해당 물품의 공급국 안에서 그 물품의 본질적 특성을 변경하지 않는 범위에서 물리적 특성이나 형태, 포장방법 또는 용도 등을 변경하는 행위(그 행위로 법 제84조제3호에 따른 관세·통계통합품목분류표상 품목번호가 변경되는 경우를 포함)를 말한다(관세법 제56조의2, 동법 시행령(안) 제71조의2 제1항)." 이때 덤핑방지관세물품과 변경된 물품의 생산설비 등 경미한 변경행위 여부를 판단할 때 고려해야 하는 사항은 기획재정부령으로 정한다(동조 제2항). 즉 우회덤핑을 물리적 특성이나 형태 등을 경미하게 변경하는 행위로 규정하고 그 판단기준을 규정하는 방식을 취하고 있다. 이에 따라 관세법 시행규칙은 물리적 특성과 화학성분의 차이, 품목번호 차이 등 그 판단기준

---

8) 정재호·이민선·양지영, 『주요국의 우회덤핑방지제도 비교 연구』, 한국조세재정연구원 세법연구센터, 2014, 31면.

을 다음과 같이 정하고 있다(시행규칙(안) 제20조의2).

즉 ① 법 제51조에 따라 덤핑방지관세가 부과되는 물품(이하 "덤핑방지관세물품"이라 한다)과 법 제56조의2 제1항에 따른 우회덤핑(이하 "우회덤핑"이라 한다) 조사대상 물품의 물리적 특성 및 화학성분 차이(제1호), ② 덤핑방지관세물품과 우회덤핑 조사대상물품의 법 제84조 제3호에 따른 관세·통계통합품목분류표상 품목번호 차이(제2호), ③ 덤핑방지관세물품을 우회덤핑 조사대상물품으로 대체할 수 있는 범위 및 우회덤핑 조사대상물품의 용도(제3호), ④ 덤핑방지관세물품과 우회덤핑 조사대상물품의 생산설비 차이(제4호), ⑤ 영 제71조의2 제1항에 따른 경미한 변경행위에 소요되는 비용(제5호), ⑥ 그밖에 무역위원회가 필요하다고 인정하는 사항(제6호) 등이다.

관세법의 규정과 내국세의 '우회'에 대한 개념 요소를 고려하여 우회덤핑의 개념을 정리한다면 '① 해당 물품의 공급국 내에서, ② 조세 회피 즉 덤핑방지관세의 회피를 위하여, ③ 물품의 물리적 특성이나 형태 등을 경미하게 변경하는 행위'까지가 현행 관세법 해석에서 도출되는 것이라 할 수 있다. 관세법 규정을 문리적으로 해석하면 '제3국을 통하여 경미한 변경을 하는 것'은 우회덤핑에 포함되지 않는 것으로 보인다. 법문상 명시적으로 '해당 물품의 공급국 내에서'라고 규정하고 있기 때문이다.

2. 미국의 우회덤핑 유형

미국의 우회덤핑의 범위에 대해서는 연방관세법에서 ① 수입국 우회, ② 제조국 우회, ③ 사소한 변경, ④ 추후 개발 등 4가지 유형을 규정하고 있다(§351.226 Circumvention inquiries (h)~(k)).[9] 덤핑관세 부과 대상인 A 물품에 대하여 '부품 또는 구성요소＋완성·조립＝A 또는 A1(동종)'이 되거나 '특정 물품＋사소한 변경＝A 또는 A1'이 되는 경우 및 추후 개발 물품이 A 또는 A1이 되는 경우이어야 덤핑관세를 부과할 수 있다는 점이 전제가 된다.

(1) 수입국 우회

수입국 우회란 미국에서 완성되거나 조립된 제품을 의미한다. 즉 연방관세법 제781조 (a)에 따라 '수입부품 또는 구성요소(parts or components)'를 해당 명령이 발

---

9) https://www.ecfr.gov/current/title-19/chapter-III/part-351(최종접속일자 2024.7.8.).

효되는 시점에 미국에서 상품의 완성 또는 조립에 사용되는 품목에 포함시킬 수 있다(§351.226(h)). 이때 "①미국에서 판매되는 물품이 반덤핑의 대상이 된 물품과 동일하거나 동일한 종류의 물품이어야 한다. ② 미국에서 판매되는 물품이 반덤핑의 대상국으로부터 수입된 부품이나 구성요소로 조립 또는 완성된 것이어야 한다. ③ 미국 내에서 조립되거나 완성된 공정은 사소하거나 중요하지 않아야 한다. ④ 수입된 부품이나 구성요소의 가치가 물품의 전체 가치 중 상당한 부분을 차지해야 한다." 등의 요건을 충족해야 한다(§781(a)(1)).

(2) 제조국 우회

제조국 우회란 다른 외국에서 완성되거나 조립된 제품을 말한다. 즉 연방관세법 제781조 (b)에 따라, 반덤핑 또는 상계관세 명령의 범위 내에 그러한 명령이 효력을 발휘할 때 언제든지 명령이 적용되는 국가가 아닌 다른 외국에서 완성되거나 조립된 수입상품(merchandise completed or assembled)을 포함할 수 있다(§351.226(i)). 이때 위 (1)의 ①~④의 요건을 충족해야 하며(수입국 대신 제3국 기준으로), 이 외에 ⑤우회덤핑규제 조치가 기존 관세의 우회를 막는데 적절하여야 한다(§781(b)).

(3) 상품의 사소한 변경

상품의 사소한 변경이란 경미한 측면에서 형태 또는 외관의 변경을(altered in form or appearance in minor respects) 의미하며 반덤핑 또는 상계관세 명령의 범위 내에 포함할 수 있다. 이 때 ① 상품의 전반적인 물리적 특성(화학적, 입체적, 기술적 특성 포함), ② 최종 사용자의 기대, ③ 상품의 최종 사용용도, ④ 유통경로 및 ⑤ 수입 제품의 총 가치에 대한 수정 비용을 포함하되 ①~⑤ 이외의 기준을 고려할 수 있다. 또한 상품이 미국에 반입되는 상황을 고려할 수 있으며, 여기에는 입국 시기와 우회 검토 기간 동안 반입된 상품의 수량이 포함되나 이에 국한되지 않는다(§351.226(j)). 이러한 기준을 통해 기존 물품과 동종의 상품인지 여부를 판단하는 것이 핵심 요소가 된다(§781(c)).

(4) 추후 개발

추후 개발이란 나중에 개발된 상품(later-developed merchandise)을 의미한다. 추후 개발된 상품이 반덤핑 또는 상계관세 명령의 범위에 속하는지 여부를 판단할 때,

연방관세법 제781조 (d)를 적용하므로 ① 상품의 전반적인 물리적 특성(화학적, 입체적, 기술적 특성 포함), ② 최종 사용자의 기대, ③ 상품의 최종 사용용도, ④ 유통경로, ⑤ 광고 및 진열방식이 유사한 경우를 모두 충족하면 기존의 반덤핑 대상 물품과 동일하게 간주한다. 상품이 "후발"되었는지 여부를 판단함에 있어서, 문제의 상품이 반덤핑 또는 상계관세 조사가 개시될 당시 상업적으로 이용 가능했는지 여부를 검토하게 된다(§351.226(k)).

III. 덤핑방지관세와 비교

1. 잠정조치 비적용

우회덤핑 물품에 대해서는 제53조(잠정덤핑방지관세) 및 제54조(약속의 제의)를 적용하지 아니한다(제56조의2 제2항).

2. 조사 개시일 이후 물품에도 부과

제55조에도 불구하고 우회덤핑방지관세의 부과는 해당 우회덤핑에 대한 조사의 개시일 이후 수입되는 물품에 대해서도 적용한다(제56조의2 제3항).

5-4 긴급관세

I. 의 의

긴급관세는 예상하지 않았던 사정의 변화로 증가한 수입화물에 대해 부과하는 관세를 말한다. 급격한 수입증가 시 관세법은 긴급관세 부과로, 대외무역법은 수입수량제한(쿼터)으로 규율할 수 있다. 어쨌든 긴급관세를 부과할 때에는 앞의 상계관세 등과 다른 점이 있다. 상계관세 등은 보조금 지급 등 상대국의 잘못이 있는 경우에 부과하는 것이지만, 긴급관세는 상대방의 잘못은 없으나 즉 상대방은 정상적인 공정무역을 하고 있으나 우리나라의 경쟁산업이 심각한 피해를 입을 염려가 있는 경우에 부과하는 관세이다. 그래서 실질적 피해가 있는 경우에 부과하는 상계관세 등과 달리 "심각한" 피해가 있는 경우에 부과한다. 다만, 세액을 증가시키는 할증관세이더라도 덤핑방지관세, 상계관세 등과 같이 "추가"하여 부과하는 방식을 취한다는 점에서 별개의 새로운 관세를 부과하는 보복관세와 구별된다.

II. 부과절차

기획재정부장관은 긴급관세를 부과하는 경우에는 이해당사국과 긴급관세부과의 부정적 효과에 대한 적절한 무역보상방법에 관하여 협의를 할 수 있다(제65조 제3항). 긴급관세의 부과와 잠정긴급관세의 부과는 각각의 부과조치 결정 시행일 이후 수입되는 물품에 한정하여 적용한다(제65조 제4항). 이러한 긴급관세의 부과기간은 4년을 초과할 수 없으며, 제66조 제1항에 따른 잠정긴급관세는 200일을 초과하여 부과할 수 없다. 다만, 제67조에 따른 재심사의 결과에 따라 부과기간을 연장하는 경우에는 잠정긴급관세의 부과기간, 긴급관세의 부과기간, 「대외무역법」 제39조 제1항에 따른 수입수량제한 등(이하 이 조와 제66조에서 "수입수량제한등"이라 한다)의 적용기간 및 그 연장기간을 포함한 총 적용기간은 8년을 초과할 수 없다(제65조 제5항).

III. 잠정긴급관세

① 긴급관세 부과 결정 시 잠정긴급관세는 중단된다(제66조).

② 긴급관세액과 잠정긴급관세액의 차이가 있는 경우 환급을 하지만 추징은 하지 않는다. 덤핑관세나 상계관세의 경우와 같다.

IV. 재심사

재심사결과에 따라 부과내용을 변경할 수 있으나, 변경된 내용은 최초의 조치내용보다 더 강화되어서는 아니된다. 즉 최초의 조치보다 초과 징수는 하지 않는다는 의미이다(제67조).

V. 특정국물품 긴급관세

현재는 적용되지 않으며, 중국의 WTO 가입 조건으로 2012.12.까지 중국에 대해 적용하였다.

VI. 농림축산물 특별긴급관세

1. 의의 및 부과 요건

제73조에 따라 국내외 가격차에 상당한 율로 양허한 농림축산물의 수입물량이 급증하거나 수입가격이 하락하는 경우에는 그 양허한 세율을 초과하여 관세(=특별긴급관세)를 부과할 수 있다(제68조). 양허란 보통 세율을 낮추는 것이지만 더 이상 높이지 않겠다는 것도 포함하는 개념이다.

부과요건이 되는 수입물량의 급증 또는 수입가격의 하락이란, 당해 연도 수입량이 기준발동물량을 초과하는 경우 또는 원화로 환산한 운임 및 보험료를 포함한 해당물품의 수입가격이 기준가격의 100분의 10을 초과하여 하락하는 경우를 말한다(시행령 제90조 제1항).

기준물량을 초과하는 경우의 특별긴급관세는 국내외가격차에 상당한 율인 당해 양허세율에 그 양허세율의 3분의 1까지를 추가한 세율로 부과할 수 있으며 당해 연도 말까지 수입되는 분에 대하여서만(=1년 단위) 이를 적용하고(시행령 제90조 제3항), 수입가격이 예컨대 과거 6개월간 계속 수입 감소 중인 경우에는 수입가격 하락을 이유로 한 특별긴급관세는 이를 부과하지 아니할 수 있다(시행령 제90조 제4항).

2. 다른 관세와의 차이점

개정된 관세법 제68조에 따른 특별긴급관세 부과에 관한 규칙(2018년)에서는 예컨대 수량기준의 경우 벼, 쌀로 만든 것의 특별긴급관세율은 684%(별표1), 수입가격하락으로 인한 경우 벼 등의 기준가격(킬로그램당)을 145원으로 정하여(별표2) 특별긴급관세를 부과하도록 하고 있다. 양허의 기준(=기준가격, 수량 초과)이 충족되면 "당연히 자동적으로 부과"되는 것이므로 다른 관세와 달리 조사가 필요하지 않으며, 수입물량이 급증하거나 수입가격이 하락하여 사실상 양허의 효력이 상실되는 경우에 부과된다.

3. 부과하지 않는 경우

(1) 국제기구에서 양허된 물량

법 제73조의 규정에 의하여 국제기구와 관세에 관한 협상에서 양허된 시장접근물량으로 수입되는 물품은 특별긴급관세 부과대상에서 제외한다(시행령 제90조 제6항). 예컨대 양허된 물량이 1만톤인데 5천톤 수입으로 문제가 발생해도 특별긴급관세 부과를 하지 못한다.

(2) 부과 전 체결되어 운송중인 물품

특별긴급관세가 부과되기 전에 계약이 체결되어 운송중에 있는 물품은 기준발동물량의 규정에 의한 특별긴급관세 부과대상에서 제외한다. 이것은 수입항에 도착했는데 특별긴급관세 대상이 된 경우로 계약체결 전에는 예상할 수 없었으므로 관세 부과대상에서 제외하는 것이다. 다만, 당해 물품은 다음 해에 기준발동물량의 규정에 의하여 특별긴급관세를 부과하기 위하여 필요한 수입량에는 산입할 수 있다(시행령 제90조 제7항).

5-5　관세 양허

I. 의 의

관세의 양허란 세율을 인하하는 것으로, 기본세율보다 낮게 또는 기본세율과 같게 양허하며 때로는 기본세율보다 높게 양허하는 것도 있다. 관세양허 결과로 수입물량이 급증하는 경우 국내 생산자의 중대한 피해가 있으면 양허의 수정 또는 철회가 필요하게 된다.

II. 철회 및 수정

외국에서의 가격 하락이나 그 밖에 예상하지 못하였던 사정의 변화 또는 조약상 의무의 이행으로 인하여 특정물품의 수입이 증가됨으로써 이와 동종의 물품 또는 직접 경쟁관계에 있는 물품을 생산하는 국내 생산자에게 중대한 피해를 가져오거나 가져올 우려가 있다고 인정되는 경우, 정부는 관세 양허의 철회, 수정 또는 보상조치를 할 수 있다(제78조 제1항).

III. 철회 · 수정에 대한 조치

1. 우리나라가 철회 · 수정 시 보상조치

관세양허 후 철회 또는 수정을 하면 그에 대한 보상조치가 필요하므로 그 물품 외에 이미 양허한 물품의 관세율을 수정하거나 양허품목을 추가하여 새로 관세의 양허를 하게 된다(제78조 제1항 제2호).

2. 외국 철회 · 수정 시 대항조치

정부는 외국이 특정물품에 관한 양허의 철회 · 수정 또는 그 밖의 조치를 하려고 하거나 그 조치를 한 경우 대항조치로서 추가 관세를 부과하거나 그 양허의 적용을 정지하고 이 법에 따른 세율의 범위에서 관세를 부과 할 수 있는데, 외국의 조치에 대한 대항조치로서 필요한 범위에서만 할 수 있다(제78조 제1항 제1호). 미양허물품에 대해서는 관세 및 관세가격 상당액의 추가 관세부과 조치를 할 수 있고, 양허물품에 대해서는 적용을 정지하고 관세법에 따른 세율 범위의 관세를 부과할 수 있다는 의미이다.

IV. 양허 및 철회의 효력

조약에 따라 우리나라가 양허한 품목에 대하여 그 양허를 철회한 경우에는 해당 조약에 따라 철회의 효력이 발생한 날부터 이 법에 따른 세율(＝기본세율)을 적용한다(제78조 제1항). 다만 양허의 철회에 대한 보상으로 우리나라가 새로 양허한 품목에 대하여는 그 양허의 효력이 발생한 날부터 이 법에 따른 세율을 적용하지 아니한다(＝양허세율 적용)(제78조 제2항).

V. FTA에 의한 양허관세

FTA는 조약이므로 국회의 비준 동의가 필요하며, 그 조약에서 정해지는 관세율도 특혜관세인 양허관세에 해당되는데 FTA관세특례법에서는 '협정관세'라는 용어를 사용하고 있다. 각 FTA협정에는 HS코드를 기준으로 관세의 양허 여부, 양허 세율, 원산지결정기준을 규정하고 있다.

5-6 기타 관세의 종류와 부과기준

I. 보복관세

보복관세는 교역상대국이 우리나라의 수출물품에 대하여 관세 또는 무역에 관한 국제협정이나 양자 간의 협정 등에 규정된 우리나라의 권익을 부인하거나 제한하는 경우 또는 그 밖에 우리나라에 대하여 부당하거나 차별적인 조치를 하는 경우로서 우리나라의 무역이익이 침해되는 경우 그 나라로부터 수입되는 물품에 대하여 피해 상당액의 범위에서 관세를 부과하는 것이다(제63조 제1항).

II. 할당관세

할당관세는 할당된 수량 이하의 수입에 대해서는 저율로, 초과하는 수량에 대해서는 고율로 과세하는 관세이며 '이중관세'라고도 한다. 계란파동 등이 있는 경우 수입을 증가시키기 위해 활용되기도 한다. 즉 ① 원활한 물자수급 또는 산업의 경쟁력 강화를 위하여 특정물품의 수입을 촉진할 필요가 있는 경우 ② 수입가격이 급등한 물품 또는 이를 원재료로 한 제품의 국내가격을 안정시키기 위하여 필요한 경우 ③ 유사물품 간의 세율이 현저히 불균형하여 이를 시정할 필요가 있는 경우 100분의 40의 범위의 율을 기본세율에서 빼고 부과하는 관세이다. 이 경우 필요하다고 인정될 때에는 그 수량을 제한할 수 있다(제71조 제1항).

한편, 특정물품의 수입을 억제할 필요가 있는 경우에는 일정한 수량을 초과하여 수입되는 분에 대하여 100분의 40의 범위의 율을 기본세율에 더하여 관세를 부과할 수 있다. 다만, 농림축수산물인 경우에는 기본세율에 동종물품·유사물품 또는 대체물품의 국내외 가격차에 상당하는 율을 더한 율의 범위에서 관세를 부과할 수 있다(제71조 제2항).

III. 계절관세

계절관세란 계절에 따라 가격의 차이가 심한 물품(예컨대 농산물)으로서 동종물품·유사물품 또는 대체물품의 수입으로 인하여 국내시장이 교란되거나 생산 기반이 붕괴될 우려가 있을 때에는 계절에 따라 해당 물품의 국내외 가격차에 상당하는 율의 범위에서 기본세율보다 높게 부과하거나 100분의 40의 범위의 율을 기본세율에서 빼고 부과하는 관세이다(제72조 제1항).

IV. 편익관세

편익관세란 관세에 관한 조약에 따른 편익을 받지 아니하는 나라의 생산물로서 우리나라에 수입되는 물품에 대하여 이미 체결된 외국과의 조약에 따른 편익의 한도에서 관세에 관한 '편익을 부여하는 관세'이다(제74조). 이 점에서 재정적 부담을 부과하는 통상의 관세와 다르다.

제6장

품목분류

품목분류

I. 의 의

사과를 수출하려는 경우 송장에 한글로 '사과'라고 쓴 후에 송부한다면 외국 세관
의 통관절차상 어려움이 있을 것이다. 이런 경우 각 세관에 외국어 담당 직원을 두
고 통관할 수는 없는 일이다. 이러한 무역거래상의 어려움을 극복하고자 전 세계에
서 거래되는 각종 물품을 하나의 품목번호(Heading) 예컨대 0808.10과 같이 표시하
여 분류하는 것이 품목분류이다. 세계관세기구(WCO)의 주관하에 1983년에 제정되
어 1988년에 발효된 '통일상품명 및 부호체계에 관한 국제협약'에 따라 각 체약국은
HS체계에서 정한 원칙에 따라 품목분류업무를 수행하여야 하고 HS협약 부속서인
품목분류표는 6단위로 작성되어 WCO회원국이 공통으로 사용하는데, 일본 관세청
자료에 의하면 2023.4월 기준 이를 적용하는 국가·지역은 212개에 달한다.

HS 품목분류표는 모든 물품을 21개의 부(Section), 96개의 류(Chapter), 4단위의
호(Heading), 5단위 또는 6단위의 소호(Sub-heading)로 분류하되 회원국이 관세목
적 또는 통계목적상 이를 더 세분하여 사용할 수 있도록 하고 있다.[1]

수입물품에 부여되는 품목번호(HS CODE)마다 적용되는 관세율 및 원산지 결정기
준이 미리 정해져 있기 때문에 정확한 품목분류가 중요하다. 우리나라에서는 10자리
까지 사용하며 이를 HSK(HS of Korea)라 한다(시행령 제98조).

II. 품목분류 기본원칙

품목분류를 하는 경우 몇 개의 원칙이 있다. 통칙 1부터 순차적으로 적용하여 분
류한다.

• 통칙 1: 최우선 분류 규정

품목분류는 "각 호의 용어와 관련 부나 류의 주(note)"에 의하며, 부나 류의 주는
당해 부나 류에서 제외될 물품을 먼저 배제하고 분류범위를 일반적으로 설정하여 용
어를 정의하는 내용으로 되어 있으므로 그에 따라 결정되며(=제품의 명칭과 호가 일

---

1) 박형래·김구태, 『쉽게 풀어쓴 품목분류』, 청람(2014), pp.5-6.

치하는 경우에는 그대로 사용) 부, 류, 절의 표제는 참고용 제목(title)에 불과하여 법적 효력이 없다.

예컨대 제1부는 산 동물 및 동물성 생산품이라고 하여 01류~05류를 포함하는데, 그중 01류는 살아있는 동물이고 0101호는 말, 0102호는 소, 0103호는 돼지와 같이 '호의 용어'로 제시되어 있다. 따라서 말과 소, 돼지 등은 제품의 명칭과 호의 용어가 일치하므로 특별한 해석 없이 해당 호로 분류한다. 이에 의하여 분류되지 않으면 순차적으로 통칙 2에 의한다.

• 통칙 2: (가) 불완전 또는 미완성 물품

분해된 제품이나 부품이 부족해도(＝불완전) 완성품의 본질적인 특징이 있다면 완성품 HS를 사용한다. 예컨대 테이블다리가 분해된 경우에도 테이블로, 차에 타이어가 없더라도 차로 분류한다. 완성된 제품의 형상 또는 윤곽을 가진 반가공품도 원칙적으로 이에 포함되지만, 인정되지 않는 경우도 있다.

• 통칙 2: (나) 재료 또는 물질의 혼합물과 복합물

해당 재료에는 혼합물 또는 복합물이 포함되는데 그러한 상태에서도 본질적인 특성이 유지되거나 증대된 경우의 분류에 대한 것이다. 이 규정은 호나 관련되는 부, 류의 주에 별도의 규정이 없는 경우에만 적용된다. 그래서 다른 물질과 혼합 또는 결합 여부와 관계없이 단일물품의 주요특성을 유지한다면 그 단일물품으로 분류하고, 단일물품의 범위를 초과한다면 통칙 3에 의하여 분류한다.

• 통칙 3: 제품이 복수의 품목분류에 해당하는 경우

(가) 가장 한정적이고 구체적인 표현을 한 품명으로 분류: 예컨대 품명이 열거된 것은 그 종류로 열거된 것보다 한정적인 표현이고, 완전하거나 명백한 표현이 있는 것이 더 구체적인 표현이다.[2] 고무타이어는 차의 부분품(HS8708)일수도 있고, 고무제의 타이어(HS4011)로 분류될 수도 있는데 한정적 표현인 고무제의 타이어로 분류한다. 고무제의 수영모자도 고무제(HS4016), 모자(HS6505)로 분류될 수 있는데 모자로 분류한다.

---

2) 신호근, 『관세율표 및 상품학』, 에듀피디(2020), p.129.

(나) 혼합물과 복합물, 소매용 세트로 된 물품으로서 (가)를 적용할 수 없는 경우: 본질적인 특성을 주는 재료 또는 기능으로 분류한다. 예컨대 떡볶이 요리용 세트가 있다면 떡과 조미료 등 양념이 모두 포함되지만 떡으로 분류한다는 것이다.

(다) 가장 뒤의 호수로 분류: 위 (가), (나)에 의하여 분류할 수 없는 경우 복수의 품목분류 숫자 중 뒤의 숫자로 분류한다. 예컨대 면 50%, 폴리에스텔 50%인 티셔츠의 품목분류가 HS 6109.10(면), HS 6109.90(폴리에스텔) 이라면 6109.90으로 분류한다.

> |사례 1| 가구제작용 수입 합판이 품목분류번호 4412.11에서 정하고 있는 조정관세 적용대상에서 제외되는 합판에 해당되는지 여부가 육안 및 분석검사에 의하여 밝혀진 그 구성 목재의 수종에 따라 바로 판정되는 경우 위 합판의 품목분류에 대하여 해석통칙 제3호의 (나)를 적용할 수 있는가?3)

• 통칙 4: 유사물품의 분류기준
통칙 3까지 방법으로 품목분류가 안 되면 비슷한 상품 품목으로 분류한다.

• 통칙 5: 보충적 분류기준이며 적용순위와 무관하다
(가) 케이스, 상자 또는 이와 유사한 용기: 케이스나 용기 등은 그 수납물품에 포함한다(세트 판매 시).
(나) 포장용기나 포장재료: 물품의 포장을 위해 정상적으로 사용하는 포장용기와 포장재료도 수납물품에 포함하지만, '포장' 용어에서 보는 바와 같이 일시적인 용도를 의미하므로 반복적으로 사용하는 것은 여기에 분류할 수 없다고 본다. 또한 이러한 해석은 (가) 규정이 적용되지 않는 경우에만 적용된다.

---

3) '관세율표 해석에 관한 통칙' 제1호, 제2호, 제3호 등의 규정들에 의하면, 수출입 물품의 품목분류에 관하여 호의 용어 및 관련 부 또는 류의 주에 의하여 이를 정할 수 없을 때 비로소 혼합물 또는 복합물 등의 분류방법에 관한 해석통칙 제3호의 (나)의 적용이 있다 할 것인바, 위 사례의 경우 그 구성 목재의 수종에 따라 바로 판정되므로 이는 해석통칙 제1호에서 말하는 "호의 용어 및 관련 부 또는 류의 주에 의하여 결정되는 경우"에 해당된다고 할 것이어서, 위 합판의 품목분류에 대하여 해석통칙 제3호의 (나)가 적용된다고 할 수 없다 (대법원 1998.7.24. 선고 96누18076 판결).

• 통칙 6: 소호의 분류 규정

소호의 품목분류는 해당 소호의 규정 및 관련 소호의 주(note)에 따라 결정한다. 즉 동일한 호에 속하는 소호의 분류에 있어서도 통칙 1~5의 규정을 준용한다는 의미이다.

III. 품목분류 관련 사례비교

1. 다진 돼지고기 사례[4]

(1) 물품설명

다진 돼지 지방, 돼지고기, 닭고기를 섞은 다음 냉동한 다음의 상품.
제조방법: 돼지 지방, 돼지고기, 닭고기→다지기→혼합→충전→포장→냉동
원재료: 돼지 지방 40%, 돼지고기 30%, 닭고기 30%
용도: 만두용
포장: 비닐봉지(10kg 팩)

(2) 품목분류

관세율표 제0203.29호의 냉동 돼지고기로 분류한다.

(3) 분류이유

이 제품은 돼지 지방, 돼지고기 및 가금류의 혼합물이기 때문에 관세율표 해석의 통칙 3(나)에 따라 분류되며, 이 제품에 중요한 특성을 부여하는 품목은 돼지고기이다. 돼지 지방과 돼지고기는 모두 돼지고기에서 추출되기 때문에 이 제품은 돼지고기와 닭고기의 혼합으로 간주되며, 이 제품에 중요한 특성을 부여하는 품목은 돼지고기로 인식되므로 냉동 돼지고기로 분류한다. 다만 돼지고기를 분류할 때는 중량과 과세가액에 따른 통계적 수치에 주의할 필요가 있다.

---

4) 일본 관세청 품목분류 사례 0203002.pdf.

2. Meat of swine, frozen; Gound seasoned pork; USA[5]

(1) 물품설명

뼈가 없는 돼지고기 앞다리살(근육 80%, 지방 20%) 99.95%에 흰후추 0.05%를 혼합하여 잘게 갈은(grind) 후 냉동한 것

(2) 품목분류

제0203.29 – 9000호로 결정하였다.

(3) 분류 이유

관세율표 제0203호에 "돼지고기(신선·냉장 또는 냉동한 것에 한한다.)"가 분류되며, 같은 호 해설서에서 "이 호에는 신선·냉장 또는 냉동한 돼지[가축인지 야생(예: 멧돼지)인지의 여부를 불문한다], 삼겹살과 비계가 높은 비율로 섞여 있는 그와 유사한 고기 및 고기층이 붙어있는 비계도 포함된다."라고 설명하고 있다

한편, HS해설서 제2류 총설에서 "조미(예: 후추와 염으로 조미)된 육(肉) 및 설육(屑肉)은 제1602호로 분류"하도록 설명하고 있지만, 본 품과 같이 돼지고기 99.95%에 흰후추 0.05%를 첨가한 것은 적정의 맛(짠맛, 단맛, 신맛, 쓴맛 등)이 갖추어진 조미된 육으로 보기 곤란하므로 관세율표의 해석에 관한 통칙 제1호, 제2호 나목 및 제6호의 규정에 따라 제0203.29 – 9000호에 분류한다.

---

5) 관세평가분류원 2013.6.28.시행(품목분류2과 – 4534).

6-2 품목분류 사전심사

I. 의 의

수출입신고를 하기 전에 수출입자가 스스로 품목을 분류하는 데 어려움이 있는 경우 법령에서 정한 바에 따라 관세청 관세평가분류원장에게 신청하면 법적인 효력이 있는 품목번호를 결정하여 회신하도록 한 민원 회신제도이다. 일본도 '관세분류(関税分類) 사전교시제도(事前教示制度)'라고 하여 3년의 유효기간으로 이를 인정하고 있다.

II. 신청권자

물품을 수출입하려는 자, 수출할 물품의 제조자 및 「관세사법」에 따른 관세사·관세법인 또는 통관취급법인이다(제86조 제1항).

III. 신청방법

품목분류사전심사 신청서(품목분류사전심사제도 운영에 관한 고시 별지 제1호의 서식 갑지 및 을지), 견본 및 증빙서류를 첨부하여 인터넷(UNI−PASS → 전자신고 → 신고서작성 → 품목분류 → 품목분류사전심사신청), 우편 또는 방문으로 신청한다. 이 경우 예컨대 품목구분이 조제식료품인 경우 구성 원재료 성분명 및 함량(%), 구체적인 용도설명을 물품설명서에 반드시 기재하여야 하고 그 성분표를 증빙서류로 제출하여야 한다.

IV. 반려대상 물품

신청요건을 갖추지 아니한 경우(형식적 요건불비 또는 신청내용을 확인할 수 없는 경우 등), 신청인이 사전심사 또는 재심사를 신청한 물품과 동일한 물품을 이미 수출입신고 한 경우, 농산물혼합물로서 제조공정이 규격화되어 있지 않아 성분·조성의 일관성 확보가 곤란한 경우, 냉장·냉동 물품과 같이 운송수단 및 저장방법 등에 따라 상태가 달라질 수 있는 물품, 범칙조사나 불복 또는 행정소송 등이 진행 중인 물품, 분석수수료를 납부하지 아니한 자가 사전심사를 신청하는 경우 등에는 신청을 반려한다.

V. 심사기간

관세청장은 해당 물품에 적용될 품목분류를 심사하여 대통령령으로 정하는 기간(＝사전심사 신청일부터 30일) 이내에 이를 신청인에게 통지하여야 한다. 다만, 제출자료의 미비 등으로 품목분류를 심사하기 곤란한 경우에는 그 뜻을 통지하여야 한다(제86조 제2항).

VI. 분석수수료

해당 물품에 대한 구성재료의 물리적·화학적 분석이 필요한 물품은 신청 품목당 3만원을 분석이 시작되기 전까지 국고수납은행에 납부해야 한다(제86조 제6항). 고지서 출력방법은 UNI－PASS → 전자납부 → 고지번호 or 사업자번호로 하여 출력하고 분석수수료는 세외수입이므로, 세금계산서 대상이 아니다(부가가치세 미포함).

VII. 품목분류 사전심사 결정 통지

품목분류사전심사 결정통지서는 민원신청인이 인터넷을 이용(＝UNI－PASS → 정보조회 → 전자등기우편발송목록)하여 직접 출력한다.

VIII. 품목분류사전심사 효력

관세청장은 품목분류를 심사한 물품 및 재심사 결과 적용할 품목분류가 변경된 물품에 대하여는 해당 물품에 적용될 품목분류와 품명, 용도, 규격, 그 밖에 필요한 사항을 고시 또는 공표하여야 한다. 다만, 신청인의 영업 비밀을 포함하는 등 해당 물품에 적용될 품목분류를 고시 또는 공표하는 것이 적당하지 아니하다고 인정되는 물품에 대하여는 고시 또는 공표하지 아니할 수 있다(제86조 제4항).

수출입신고된 물품이 회신된 것과 동일한 경우 세관장은 통지내용에 따라 품목분류를 적용한다(동조 제5항). 사전심사(or 재심사) 결과는 품목분류가 변경되기 전까지 유효하다(제7항).

IX. 재심사

품목분류사전심사 통지를 받은 자가 통지받은 날로부터 30일 이내에 1회에 한하여 관세평가분류원장에게 재심사하여 줄 것을 요청하는 제도이다. 관세청장은 해당 물품에 적용될 품목분류를 재심사하여 재심사신청일부터 60일 내에 이를 신청인에게 통지하여야 하며, 제출자료의 미비 등으로 품목분류를 심사하기 곤란한 경우에는 그 뜻을 통지하여야 한다(제86조 제3항). 좀 더 정밀한 심사가 필요하다는 취지에서 재심사기간을 60일로 한 것으로 보이며, 재심사 관련한 기타 신청 방법 및 반려대상, 결정통지, 분석수수료 등은 사전심사 내용과 같다.

X. 직권에 따른 품목분류 결정 및 고시

관세청장은 사전심사의 신청이 없는 경우에도 수출입신고된 물품에 적용될 품목분류를 결정할 수 있다. 이 경우 제85조 제2항 제4호에 따라 관세품목분류위원회의 심의를 거쳐 품목분류가 결정된 물품에 대해서는 제4항을 준용하여 해당 물품의 품목분류에 관한 사항을 고시 또는 공표하여야 한다(제86조 제9항).

6-3　품목분류 변경

I. 의 의

품목분류에 대하여 관세법은 품목분류 체계를 변경하는 경우(제84조), 품목분류의 적용기준(제85조), 사전심사에 의한 품목분류 변경(제86조), 특정물품에 적용되는 품목분류의 변경(제87조) 등을 규정하고 있다.

II. 변경절차

1. 품목분류 체계의 변경

(1) 의의 및 사유

기획재정부장관은 「통일상품명 및 부호체계에 관한 국제협약」에 따른 관세협력이사회의 권고 또는 결정 등 대통령령으로 정하는 사유로 ① 별표 관세율표, ② 국제협력·일반특혜관세의 품목분류, ③ 기재부장관이 고시하는 품목분류표를 수정할 필요가 있는 경우, 그 세율이 변경되지 아니하는 경우에는 대통령령으로 정하는 바에 따라 품목을 신설 또는 삭제하거나 다시 분류할 수 있다(제84조).

이때 시행령으로 정하는 사유는 ① 관세협력이사회로부터 협약의 통일상품명 및 부호체계에 관한 권고 또는 결정이 있는 경우, ② 관계 법령이 개정된 경우, ③ 그 밖에 제1호 및 제2호와 유사한 경우로서 법 제84조 각 호에 따른 품목을 수정(품목을 신설 또는 삭제하거나 다시 분류하는 것을 말한다)할 필요가 있다고 기획재정부장관이 인정하는 경우 등이다(시행령 제98조 제2항).

> |사례 1| 관세협력이사회에서 품목분류에 관하여 종전의 내용을 변경하는 결의가 있는 경우로서 관세청장이 그 결의에 따른 세율을 적용할 것을 각 세관장 등에게 통보한 경우 관세납세의무자는 그에 따라야 하는가?[6]

---

[6] 그 결의내용에 따라 관세법 제7조 제1항의 품목분류를 변경하는 등으로 국내법으로 수용하는 절차를 거치지 아니하는 이상 그 결의자체가 바로 국내법적인 효력이 있어 관세납세의무자를 구속한다고 할 수 없고, 또한 그 결의한 바와 같은 품목분류 해설기준에 따라 세율

|**사례 2**| 관세법의 위임에 따라 제정된'세계무역기구협정 등에 의한 양허관세 규정' 제2조 별표가 정하는 양허세율표를 수출입 물품의 품목분류기준으로 사용할 수 있는가?[7)]

(2) 변경 고시

기획재정부장관은 법 제84조에 따라 같은 조 각 호에 따른 품목을 수정한 경우에는 이를 고시해야 한다(시행령 제98조 제4항).

(3) 수정의무

기획재정부장관은 관세협력이사회로부터 협약의 통일상품명 및 부호체계에 관한 권고 또는 결정이 있은 경우로서 별표 관세율표 및 기재부장관이 고시하는 품목분류표를 수정하는 경우에는 협약 제16조 제4항에 따른 기한 내에 수정해야 한다(시행령 제98조 제5항). 그런데 동 협약 제16조 제4항은 "① 권고된 개정안이 4월 1일전에 통지된 경우에 발효일은 동 통지일이후의 제2차 년도의 1월 1일로 한다. ② 권고된 개정안이 4월 1일 또는 그 이후에 통지된 경우에 발효일은 그러한 통지일로부터 제3차 년도에 1월 1일로 한다."고 규정하여 4월 1일을 기준으로 발효일을 정하고 있다.

2. 품목분류의 적용 기준

기획재정부장관은 대통령령으로 정하는 바에 따라 품목분류를 적용하는 데에 필요한 기준을 정할 수 있으며, 특정물품에 적용될 품목분류의 사전심사 및 재심사 등을 심의하기 위하여 관세청에 관세품목분류위원회를 둔다(제85조). 품목분류 기준은 특별한 정함 없이 기획재정부령에 위임되어 있는데(시행령 제99조 제1항), 이에 따라 '관세법 제85조에 따른 품목분류의 적용기준에 관한 규칙'(기획재정부령 제884호, 2021.12.31., 일부개정)이 제정되어 있다.

을 적용할 것을 관세청장이 통첩의 형식으로 각 세관장 등에게 통보하였다 하여 그 통보가 법규와 같은 효력을 갖는 것은 아니라 할 것이다(대법원 1987.11.24. 선고 85누448 판결).

7) 구 관세법 제43조의8 제3항의 위임에 따라 제정된 구 '세계무역기구협정 등에 의한 양허관세 규정' 제2조 별표가 정하는 양허세율표는 관세율표와 별도의 품목분류기준을 정한 다음 품목별로 양허세율을 정한 것이 아니라 관세율표상의 품목분류를 기초로 양허세율만을 별도로 정한 것에 불과하여 어느 물품이 양허세율표상의 어떤 품목번호에 해당하는지 여부는 관세율표상의 품목분류기준에 따라야 할 것이다(대법원 2006.6.29. 선고 2005두2858 판결).

이에 따르면 예컨대, 소뼈와 돼지뼈, 염장 또는 염수장한 쇠고기(설육을 포함한다), 염장 또는 염수장한 수산물, 조기(참조기와 부세로 한정한다), 오징어, 잼, 찌거나 삶은 팥, 볶은 땅콩, 볶거나 튀긴 대두, 고추 다진 양념, 고추장 제조용 고춧가루 혼합조미료, 로열젤리를 첨가한 천연꿀, 농산물의 혼합물, 등유·경유·중유 등 43개 항목의 분류기준을 설명하고 있다.[8]

3. 사전심사에 따른 품목변경

관세청장은 품목분류를 심사한 물품 및 재심사 결과 적용할 품목분류가 변경된 물품에 대하여는 해당 물품에 적용될 품목분류와 품명, 용도, 규격, 그 밖에 필요한 사항을 고시 또는 공표하여야 한다. 다만, 신청인의 영업 비밀을 포함하는 등 해당 물품에 적용될 품목분류를 고시 또는 공표하는 것이 적당하지 아니하다고 인정되는 물품에 대하여는 고시 또는 공표하지 아니할 수 있다(제86조 제4항). 또한 세관장은 수출입신고가 된 물품이 사전심사 통지한 물품과 같을 때에는 그 통지 내용에 따라 품목분류를 적용하여야 한다(제86조 제5항).

> |사례 3| 구 관세법(2000.12.29. 법률 제6305호로 전문 개정되기 전의 것) 제7조의2(현행 제84조)에서 정하는 사전회시신청에 의한 관세청장의 품목분류결정과 이에 대한 변경결정이 있는 경우 이는 법규명령으로서 일반적 구속력이 있을까?[9]

---

8) 예컨대 소뼈와 돼지뼈의 경우 다음과 같이 정해져있다.
  가. 다음의 요건을 모두 충족하는 경우 소뼈는 「관세법」 별표 관세율표상의 번호(이하 "품목번호"라 한다) 제0201호 및 제0202호에 분류하고, 돼지뼈는 품목번호 제0203호에 분류한다.
    1) 뼈에 고기가 붙어 있을 것
    2) 관련 법령에 따라 식용에 적합한 것으로 확인된 것
  나. 비식용 또는 공업용으로 사용하기 위하여 산(酸) 처리하거나 그 밖의 방법으로 가공처리한 것은 품목번호 제0506호에 분류한다.
9) 이는 관세청장이 수출입 물품이 관세율표상의 어느 품목에 해당하는지를 판단하는 법 해석 및 법 집행작용으로서 관세청의 내부에 있어서 관세법의 해석기준 및 집행기준을 시달한 것으로 국민의 권리, 의무에 관하여 일반적 구속력을 가지는 법규명령은 아니라고 할 것이다(대법원 2006.4.28. 선고 2005두6225 판결).

4. 특정물품에 적용되는 품목분류 변경 및 적용

(1) 변경 사유 및 통지

관세청장은 사전심사 결과에 따라서 혹은 직권으로 해당 물품에 적용할 품목분류를 변경할 수 있다(제87조 제1항). 이때 직권으로 변경할 수 있는 사유란, ① 신청인의 허위자료 제출 등으로 품목분류에 중대한 착오가 생긴 경우, ② 협약에 따른 관세협력이사회의 권고 또는 결정 및 법원의 확정판결이 있는 경우, ③ 동일 또는 유사한 물품에 대하여 서로 다른 품목분류가 있는 경우이다(시행령 제107조 제1항). ②의 사유로 품목변경이 필요한 경우에는 그 권고·결정이 있은 날 또는 판결이 확정된 날부터 3개월 이내에 이를 관세품목분류위원회의 심의에 부쳐야 한다(시행령 제107조 제2항).

변경한 경우의 고시·공표, 신청인에 대한 통지 및 영업비밀을 이유로 한 통지의 제한 등은 제86조의 경우와 같다(제87조 제2항). 품목변경 통지를 받은 자는 30일 이내에 재심사를 신청할 수 있다(제87조 제3항).

(2) 적용개시 기간

신청인이 변경 내용을 통지받은 날과 변경 내용의 고시 또는 공표일 중 빠른 날부터 변경된 품목분류를 적용한다(제87조 제4항). 즉 소급효가 없는 것이 원칙이다. 다만, 다음과 같이 변경 내용을 달리 적용할 수 있다.

① 변경일부터 30일이 지나기 전에 우리나라에 수출하기 위하여 선적된 물품에 대하여 변경 전의 품목분류를 적용하는 것이 수입신고인에게 유리한 경우: 변경 전의 품목분류 적용(제1호).

② 다음 중 어느 하나에 해당하는 경우: 제86조에 따라 품목분류가 결정된 이후 변경일 전까지 수출입신고가 수리된 물품에 대해서도 소급하여 변경된 품목분류 적용(제2호).

    (a) 제86조에 따른 사전심사 또는 재심사 과정에서 거짓자료 제출 등 신청인에게 책임 있는 사유로 해당 물품의 품목분류가 결정되었으나 이를 이유로 품목분류가 변경된 경우(제2호 가목).

(b) 다음의 어느 하나에 해당하는 경우로서 수출입신고인에게 유리한 경우 사전심사 또는 재심사 과정에서 신청인에게 자료제출 미비 등의 책임 있는 사유 없이 해당 물품의 품목분류가 결정되었으나 다른 이유로 품목분류가 변경된 경우 또는 신청인이 아닌 자가 관세청장이 결정하여 고시하거나 공표한 품목분류에 따라 수출입신고를 하였으나 품목분류가 변경된 경우 등이다(제2호 나목).

(3) 품목분류의 유효기간

관세청장에 의하여 품목분류가 변경되거나 또는 재심사 결과 품목분류가 변경된 경우 품목분류의 유효기간은 해당 통지를 받은 날부터 3년이다(제87조 제5항).

> |사례 4| 관세사가 의뢰인으로부터 위임받은 수입물품의 통관 업무를 처리하면서 관세청장에 대한 사전회시 등 수입물품의 관세율표 품목분류번호(세번)를 확정하는 데 필요한 조치를 취하지 아니한 채, 의뢰인의 요구에 따라 잘못된 세번과 세율로 수입신고함으로써 의뢰인으로 하여금 가산세를 무는 손해를 입게 한 경우, 관세사로서의 선량한 관리자의 주의의무와 설명조언의무를 위반한 것으로서 손해배상책임을 지는가?10)

---

10) 이 사건 수입물품의 통관 업무를 처리함에 있어 관세사로서의 선량한 관리자의 주의의무와 설명조언의무 등에 위반하여 잘못된 세번과 세율로 수입신고를 함으로써 원고 회사로 하여금 가산세를 무는 손해를 입게 한 것이므로, 피고들은 각자 원고 회사에 위 손해를 배상할 의무가 있다고 판단하였으며 피고들의 책임을 40%로 제한하였다(대법원 2005.10.7. 선고 2005다38294 판결).

제7장

감면 · 환급 · 분할납부

관세 감면

I. 의 의

 관세는 "판매·소비"를 목적으로 반입하는 경우를 전제로 하여 부과되므로(간접소비세), 그러한 목적과 다른 경우 또는 정책적 목적에 의해 감면되기도 한다. 또한 조건 없는 감면(①, ④, ⑤, ⑨, ⑩, ⑪, ⑭)은 사후관리가 필요하지 않으나, 조건부감면은 사후관리가 필요하다. 수입신고 시에 감면신청을 같이 하는 것이 일반적인데, 유형을 분류하면 다음과 같다.

II. 감면 종류와 방법

| 표 7 | 감면 근거와 내용 등

면세 근거	내 용	비 고
정책적 감면세	①소액(제94조)	견본(250$↓), 소액(150$↓), 훈장
	②환경오염(제95조)	국내 제작 곤란한 물품
	③특정물품(제93조)	정책목적(수산업 보호 등)
	④휴대·이사물품(제96조)	여행자 휴대품과 이사물품
국내영역 (관세선 통과 ×)	⑤외교관(제88조)	외교관 가족 포함
이론적 모순	⑥세율불균형면세(제89조)	역관세(원부자재 관세율 〉 완제품)
일시사용	⑦재수출(제97조)	일시수입(1년 내 수출 위한)
	⑧재수출감면(제98조)	장기임대차 등 2년 내 수출
	⑨재수입(제99조)	재수출감면의 반대
	⑩임가공(제101조)	재수입면세와 유사(동일물품×)
손상 (손상 후 완제품×)	⑪손상(제100조)	수입신고 후 수리 전 손상
본래의 소비· 사용×	⑫연구용(제90조)	공익목적 80%, 의료용은 50
	⑬종교·자선(제91조)	기증 시○(장애용품은 구매 ○)
	⑭정부사용(제92조)	민간과 경쟁×, 공용

1. 외교관용 물품 등의 면세

외교관에게는 국제관례상 관세가 면세되므로 그 개인 또는 가사용품에 관세가 면제된다. 대사관 등은 국제법상 내국으로 보므로 그 업무용품 등에 관세를 부과할 수 없다(제88조 제1항). 다만 부당한 감면을 방지하기 위한 사후관리 규정들을 두고 있다. 관세를 면제받은 물품 중 기획재정부령으로 정하는 물품 즉 자동차(삼륜자동차와 이륜자동차를 포함한다), 선박, 피아노, 전자오르간 및 파이프오르간, 엽총은 수입신고 수리일부터 3년의 범위에서 대통령령으로 정하는 기준에 따라 관세청장이 정하는 기간에 업무용품, 가족의 사용용품 외의 다른 용도로 사용하기 위하여 양수할 수 없다(제88조 제2항, 시행규칙 제34조 제4항). 외교관용품을 시장에 판매한 경우, 외교관은 면세이므로 양수인으로부터 관세를 징수한다(제88조 제3항). 이 점이 양도인으로부터 추징하는 다른 사후관리 규정과 다른 점이다.

2. 세율불균형물품의 면세

정책적 목적상 국내 제조를 유도하기 위하여 원부자재→반제품→완제품의 순으로 관세율도 높은 것이 일반적이다. 그런데, 세율불균형 물품이란, 위와 같은 일반 원칙과 다르게 원부자재의 관세율이 완제품보다 높은 경우, 즉 역관세 현상이 발생하는 경우를 말한다.

그래서 완성품보다 세율이 더 높을 수 있는 항공기(부분품)와 반도체 제조용 장비를 제조 또는 수리하기 위하여 '지정공장'에서 사용하는 "부분품과 원재료"에 대해 면제를 해주는 것이다(제89조 제1항). 중소기업이 아닌 자에 대하여도 「세계무역기구 설립을 위한 마라케쉬 협정 부속서 4의 민간항공기 무역에 관한 협정」 대상 물품 중 기획재정부령으로 정하는 물품의 관세 감면에 관하여는 2021년까지 100%인데 매년 20% 감소하여 2025년 20%를 감면하고, 항공기 등 외의 경우에는 2021년 70%인데 매면 10% 감소하여 2025년 20%를 감면하는 것으로 되어 있다(제89조 제6항 1호, 2호).

3. 학술연구용품의 감면세

국가기관, 지방자치단체 및 기획재정부령으로 정하는 기관에서 사용할 학술연구

용품·교육용품 및 실험실습용품으로서 기획재정부령으로 정하는 물품(제90조 제1호)[1],
학교, 공공의료기관, 공공직업훈련원, 박물관, 그 밖에 이에 준하는 기획재정부령으로
정하는 기관에서 학술연구용·교육용·훈련용·실험실습용 및 과학기술연구용으로
사용할 물품 중 기획재정부령으로 정하는 물품(제2호), 제2호의 기관에서 사용할 학
술연구용품·교육용품·훈련용품·실험실습용품 및 과학기술연구용품으로서 외국
으로부터 기증되는 물품(제3호), 시약 및 견본품 또는 연구·개발 대상물품을 제조
또는 수리하기 위하여 사용하는 부분품 및 원재료(제4호) 등에 대하여 감면하는 것
인데 그 감면율은 기획재정부령으로[2] 정한다. 결국 판매용이 아니고 공익적인 목적
으로 사용할 물품에 대해서는 원칙적으로 80% 감면하되, 공공의료기관은 50%(국립
의료기관은 80%) 감면한다는 취지이다.

4. 종교용품·자선용품·장애인용품 등의 면세

　교회, 사원 등 종교단체의 의식에 사용되는 물품으로서 외국으로부터 기증되는 물
품(제91조 제1호), 자선 또는 구호의 목적으로 기증되는 물품 및 기획재정부령으로
정하는 자선시설·구호시설 또는 사회복지시설에 기증되는 물품으로서 해당 용도로
직접 사용하는 물품(제2호), 국제적십자사·외국적십자사 및 기획재정부령으로 정하
는 국제기구가 국제평화봉사활동 또는 국제친선활동을 위하여 기증하는 물품(제3호),
시각장애인, 청각장애인, 언어장애인, 지체장애인, 만성신부전증환자, 희귀난치성질
환자 등을 위한 용도로 특수하게 제작되거나 제조된 물품 중 기획재정부령으로 정하

---

1) 시행규칙 제37조(관세가 감면되는 학술연구용품) ①법 제90조 제1항 제1호 및 제2호에 따
　라 관세가 감면되는 물품은 다음 각 호와 같다.
　1. 표본, 참고품, 도서, 음반, 녹음된 테이프, 녹화된 슬라이드, 촬영된 필름, 시험지, 시약
　　류, 그 밖에 이와 유사한 물품 및 자료
　2. 다음 각목의 1에 해당하는 것으로서 국내에서 제작하기 곤란한 것 중 당해 물품의 생산
　　에 관한 업무를 담당하는 중앙행정기관의 장 또는 그가 지정하는 자가 추천하는 물품
　　가. 개당 또는 셋트당 과세가격이 100만원 이상인 기기
　　나. 가목에 해당하는 기기의 부분품 및 부속품
　3. 부분품(제2호의 규정에 의한 기기의 부분품을 제외하며, 법 제90조 제1항 제1호 및 제2
　　호에 따라 학술연구용 등에 직접 사용되는 것에 한한다)·원재료 및 견품
2) ⑤ 법 제90조 제2항의 규정에 의한 관세의 감면율은 100분의 80으로 한다. 다만, 공공의료
　기관(제2항 제25호의 규정에 의한 국립암센터 및 국립중앙의료원은 제외한다) 및 학교부설
　의료기관에서 사용할 물품에 대한 관세의 감면율은 100분의 50으로 한다.

는 물품(제4호), 장애인복지시설 및 장애인의 재활의료를 목적으로 국가·지방자치단
체 또는 사회복지법인이 운영하는 재활 병원·의원에서 장애인을 진단하고 치료하기
위하여 사용하는 의료용구(제5호) 등 종교·자선용품의 기증하는 물품을 수입하는
것에 대해서 면세하는 것이므로 기증받았음을 증명하는 서류가 있어야 면세된다.

　다만 장애인 용품은 장애인의 생활안정, 복지 증진 등을 위한 것이므로 구매하는
것, 예컨대 전동휠체어 등도 관세를 감면한다.

|사례 1| 한국에 소재하는 A 교회는 미국 뉴욕시에 소재하는 종교단체로부터 의식에 사용
되는 물품을 기증받았다. A 교회가 동 물품을 수입함에 있어 관세법 제91조(종교용품, 자선
용품, 장애인용품 등의 면세)에 근거하여 관세를 면제받고자 할 때, 그 기증목적에 관해 확인
을 받아야 하는가?3)

---

5. 정부용품 등의 면세

　국가 등에 기증된 물품으로서 공용으로 사용하는 공용품(제92조 제1호), 군수품(제
2호),4) 국가원수의 경호용으로 사용하는 물품(제2의2호), 외국에 주둔하는 국군이나
재외공관으로부터 반환된 공용품(제3호), 과학기술정보통신부장관이 국가의 안전보
장을 위하여 긴요하다고 인정하여 수입하는 비상통신용 물품 및 전파관리용 물품(제
4호), 정부가 직접 수입하는 간행물(제5호), 환경오염(소음 및 진동을 포함한다)을 측정
하거나 분석하기 위하여 수입하는 기계·기구(제6호), 국가나 지방자치단체(이들이 설
립하였거나 출연 또는 출자한 법인을 포함한다)가 상수도 측정용 물품(제7호) 또는 국가
정보원장이 국가안전보호를 위한 목적 수행상 긴요하다고 인정하여 수입하는 물품
(제8호) 등에 대한 면세조항이다(제92조).

　정부가 수입하는 것이 민간기업과 경쟁하지 않는 것으로 인정되어야 면세가 인정
되며, 따라서 예컨대 공용으로 사용되더라도 승용자동차인 경우(제1호), 군대에서 쓰
는 통상적인 의류나 식품(제2호), 개당/세트당 1백만원 미만인 물품(제6호, 제7호) 등
에 대해서는 면세가 인정되지 않는다(시행규칙 제41조).

---

3) 교회가 관세면제를 받기 위해서는 기증목적에 관하여 문화체육관광부장관의 확인을 받아야
　 한다(관세사 기출, 2015년).
4) 군수품관리법 제3조에서는 군수품을 전비품(면세), 통상품(과세)로 분류한다.

6. 특정물품의 면세 등

"특정물품"이라 하였으므로 정책적 목적으로 감면하는 경우를 모아 놓은 것인데 (제93조), 예컨대 박람회에 참석하는 자가 수입하는 물품의 경우는 전시 후 대부분 다시 재수출 또는 폐기할 것이 예정되어 있으므로(제2호), 핵사고 또는 방사능 긴급 사태 시 그 복구지원과 구호를 목적으로 외국으로부터 기증되는 물품은 긴급복구가 필요하므로 감면하는 것이다(제3호).

우리나라 선박이 공해에서 잡은 수산물은 내국물품인데, 외국 영해에서 잡은 것은 외국물품이 되어 관세를 부과하는 것은 균형이 맞지 않으므로 수산업 보호를 위해 감면하는 것이고(제4호), 원양어업 또는 합작사업형태로 잡은 것과 단순 구매한 것과의 구별이 쉽지 않으므로 해양수산부장관의 추천을 받은 경우에 감면하는 것이며(제5호, 제6호), 포장에 사용된 골판지 어상자 등에 대해서도 감면한다(제7호).

시험생산에 필요한 원자재로서 해당 중소기업에 외국인이 무상으로 공급하는 물품(제8호), 우리나라를 방문하는 외국의 원수와 그 가족 및 수행원은 외교관이 아니지만 그 방문 시의 물품(제9호), 운송수단이 오는 것은 과세대상이 아니기 때문에 조난으로 해체된 경우에도 똑같이 과세대상에서 제외해야 균형이 맞으므로 이를 감면한다(제10호).

우리나라와 외국 간에 건설될 교량, 통신시설, 해저통로, 그 밖에 이에 준하는 시설의 건설 또는 수리에 필요한 물품은 공사완료 후 다시 외국으로 반출할 것이므로 공사 편의를 위해 감면하고(제11호), 우리나라 수출물품의 품질, 규격, 안전도 등이 수입국의 권한 있는 기관이 정하는 조건에 적합한 것임을 표시하는 수출물품에 붙이는 증표는 그 증표를 붙이고 다시 수출하는 것이므로 감면한다(제12호).

우리나라의 선박이나 항공기가 해외에서 사고로 발생한 피해를 복구하기 위하여 외국의 보험회사 또는 외국의 가해자의 부담으로 하는 수리 부분에 해당하는 물품(제13호), 우리나라의 선박이나 항공기가 매매계약상의 하자보수 보증기간 중에 외국에서 발생한 고장에 대하여 외국의 매도인의 부담으로 하는 수리 부분에 해당하는 물품(제14호)에 대해서도 선박이나 항공기 내부는 우리 영토로 간주되므로 그 수리를 외국물품으로 하는 경우 수입으로 볼 수 있기 때문에, 가해자 또는 매도인 부담으로 수리하는 경우(=즉 우리 잘못 없는 경우)에만 감면 하고 있다.

올림픽, 아시아운동경기 등 각종 대회의 운동용구로서 대한체육회나 대한장애인체육회가 수입하는 것도 감면의 대상이 되고(제15호), 국립묘지의 건설·유지 또는 장식을 위한 자재와 국립묘지에 안장되는 자의 관·유골함 및 장례용 물품(제16호)은 국립묘지 등에 사용하는 것이므로 공용품에 유사하며, 피상속인이 사망하여 국내에 주소를 둔 자에게 상속되는 피상속인의 신변용품(제17호)은 피상속인의 신변용품이므로 여행자 휴대품이나 이사용품 같은 의미로 감면한다고 볼 수 있다.

보석의 원석(原石) 및 나석(裸石)으로서 기획재정부령으로 정하는 것(공업용 다이아몬드 제외하며 합성 또는 재생한 보석 포함)(제18호), 동식물의 번식·양식 및 종자개량을 위한 물품 중 사료작물 재배용 종자(호밀·귀리 및 수수에 한한다)(제1호) 등 물품이 수입될 때에는 그 관세를 면제할 수 있다.

> **|사례 2|** 한국의 A사는 러시아 정부의 허가를 받아 러시아 영해에서 A사 소유 선박으로 포획한 수산물을 해당 선박에서 1차 가공하여 우리나라에 반입한다. 동 물품은 우리나라에서 식품으로 추가 가공된 다음 그중 일부가 수출될 예정이다. A사는 반입물품에 대해 관세를 면제를 받을 수 있는가?5)

7. 소액물품 등의 면세

우리나라 거주자에게 수여된 훈장(예컨대 금메달)·기장(紀章) 또는 이에 준하는 표창장 및 상패, 기록문서 등은 그 가치를 평가하기가 어렵다는 점, 상업용 견본품이나 광고용품(＝운임·보험료 포함한 CIF 가격 250달러 이하) 또는 소액물품(＝직구 등 자가사용 시 물품가격 150달러 이하, 박람회 관람자 1인당 제공량의 정상도착가격이 미화 5달러 상당액 이하의 것으로서 세관장이 타당하다고 인정하는 것) 등은 징세에 따르는 행정비용 등을 고려하여 면세하는 것이다(제94조).

---

5) 우리나라 선박이 외국정부의 허가를 받아 외국의 영해에서 채집하거나 포획한 수산물이 수입되는 경우 법 제93조 특정물품의 면세 등 규정에 따라 그 관세를 면제할 수 있다. 이는 공해에서 포획한 수산물은 내국물품으로 관세를 부과하지 않는 규정과 비교하여 수산업을 보호하기 위한 정책적 목적으로 해석할 수 있다(관세사 기출, 2015년).

8. 환경오염방지물품 등에 대한 감면세

환경오염 등 측정·분석은 정부에서 해야 하는 일이므로 그와 관련된 물품의 수입은 제92조의 정부용품 등의 면세에서 규정하고 있으며, 본 조는 산업지원 등 정책목적을 달성하기 위하여 국내에서 제작하기 곤란한 물품을 수입할 때에 감면하고자 하는 것이다(제95조).

실수요자 또는 시공자(공사수급인 및 하도급인을 포함한다)가 수입하는 오염물질(소음 및 진동을 포함한다)의 배출 방지 또는 처리를 위하여 사용하는 기계·기구·시설·장비(제1호) 또는 폐기물 처리(재활용을 포함한다)를 위하여 사용하는 기계·기구(제2호) 등에 대해서는 감면이 폐지되어 현재는 기계·전자기술 또는 정보처리기술을 응용한 공장 자동화 기계·기구·설비(그 구성기기를 포함한다) 및 그 핵심부분품(3호)만이 감면 대상이 된다. 감면율은 중소기업이 수입하는 경우 100분의 30(2022년까지는 100분의 70)을, 중견 "제조"업체가 수입하는 경우 100분의 50을 감면한다(시행규칙 제46조).

9. 손상감세

수입신고 수리 후 발견한 변질·손상에 대해서는 관세를 환급하는 규정이 있기 때문에, 수입신고 후 수리 전 기간 사이의 변질·손상에 대해 관세를 경감하는 내용을 규정하고 있으며(제100조 제1항). 감면물품의 사후관리 중 변질·손상에 대해 경감 규정도 있다(제100조 제2항).

관세의 경감액은, 예컨대 10만원에서 7만원으로 가치손상이 있는 경우라면 가격저하분 3만원×관세율=관세액(1호), 수입물품 10만원의 관세액에서 7만원에 대한 관세액(2호)을 공제한 차액 중 큰 금액으로 한다(시행령 제118조). 2항의 사후관리 중 변질·손상이 있는 경우에는 전액을 추징할 것이 아니고 사후관리를 위반한 기간에 대해서만 추징을 해야 하기 때문에 관세를 경감하는 것인데, 경감비율은 시행령 제118조에 의한다.

|사례 3| 감면된 관세를 추징하는 경우 그 물품이 변질 또는 손상되거나 사용으로 인하여 당해 물품의 가치가 감소된 것에 대하여는 그 관세를 경감할 수 있다고 규정하는 관세법 제33조 제2항(=현행 제100조)의 규정이 외자도입법의 규정에 의하여 감면된 관세 등을 추징하는 경우에도 적용되는가?6)

10. 시설대여업자에 대한 감면

예컨대 의료장비는 발전속도가 빠르고 고가이기 때문에 리스해서 사용하는 경우가 많은데 이때 실질적인 수입자는 대여시설 이용자로 볼 수 있으므로 그를 납세의무자로 하여 수입신고를 할 수 있다는 취지이다(제105조 제1항). 화주(貨主)의 특례를 정한 것으로 볼 수 있다. 수입 당시 관세를 감면받거나 분할납부를 승인받은 물품에 대하여 관세를 징수하는 경우 납세의무자인 대여시설 이용자로부터 관세를 징수할 수 없을 때에는 시설대여업자로부터 징수한다(동조 제2항). 시설대여업자의 연대납부의무를 인정한 것이다.

III. 감면 절차

감면을 적용받고자 하는 자는 수입신고 시 세관장에게 감면을 신청하여야 한다. 세관장은 감면신청의 내용을 심사하여 승인한다. 재수출면세 등의 경우 세관장은 필요에 따라 감면세액의 일정비율의 담보제공을 요구할 수 있다.

|사례 4| 개별소비세가 부과되는 물품을 전시회 출품을 위해 수출하였다가 다시 수입하는 경우 관세감면 신청이 있으면 관세우선의 원칙에 따라 개별소비세 미납세반출 승인신청도 있는 것으로 볼 수 있는가?7)

---

6) 이 규정은 관세의 감면을 받은 물품에 대하여 관세법 제27조 내지 제32조와 제37조의2 등 "관세법에 의하여 관세를 추징하는 경우"에 적용되는 것으로서, 이 사건의 경우와 같이 외자도입법의 규정에 의하여 감면된 관세·특별소비세 및 부가가치세를 "외자도입법에 의하여 추징하는 경우"(추징사유도 관세법과는 다르다)에까지는 적용되지 않는 것이다(대법원 1990.6.22. 선고 90누2574 판결).
7) 일시적인 과세유보조치인 미납세반출 제도는, 특정한 정책목표를 달성하기 위하여 일정한

|사례 5| 열처리를 위한 4대의 가열장치와 2대의 냉각장치, 1대의 PLC(Programmable Logic Controller)조정장치로 구성되어 있고, 그 열처리공정은 위 각 기기를 통한 가열과 냉각의 과정을 거쳐 연속적으로 이루어지며 그러한 모든 작업이 중앙콘트롤 데스크의 컴퓨터에서 미리 입력된 프로그램에 따라 일관성 있게 제어되는 등 일련의 연속적인 작업을 수행하는 경우 이를 포괄하여 하나의 복합기계 또는 단일기계로 보아 관련기기의 모든 용량을 합산하여 관세감면대상 여부를 결정하여야 하는가?[8]

IV. 사후관리

1. 의의 및 대상 물품

용도세율의 적용·관세의 감면 또는 분할납부의 승인을 받은 물품 등에 대해서는 사후관리가 필요하게 되는데, 그 사후관리의 내용은 수입신고 수리일로부터 3년 내 감면 용도 외에 사용·양도금지 하고, 그 위반 시 즉시 추징하는 것으로서(제102조 제1항), 이 내용은 재수출감면세를 제외한 조건부 감면세에 대한 사후관리 규정이다.

감면신청 시 수입신고 전에 감면신청서를 제출해야 하고 이 경우 감면신청서에 그 설치 및 사용 장소를 기재해야 하므로 사후관리가 가능하게 된다. 구체적인 것은

요건을 갖춘 수입물품에 대한 관세를 감세 또는 면세하는 관세감면 제도와는 그 제도의 취지, 규율 대상 및 법적 효과 등이 상이할 뿐만 아니라 그 신청의 내용이나 사후관리의 절차도 다른 별개의 제도인 점 등에 비추어 보면, …개별소비세 미납세반출 승인신청에 관하여 구 관세법 시행령 제112조 제1항이 이 사건 시행령 조항에 우선 적용된다고 볼 수 없다. 따라서 '국외에서 개최한 박람회 등에 출품한 물품을 보세구역에서 반출하는 경우'로서 미납세반출 승인 대상에 해당하더라도 수입신고 수리 전까지 미납세반출 승인신청을 하지 아니하였다면, 반출 후 개별소비세의 납부고지를 받은 날부터 5일 이내에 미납세반출 승인신청을 하였다고 하여 이를 적법한 신청으로 볼 수 없다(대법원 2015.12.23. 선고 2013두16074 판결).

8) 이 사건 수입물품은 예열, 소입, 소려 등 각각 다른 기능을 수행하는 별개의 기기들로서 위 관세율표에서 말하는 이른바 영구적으로 부착되는 등의 방식으로 하나의 기계로 결합되어 있는 것이 아니라 PLC조정을 위하여 전선으로 각 연결되어 있을 뿐이고 전력용량이 다르고 전력의 공급원도 별도로 하고 있으며 각 별도의 고주파 발생장치를 가지고 있는 독립한 기계인 점이 인정될 뿐만 아니라…여기서의 전력용량은 위 규정의 취지에 비추어 각 개별 기기의 그 용량을 말한다고 할 것이고 앞서 본 바와 같이 일련의 연속적인 작업을 수행한다고 하여 관련기기의 모든 용량을 합산하여 관세감면 대상여부를 결정하여야 하는 것은 아니라고 할 것이므로 위 각 기기는 별개의 독립한 기계로 보아야 하고 위와 같은 이유만으로 이를 포괄하여 하나의 복합기계 또는 단일기계로 볼 수는 없다(대법원 1995.9.15. 선고 95누6984 판결).

「사후관리에 관한 고시」에서 정하는데, 대체로 품목별 과세가격 1,000만원 미만인 것은 사후관리 하지 않는다.

> |사례 6| 볶은 땅콩을 원료로 하는 땅콩버터를 제조·판매하는 갑이 수회에 걸쳐 중국산 볶은 땅콩을 수입하면서 한국농수산식품유통공사로부터 할당관세 적용 추천을 받아 수입통관 시에 할당관세율을 적용하여 관세 등을 신고·납부하였다. 그러나 수입한 볶은 땅콩 중 일부 수량만 땅콩버터 제조 원료로 사용하고 나머지는 별도의 가공 없이 수입된 상태 그대로 타인에게 판매한 사실을 세관장이 적발하여 가공 없이 타인에게 판매한 볶은 땅콩에 관하여 기본 관세율을 적용하여 산정한 관세 등을 부과·고지하는 증액경정처분을 한 경우 이러한 증액경정은 타당한가?[9]

2. 추징 사유 및 대상자

추징은 그 용도 외의 다른 용도로 사용한 자나 그 양도인에게 하는 것이 원칙이며 보충적으로 양수인으로부터 징수하는데(제102조 제2항), 다른 용도로 사용하는 경우에 추징하는 것이므로, 동일한 용도로 사용하는 자에게 양도한 경우에는 추징을 하지 않지만, 200만원 이하의 과태료를 부과하도록 되어 있다(법 제277조 제4항). 다른 용도 사용자에게 양도하여 제1항을 위반한 경우 2,000만원 이하의 벌금에 처한다(법 제276조 제3항).

> |사례 7| 세관장지정의 농약제조공장을 경영하는 동방농약주식회사가 관세면제를 받아 농약원료를 수입한 후 이로써 농약을 제조하여 농약사(○○농약사)에게 판매하였는데, 원고가 이를 다시 구입하여 그 농약을 그 용도에 사용하지 아니하고 여기에서 위 농약원료를 다시 추출하여 이를 사용해 다른 용도인 복합살충제를 제조한 경우 관세감면에 대한 추징사유에 해당하는가?[10]

---

9) 한국농수산식품유통공사로부터 할당관세 적용 추천을 받은 것만으로 위 수입물품 전체에 대하여 할당관세가 적용되는 것을 최종적으로 확정하는 효과는 없고, 갑이 수입물품 중 일부를 추천이 전제한 것과 달리 땅콩제품을 제조하는 데 사용하지 않고 가공 없이 그대로 타인에게 판매함으로써 결과적으로 그 부분에 관한 할당관세 적용요건을 충족하지 못하였으므로, 이는 관세경정부과처분 사유에 해당한다(대법원 2017.9.21. 선고 2016두34417 판결).

10) 위 규정에 의하여 관세의 감면을 받은 자 또는 관세의 감면을 받은 물품을 사용하여 물품을

3. 추징하지 않는 경우

재해나 그 밖의 부득이한 사유로 멸실되었거나 미리 세관장의 승인을 받아 폐기하였을 때에는 감면된 관세를 추징하지 않는다(제102조 제2항 단서).

4. 사후관리기간

관세감면물품의 용도외 사용의 금지기간 및 양수·양도의 금지기간(=사후관리기간)을 정하고자 하는 때에는, 예컨대 물품의 내용연수를 기준으로 하는 사후관리기간의 경우, 내용연수가 5년 이상인 물품: 3년(학술연구용품등 감면 받는 물품의 경우는 2년), 내용연수가 4년인 물품: 2년, 내용연수가 3년 이하인 물품: 1년 이내의 기간에서 관세청장이 정하여 고시하는 기간(시행령 제110조 1호)으로 한다. 다만 동일물품에 대한 사후관리기간이 다르게 되는 때에는 납세자에게 유리하게 그중 짧은 기간으로 할 수 있다.

V. 용도외 사용과 감면의 승계

다른 용도로 사용하거나 그 다른 용도로 사용하려는 자에게 양도하는 경우로서 그 사용자 또는 양수인이 감면을 받을 수 있는 경우라면 굳이 추징 후 다시 관세를 부과하는 절차를 밟을 필요가 없기 때문에, 절차단순화를 위하여 감면의 승계를 인정하는 것이며(제103조 제1항) 잔여기간에 대해 차액을 징수하게 된다. 이것은 수탁·위탁거래의 관계(=용도세율 추징×)에 있는 기업에 양도하는 경우(=용도 고려하지 않음)에도 마찬가지이다(제103조 제2항).

다만 감면율에 따라 관세를 징수하는 경우가 발생할 수 있다. 예컨대 학술용은 80%, 의료용은 30% 감면되는데, 학술→환경으로 용도변경 시 차액 50%에 대하여

제조한 자가 관세의 감면을 받은 물품 또는 이를 사용하여 제조한 물품을 그 감면받은 용도에 공하지 아니하거나 용도외에 사용할 자에게 양도한 때에 한하는 것이라 할 것이므로, 관세의 감면을 받은 물품으로 그 용도에 따라 제조한 물품을 정상적인 상거래를 통하여 이를 다시 구입한 자가 그 물품을 용도에 따라 사용하지 아니하는 경우에는 위 제8항에 의해 감면된 관세를 징수할 수는 없다 할 것이다(대법원 1987.7.21. 선고 87누350 판결).

관세를 징수하지만, 환경→학술로 전용 시에는 차액 50%에 대한 환급이 인정되는 것은 아니다.

이 규정에 의하여 관세를 감면받은 경우 그 사후관리기간은 당초의 수입신고 수리일부터 계산한다(제103조 제3항).

VI. 다른 법령에 의한 감면

이 법 외의 법령이나 조약·협정 등에 따라 관세가 감면된 물품을 그 수입신고 수리일부터 3년 내에 해당 법령이나 조약·협정 등에 규정된 용도 외의 다른 용도로 사용하거나 양도하려는 경우에는 세관장의 확인을 받아야 한다(제109조 제1항 본문). 다른 법령이란 외자도입법이나 조세특례제한법 등을 말하며, 관세법 이외의 특별법에 의하여 관세감면을 받는 경우에도 사후관리를 위하여 세관장의 확인을 받아야 한다는 취지이다. 다만, 해당 법령이나 조약·협정 등에 다른 용도로 사용하거나 양도한 경우에 해당 관세의 징수를 면제하는 규정이 있을 때에는 그러하지 아니하다(동조 동항 단서).

세관장의 확인을 받아야 하는 물품을 그 용도 외로 사용하거나 양도를 한 경우에는 즉시 감면된 관세를 징수한다(제109조 제2항 본문). 다만, 그 물품이 재해나 그 밖의 부득이한 사유로 멸실되었거나 미리 세관장의 승인을 받아 그 물품을 폐기하였을 때에는 예외로 한다(동조 동항 단서).

> |사례 8| 외국인투자기업이 구 조특법 제121조의3(현행법도 같음) 규정에 의하여 관세 등을 면제받기 위해, '위 면제신청 규정은 납세의무자의 협력의무를 규정한 훈시규정에 불과하여 그 면제신청이 없더라도 당연히 관세 등이 면제되는 것이므로 그 면제신청의 시기에 제한이 없다'고 주장하면서 수입신고수리 후에 경정청구를 통하여 면제신청을 하였다. 이러한 경우에도 관세 등을 면제받을 수 있는가?[11]

---

11) 구 조특법 및 구 관세법의 위 각 관련 규정의 문언, 체계와 취지, 특히 관세의 감면 대상 물품에 대한 세액심사는 수입신고수리 전에 하여야 하는 점 및 외국인투자기업이 구 조특법 제121조의3 규정에 의하여 관세 등을 면제받은 때에는 수입신고수리 후부터 사후관리를 받아야 하며 만일 당해 수입물품을 면제받은 용도로 사용하지 않으면 관세 등을 추징당하는 점 등을 종합하여 보면, 외국인투자기업이 구 조특법 제121조의3 규정에 의하여 관세

7-2 여행자 휴대품·이사물품의 면세

I. 의 의

여행자 휴대품, 이사물품, 승무원 휴대품은 공통적으로 무역목적이 아닌 개인의 일반적인 소비물품에 해당하므로 일반적인 통관절차에 따라 과세하는 것이 부적당하다고 본다. 그래서 관세법은 여행자 휴대품, 이사물품, 승무원 휴대품에 대하여 별도의 규정을 두고 있다(제96조).

이때 여행자란 우리나라와 외국 간을 왕래하는 여객기 또는 여객선을 이용하여 우리나라에 일시적으로 출입국하는 자를, 휴대품이란 일시적으로 출입국하는 여행자가 출입국 시에 휴대하여 반출입하는 물품과 특수한 사정으로 사전 또는 사후에 도착된 물품을(이하 '미검수하물'이라 한다), 별송품이란 여행자가 이용한 항공기 또는 선박 등 이외의 운송수단을 이용하여 별도로 반입하는 물품을 말한다(여행자 및 승무원 휴대품 통관에 관한 고시(이하 '휴대품통관고시'라 함) 제2조).

II. 휴대품

1. 의의 및 면제 대상

여행자의 휴대품 또는 별송품으로서 여행자의 입국 사유, 체재기간, 직업, 그 밖의 사정을 고려하여 기획재정부령으로 정하는 기준에 따라 세관장이 타당하다고 인정하는 물품이 수입될 때에는 그 관세를 면제할 수 있다(제96조 제1항 제1호). 휴대품 또는 별송품 중 기재부령이 정하는 것은 다음과 같은 것들이다.

① 여행자가 통상적으로 몸에 착용하거나 휴대할 필요성이 있다고 인정되는 물품, ② 비거주자인 여행자가 반입하는 물품으로서 본인의 직업상 필요하다고 인정되는 직업용구(예컨대 카메라, 핸드폰, 노트북 등), ③ 세관장이 반출 확인한 물품으로서 재반입되는 물품(예: 다이아몬드 신혼반지 끼고 출국한 경우), ④ 물품의 성질·수량·가격·용도 등으로 보아 통상적으로 여행자의 휴대품 또는 별송품인 것으로 인정되는 물품(시행규칙 제48조 제1항).

등을 면제받기 위해서는 수입신고수리 전에 세관장에게 면제신청을 하여야만 하고, 수입신고수리 후에 경정청구를 통하여 면제신청을 한 때에는 관세 등을 면제받을 수 없다고 할 것이다(대법원 2009.7.23. 선고 2007두1170 판결).

①, ④와 관련하여 '통상적인 것으로 인정되는' 물품이란 구체적으로 (a) 여행자 개인용의 자가사용물품, (b) 선물용으로 타당하다고 인정되는 수량 또는 가격의 물품, (c) 여행자가 현재 사용 중이거나 명확하게 여행 중에 사용한 것으로 인정되는 의류, 화장품 등의 신변용품 및 신변장식용품, (d) 비거주자인 여행자 본인의 직업상 필요하다고 세관장이 인정하는 직업용구, (e) 그 밖에 여행자의 신분, 직업, 연령 등을 고려하여 관세청장이 지정한 기준에 적합한 물품 등이다(휴대품통관고시 제4조).

또한 별송품은 천재지변 등 부득이한 사유가 있는 경우를 제외하고는 여행자가 입국한 날부터 6월 이내에 도착한 것이어야 한다(시행규칙 제48조 제6항).

2. 면제 한도

(1) 기본면세 범위

여행자 1명의 휴대품 또는 별송품으로서 각 물품(휴대품 중 국내에서 반출된 물품과 승무원 휴대품은 제외한다)의 과세가격 합계 기준으로 미화 800달러 이하를 기본면세 범위로 하고, 입국자면세점 및 공항 및 항만 등의 입국경로에 설치된 보세판매장에서 구매한 내국물품이 포함되어 있을 경우에는 기본면세범위에서 해당 내국물품의 구매가격을 공제한 금액으로 한다(시행규칙 제48조 제2항 본문).

다만, 농림축산물 등 관세청장이 정하는 물품이 휴대품 또는 별송품에 포함되어 있는 경우에는 기본면세범위에서 해당 농림축산물 등에 대하여 관세청장이 따로 정한 면세한도를 적용할 수 있다(시행규칙 제48조 제2항 단서). 농림축수산물 및 한약재 등의 면세범위는 예컨대 참기름, 꿀 등은 각 5kg, 쇠고기나 돼지고기는 각 10kg, 인삼이나 상황버섯, 차가버섯 등은 각 300g, 녹용은 150g, 기타 한약재는 품목당 3kg 등 그 기준에 따르되 총량 40kg 이내, 전체 해외취득가격 10만원 이내로 한다. 다만, 면세통관범위 내라 하더라도 「식물방역법」, 「가축전염병 예방법」, 「수산생물질병 관리법」에 따른 검역대상물품은 검역에 합격된 경우에만 관세를 면제한다(휴대품통관고시 제20조).

(2) 별도면세 범위

술·담배·향수에 대해서는 기본면세 범위와 관계없이 별도면세 범위에 따라 관세를 면제하되, 19세 미만인 사람(19세가 되는 해의 1월 1일을 맞이한 사람은 제외)이 반입하는 술·담배에 대해서는 관세를 면제하지 않고, 입국자면세점 및 공항 및 항만 등의 입국경로에 설치된 보세판매장에서 구매한 내국물품인 술·담배·향수가 포함되어 있을 경우에는 별도면세범위에서 해당 내국물품의 구매수량을 공제한다. 이 경우 해당 물품이 별도 면세한도를 초과하여 관세를 부과하는 경우에는 해당 물품의 가격을 과세가격으로 한다(시행규칙 제48조 제3항). 술 2병(합산하여 2리터 이하, 400달러 이하), 담배(궐련은 200개비, 둘 이상의 종류를 반입하는 경우 한 종류로 한정함), 향수(100ml)로 되어 있다.

3. 기본면세 범위 초과와 납부

여행자 휴대품으로서 기본면세범위 또는 면세범위를 초과한 물품은 수입요건에 해당하는지를 심사한 후 과세하게 되는데, 자진 신고한 여행자와 승무원이 제시한 영수증 가격은 특별한 사유가 없으면 구입가격으로 인정하며, 영수증이 없는 경우에도 신고한 가격이 세관장이 특별히 낮은 가격이 아니라고 판단한 경우에는 이를 인정한다(휴대품통관고시 제22조, 제23조). 또한 여행자 휴대품의 세액은 신고한 금액을 미화로 환산한 금액에서 미화 800달러를 공제한 후, 나머지 금액을 원화로 환산하고 해당 물품의 세율을 적용하여 계산한다(휴대품통관고시 제25조).

여행자가 휴대품 또는 별송품(면제된 물품은 제외한다)을 기획재정부령으로 정하는 방법으로 자진신고 하는 경우에는 20만원을 넘지 아니하는 범위에서 해당 물품에 부과될 관세의 100분의 30에 상당하는 금액을 경감할 수 있다(제96조 제2항). 이때 '자진신고'란 여행자 및 승무원이 인적사항, 휴대반입물품 등 세관신고사항을 사실대로 여행자 휴대품 신고서에 성실히 기재하여 세관공무원에게 제출하는 것을 말한다(휴대품통관고시 제2조).

> **|사례 1|** A는 물품을 수입하면서 고용한 사람들로 하여금 각자의 휴대품인 양 가장하여 세관 검색대를 통관하게 하는 방법으로 수입하였다. A는 무신고 수입으로 볼 수 있는가?[12]

---

12) A가 2002. 4.경 홍경천 23박스와 2002. 12. 5.경 장뇌삼 500뿌리를 수입하면서 수입신고를

|**사례 2**| 판매를 목적으로 반입된 상용물품이 여행자휴대품신고서를 제출하는 방법의 간이수입신고를 통하여 면세통관 된 경우 관세법상 무신고로 볼 수 있는가?[13]

III. 이사물품

1. 의의 및 대상

우리나라로 거주를 이전하기 위하여 입국하는 자가 입국할 때 수입하는 이사물품으로서 거주 이전의 사유, 거주기간, 직업, 가족 수, 그 밖의 사정을 고려하여 기획재정부령으로 정하는 기준에 따라 세관장이 타당하다고 인정하는 물품이 수입될 때에는 그 관세를 면제할 수 있다(제96조 제1항 제2호).

"이사"가 되려면 통상 1년으로 보고 있으나 가족 전부를 동반하는 경우에는 6개월까지 인정하고 있는데(시행규칙 제48조의2 제1항), 이때 "동반가족"이란 이사자와 동일 세대를 구성하여 이사자 본인의 최저 소요 거주기간의 3분의 2 이상의 기간을 함께 거주한 가족을 말한다(이사물품 수입통관 사무처리에 관한 고시(이하 '이사물품 고시'라 한다) 제2조). 대상이 되는 이사물품은 다음과 같다.

① 해당 물품의 성질·수량·용도 등으로 보아 '통상적으로 가정용으로 인정'되는 것으로서 우리나라에 입국하기 전에 3개월 이상 사용했고 입국한 후에도 계속하여 사용할 것으로 인정되는 것(1호)

② 우리나라에 상주하여 취재하기 위하여 입국하는 외국국적의 기자가 '최초로 입국할 때에 반입하는 취재용품'으로서 문화체육관광부장관이 취재용임을 확인하는 물품일 것(2호)

하지 않고 여러 사람들을 고용하여 그들로 하여금 각자의 휴대품인 양 가장하여 세관 검색대를 통관하게 하는 방법으로 수입하였다면 관세법 제269조 제2항 제1호 소정의 무신고수입죄에 해당된다(대법원 2007.1.11. 선고 2004도3870 판결). 기본면세 범위를 초과한 금액에 대해서는 관세가 부과된다.

13) 상용물품을 반입하는 경우에는 여행자휴대품신고서를 제출하는 방법의 간이수입신고를 통하여 면세통관할 수 없다 할 것이어서, 설령 상용물품이 여행자휴대품신고서를 제출하는 방법의 간이수입신고를 통하여 면세통관되었다고 하더라도 이는 적법하게 통관된 것으로 볼 수 없어 그 수입행위는 관세법 제269조 제2항 제1호 소정의 무신고수입죄를 구성한다(대법원 2005.3.25. 선고 2004도8786 판결).

③ 우리나라에서 수출된 물품(조립되지 않은 물품으로서 법 별표 관세율표상의 완성품
    에 해당하는 번호로 분류되어 수출된 것을 포함한다)이 반입된 경우로서 관세청장
    이 정하는 사용기준에 적합한 물품일 것(3호)

④ 외국에 거주하던 우리나라 국민이 다른 외국으로 주거를 이전하면서 우리나라
    로 반입(송부를 포함한다)하는 것으로서 '통상 가정용으로 3개월 이상 사용'하던
    것으로 인정되는 물품일 것

|사례 3| 일제 전자제품 등을 해외에서 이주해 오는 자의 이사짐으로 가장하여 일부는 통관
절차에 따라 수입신고를 하였고 나머지 물건은 세관의 통관절차 없이 반출하려다 발견된 경
우 이사물품의 수입신고로 적법한가?[14]

---

2. 거주기간을 고려하지 않고 이사물품으로 인정되는 경우

사망이나 질병 등 관세청장이 정하는 사유가 발생하여 반입하는 이사물품에 대해
서는 거주기간과 관계없이 관세를 면제할 수 있다(시행규칙 제48조의2 제2항).

3. 이사물품에서 제외되는 경우

(1) 고액물품

자동차(시행규칙 제48조의2 제1항 제3호의 완성품으로 수출된 자동차는 제외한다), 선박,
항공기와 개당 과세가격이 500만 원 이상인 보석·진주·별갑(鼈甲)·산호·호박(琥
珀)·상아 및 이를 사용한 제품은 이사물품에서 제외한다(시행규칙 제48조의 제1항 단서).
즉 이러한 물품은 필수 과세대상물품이 되며, 우리나라에서 수출된 차량 외에 우리

---

14) 해외에서 이주해 오는 자의 이사물품이나 휴대품 기타 탁송품 등에 의하여 반입되는 경우
    라 하더라도 수입이 허용되지 않는 물품이 그로인하여 수입이 허용된다거나 또는 관세가
    감면된다고 볼 아무런 근거가 없고 일정한 한도의 물품에 대하여 수입이 허용되는 경우에
    도 부과관세율에 아무 차등이 없으며 다만 거주이전자 및 그 가족이 전거주지에서 사용하
    던 중고품은 관세가 면제되는 경우가 있을 따름이다. 따라서 해외에서 이주해 오는 자의 이
    사짐으로 가장하여 일부는 통관절차에 따라 수입신고를 하였고 나머지 물건은 따로 감추어
    두었다가 세관의 통관절차 없이 몰래 빼돌려 관세를 포탈하려다 발견되었다면 이 통관절차
    를 거치지 않은 부분에 대해서만 관세법 제180조 제1항 소정의 관세포탈미수죄가 성립된다
    (대법원 1983.7.26. 선고 83도1360 판결).

나라에 상주하여 취재하기 위하여 입국하는 외국국적의 기자가 최초로 입국할 때에
반입하는 취재차량으로서 문화체육관광부장관이 취재용임을 확인하는 차량도 과세
에서 제외된다(이사물품 고시 제6조 제1항).

(2) 통상적 가정용품이 아닌 경우

'통상 가정용으로 사용'되는 물품에서, (a) 타인의 의뢰를 받아 반입하는 물품,
(b) 개인용 또는 가정용으로 적합하지 않은 물품, (c) 물품의 종류·수량으로 보아
판매할 것으로 인정되는 물품, (d) 가족 수에 비해 과다하게 반입하는 물품, (e) 그
밖에 세관장이 이사물품으로 인정하기 곤란하다고 판단한 물품 등은 제외한다(이사물
품 고시 제4조 제1항).

4. 이사물품 반입기간

법령에는 이사물품 반입기간에 대하여는 별도의 규정이 없다. 다만 '이사물품 중
별도로 수입하는 물품은 천재지변 등 부득이한 사유가 있는 경우를 제외하고는 입국
자가 입국한 날부터 6월 이내에 도착한 것이어야 한다.'는 규정만 있을 뿐이다(시행
규칙 제48조의2 제3항).

그러나 이사물품으로 인정받기 위해서는 이사자가 입국한 날부터 6개월 이내에
우리나라에 도착(해당 이사물품을 적재한 선박이나 항공기의 입항일)하여야 하지만, 영주
권 포기자의 경우에는 외국 영주권포기일부터 6개월 이내에 우리나라에 도착하여야
한다(이사물품 고시 제6조 제1항, 제2항).

다만 천재지변, 운항선사(항공사)의 부도 등 이사물품을 기한 내 반입할 수 없는
부득이한 사유가 인정되는 경우 이사자가 입국한 날부터 6개월을 경과하여 우리나
라에 반입하는 물품을 이사물품으로 인정할 수 있다(이사물품 고시 제6조 제3항).

5. 과세가격의 산정과 관세 납부

이사물품의 과세가격 산정은 '관세평가운영에 관한 고시'에 의하며, 과세대상 이사
물품에 대해서는 사용기간이 3개월 미만인 경우에는 신품가격의 80%, 사용기간이
6개월 미만인 경우에는 신품가격의 60%, 사용기간이 6개월 이상, 1년 미만인 경우

에는 신품가격의 40%, 사용기간이 1년 이상인 경우에는 신품가격의 20%의 기준을 적용해 과세가격을 산정할 수 있다(이사물품 고시 제7조). 관세를 납부하여야 하는 이사물품등에 대하여는 수입신고 수리 후 납부를 원칙으로 하며, 이사자등은 납부고지를 받은 날부터 15일 이내에 납부하여야 한다(이사물품 고시 제11조). 과세대상 이사물품을 수입신고 시 신고하지 않아 과세하는 경우에는 납부할 세액(관세 및 내국세를 포함한다)의 100분의 20에 상당하는 금액을 가산세로 징수한다(이사물품 고시 제12조).

6. 통관지 제한

통관지에 대해서는 법령에 규정이 없다. 다만 이사물품등은 해당물품이 도착한 세관에서 통관하는 것을 원칙으로 하되, 이사자등의 편의를 위하여 서울세관, 인천세관, 용당세관, 대전세관으로 보세운송 하여 통관할 수 있다(이사물품 고시 제14조).

IV. 승무원휴대품

1. 의의 및 면제 대상 물품

승무원은 체재기간, 출발국 등이 다양하고 빈번하므로(=휴대품+이사) 항행일수, 체재기간, 그 밖의 사정을 고려하여 국제무역기는 150달러, 국제무역선은 1회항행기간이 1월 미만이면 90달러, 3월 미만이면 180달러, 3월 이상이면 270달러 등 별도의 면세범위 규정을 두었다(제96조 제1항 3호, 시행규칙 제48조의3 제1항). 승무원이 휴대하여 수입하는 술 또는 담배에 대해서는 위 금액과 관계없이 관세를 면제하지만 국제무역기의 승무원은 3개월에 1회, 국제무역선의 승무원으로서 1회 항행기간이 1개월 미만인 경우 1개월에 1회 범위에서 관세를 면제한다(시행규칙 제48조의2 제2항, 제3항).

2. 과세되는 경우

자동차(이륜자동차와 삼륜자동차를 포함한다)·선박·항공기 및 개당 과세가격 50만원 이상의 보석·진주·별갑·산호·호박 및 상아와 이를 사용한 제품에 대해서는 관세를 면세하지 않는다(시행규칙 제48조의3 제4항).

7-3   재수출면세와 재수출감면세

I. 의 의

재수출면세(제97조)는 박람회 등 정책적 목적에 따라 단기간 내 재수출하는 것을 조건으로 관세를 면세해주는 것이고, 재수출감면세(제98조)는 장기간 사용할 수 있는 물품을 임대차 등의 형식으로 국내에 반입되어 사용 후 재수출하는 것을 조건으로 관세를 감면해주는 것이다.

II. 재수출면세

1. 의 의

일시수입물품, 즉 원칙으로 1년 이내 재수출을 조건으로 수입하는 물품에 대해 면제 해주고, 조건위반 시 20% 가산세를 부과하는 경우이다(제97조 제1항). 다만 "재수출"을 증명할 수 없으므로 필요하면 "담보제공"을 시킨다.

2. 유 형

재수출면세기간이 1년 이내인지 아니면 1년을 초과하는지 여부에 따라 두 가지 유형으로 나뉜다. 먼저 1년의 범위에서 기재부령으로 정하는 물품(제1호)은 수입품의 포장용품이나 수출물품의 포장용품, 일시입국자 등 휴대용품, 박람회 등 전시품, 국제회의 등 사용용품, 주문수집을 위한 물품, 시험용 물품 및 제작용 견품, 수리를 위한 물품 등이다(시행규칙 제50조 제1항).

재수출 면세를 받으려면 면세 신청을 하고 재수출면세기간을 부여받아야 한다. 이때 일시 입국하는 자가 본인이 사용하고 재수출할 목적으로 직접 휴대하여 수입하거나 별도로 수입하는 신변용품·취재용품 및 이와 유사한 물품의 경우에는 입국 후 처음 출국하는 날까지의 기간(1호), 박람회 등의 행사에 출품 또는 사용하기 위하여 수입하는 물품은 행사기간종료일에 당해 물품을 재수출하는데 필요한 기일을 더한 기간(2호), 수리를 위한 물품 및 그 재료는 수리에 소요되는 것으로 인정되는 기간(3호)을 재수출면세기간으로 한다(시행령 제115조 제1항).

|사례 1| 원자로의 하자보수를 위해 그 무상보수를 위하여 그 소속 기술자를 파견하였는데, 그 보수장비인 '오메가 씰 용접기 및 오메가 씰 절단기'의 총중량이 617kg에 이르러 휴대가 불가능한 관계로 이 물품의 통관절차를 대신 수행하여 1998. 5. 4. 수입되었다가 같은 해 8월 4일 재수출된 경우 이를 일시 입국자의 직업용품에 해당한다고 보아 관세를 면제할 수 있는가?[15]

|사례 2| 오팔, 루비 등 보석 127점을, 물품의 일시 수입을 위한 일시수입 통관증서에 관한 관세협약의 가입국가인 호주국에서 발급된 일시수입통관증서(A.T.A. Carnet)에 의하여 전시회에서 사용하고 반출하겠다고 신고하면서 휴대 반입한 경우 재수출면세를 받기위한 요건이 충족되었다고 볼 수 있는가?[16]

다음으로, 1년을 초과하여 수출하여야 할 부득이한 사유가 있는 물품으로서 기획재정부령으로 정하는 물품(제2호)은 수송기기의 하자를 보수하거나 이를 유지하기 위한 부분품, 외국인 여행자가 연 1회 이상 항해조건으로 반입한 후 지방자치단체에서 보관·관리하는 요트(모터보트를 포함한다)를 말한다(시행규칙 동조 제2항). 요트 감면은 외국의 부자들(휴가)을 유치하기 위한 것이다. 재수출 할 때에는 "수출조건부 수입"임을 확인하기 위하여 수입신고필증을 제출하여야 한다.

---

15) 일시 입국자의 직업용품으로 관세를 면제받기 위하여는 납세의무자인 일시 입국자가 직접 휴대하여 수입하거나, 별도로 수입하여 그가 구 관세법시행령(2000.12.29. 대통령령 제17048호로 전문 개정되기 전의 것) 제16조 제1항 본문 소정의 관세면제신청을 하여야 한다. 또한 이 건의 경우 일시 입국자 아닌 원고회사가 재수출 물품의 수입 화주로서 수입신고 시 자신을 그 물품의 수입자 및 납세의무자로 하여 관세면제신청을 하였으므로 그 물품은 구 관세법상 일시 입국자의 직업용품에 해당하지 않는다(대법원 2001.10.9. 선고 2000두6039 판결).

16) 박람회·전시회·품평회 기타 이에 준하는 행사에 출품 또는 사용하기 위하여 물품을 수입함에 있어서 재수출조건으로 면세를 받기 위하여는 세관장에게 재수출면세신청을 하여 재수출면세기간을 부여받음으로써 세관장으로부터 승인을 받아야 하는 것이다. 따라서 오팔 등 보석 127점을 세관에 각 휴대반입하면서 재수출면세신청을 한 바 없다면, 위와 같은 보석류반입행위를 재수출면세조건부수입이라고 할 수 없으며, 그가 호주에서 출국하면서 호주세관에 위 보석류에 대한 수출신고서(EXPORT ENTRY FORM)를 작성·제출한바 있었다고 하여 달리 볼 것도 아니다(대법원 1997.9.26. 선고 97도1267 판결).

3. 면세의 효력

관세를 면제받은 물품은 미리 세관장의 승인을 받지 않으면 같은 항의 기간에 같은 항에서 정한 용도 외의 다른 용도로 사용되거나 양도될 수 없다(제97조 제2항). 용도외사용 등에 대한 세관장의 승인 신청은 당해 물품의 소재지를 관할하는 세관장에게 한다(시행령 제109조).

4. 사후관리

정해진 기간 내에 수출하지 않은 경우 또는 다른 용도로 사용하거나 해당 용도 외의 다른 용도로 사용하려는 자에게 양도한 경우 양도인으로부터 즉시 면제된 관세를 징수하되(제97조 제3항 본문), 500만원을 한도로 관세의 20%에 상당하는 금액의 가산세를 징수한다(제97조 제4항). 다만 재해나 그 밖의 부득이한 사유로 멸실되었거나 미리 세관장의 승인을 받아 폐기하였을 때에는 면제된 관세를 징수하지 않는다(제97조 제3항 단서).

III. 재수출감면세

1. 의의 및 감면 내용

장기간에 걸쳐 사용할 수 있는 물품으로서 그 수입이 임대차계약에 의하거나 도급계약 또는 수출계약의 이행과 관련하여 국내에서 일시적으로 사용하기 위하여 수입하는 물품 중 기획재정부령으로 정하는 물품이 그 수입신고 수리일부터 2년(장기간의 사용이 부득이한 물품으로서 기획재정부령으로 정하는 것 중 수입하기 전에 세관장의 승인을 받은 것은 4년의 범위에서 대통령령으로 정하는 기준에 따라 세관장이 정하는 기간을 말한다) 이내에 재수출되는 것에 대해서는 그 재수출기간을 고려한 비율로 그 관세를 경감할 수 있다(제98조 제1항 본문). 감면율은 3년 초과 4년 이내 최저 30%에서 6월 이내 재수출 시 최대 85%까지 있는데, 1년 초과 2년 내에 반출 시에는 감면비율이 55%로 높다. 법 제99조 재수입면세의 반대 모습이며, 임대차의 관세평가는 실제지급가격으로 한다는 반증이다.

2. 재수출감면과 조약 등에 따른 수입과의 비교

"반입 또는 소비＝수입"이므로, 장기사용은 수입사용과 실질적으로 차이가 없다. 그래서 임대차계약에 의한 것이더라도 물품가액에 상당하는 과세가격으로 관세를 부과하게 되지만 "재수출조건부" 장기사용이므로 감면을 하는 것이다. 예컨대 10억 물품의 2년 사용 임대료가 1억인 경우 수입신고 시에는 1억이 아닌 10억으로 신고 하게 된다. 그런데 사용되는 가액만큼 과세하여야 하므로 그 기간에 따라 예컨대 2년 이내라면 100분의 55를 감면한다는 것이다.

다만, 외국과 체결한 조약·협정 등에 따라 수입되는 것에 대해서는 제98조 규정 에 따른 감면비율이 아니라 상호 조건에 따라 그 관세를 면제한다(제98조 제1항 단서).

3. 사후관리 등에 대한 재수출면세 준용

관세 면제 후 다른 용도의 사용 또는 양도에 대한 사후관리나 가산세에 관한 것은 재수출면세 규정을 준용한다(제98조 제2항).

7-4 재수입면세와 해외임가공감세

I. 의 의

재수입면세는 수출신고 수리된 물품이 2년 내 해외에서 사용되지 않는 등 일정 요건을 충족하여 다시 수입되는 경우 관세를 면세하는 제도이다.

II. 재수입면세

1. 2년 내 수입 기간제한이 있는 경우

(1) 의의 및 면세 취지

재수입면세는 "수출 물건 상태 그대로 다시 반입하는 것"에 대한 면세를 의미한다 (제99조). 이러한 경우는 수출물품에 클레임이 있는 경우, 해외건설장비 등의 반입 또는 고려청자 등 문화재의 전시 후 반입 등이 있는데 법문상 해외에서 제조·가공·수리 또는 사용되지 아니하고 수입되는 것이라고 규정하고 있기 때문이다(제1호). 재수입면세대상이 되는 물품은 수출된 물품이 그 성질과 형상을 변하지 아니한 상태로 동일성을 유지하면서 그대로 다시 수입된 물품을 말하고, 그와 같은 물품을 면세대상으로 한 취지는 우리나라에서 수출된 물품이 그대로 되돌아 온 것은 이를 새로운 물품의 수입으로 볼 수 없을 뿐만 아니라 국제적인 상품교역과 거래에 있어서 여러 가지 필요와 사정으로 우리나라에서 나갔던 물품이 다시 수입되는 경우에는 관세를 면제하는 것이 과세균형상 타당하다는 고려에 따른 것이다.

> |사례 1| 외국의 자동차회사로부터 덤프트럭을 수입하면서 타이어는 국산품을 사용하기로 하되 다만 그 트럭 차체의 운송 시 손상을 막기 위한 보호장치로서 타이어를 무상으로 위 회사에 수출하여 트럭 차체에 부착한 후 그 부착된 타이어를 다시 수입하였다면 그 타이어는 재수입면세의 대상이 되는가?17)

---

17) 그 타이어는 수출할 당시 및 수입 당시에 있어서 그 물품 자체의 성질이나 형상이 동일하고 덤프트럭 본체와 구별하여 취급할 수 있는 것으로 봄이 상당하므로 재수입면세대상에 해당한다(대법원 1995.5.23. 선고 94누16328 판결).

(2) 면세 혜택이 배제되는 경우

가. 사용된 경우: 사용되지 않고 수출 상태 그대로 반입되어야만 면세 혜택이 있다. 이때 임대차 사용 또는 박람회 등에 사용된 물품은 그 사용된 것으로 보지 않는다. 면제의 근거는 2년 내에 사용 없이 재수입하는 경우 그것은 새로운 물품을 수입하는 것으로 보기 어렵기 때문으로 생각된다.

나. 종전에 면세였거나 감면·환급을 받은 경우: "재수입"을 증명하려면 수출신고필증을 첨부하여야 한다. 다만 수출할 때에 관세를 감면·환급받거나 관세가 부과되지 않은 경우에는 관세의 환급만 해주고 물품은 국내에 있게 되어 이중혜택을 줄 수 있으므로 관세를 징수해야 한다.

구체적으로는 ① 해당 물품 또는 원자재에 대하여 관세를 감면받은 경우(제1호 가목), ② 관세법 또는 환급특례법에 따른 환급을 받은 경우(제1호 나목), ③ 관세법 또는 환급특례법에 따른 환급을 받을 수 있는 수출자 외의 자 즉 반품대행법인이 해당 물품을 재수입하는 경우, 다만, 재수입하는 물품에 대하여 환급을 받을 수 있는 자가 환급받을 권리를 포기하였음을 증명하는 서류를 재수입하는 자가 세관장에게 제출하는 경우는 제외한다(제1호 다목), ④ 보세가공 또는 장치기간경과물품을 재수출 조건으로 매각함에 따라 관세가 부과되지 아니한 경우(제1호 라목) 등이 관세를 징수하는 경우에 해당한다.

> |사례 2| 장기간에 걸쳐 사용할 수 있는 물품으로서 임대차계약 또는 도급계약 등에 따라 해외에서 일시적으로 사용하기 위하여 수출된 물품 중 그 내용연수가 1년인 물품도 재수입면세의 대상이 되는가?[18]

> |사례 3| 외국으로 수출한 원자재 부품이 운송 도중 손상되어 다른 물품을 대체하여 보내주기로 하고 당해 물품을 수입하는 경우 당해 물품은 재수입면세의 대상이 되는가?[19]

---

[18] 장기간 사용할 수 있는 물품이어야 하므로 내용연수가 3년(금형의 경우에는 2년) 이상인 물품에 대해서만 재수입면세가 인정된다(시행규칙 제54조 제1항).

[19] 결함이 발견된 수출물품을 수입하는 경우에도 재수입면세의 대상이 된다(시행규칙 제54조 제1항).

(3) 재수입면세 대상 상품

2년이 지난 후에도 상품가치가 있어야 할 것이므로 내용연수가 3년 이상인 물품 (금형은 2년) 등이 재수입면세 대상이 되며, 이 외에도 박람회, 전시회, 품평회, 국제 경기대회 등에 출품 또는 사용된 물품, 수출물품을 해외에서 설치, 조립 또는 하역 하기 위해 사용하는 장비 및 용구, 수출물품을 운송하는 과정에서 해당 물품의 품질 을 유지하거나 상태를 측정 및 기록하기 위해 해당 물품에 부착하는 기기, 결함이 발견된 수출물품, 수입물품을 적재하기 위하여 수출하는 용기로서 반복적으로 사용 되는 물품 등이 이에 속한다(시행규칙 제54조 제1항).

2. 기간제한 없는 경우

수출물품의 용기는 예컨대 비싸지만 충격에 약한 물건을 수출하는 경우 그 용기 도 같이 반출했다가 반입하여 다시 또 수출에 쓸 것이므로(제99조 제2호) 관세를 감 면한다. 해외시험 및 연구를 목적으로 수출된 후 재수입되는 물품은 예컨대 자동차 해외시험을 마치고 물품 성능의 충족여부 판단을 위해 재수입되는 경우(제99조 제3 호)에도 감면한다. 단, 1호와 달리 2년 내 다시 수입해야 한다는 기간 제한이 없다.

3. 감면절차

재수입면세 규정에 따라 관세를 감면받으려는 자는 그 물품의 수출신고필증·반 송신고필증 또는 이를 갈음할 서류를 세관장에게 제출하여야 한다. 다만, 세관장이 다른 자료에 의하여 그 물품이 감면대상에 해당한다는 사실을 인정할 수 있는 경우 에는 그러하지 아니하다(시행규칙 제54조 제2항).

III. 해외임가공 감세

1. 의 의

해외임가공물품은 재수입면세와 모습이 비슷하지만 "원재료 등을 수출하고 다시 가공하여 수입되는 것"이기 때문에 물품의 동일성이 인정되지 않는다는 점에서 차이가 있다.

2. 대 상

(1) 원재료(부분품)을 수출하여 기획재정부령으로 정하는 물품으로 제조하거나 가공한 물품

부분품이나 원재료를 빼돌리고 저가 제조하여 재수입하는 사기거래를 방지하기 위하여 다른 용도로 사용할 수 없는 85류(전기기기)와 90류(공학기기) 중 9006호(필름 사진기)에 해당하는 것에만 전액 감면 대상으로 하고 있다(시행규칙 제56조 제1항). 예 컨대 전자부품을 수출하여 85류의 휴대폰을 제조하여 수입한 경우가 이러한 사례에 속한다.

(2) 가공 또는 수리할 목적으로 수출한 물품

가공 또는 수리하기 위하여 수출된 물품과 가공 또는 수리 후 수입된 물품의 품목 분류표상 10단위의 품목번호가 일치하는 물품 즉 동일성이 인정되는 물품을 말한다. 다만, 수율·성능 등이 저하되어 폐기된 물품을 수출하여 용융과정 등을 거쳐 재생 한 후 다시 수입하는 경우와 제품의 제작일련번호 또는 제품의 특성으로 보아 수입 물품이 우리나라에서 수출된 물품임을 세관장이 확인할 수 있는 물품인 경우에는 품 목분류표상 10단위의 품목번호가 일치하지 아니하더라도 관세를 경감할 수 있다(시 행규칙 제56조 제2항).

|사례 4| 해외직접투자(FDI)를 통해 다음과 같이 해외임가공을 하는 업체와 임가공물품이 있다. 이 가운데 해외임가공물품 감면제도에 따라 관세를 경감받을 수 있는 것은?[20]

- A업체: 농산물을 수출하여 HS 21류의 조제 식료품을 제조한 다음 수입
- B업체: 직물을 수출하여 HS62류의 의류를 제조한 다음 수입
- C업체: 전자부품을 수출하여 HS85류의 휴대폰을 제조한 다음 수입

---

3. 감면 범위

(1) 원재료(부분품)을 수출하여 기획재정부령으로 정하는 물품으로 제조하거나 가공한 물품

수입물품의 제조·가공에 사용된 "원재료 또는 부분품의 수출신고가격×당해 수입물품에 적용되는 관세율"을 경감한다(시행령 제119조 제1호). 수입완제품 중 원재료·부분품이 내국물품인 경우에는 "내국물품" 부분을 감면해야 하므로(=결국 가공비 부분만 과세한다는 뜻), "수출할 때의 물품가격에서 완제품이 되어 수입하는 때의 관세율을 곱한 만큼의 금액"을 공제해주는데, 이것은 수입할 때에 관세를 부과하기 때문이다.

|사례 5| 부분품(관세율 5%) 100만 원에 수출하여 85류에 속하는 전자제품을 수입하면서 500만 원에 수입신고를 한 경우(관세율 8%) 관세경감액은 얼마인가?[21]

---

(2) 가공 또는 수리할 목적으로 수출한 물품

"가공·수리물품의 수출신고가격×해당 수입물품에 적용되는 관세율"이므로(시행령 제119조 제2호) 기본적으로 제1호의 경우와 같다.

---

20) 해외임가공물품의 대상은 원재료 또는 부분품을 수출하여 85류와 9006호 물품을 제조하여 수입하는 경우와 가공 또는 수리할 목적으로 수출하여 10단위 HS 코드가 변경없이 수입되는 경우이다. 따라서 C업체가 수입한 휴대폰만 해외임가공물품 감면제도의 대상에 해당한다(관세사 기출, 2006년).

21) 경감액은 "부분품 수출가액×완성품 수입관세율"이므로, 100만원×8%=8만원이 된다.

(3) 하자보수보증기간 중 수리 목적으로 수출한 물품

하자보수보증기간(수입신고 수리일부터 1년 이내) 중이라면 외국의 매도인 부담으로 수리 또는 가공이 이루어지므로 하자가 발견되거나 고장이 발생하여 수출된 가격의 범위가 달라진다. 즉 수출물품의 수출신고가격에다가 수출물품의 양륙항까지의 운임·보험료, 가공 또는 수리 후 물품의 선적항에서 국내 수입항까지의 운임·보험료, 가공 또는 수리의 비용에 상당하는 금액 등을 합한 가격에 해당 수입물품에 적용되는 관세율을 곱한 금액으로 한다(시행령 제119조 제2호 단서).

즉 "(수출신고가격＋왕복 운임·보험료＋가공수리비)×해당 수입물품에 적용되는 관세율"을 공제하게 되는데, 하자보증기간에는 매도인 비용으로 수리하므로 더 큰 금액을 공제해준다는 의미가 된다.

4. 감면이 배제되는 경우

만약 관세를 감면받거나 환급을 받은 경우라면 이중 혜택을 주게 되므로, 경감해 주지 않는다(제101조 제2항). ① 해당 물품 또는 원자재에 대하여 관세를 감면받은 경우. 다만, 가공·수리할 목적으로 수출한 물품에 대하여 감면을 받은 경우(제1항 제2호)는 제외한다(제1호), ② 관세법 또는 환급특례법에 따른 환급을 받은 경우(제2호), ③ 보세가공 또는 장치기간경과물품을 재수출조건으로 매각함에 따라 관세가 부과되지 않은 경우(제3호) 등이다.

5. 감면신청 방법

임가공 감면을 받으려면 "수출신고사실 및 임가공 후 수입예정사실"을 증명해야 하므로, 수출신고 시 미리 "임가공 수입을 위한 수출품"임을 신고해야 한다. 즉 해외 임가공 할 물품을 수출신고할 때 미리 해외임가공 후 수입될 예정임을 신고하고, 감면신청을 할 때 수출국 및 적출지, 감면받고자 하는 관세액을 기재한 신청서에 해외 제조인·가공인 또는 수리인이 발급한 제조·가공 또는 수리사실을 증명하는 서류와 당해 물품의 수출신고필증 또는 이에 갈음할 서류를 첨부하여 세관장에게 제출하여야 한다. 다만, 세관장이 다른 자료에 의하여 그 물품이 감면대상에 해당한다는 사실을 인정할 수 있는 경우에는 수출신고필증 또는 이를 갈음할 서류를 첨부하지 아니할 수 있다(시행규칙 제57조 제1항).

7-5 위약 · 자가사용 물품의 환급

I. 의 의

위약환급제도란 계약 내용과 다른 물품이 수입되는 경우 위약(계약위반)물품이 재수출 또는 폐기되는 경우 납부한 관세 등을 환급하는 제도이다. 이러한 위약환급제도는 다른 조세에서는 볼 수 없는 관세법에 특유한 환급제도인데 ① 수입자의 책임없이 잘못 수입된 것으로서 국내에서 소비되지 않고 수출자에게 되돌려 보내는 것이라는 점, ② 되돌려 보내진 그 물품을 국내에 재수입 하는 경우 다시 관세가 부과되므로 이중과세 방지를 위해서는 관세의 환급을 인정해야 한다는 점 등을 이유로 인정된다(서울고등법원 2015.9.8. 선고 2014누71315 판결).

단, 자가(自家)사용 물품의 경우 위약여부와 관계없이 반품 또는 보세판매장에서 환불되는 경우 납부한 관세 등을 환급한다는 점에서 구별된다.

II. 위약환급

1. 의의 및 환급요건

① 보세구역에 반입한 물품의 수입신고가 수리된 후, ② 계약 내용과 다른 물품이기 때문에 즉 계약을 위반한 물품이기 때문에 ③ 수입신고 당시의 물품 상태 그대로(＝사용하지 않았다는 뜻임) ④ 1년 이내에 보세구역에 반입했다가 다시 수출하거나 보세공장에 다시 반입하는 경우, 수입신고 당시에 납부한 관세를 환급하는 제도이다(제106조 제1항). 수입신고 당시의 성질이나 형태가 변경되지 아니한 경우인지 여부를 확인할 수 있어야 하므로 보세구역 또는 자유무역지역 중 관세청장이 수출물품을 일정기간 보관하기 위하여 필요하다고 인정하여 고시(자유무역지역 반출입물품의 관리에 관한 고시)하는 장소에 반입하였다가 수출하도록 한 것이다(제1호).

환급을 위해서는 수출신고서와 계약내용과 위약사실의 증빙서류, 수입신고필증 또는 이에 대신하는 세관의 증빙서류 등을 첨부하여 신청함이 필요하고 이미 납부한 관세액을 환급액으로 한다(시행령 제121조 내지 123조).

2. 일부 수출의 경우

수입신고가 수리된 수입물품으로서 세관장이 환급세액을 산출하는 데에 지장이 없다고 인정하여 승인한 경우에는 그 수입물품의 일부를 수출하였을 때에도 제1항에 따라 그 관세를 환급할 수 있다(제106조 제2항).

3. 수출에 갈음한 폐기

부패·손상 등이 용이한 농수산물이나 반품 시 운송비가 과다한 경우 등의 사유로 수출이 곤란한 경우에 환급을 인정할 것인지 문제될 수 있다. 수입물품의 수출을 갈음하여 이를 폐기하는 것이 부득이하다고 인정하여 그 물품을 수입신고 수리일부터 1년 내에 보세구역에 반입하여 미리 세관장의 승인을 받아 폐기하였을 때에는 그 관세를 환급한다(제106조 제3항).

4. 재해 멸실에 따른 환급

지정보세구역은 국가 등이 운영하는 것이므로, 지정보세구역에서 장치 중 재해 멸실 또는 변질·손상된 경우에도 환급한다. 즉 수입신고가 수리된 물품이 수입신고 수리 후에도 지정보세구역에 계속 장치되어 있는 중에 재해로 멸실되거나 변질 또는 손상되어 그 가치가 떨어졌을 때에는 대통령령으로 정하는 바에 따라 그 관세의 전부 또는 일부를 환급할 수 있다(제106조 제4항). 반대 해석상 특허·종합보세구역에서는 환급하지 않는다.

> |사례 1| 외국으로부터 살아있는 소 100마리를 수입하였는데, ① 운송 도중 10마리가 죽은 경우, ② 수입신고 후 신고수리 전에 10마리가 죽은 경우, ③ 수입신고 수리 후 계속 지정보세구역에 장치 중 화재로 10마리가 죽은 경우, ④ 수입신고 수리되어 반출 후 일반 창고에서 10마리가 죽은 경우의 각 상황에 대해 감면·환급 등 관세법상 올바른 조치는 무엇인가?[22]

---

22) ① 과세물건 90마리로 확정 신고(제16조), ② 손상감세 신청(제100조), ③ 멸실에 따른 환급신청(제106조 제4항), ④ 환급신청 불가.

5. 환급에 갈음한 부과취소

환급은 관세의 납부가 이루어졌음을 전제로 하는 것이므로, 아직 관세가 징수되지 않았다면 관세의 부과를 취소한다. 즉 제1항부터 제4항까지의 규정을 적용할 때 해당 수입물품에 대한 관세의 납부기한이 종료되기 전이거나 징수유예 중 또는 분할납부기간이 끝나지 아니하여 해당 물품에 대한 관세가 징수되지 아니한 경우에는 세관장은 해당 관세의 부과를 취소할 수 있다(제106조 제5항). 관세의 부과를 취소받고자 하는 자는 해당 수입물품에 대한 관세의 납부기한(징수유예 또는 분할납부의 경우에는 징수유예기간 또는 분할납부기간의 종료일을 말한다) 전에 신청서를 세관장에게 제출하여야 한다(시행령 제124조).

6. 환급 방법

환급방법은 과오납 환급과 다를 바 없다. 즉 제1항부터 제4항까지에서 규정한 관세의 환급에 관하여는 제46조(＝과오납 환급)와 제47조(＝과다환급관세의 징수)를 준용한다(제106조 제6항).

Ⅲ. 자가 사용물품의 환급

1. 의의 및 환급요건

개인의 해외직구물품에 대하여 "계약 위반 여부를 묻지 않고" 수입한 상태 그대로 반품하는 경우의 관세 환급 특례를 규정한 것이다(제106조의2 제1항). 즉 ① 수입신고가 수리된 ② 개인의 ③ 자가사용물품이 ④ 수입한 상태 그대로 수출되는 경우에는 수입할 때 납부한 관세를 환급한다. 수입한 상태 그대로 수출되는 경우란 "해당 물품이 수입신고 당시의 성질 또는 형태가 변경되지 아니한 상태로 수출될 것＋해당 물품이 국내에서 사용된 사실이 없다고 세관장이 인정할 것"의 요건을 모두 갖춘 것이어야 한다(제106조의2 제1항 후문, 시행령 제124조의2 제1항).

수입신고 당시의 성질이나 형태가 변경되지 아니한 경우인지 여부를 확인할 수 있어야 하므로 보세구역 또는 자유무역지역 중 관세청장이 수출물품을 일정기간 보관하기 위하여 필요하다고 인정하여 고시하는 장소에 반입하였다가 수출하도록 한 것은 위약 환급의 경우와 같으나(제1호), 6개월 이내에 수출해야 한다는 점 및 세관장의 현품 확인을 받고 다시 수출하는 경우(제2호), 탁송품 또는 우편물로서 수출신고가격이 200만 원 이하인 물품(제3호, 시행규칙 제58조의2)이 별도로 규정되어 있다는 점이 다르다.

2. 환급 유형

법령에서 인정하는 환급 유형을 정리하면 다음의 3가지 형태이다. ① 수입신고 수리일로부터 6개월 이내에 보세구역에 반입 후 수출하는 경우, ② 수입신고 수리일로부터 6개월 이내에 세관장 현품 확인 후 수출하는 경우, ③ 수출신고가 생략되는 탁송품 또는 우편물로서 수입신고 수리일로부터 6개월 이내 수출(반입) 후 세관장 확인을 받은 경우 수출신고가격이 200만 원 이하인 물품 등이다(제106조의2 제1항).

3. 여행자가 자진신고 한 휴대품과 별송품

여행자가 자진신고 한 물품이 환불되는 경우에는 자진신고 할 때 납부한 관세를 환급한다(제106조의2 제2항). 이는 보세판매장에서 구입한 후 입국 시 환불하는 경우에 납부한 관세를 환급한다는 것으로서 이는 입국 시 면제점이 허용되기 때문에 신설된 것이다. 환급되는 경우는 ① 국제무역선 또는 국제무역기에서 구입한 물품이 환불되는 경우(제1호), ② 보세판매장에서 구입한 물품이 환불되는 경우(제2호)이다.

4. 환급방법

과오납 환급과 위약 환급 일부 규정이 준용된다. 즉 과오납 환급(제46조), 과다환급관세의 징수(제47조), 일부수출 시의 환급 인정(제106조 제2항), 환급에 갈음한 부과의 취소(제106조 제5항) 규정은 자가사용 물품, 여행자가 자진신고 한 휴대품과 별송품에 대한 관세 환급에 준용된다(제106조의2 제3항).

5. 환급신청과 환급세액

관세의 환급을 받으려는 자는 해당 물품의 품명 · 규격 · 수량 · 수입신고연월일 · 수입신고번호와 환급받으려는 관세액을 적은 신청서에 해당 물품의 수입신고필증이나 이를 갈음하는 세관의 증명서, 해당 물품의 수출 또는 환불을 증명하는 서류로서 수출신고필증이나 선하증권(제1호, 제2호), 자진신고 물품의 경우는 판매자가 발행한 환불 및 반품을 증명하는 자료(제3호) 등을 첨부하여 세관장에게 제출해야 한다(시행령 제124조의2 제2항). 환급받으려는 관세액은 물품을 전부 수출하거나 환불하는 경우에는 이미 납부한 관세의 전액을, 물품의 일부를 수출하거나 환불하는 경우에는 그 일부 물품에 해당하는 관세액을 말한다(시행령 제124조의2 제3항).

> |사례 2| 국내 수입자 A는 인쇄기 10대를 미국에서 반입하여 관세를 납부하고 수입통관을 완료하였다. 통관 후 확인 결과 그중 인쇄기 2대가 계약과 다른 위약물품임을 확인하고, 미국 수출자에게 클레임을 제기하였다. 이에 대해 미국 수출자가 자신의 실수를 인정하고 해당 인쇄기를 미국으로 보내구면 다른 인쇄기로 대체하여 주겠다고 약속하였다. 이 경우 국내 수입자 A가 취해야 할 수출입 통관절차는?[23]

---

23) 클레임이 제기된 인쇄기 2대를 위약물품으로 수출하여 관세법 제106조에 따른 환급을 받고, 이와는 별개로 미국에서 수입되는 새 인쇄기는 관세를 납부하고 수입통관을 진행한다 (국가직 기출, 2011년).

7-6 분할납부

I. 의　의

관세를 분할하여 납부하는 것을 말하며, 관세의 분할납부를 승인하면 납세의무자
는 기한의 이익을 얻게 되어 유리할 뿐 아니라 잔액채권이 존재하게 되므로 과세당
국의 채권징수도 확보해 줄 필요가 있어 관련 규정을 둔 것이다. 관세만 분할납부
하는 것이고 관련된 내국세에도 분납이 인정되는 것은 아니다.

II. 분할납부 승인신청 및 대상

1. 승인신청

분할납부의 승인은 납부기한의 연장, 이자경감 등 특혜를 받는 것이므로 그에 대
한 징수는 매우 중요한 의미를 갖는다. 관세법은 천재지변에 의한 경우와 중소기업
등 지원을 위한 경우 등으로 나누어 규정하고 있는데, 분할납부인 천재지변 사유와
기간 및 회수 등을 기재한 분할납부 승인신청서를 납부기한 내에 제출하거나(시행령
제125조), 수입신고 시부터 수입신고수리 전까지 그 물품의 품명·규격·수량·가격·
용도·사용장소와 사업의 종류를 기재한 신청서를 세관장에게 제출하여야 한다(시행
령 제126조).

2. 대상

(1) 천재지변 등에 따른 분할납부

세관장은 천재지변이나 그 밖에 대통령령으로 정하는 사유로 이 법에 따른 신고,
신청, 청구, 그 밖의 서류의 제출, 통지, 납부 또는 징수를 정하여진 기한까지 할 수
없다고 인정될 때에는 1년을 넘지 아니하는 기간을 정하여 관세를 분할하여 납부하
게 할 수 있다(제107조 제1항). 이에 따라 분할납부를 하게 하는 경우에는 납부기한
의 연장에 관한 규정을 준용하며 납부기한을 연장한 때에는 법 제39조에 따른 납부
고지를 해야 한다(시행령 제125조 제2항, 제2조).

(2) 중소기업 등 지원을 위한 분할납부

세관장이 중소기업 등 지원을 위해 5년을 넘지 아니하는 기간을 정하여 관세의 분할납부를 승인하는 경우를 말하며 다음과 같은 경우에 인정한다(제107조 제2항).

가. 시설기계류, 기초설비품, 건설용 재료 및 그 구조물과 공사용 장비로서 기획재정부장관이 고시하는 물품(기획재정부령으로 정하는 업종에 소요되는 물품은 제외)(제1호): ① 별표 관세율표에서 부분품으로 분류되지 아니할 것, ② 법 기타 관세에 관한 법률 또는 조약에 의하여 관세를 감면받지 아니할 것, ③ 당해 관세액이 500만원 이상(중소기업의 경우 100만원)일 것, ④ 덤핑관세, 상계관세, 보복관세, 긴급관세, 조정관세, 할당관세, 계절관세의 규정을 적용받는 물품이 아닐 것 등의 요건을 갖추어야 한다(시행규칙 제59조 제1항).

나. 다음 5개의 물품: ① 정부나 지방자치단체가 수입하는 물품으로서 기획재정부령으로 정하는 물품(제2호), ② 학교나 직업훈련원에서 수입하는 물품과 비영리법인이 공익사업을 위하여 수입하는 물품으로서 기획재정부령으로 정하는 물품(제3호), ③ 의료기관 등 기획재정부령으로 정하는 사회복지기관 및 사회복지시설에서 수입하는 물품으로서 기획재정부장관이 고시하는 물품(제4호), ④ 기획재정부령으로 정하는 기업부설연구소, 산업기술연구조합 및 비영리법인인 연구기관, 그 밖에 이와 유사한 연구기관에서 수입하는 기술개발연구용품 및 실험실습용품으로서 기획재정부장관이 고시하는 물품(제5호), ⑤ 기획재정부령으로 정하는 기업부설 직업훈련원에서 직업훈련에 직접 사용하려고 수입하는 교육용품 및 실험실습용품 중 국내에서 제작하기가 곤란한 물품으로서 기획재정부장관이 고시하는 물품(제7호). 위의 규정(제107조 제2항 제2호 내지 제5호 및 제7호)에 의하여 관세를 분할납부할 수 있는 물품은 법 기타 관세에 관한 법률 또는 조약에 의하여 관세를 감면받지 아니한 것이어야 한다(시행규칙 제59조 제5항).

다. 기획재정부령으로 정하는 중소제조업체가 직접 사용하려고 수입하는 물품(기획재정부령으로 정하는 기준에 적합한 물품이어야 한다)(제6호): 관세율표 제84류·제85류 및 제90류에 해당하는 물품으로서 (a) 법 기타 관세에 관한 법률 또는 조약에 의하여 관세의 감면을 받지 아니할 것, (b) 당해 관세액이 100만원 이상일 것, (c) 덤핑관세, 상계관세, 보복관세, 긴급관세, 조정관세, 할당관세, 계절관세의 규정을 적용받는 물품이 아닐 것, (d) 국내에서 제작이 곤란한 물품으로서 당해 물품의 생산에 관한 사무를 관장하는 주무부처의 장 또는 그 위임을 받은 기관의 장이 확인한 것일 것 등의 요건을 갖추어야 한다(시행규칙 제59조 제4항).

라. 분할납부 규정의 취지: 의료기관 등 비영리법인에 대하여 분할납부 규정을 둔 것은 제90조 등의 관세감면을 받지 않으면 분할납부를 해준다는 취지로 해석된다. 대법원 판례 중에는 "재봉기가 관세감면품목에서 분할납부품목으로 변경된 것은 경제사정의 변경에 따른 것이어서 전 법령시행 당시의 경제사정 아래 행하여진 위법행위에 대한 가벌성을 축소하거나 소멸시킬 아무런 이유가 없는 것이므로, 후일 그 법령이 개폐되었다 하더라도 행위 당시의 형벌법령에 비추어 '5년 내 용도 외의 양도금지'위반행위를 처벌하여야 한다."는 것이 있다(대법원 1978.2.28. 선고 77도1280 판결).

3. 중소기업 등 지원을 위한 분할납부 기간과 방법

어느 경우에나 수입신고 건당 관세액이 30만원 미만인 물품은 분할납부 대상에서 제외하는데(시행규칙 제60조), ① 시설기계류 등 1호의 경우에는 1억원과 5억원을 기준으로 하여 1년 6월(1억원 미만)부터 4년 6월까지의 기간(임차선박은 임차기간) 내 6월간 균등하게 분할납부 하고, ② 정부, 학교와 비영리법인(2호, 3호)의 경우에는 2년간 2등분하여 납부하며, ③ 의료기관 등(4호)의 경우 1년 6월간 6월마다 균등 납부하되, 의료취약기간에 설립한 의료기관이 수입하는 물품은 4년 6월간 매 6개월마다 균등 납부한다. ④ 중소제조업체가 직접 사용하기 위하여 수입하는 물품(6호)은 2천만원과 5천만원을 기준으로 3분하여 2년 6월(2천만원 미만)에서 4년 6월까지 분납기간을 인정하되 매 6월마다 균등하게 분할하여 납부하도록 정해져있다(시행규칙 제60조 별표5).

내국세의 분납은 예컨대 1천만 원 초과 2천만 원 이하인 경우는 초과금액, 2천만 원 이상인 경우는 50%를 납부기한이 지난 날부터 1개월(중소기업의 경우에는 2개월) 이내에 분납하도록 인정하는 것(법인세법 제64조, 동법 시행령 제101조)에 비해서, 2년 6월에서 4년 6월까지 인정하는 등 보다 장기간이 인정된다는 점에서 다른 점이 있다.

III. 분할납부 승인의 효력

1. 승인 받은 물품의 양도와 분할납부의무자

(1) 개   관

분할납부의 납세의무자는 그 물품을 수입한 화주가 되는 것이 당연하지만, 납세의무자가 변경 또는 확장되는 경우에는 그 관세의 징수가 어려워진다. 그 때문에 변경 또는 확장되는 경우에는 법 규정에 의하여 납세의무가 당연히 승계되는 법인의 합병·분할 등의 경우를 제외하고 당연히 분할납부를 취소하게 하여 즉시징수를 하게 하는 등의 규정을 두고 있다.

(2) 전액을 즉시징수 하는 경우

① 관세의 분할납부를 승인받은 물품을 제2항에서 정한 기간에 다른 용도로 사용하거나 또는 사용하려는 자에게 양도한 경우(제1호), ② 관세를 지정된 기한까지 미납한 경우(관세청장이 부득이한 사유가 있다고 인정하는 경우는 제외)(제2호), ③ 파산선고를 받은 경우(제3호), ④ 법인이 해산한 경우에는 납부하지 아니한 관세의 전액을 즉시 징수한다(제107조 제9항). 이 규정에 의하여 관세를 징수하는 때에는 15일 이내의 납부기한을 정하여 법 제39조의 규정에 의한 납부고지를 하여야 한다(시행령 제127조 제2항).

> |사례 1| 도입한 날로부터 5년간 소정의 수출의무를 이행하여야 한다는 조건으로 면세 수입된 물품을 은행에 대한 대출금채무의 담보로 제공하였던바 그 후 위 담보권실행으로 경매를 실시한 결과 그 은행에 경락되어 동 은행이 위 물건을 취득한 경우에도 물품을 양도한 것에 해당하는가? 당시의 관세법 제28조 제3항은 그 용도 외에 사용하거나 양도한 때에는 면제된 관세를 즉시 징수한다고 규정하고 있었다.24)

---

24) 면세수입 된 물품을 자의로 채권담보로 제공하여 그 담보권의 실행으로 그 물품이 경매에 의하여 타인에 경락되는 경우는 세관장의 승인 없이 양도한 때에 해당한다고 해석함이 상당할 것이고 따라서 그런 경우에는 면제된 관세의 추징사유가 발생되었다고 할 것이니 이런 취지에서 한 원심의 판단은 정당하다(대법원 1978.2.14. 선고 77누162 판결).

(3) 물품의 용도변경 또는 양도와 세관장의 승인

중소기업 등 지원을 위한 관세의 분할납부를 승인받은 자가 해당 물품의 용도를 변경하거나 그 물품을 양도하려는 경우에는 미리 세관장의 승인을 받아야 한다(제107조 제3항).

(4) 납세의무자의 확장과 납세의무

① 법인의 합병·분할, 해산 또는 파산선고: 분할납부를 받은 법인에게 이러한 사유가 있는 경우 그 관세를 납부하여야 하는 자는 지체 없이 그 사유를 세관장에게 신고하여야 하는데(제107조 제4항), 합병·분할에 따른 존속법인 또는 설립법인이 연대하여 관세를 납부하여야 하고(제107조 제6항), 파산선고를 받은 경우에는 파산관재인이(제107조 제7항), 해산한 경우에는 청산인(제107조 제8항)이 관세를 납부하여야 한다.

② 개인의 파산선고: 분할납부를 승인받은 자가 파산선고를 받은 경우에는 그 관세를 납부하여야 하는 자 즉 파산관재인은 지체 없이 그 사유를 세관장에게 신고하여야 하며(제107조 제4항), 그 파산관재인이 관세를 납부하여야 한다(제107조 제7항).

(5) 물품의 양도와 납세의무자

관세의 분할납부를 승인받은 물품을 동일한 용도로 사용하려는 자에게 양도한 경우에는 그 양수인이 관세를 납부하여야 하며, 해당 용도 외의 다른 용도로 사용하려는 자에게 양도한 경우에는 그 양도인이 관세를 납부하여야 한다. 이 경우 양도인으로부터 해당 관세를 징수할 수 없을 때에는 그 양수인으로부터 징수한다(제107조 제5항). 즉 분할납부를 승인받은 물품을 동일한 용도로 사용하려는 자에게 양도하면 분할납부 취소사유가 아니므로 양수인이 계속하여 분할납부를 하게 되지만, 다른 용도로 사용하려는 자에게 양도하면 분할납부 취소사유가 되므로 양도인으로부터 납부하지 않은 관세 전액을 양도인으로부터 징수하고, 양도인으로부터 징수하지 못하면 양수인으로부터 징수한다(제107조 제5항).

2. 징수방법

중소기업 등 지원을 위한 분할납부의 승인(제107조 제2항)이 있으면 납부기한별로 납부고지를 하여야 하며, 즉시징수의 사유로 관세를 징수하는 때에는 15일 이내의 납부기한을 정하여 납부고지를 하는데, 분할납부 기한이 즉시징수 하는 관세의 징수 기한 이후인 경우 분할 납부고지는 취소해야한다(시행령 127조 제1항, 제3항).

3. 관세감면 및 분할납부 승인물품의 반입 및 변경신고

법 제83조의 용도세율·법 제89조 제1항 제2호의 반도체제조용 장비(부속기기 포함)·법 제90조의 학술연구용품의 감면·법 제91조의 종교용품, 자선용품, 장애인용품 등의 면세·법 제93조의 특정물품의 면세 등·법 제95조의 환경오염방지물품 등에 대한 감면, 법 제98조의 재수출 감면 및 법 제107조의 관세의 분할납부에 따라 용도세율의 적용, 관세의 감면 또는 분할납부의 승인을 받은 자는 해당 물품을 수입신고 수리일부터 1개월 이내에 설치 또는 사용할 장소에 반입하여야 한다(시행령 제129조 제1항).

그 설치 또는 사용 장소를 변경하려는 경우에는 변경 전의 관할지 세관장에게 설치 또는 사용장소변경신고서를 제출하고, 제출일부터 1개월 이내에 해당 물품을 변경된 설치 또는 사용 장소에 반입해야 한다(시행령 제129조 제5항). 위 용도세율의 적용, 관세의 감면 또는 분할납부의 승인을 받은 물품의 통관세관과 관할지세관이 서로 다른 경우에는 통관세관장은 관세청장이 정하는 바에 따라 관할지세관장에게 해당 물품에 대한 관계서류를 인계하여야 한다(시행령 제130조 제1항). 통관세관장이 관할지세관장에게 관계서류를 인계한 물품에 대하여 재수출면세 및 사후관리 규정 위반에 따라 즉시 관세를 징수하는 경우에는 관할지세관장이 이를 징수한다(시행령 제130조 제2항).

제8장

납세자의 권리와 관세불복

8-1 납세자 권리 및 불복절차

I. 의 의

관세법상 납세자 권리 및 불복절차는 국세기본법과 거의 같으며, 과세권 행사는 정당한 권리를 침해하지 않도록 해야 한다. 다만 현실적으로 과세관청에 우월한 지위가 인정되므로 납세자 보호규정을 두면서 납세의무와 납세자의 권리가 균형되도록 하여야한다.

II. 납세자 권리헌장

관세청장은 관세조사 및 납세자 권리와 관련한 사항인 납세자권리헌장을 제정하여 고시하여야 한다. 세관공무원은 조사사유, 조사기간, 납세자보호위원회에 대한 심의 요청사항·절차 및 권리구제 절차 등을 설명하여야 하며, 교부하여야 하는 경우 및 그 요지를 낭독하여야 한다(제110조).

III. 관세조사

1. 필요성 및 효력

(1) 대상자 선정

세관장은 다음 각 호의 어느 하나에 해당하는 경우에 정기적으로 신고의 적정성을 검증하기 위하여 대상을 정기선정 하여 조사를 할 수 있다. 이 경우 세관장은 객관적 기준에 따라 공정하게 그 대상을 선정하여야 한다(제110조의3 제1항).

① 관세청장이 수출입업자의 신고 내용에 대하여 정기적으로 성실도를 분석한 결과 불성실 혐의가 있다고 인정하는 경우(제1호)

② 최근 4년 이상 조사를 받지 아니한 납세자에 대하여 업종, 규모 등을 고려하여 대통령령으로 정하는 바에 따라 신고 내용이 적정한지를 검증할 필요가 있는 경우(제2호)

③ 무작위추출방식으로 표본조사를 하려는 경우(제3호)

(2) 납세자의 성실성 추정

세관공무원은 납세자가 이 법에 따른 신고 등의 의무를 이행하지 아니한 경우 또는 납세자에게 구체적인 관세포탈 등의 혐의가 있는 경우 등을 제외하고는 납세자가 성실하며 납세자가 제출한 신고서 등이 진실한 것으로 추정하여야 한다. 이 때에 세관공무원이 납세자가 제출한 신고서 등의 내용에 관하여 질문을 하거나 신고한 물품에 대하여 확인을 하는 행위 등을 제한하지 아니한다(제113조).

(3) 관세조사권 남용 금지

가. 관세조사권 남용 금지 및 중복조사의 금지

세관공무원은 적정하고 공평한 과세를 실현하고 통관의 적법성을 보장하기 위하여 필요한 최소한의 범위에서 관세조사를 하여야 하며 다른 목적 등을 위하여 조사권을 남용하여서는 안 되고 해당 사안에 대하여 이미 조사받은 자를 다시 조사할 수 없다(제111조 제1항, 제2항).

나. 중복조사가 허용되는 경우

다음의 경우에는 이미 조사받은 자를 다시 조사할 수 있다(제111조 제2항).

① 관세탈루 등의 혐의를 인정할 만한 명백한 자료가 있는 경우(제1호)
② 이미 조사받은 자의 거래상대방을 조사할 필요가 있는 경우(제2호)
③ 심사청구 또는 심판청구에 따른 재조사 결정에 따라 재조사를 하는 경우(결정서 주문에 기재된 범위의 재조사에 한정한다)(제3호)
④ 납세자가 세관공무원에게 직무와 관련하여 금품을 제공하거나 금품제공을 알선한 경우(제4호)
⑤ 밀수출입, 부정·불공정무역 등 경제질서 교란 등을 통한 탈세혐의가 있는 자에 대하여 일제조사를 하는 경우(제5호, 시행령 제136조)

(4) 통합조사의 원칙

세관공무원은 신고납부세액과 이 법 및 다른 법령에서 정하는 수출입 관련 의무이행과 관련하여 그 권한에 속하는 사항을 통합하여 조사하는 것을 원칙으로 한다(제110조의2).

다만 특정한 분야만을 조사할 필요가 있는 경우 즉 ① 세금탈루 혐의, 수출입 관련 의무위반 혐의, 수출입업자 등의 업종·규모 등을 고려하여 특정 사안만을 조사할 필요가 있는 경우, ② 조세채권의 확보 등을 위하여 긴급히 조사할 필요가 있는 경우, ③ 그 밖에 조사의 효율성, 납세자의 편의 등을 고려하여 특정 분야만을 조사할 필요가 있는 경우에는 그러하지 아니하다(제110조의2, 시행령 제135조의2).

2. 관세조사 대상

(1) 정기조사

세관장은 정기적으로 신고의 적정성을 검증하기 위하여 대상을 선정하여 조사할 수 있다(제110조의3).

(2) 수시조사

세관장은 다음 어느 하나에 해당하는 경우 수시조사를 실시할 수 있다(제110조의3 제2항).
① 납세자가 이 법에서 정하는 신고·신청, 과세가격결정자료 제출 등의 납세협력 의무를 이행하지 아니한 경우(제1호)
② 수출입업자에 대한 구체적인 탈세제보 등이 있는 경우(제2호)
③ 신고내용에 탈세나 오류의 혐의를 인정할 만한 자료가 있는 경우(제3호)
④ 납세자가 세관공무원에게 직무와 관련하여 금품을 제공하거나 금품제공을 알선한 경우(제4호)

(3) 부과처분을 위한 실지조사

세관장은 부과고지 하는 경우에 과세표준과 세액을 결정하기 위한 조사를 할 수 있다(제110조의3 제3항).

3. 관세조사 절차

관세법상 관세조사 절차와 관련한 규정은 내국세법상 그 규정과 달리 세무조사 기간, 세무조사 범위 확대에 관한 규정이 법률에는 없고 시행령에 있다.

(1) 사전통지 및 조력 받을 권리

가. 조력을 받을 권리

납세자는 관세범(환급특례법상 관세범 포함)에 관한 조사, 관세조사 또는 징수권의 확보를 위하여 압류를 하는 경우나 보세판매장에 대한 조사를 하는 경우 변호사, 관세사로 하여금 조사에 참여하게 하거나 의견을 진술하게 할 수 있다(제112조, 시행령 제135조).

나. 사전통지를 받을 권리

세관공무원은 위 가.에 해당하는 조사를 위하여 해당 장부, 서류, 전산처리장치 또는 그 밖의 물품 등을 조사하는 경우에는 조사를 받게 될 납세자(그 위임을 받은 자를 포함)에게 조사 시작 15일 전에 조사 대상, 조사 사유, 조사기간 등의 사항을 통지하여야 한다(제114조 제1항).

다만, ① 범칙사건에 대하여 조사하는 경우(제1호), ② 사전에 통지하면 증거인멸 등으로 조사 목적을 달성할 수 없는 경우(제2호)에는 그러하지 아니하다(제114조 제1항 단서).

(2) 연기신청과 조사기간, 조사의 중지

가. 관세조사 연기신청과 세관장의 조치

관세조사의 사전통지를 받은 납세자가 화재나 그 밖의 재해로 사업상 심한 어려움이 있는 경우(시행령 제140조 제1항 제1호), 납세자 또는 그 위임을 받은 자의 질병, 장기출장 등으로 관세조사가 곤란하다고 판단되는 경우(제2호), 권한있는 기관에 의하여 장부 및 증빙서류가 압수 또는 영치된 경우(제3호), 그 밖에 제1호부터 제3호까지의 규정에 준하는 사유가 있는 경우(제4호) 등 조사를 받기 곤란한 경우에는 해당 세관장에게 조사를 연기하여 줄 것을 신청할 수 있다(제114조 제2항). 관세조사 연기를 신청받은 세관장은 연기신청 승인 여부를 결정하고 그 결과를 조사 개시 전까지 신청인에게 통지하여야 한다(시행령 제140조 제3항).

나. 관세조사기간

관세조사기간은 조사대상자의 수출입 규모, 조사 인원·방법·범위 및 난이도 등을 종합적으로 고려하여 최소한이 되도록 하되, 방문하여 조사하는 경우에 그 조사기간은 20일 이내로 한다(시행령 제139조의2 제1항).

다만 조사대상자가 장부·서류 등을 은닉하거나 그 제출을 지연 또는 거부하는 등 조사를 기피하는 행위가 명백한 경우, 조사범위를 다른 품목이나 거래상대방 등으로 확대할 필요가 있는 경우, 천재지변이나 노동쟁의로 조사가 중단되는 경우 등에는 20일 이내의 범위에서 조사기간을 연장할 수 있는데, 2회 이상 연장하는 경우에는 관세청장의 승인을 받아 각각 20일 이내에서 연장할 수 있다(시행령 제139조의2 제2항).

다. 조사의 중지

납세자에게 관세조사 연기신청 사유에 해당하는 사유가 있어 조사중지를 신청한 경우, 납세자가 장부·서류 등을 은닉하거나 그 제출을 지연 또는 거부하는 등으로 인하여 조사를 정상적으로 진행하기 어려운 경우, 노동쟁의 등의 발생으로 관세조사를 정상적으로 진행하기 어려운 경우, 납세자보호관등이 관세조사의 일시중지를 요청하는 경우에는 조사를 중지할 수 있다. 이 경우 그 중지기간은 조사기간 및 조사연장기간에 산입하지 아니한다(시행령 제139조의2 제3항).

(5) 장부 및 서류의 보관조치

가. 장부 및 서류의 보관과 조치

세관공무원은 관세조사의 목적으로 납세자의 장부·서류 또는 그 밖의 물건을 세관관서에 임의로 보관할 수 없다(제114조의2 제1항). 다만, 수시조사 실시 사유에 해당하는 경우 조사목적에 필요한 최소한의 범위에서 납세자, 소지자 또는 보관자 등 정당한 권한이 있는 자가 임의로 제출한 장부 등을 납세자의 동의를 받아 세관관서에 일시보관할 수 있고, 일시보관하려는 경우 납세자로부터 일시보관 동의서를 받아야 하며, 일시보관증을 교부하여야 한다(제114조의2 제2항, 제3항).

나. 장부 및 서류의 반환

일시 보관하고 있는 장부 등에 대하여 납세자가 반환을 요청한 경우에는 납세자가 그 반환을 요청한 날부터 14일을 초과하여 장부 등을 보관할 수 없으나, 납세자가 그 장부 등의 반환을 요청한 경우로서 관세조사에 지장이 없다고 판단될 때에는 요청한 장부 등을 즉시 반환하여야 한다(제114조의2 제4항, 제5항). 장부 등을 반환하는 경우 세관공무원은 장부 등의 사본을 보관할 수 있으며, 그 사본이 원본과 다름 없다는 사실을 확인하는 납세자의 서명 또는 날인을 요구할 수 있다(제114조의2 제6항).

4. 세관공무원 비밀유지의무

세관공무원은 납세자가 이 법에서 정한 납세의무를 이행하기 위하여 제출한 자료 나 관세의 부과·징수 또는 통관을 목적으로 업무상 취득한 과세정보를 타인에게 제 공하거나 누설하여서는 아니 되며, 사용 목적 외의 용도로 사용하여서도 아니 된다 (제116조 제1항). 다만 국가기관이나 다른 과세기관, 법원, 통계청장, 공공기관, 은행, 다른 법률에 따라 과세정보를 요구하는 경우에는 그 사용 목적에 맞는 범위에서 납 세자의 과세정보를 제공할 수 있다(제116조 제1항 단서).

IV. 납세의 간접강제

1. 상습체납자 명단공개

(1) 공개내용 및 공개방법

관세청장은 비밀유지의무에도 불구하고 체납발생일로부터 1년 경과한 2억 원 이 상 체납자의 인적사항과 체납액, 관세포탈 관세액이 연간 2억원 이상인 관세포탈범 의 인적사항과 포탈 관세액을 공개할 수 있다(제116조의2 제1항). 체납자 명단공개 시 공개할 사항은 체납자의 성명·상호(법인의 명칭을 포함한다)·연령·직업·주소, 체납액의 세목·납기 및 체납요지 등으로 하고, 체납자가 법인인 경우에는 법인의 대표자를 함께 공개한다(시행령 제141조의5 제4항).

그 공개는 관보에 게재하거나 관세청장이 지정하는 정보통신망 또는 관할 세관의 게시판에 게시하는 방법으로 한다(제116조의2 제5항). 다만 명단공개 전에 관세청장 은 심의위원회의 심의를 거친 공개대상예정자에게 체납자 또는 관세포탈범 명단 공 개대상예정자임을 통지하여 소명할 기회를 주어야 한다(제116조의2 제3항).

(2) 공개할 수 없는 경우

체납관세 등에 대하여 이의신청·심사청구 등 불복청구가 진행 중이거나 체납액의 일정금액 이상을 납부한 경우 예컨대 최근 2년간의 체납액 납부비율이 100분의 50 이상인 경우, 회생계획인가의 결정에 따라 체납된 세금의 징수를 유예받고 그 유예기간 중에 있거나 체납된 세금을 회생계획의 납부일정에 따라 납부하고 있는 경우, 재산상황, 미성년자 해당여부 및 그 밖의 사정 등을 고려할 때 관세정보위원회가 공개할 실익이 없거나 공개하는 것이 부적절하다고 인정하는 경우에는 제외한다 (제116조의2 제1항 단서, 시행령 제141조의5 제1항).

(3) 관세정보위원회

체납자의 인적사항과 체납액 또는 관세포탈범의 인적사항과 포탈관세액 등에 대한 공개 여부를 심의 또는 재심의하고 체납자에 대한 감치 필요성 여부를 의결하기 위하여 관세청에 관세정보위원회를 둔다(제116조의2 제2항).

2. 납세증명서 제출 및 발급

납세자는 국가 등에서 대금을 지급받거나 내국인이 해외이주신고를 하는 등의 경우에 납세증명서를 제출하여야 한다. 세관장은 납세자로부터 납세증명서의 발급신청을 받았을 때에는 그 사실을 확인하고 즉시 납세증명서를 발급하여야 한다(제116조의3).

3. 고액ㆍ상습체납자 감치

법원은 검사의 청구에 따라 체납자가 다음 ① 내지 ③의 사유에 모두 해당하는 경우 결정으로 30일의 범위에서 체납된 관세(세관장이 부과ㆍ징수하는 내국세 등을 포함)가 납부될 때까지 그 체납자를 감치(監置)에 처할 수 있다(제116조의4 제1항).

① 관세를 3회 이상 체납하고 있고, 체납발생일부터 각 1년이 경과하였으며, 체납금액의 합계가 2억 원 이상인 경우(제1호)

② 체납된 관세의 납부능력이 있음에도 불구하고 정당한 사유 없이 체납한 경우(제2호)

③ 관세정보위원회의 의결에 따라 해당 체납자에 대한 감치 필요성이 인정되는 경우(제3호).

관세청장은 체납자가 ① 내지 ③호의 사유에 모두 해당하는 경우에는 체납자의 주소 또는 거소를 관할하는 지방검찰청 또는 지청의 검사에게 체납자의 감치를 신청할 수 있는데, 감치를 신청하기 전에 체납자에게 소명자료를 제출하거나 의견을 진술할 수 있는 기회를 주어야 하고, 감치결정에 대하여는 즉시항고를 할 수 있다(제116조의4 제2항 내지 제4항).

또한 감치에 처하여진 체납자는 동일한 체납사실로 인하여 재차 감치되지 아니하며, 감치에 처하는 재판을 받은 체납자가 그 감치의 집행 중에 체납된 관세를 납부한 경우에는 감치집행을 종료하여야 한다(제116조의4 제5항, 제6항).

4. 출국금지 요청 등

(1) 출국금지 사유

관세청장은 정당한 사유 없이 5천만원 이상의 관세(세관장이 부과·징수하는 내국세 등을 포함)를 체납한 자 중 ① 배우자 또는 직계존비속이 국외로 이주(국외에 3년 이상 장기체류 중인 경우를 포함한다)한 사람, ② 출국금지 또는 출국정지의 요청일 현재 최근 2년간 미화 5만 달러 상당액 이상을 국외로 송금한 사람, ③ 미화 5만 달러 상당액 이상의 국외자산이 발견된 사람, ④ 고액·상습체납자로 명단이 공개된 자, ⑤ 출국금지 요청일을 기준으로 최근 1년간 체납된 관세(내국세 등을 포함)가 5천만원 이상인 상태에서 사업 목적, 질병 치료, 직계존비속의 사망 등 정당한 사유 없이 국외 출입 횟수가 3회 이상이거나 국외 체류 일수가 6개월 이상인 사람, ⑥ 관세징수에 대한 사해행위(詐害行爲) 취소소송 중이거나 제3자와 짜고 한 거짓계약에 대한 취소소송 중인 사람에 대하여 법무부장관에게 출국금지 또는 출국정지를 즉시 요청하여야 한다(제116조의5 제1항, 시행령 제141조의11 제1항).

(2) 출국금지 후의 조치와 해제

법무부장관은 출국금지 또는 출국정지를 한 경우에는 관세청장에게 그 결과를 정보통신망 등을 통하여 통보하여야 하며(제116조의5 제2항), ① 체납자가 체납액을 전부 또는 일부 납부하여 체납된 관세가 5천만원 미만으로 된 경우, ② 체납자 재산의 압류, 담보 제공 등으로 출국금지 사유가 해소된 경우, ③ 관세징수권의 소멸시효가 완성된 경우, ④ 체납액의 부과결정의 취소 등에 따라 체납된 관세(세관장이 부과·징수하는 내국세 등을 포함)가 5천만원 미만이 된 경우, ⑤ 출국금지 요청의 요건을 충족하지 않게 된 경우 관세청장은 즉시 법무부장관에게 출국금지 또는 출국정지의 해제를 요청하여야 한다(제116조의5 제3항, 시행령 제141조의12 제1항).

일정한 경우에는 출국금지의 해제를 요청할 수 있는 경우 즉 임의적 사유인 경우도 있는데 ① 국외건설계약 체결, 수출신용장 개설, 외국인과의 합작사업계약 체결 등 구체적인 사업계획을 가지고 출국하려는 경우, ② 국외에 거주하는 직계존비속이 사망하여 출국하려는 경우, ③ 본인의 신병 치료 등 불가피한 사유로 출국할 필요가 있다고 인정되는 경우이다. 다만 관세청장이 강제징수를 회피할 목적으로 국외로 도피할 우려가 없다고 인정하는 경우이어야 한다(시행령 제141조의12 제2항).

5. 납세자본인에 대한 과세정보 전송요구 및 정보요구권

(1) 과세정보 전송요구권

납세자는 관세청장에 대하여 본인에 관한 정보로서 과세정보를 납세자 본인, 관세사(관세법인), 세무사(세무법인), 공인회계사나 변호사, 전기통신사업자 등에게 전송요구할 수 있다. 관세청장은 해당 정보를 컴퓨터 등 정보처리장치를 이용하여 전송하여야 하며, 관세청장은 과세정보 전송업무를 대행기관에 대행하도록 할 수 있다. 과세정보를 전송 요구하려는 자는 관세청장에게 수수료를 납부하여야 한다(제116조의6).

(2) 정보요구권

세관공무원은 납세자가 납세자의 권리행사에 필요한 정보를 요구하면 신속하게 제공하여야 하며, 이 경우 세관공무원은 납세자가 요구한 정보와 관련되어 있어 관세청장이 정하는 바에 따라 납세자가 반드시 알아야 한다고 판단되는 그 밖의 정보도 함께 제공하여야 한다(제117조).

6. 관허사업제한

세관장은 납세자가 허가·인가·면허 및 등록 등을 받은 사업과 관련된 관세 또는 내국세 등을 체납한 경우 해당 사업의 주무관청에 그 납세자에 대하여 허가 등의 갱신과 그 허가 등의 근거 법률에 따른 신규 허가 등을 하지 아니할 것을 요구할 수 있다(제326조의2 제1항).

세관장은 허가 등을 받아 사업을 경영하는 자가 해당 사업과 관련된 관세, 내국세 등을 3회 이상 체납하고 그 체납된 금액의 합계액이 500만원 이상인 경우 해당 주무관청에 사업의 정지 또는 허가 등의 취소를 요구할 수 있다(제326조의2 제2항).

다만 재난, 질병 또는 사업의 현저한 손실, 공시송달의 방법으로 납부고지된 경우, 기한의 연장 사유에 해당하는 경우, 어음거래정지처분, 파산선고, 총재산이 강제징수비를 징수하면 남을 여지가 없어 강제징수를 종료할 필요가 있는 경우, 양도담보권자가 그 물적납세의무와 관련된 관세·내국세 등 및 강제징수비를 체납한 경우 등의 경우에는 허가 등을 하지 아니하도록 요구하거나 허가 등의 취소를 요구할 수 없다(제326조 제1항, 제2항 단서, 시행령 제283조의2).

V. 과세 전 적부심 등

1. 과세 전 적부심사

(1) 과세전통지를 하는 경우

세관장은 경정 또는 과세표준, 세율, 관세의 감면 등에 관한 규정의 적용 착오 등으로 납부세액의 부족액을 징수하려는 경우 미리 납세의무자에게 그 내용을 서면통지 하여야 한다(제118조 제1항). 통지를 받은 자는 과세전적부심사를 청구하지 아니하고 통지를 한 세관장에게 통지받은 내용의 전부 또는 일부에 대하여 조기에 경정해 줄 것을 신청할 수 있고, 이 경우 해당 세관장은 즉시 신청받은 대로 세액을 경정하여야 한다(제118조 제5항).

(2) 과세전통지를 생략하는 경우

① 통지하려는 날부터 3개월 이내에 관세부과의 제척기간이 만료되는 경우(제1호), ② 잠정가격 신고 후 납세의무자가 확정가격을 신고한 경우(제2호), ③ 수입신고 수리 전에 세액을 심사하는 경우로서 그 결과에 따라 부족세액을 징수하는 경우(제3호), ④ 재수출면세에 따라 면제된 관세를 추징하거나 사후관리 위반에 따라 감면된 관세를 징수하는 경우(제4호), ⑤ 관세포탈죄로 고발되어 포탈세액을 징수하는 경우(제5호),

⑥ 그 밖에 관세의 징수가 곤란하게 되는 등 사전통지가 적당하지 아니한 경우(제6호)로서 납부세액의 계산착오 등 명백한 오류에 의하여 부족하게 된 세액을 징수하거나 감사원의 시정요구에 따라 징수하는 경우 또는 납세의무자가 부도·휴업·폐업 또는 파산한 경우, 관세품목분류위원회의 의결에 따라 결정한 품목분류에 의하여 수출입 물품에 적용할 세율이나 품목분류의 세번이 변경되어 부족한 세액을 징수하는 경우, 재조사 결과에 따라 해당 처분의 취소·경정을 하거나 필요한 처분을 하는 경우(시행령 제142조) 등에는 과세전통지를 생략할 수 있다(제118조 제1항 단서).

(3) 과세전적부심 청구절차

납세의무자가 과세전통지를 받았을 때에는 그 통지를 받은 날부터 30일 이내에 예컨대 인천공항세관장 및 김포공항세관장의 통지에 대한 과세전적부심사인 경우는 인천공항세관장, 서울세관장·안양세관장·천안세관장·청주세관장·성남세관장·파주세관장·속초세관장·동해세관장 및 대전세관장의 통지에 대한 과세전적부심사인 경우에는 서울세관장에게 통지 내용이 적법한지에 대한 심사 즉 과세전적부심사를 청구할 수 있다(제118조 제2항, 시행규칙 제61조).

다만, 법령에 대한 관세청장의 유권해석을 변경하여야 하거나 새로운 해석이 필요한 경우 등으로서 예컨대 동일 납세의무자가 동일한 사안에 대하여 둘 이상의 세관장에게 과세전적부심사를 청구하여야 하는 경우 또는 과세전적부심사 청구금액이 5억원 이상인 경우에는 관세청장에게 이를 청구할 수 있다(제118조 제2항 단서, 시행령 제143조 제1항).

(4) 세관장의 조치

과세전적부심사를 청구받은 세관장이나 관세청장은 그 청구를 받은 날부터 30일 이내에 관세심사위원회의 심사를 거쳐 결정을 하고, 그 결과를 청구인에게 통지하여야 한다. 다만, 과세전적부심사 청구기간이 지난 후 과세전적부심사청구가 제기된 경우, 과세전통지가 없거나 과세전통지가 청구인에게 한 것이 아닌 경우, 보정기간 내에 심사청구서의 보정을 하지 않는 경우, 심사청구서의 내용과 쟁점이 관세심사위원회의 심의를 거쳐 결정된 사항과 동일한 경우에는 해당 위원회의 심사를 거치지 아니하고 결정할 수 있다(제118조 제3항 단서, 시행령 제144조).

(5) 결정의 종류

과세전적부심사 청구에 대한 결정은 다음의 구분에 따른다(제118조 제4항).

① 청구 이유 없는 경우 "채택하지 아니함"

② 청구 이유 있는 경우 "청구의 전부 또는 일부 채택." 이 경우 구체적인 채택의 범위를 정하기 위하여 사실관계 확인 등 추가적으로 조사가 필요한 경우에는 통지를 한 세관장으로 하여금 이를 재조사하여 그 결과에 따라 당초 통지 내용을 수정하여 통지하도록 하는 재조사 결정을 할 수 있다.

③ 청구기간이 지난 경우 "심사하지 아니함"

|**사례 1**| 갑은 관할 세관장으로부터 이미 납부한 세액이 부족하다고 하여 그 부족세액 10억원 상당을 징수하겠다는 통지를 받았다. 이 단계에서 갑이 불복할 수 있는 불복수단은?[1]

---

2. 관세청장의 납세자권리보호

관세청장은 직무를 수행할 때 납세자의 권리가 보호되고 실현될 수 있도록 성실하게 노력하여야 하고, 납세자의 권리보호를 위하여 관세청에 납세자 권리보호업무를 총괄하는 납세자보호관을 두고, 인천공항세관 · 서울세관 · 부산세관 · 인천세관 · 대구세관 및 광주세관 등 본부세관에 납세자 권리보호업무를 수행하는 담당관을 각각 1명을 둔다(제118조의2 제1항, 제2항, 시행령 제144조의2 제1항).

3. 납세자의 협력의무

납세자는 세관공무원의 적법한 질문 · 조사, 제출명령에 대하여 성실하게 협력하여야 한다(제118조의3).

---

1) 부족세액에 대한 징수통지는 과세통지를 의미하므로, 과세전 통지에 불복하여 제기할 수 있는 것은 과세전적부심사청구이다. 이의신청, 심사청구, 심판청구 등은 세관장의 납부고지에 불복하여 제기하는 사후구제제도이다(관세사 기출, 2006년).

4. 납세자보호위원회

① 납세자 권리보호에 관한 사항, ② 과세전적부심사, ③ 심사청구, ④ 이의신청 등 사항을 심의(제3호의 사항은 의결을 포함한다)하기 위하여 본부세관 및 관세청에 납세자보호위원회를 둔다(제118조의4 제1항). 예컨대 세관 납세자보호위원회는 관세조사 범위의 확대, 관세조사 기간 연장에 대한 납세자의 관세조사 일시중지 또는 중지 요청 등을 심의하고(제118조의4 제2항), 관세청 납세자보호위원회는 세관 납세자보호위원회의 심의를 거친 해당 세관장의 결정에 대한 납세자의 취소 또는 변경 요청, 관세청장의 유권해석을 변경하여야 하거나 새로운 해석이 필요한 경우의 과세전적부심사, 심사청구 등의 사항을 심의(심사청구 사항은 의결을 포함)한다(제118조의4 제3항). 납세자보호관은 납세자보호위원회의 의결사항에 대한 이행여부 등을 감독한다(제118조의4 제11항).

8-2 관세불복

I. 의 의

이 법이나 그 밖의 관세에 관한 법률 또는 조약에 따른 처분 중 위법한 처분 또는 부당한 처분을 받거나 부작위로 권리나 이익을 침해당한 자는 이 절의 규정에 따라 그 처분의 취소 또는 변경을 청구하거나 필요한 처분을 청구할 수 있다(제119조). 다만 통고처분, 감사원법에 따라 심사청구를 한 처분이나 그 심사청구에 대한 처분, 이 법이나 그 밖의 관세에 관한 법률에 따른 과태료 부과처분은 불복할 수 없다(제119조 단서). 관세불복 규정은 국세의 불복 규정과 거의 같다.

II. 불복청구의 종류

1. 불복심급과 행정소송

제119조에 따른 처분에 대하여는 행정심판법을 적용하지 아니한다(제120조 제1항). 위법한 처분에 대한 행정소송은 이 법에 따른 심사청구 또는 심판청구와 그에 대한 결정을 거치지 아니하면 제기할 수 없으며(행정심판전치주의)(제120조 제2항 본문), 심사청구나 심판청구에 따른 결정을 통지받은 날부터 90일 이내에 제기하여야 한다(제120조 제3항). 다만, 심사청구 또는 심판청구에 대한 이유가 있다고 인정되는 경우의 재조사 결정에 따른 처분청의 처분에 대한 행정소송은 심사청구 등을 거치지 않고 제기할 수 있는데(제120조 제2항 단서), 재조사 후 행한 처분청의 처분의 결과 통지를 받은 날부터 90일 이내에 소송을 제기하거나 재조사 후 행한 처분청의 처분에 대하여 제기한 심사청구 또는 심판청구에 대한 결정의 통지를 받은 날부터 90일 이내에 제기할 수 있다(제120조 제4항). 감사원 심사청구를 거친 경우에는 이 법에 따른 심사청구나 심판청구를 거친 것으로 본다(제120조 제5항).

2. 심사청구기간

심사청구는 해당 처분을 한 것을 안 날(처분하였다는 통지를 받았을 때에는 통지를 받은 날을 말한다)부터 90일 이내에 제기하여야 하며(제121조 제1항), 이의신청을 거친 후 심사청구를 하려는 경우에는 이의신청에 대한 결정을 통지받은 날부터 90일 이내에 하여야 한다(제121조 제2항). 90일 이내에 우편으로 제출한 심사청구서가 청구기간이 지나 세관장 또는 관세청장에게 도달한 경우에는 그 기간의 만료일에 청구된 것으로 본다(제121조 제3항).

3. 심사청구절차

심사청구는 불복하는 사유를 심사청구서에 적어 해당 처분을 하였거나 하였어야 하는 세관장을 거쳐 관세청장에게 하여야 한다(제122조 제1항). 심사청구기간을 계산할 때에는 해당 심사청구서가 세관장에게 제출된 때에 심사청구가 된 것으로 보며, 해당 심사청구서가 제1항에 따른 세관장 외의 세관장이나 관세청장에게 제출된 경우에도 또한 같다(제122조 제2항).

해당 심사청구서를 제출받은 세관장은 이를 받은 날부터 7일 내에 그 심사청구서에 의견서를 첨부하여 관세청장에게 보내야 하며, 관세청장이 세관장의 의견서를 받은 때에는 지체 없이 해당 의견서의 부본을 심사청구인에게 송부하여야 하는데(제122조 제3항, 제4항) 이때 심사청구인은 그 송부 받은 의견서에 대하여 반대되는 증거서류 또는 증거물을 관세청장에게 제출할 수 있다(제122조 제5항).

4. 정보통신망을 이용한 불복청구

이의신청인, 심사청구인 또는 심판청구인은 관세청장 또는 조세심판원장이 운영하는 정보통신망을 이용하여 이의신청서, 심사청구서 또는 심판청구서를 제출할 수 있으며, 관세청장 또는 조세심판원장에게 이의신청서, 심사청구서 또는 심판청구서가 전송된 때에 이 법에 따라 제출된 것으로 본다(제129조의2).

5. 이의신청

이의신청은 불복의 사유를 갖추어 해당 처분을 하였거나 하였어야 할 세관장에게 하여야 한다. 이 경우 우편물통관에 따른 결정사항 또는 우편물통관에 따른 세액에 관한 이의신청은 해당 결정사항 또는 세액에 관한 통지를 직접 우송한 우체국의 장에게 이의신청서를 제출함으로써 할 수 있고, 우체국의 장이 이의신청서를 접수한 때에 세관장이 접수한 것으로 본다(제132조 제1항). 이의신청은 처분 받은 날로부터 30일 내(증거서류 제출 시 60일)에 하여야 하며(제132조 제4항), 이의신청을 받은 세관장은 관세심사위원회의 심의를 거쳐 결정하여야 하는데(제132조 제3항) 이의신청을 받은 세관장은 이의신청을 받은 날부터 7일 이내에 이의신청의 대상이 된 처분에 대한 의견서를 이의신청인에게 송부하여야 한다. 이 경우 의견서에는 처분의 근거·이유 및 처분의 이유가 된 사실 등이 구체적으로 기재되어야 하는데(제132조 제5항) 이의신청인은 송부받은 의견서에 대하여 반대되는 증거서류 또는 증거물을 세관장에게 제출할 수 있다(제132조 제6항).

III. 불복의 대상

1. 불복대상의 범위

(1) 위법 또는 부당한 처분

가. 처분이어야 한다(=행정법상 처분은 권력적 단독행위).

① 행정청의 권고, 견해표명 등은 법적 효과를 발생하지 않으므로 처분이 아니다.

② 국세징수법상의 독촉도 확정된 체납액의 납부에 대한 최고의 성질을 가질 뿐 새로운 부담을 지우는 것이 아니므로 처분이 아니다.

③ 처분은 대외적으로 표시되어야 하므로 내부적 행위 또는 행정기관 상호간의 행위인 경우에는 처분이 아니다.

④ 개별적, 구체적 행위일 것이어야 하므로 훈령, 고시 그 자체는 불복대상이 아니다. 종국적인 처분의 과정에서 이루어지는 절차에 대한 처분은 독립하여 불복청구를 할 수 없는 것으로 해석된다.

나. 위법하거나 부당한 처분이어야 한다.

① 부당한 처분이 포함된다는 점에서 위법한 처분에만 불복이 가능한 소송절차와 다르다.

② 위법하거나 부당한 처분은 세금의 부과 등 작위적인 처분이어야 한다.

(2) 부작위처분

① 부작위처분이란 과세관청에게 법률상 처분을 해주어야 하는 의무가 있음에도 불구하고 필요한 처분을 받지 못하는 경우를 말한다.

② 예컨대 과세관청이 공제·감면신청에 대한 결정, 관세의 환급, 사업자등록신청에 대한 등록증 교부, 허가·승인, 압류해제, 경정청구에 대한 결정 또는 경정등의 사항을 명시적 또는 묵시적으로 거부하는 것을 말한다.

2. 불복대상에서 제외되는 것

(1) 불복에 대한 처분

① 불복에 대한 재결에 다시 불복하게 한다면 쟁송의 순환으로 해결을 지연시키기 때문이다.

② 이의신청에 대한 처분에 대하여 심사청구 또는 심판청구를 하는 경우는 예외로 한다.

(2) 관세법에 따른 통고처분

① 통고처분은 조세범칙사건의 조사에 의해 범죄의 심증을 얻었을 때 세관장 등이 범칙자에게 벌금 등을 납부할 것을 통지하는 과벌적(課罰的) 행정처분이다.

② 통고처분은 반드시 이행해야 하는 의무가 아니므로 처분성이 없고, 만약 처분성이 인정된다 하더라도 이행에 의하여 공소권소멸의 이익을 얻게 되는 이익처분이며, 불이행시에는 형사절차로 이행되므로 불복절차에서 제외된다.

(3) 감사원법에 의한 심사청구를 한 처분과 그 심사청구에 대한 처분

① 감사원법에 의하여 심사청구를 한 처분이나 그 심사청구에 대한 처분에 대하여는 국세기본법상의 불복청구대상에서 제외한다.

② 그 심사청구에 대한 처분이란, 이는 감사원 심사청구에 대한 감사원장의 결정을 의미한다.

③ 감사원의 처분에 대하여 피감사기관이 다시 심리하는 것은 논리적으로 모순일

뿐 아니라 불복청구에 대한 처분을 다시 불복의 대상으로 하는 것이 부당하기 때문에 배제되는 것이다.

(4) 이 법이나 그 밖의 관세에 관한 법률에 따른 과태료 부과처분

과태료 부과처분은 이에 대해 당사자가 해당 관청에 이의를 제기하면 그 과태료 부과처분은 효력을 상실할뿐더러 법원이 재판으로 과태료를 결정하기 때문에 관세법상 불복대상에서 제외되는 것이다.[2]

3. 결정 및 경정과 불복대상

(1) 학 설

① 흡수설(=소멸설): 경정처분의 효력은 새로이 조사결정 한 "세액 전체"에 미치고, 당초처분은 경정처분에 흡수되어 소멸된다는 견해이다. 즉 후행처분이 불복대상이 된다.

② 역흡수설(=경정신축설): 경정처분은 당초처분에 역으로 흡수, 일체가 되어 당초처분에 의한 세액이 "경정된 세액만큼 증감"된다는 견해이다. 즉 선행처분이 불복대상이 된다.

③ 병존설: 경정처분의 효력은 경정으로 인하여 새로이 증감된 세액 등의 부분에만 미치고 당초처분과 경정처분은 서로 독립하여 별개의 처분으로 병존한다는 견해이다. 따라서 선행처분과 후행처분 모두가 불복대상이 된다.

(2) 판례의 태도

감액결정에 대하여는 역흡수설을, 증액결정에 대하여는 흡수설의 입장을 취하였으며, 국세기본법은 현재 병존설로 보이도록 입법하였다. 그러나 현재 판례는 원칙적으로 흡수설의 입장으로 보이는데, 그것은 우리가 총액주의를 취하고 있고 유사한 규정이 있는 일본도 흡수설로 해석하기 때문으로 보인다.

---

2) 이태로·한만수, 전게서, p.210.

> **|사례 1|** 라벤다 꽃가루가 상품분류상 1208에 해당한다는 관세청장의 회신은 불복의 대상인 행정처분인가?3)

> **|사례 2|** 군산세관 익산출장소장의 소관사무 중의 하나로 '수입물품에 대한 관세 등 조세의 세액결정 및 징수'를 규정하고 있으나 관세의 부과처분에 관한 권한이 위임되어 있다고 보기는 어려운 상황에서 세관출장소장이 관세증액경정처분을 한 것은 권한 없는 자가 한 조세부과처분에 해당하므로 그 하자가 중대하고 명백하여 당연무효인가?4)

IV. 불복청구인

1. 이해관계인 등

이 법이나 그 밖의 관세에 관한 법률 또는 조약에 따른 처분으로 권리나 이익을 침해받게 되는 제2차 납세의무자 등 이해관계인은 그 처분에 대하여 이 절에 따른 심사청구 또는 심판청구를 하여 그 처분의 취소 또는 변경이나 그 밖에 필요한 처분을 청구할 수 있다(제119조 제9항). 이해관계인의 범위에는 제2차 납세의무자로서 납부고지서를 받은 자, 물적 납세의무를 지는 자로서 납부고지서를 받은 자, 납세보증인 등이 포함된다(시행령 제145조 제3항).

---

3) 원고가 취소를 구하는 피고(관세청장)의 본건 회신은 그 형식이 원고의 청원에 대한 회신일 뿐 아니라 그 내용도 본건 라벤다 꽃가루가 상품분류상 1208에 해당한다는 피고의 의견표명으로서 이로써 원고에게 어떠한 공법상 권리의무가 발생한다고 볼 수 없고, 설사 위 청원을 관세법 제7조의2 소정의 관세율표상의 품목분류에 관한 질의로 보고 이에 대한 피고의 회신이 품목분류 사전회시서의 교부에 해당한다 하더라도 이는 통관절차상의 품목분류에 있어서 관세장을 기속할 따름이어서 그에 따라 수입품목의 세번이 확정되리라는 기대를 원고가 갖게 되는 것일 뿐 위 품목분류 사전회시서의 교부로 인하여 원고가 직접 공법상 권리를 취득하거나 의무를 부담하는 것이 아니라 할 것이므로 피고의 본건 회신은 행정처분이라 할 수 없다(대법원 1984.5.22. 선고 83누485 판결).

4) 피고에게는 '수입물품에 대한 관세 등 조세의 세액결정 및 징수'에 관한 권한이 위임되어 있는데, 위 '조세의 세액결정 및 징수'업무에는 관세부과처분에 관한 업무까지 포함되는 것으로 오인할 여지가 없지 아니한 점, …세관출장소는 1949.6.27. 대통령령 제137호 '세관관서직제'에 의거하여 설립되어 현재까지 13개 세관출장소장 명의로 관세부과처분 및 증액경정처분이 이루어져 왔는데, 그동안 세관출장소장에게 관세부과처분에 관한 권한이 있는지 여부에 관하여 아무런 이의제기가 없었던 점 등에 비추어 보면, 세관출장소장에게 관세부과처분을 할 권한이 있다고 객관적으로 오인할 여지가 다분하다고 인정되므로 결국 적법한 권한 위임 없이 행해진 이 사건 처분은 그 하자가 중대하기는 하지만 객관적으로 명백하다고 할 수는 없어 당연무효는 아니라고 보아야 할 것이다(대법원 2004.11.26. 선고 판결).

2. 대리인

대리인은 본인을 위하여 청구에 관한 모든 행위를 할 수 있지만 청구의 취하는 특별한 위임을 받은 경우에만 할 수 있다(제126조 제4항). 이의신청인, 심사청구인 또는 심판청구인은 변호사나 관세사를 대리인으로 선임할 수 있는데(제126조 제1항), 그 신청 또는 청구의 대상이 3천만 원 미만인 소액사건인 경우에는 배우자, 4촌 이내의 혈족 또는 배우자의 4촌 이내의 혈족을 대리인으로 선임할 수 있고(제126조 제2항, 시행령 제149조의2) 대리인의 권한은 서면으로 증명하여야 한다(제126조 제3항).

V. 불복청구 효력

1. 집행부정지 원칙과 예외

이의신청·심사청구 또는 심판청구는 법령에 특별한 규정이 있는 경우를 제외하고는 해당 처분의 집행에 효력을 미치지 아니한다. 다만, 해당 재결청이 처분의 집행 또는 절차의 속행 때문에 이의신청인, 심사청구인 또는 심판청구인에게 중대한 손해가 생기는 것을 예방할 긴급한 필요성이 있다고 인정할 때에는 처분의 집행 또는 절차 속행의 전부 또는 일부의 정지 즉 집행정지를 결정할 수 있다(제125조 제1항). 재결청은 집행정지 또는 집행정지의 취소에 관하여 심리·결정하면 지체 없이 당사자에게 통지하여야 한다(제125조 제2항).

2. 서류 열람 및 의견진술

이의신청인·심사청구인·심판청구인 또는 처분청(처분청의 경우 심판청구에 한정한다)은 그 청구와 관계되는 서류를 열람할 수 있으며 그 주소 또는 거소 및 성명과 진술하고자 하는 요지를 기재한 신청서를 당해 재결청에 제출하여 해당 재결청에 의견을 진술할 수 있다(제130조, 시행령 제153조).

VI. 심 리

1. 요건심리와 심사청구서의 보정

불복청구인의 자격, 청구의 방식, 불복기간의 준수 등 불복청구의 형식적 적법성에 대한 심리를 하는 것을 요건심리라고 한다. 관세청장은 심사청구의 내용이나 절차가 이 절에 적합하지 아니하지만 보정할 수 있다고 인정되는 경우에는 20일 이내의 기간을 정하여 해당 사항을 보정할 것을 요구할 수 있고 보정할 사항이 경미한 경우에는 직권으로 보정할 수 있다(제123조 제1항). 심사청구인은 보정할 사항을 서면으로 작성하여 관세청장에게 제출하거나, 관세청에 출석하여 보정할 사항을 말하고 그 말한 내용을 세관공무원이 기록한 서면에 서명 또는 날인함으로써 보정할 수 있는데, 보정기간은 심사청구기간에 산입(算入)하지 아니한다(제123조 제2항, 제3항).

2. 본안심리: 쟁점주의와 총액주의

불복청구의 내용의 당부에 관하여 심리하는 것을 본안심리라고 한다. 본안심리는 불복청구서와 원처분청이 제출한 의견서, 불복청구인 등이 제출한 필요서류와 직권 수집자료 등에 의하며, 비공개로 진행한다. 불복청구인에게는 의견진술의 기회가 부여된다. 본안심리 범위에 대해서는 아래와 같이 총액주의와 쟁점주의가 대립된다. 불복심판을 납세자가 납부하여야 할 정당한 금액을 초과하는 세액의 부과로 인한 권리침해로부터 납세자를 구제하기 위한 제도로 보면, 초과액의 존부를 판단하기 위하여 과세총액 전반을 심리의 대상으로 해야한다는 견해(총액주의)가 일반적이다(통설, 판례).

(1) 총액주의

일부분의 불복이 있더라도 부과된 세액, 즉 부과총액의 적부가 심리의 대상이 된다는 견해이다. 예컨대 1억원의 과세처분 중 2천만원 부분만에 대해 불복청구를 하더라도 1억원 총액이 심리대상이 된다는 것이다. 취소소송의 소송물은 행정처분의 위법성 일반이므로 처분시의 이유와 다른 이유 혹은 추가적 이유 주장으로 처분의 적법성 주장이 가능하다는 점, 불복심판은 원처분의 연장적, 속행적 절차의 성격이어서 행정운영의 적정성 확보가 목적이라는 점 등이 총액주의의 근거가 된다.

(2) 쟁점주의

절차적 보장을 존중하여 처분시의 이유를 심리대상으로 하는 결과 불복청구부분의 이유에 한정하여 조사·심리하는 것이다. 예컨대 1억 원의 과세처분 중 불복한 2천만 원 부분에 대해서만 심리한다는 것이다. 불복심판에 대한 당사자주의 요소를 강화한다면 당사자 주장 부분에 대해서만 심리해야 한다는 점, 세액계산을 요인별, 요소별로 적부를 판단하여 과세처분의 적법성 심리 및 판단이 가능하다는 점 등을 근거로 한다.

> |**사례 3**| 해외 수출자 A는 국내 수입자인 자회사 B와 이 건 거래가격을 100원으로 하여 신고·납부하였으나 관할세관장은 이 건 거래는 조건 또는 사정에 의해 영향을 받았다는 이유로 120원으로 증액하는 경정처분을 하였다. B가 이에 불복하였으나 심판과정에서 관할세관장은 특수관계에 의한 영향을 받은 것이라고 새로이 주장하면서 경정처분이 타당한 것이라고 주장하였다. 심판원에서 '특수관계에 의한 영향을 받은 것으로 인정하는 경우' 당사자의 청구를 기각할 수 있을까?5)

3. 제척·기피 및 회피

조세심판관이 특정사건과 법령에서 정하는 관련이 있어 그 직무의 집행에서 당연히 배제되는 것을 제척이라고 하고, 제척의 원인이 있는 조세심판관이 스스로 그 직무집행에서 벗어나는 것을 회피라고 하며, 담당조세심판관에게 심판의 공정을 기대하기 어려운 사정이 있다고 인정되는 때에 납세의무자가 당해 조세심판관을 직무집행에서 벗어나게 해달라고 조세심판원장에게 신청하는 것을 기피라고 한다. 심판청

---

5) 거래가격 배제사유의 적용은 예컨대 '처분의 제한'에 해당하는 사유이지만 이를 '조건 또는 사정'의 영향을 받은 것이라고 이유를 설명하더라도 위법한 것은 아니다. 이것은 분쟁이 발생한 경우 우리 법원이 심판의 대상에 대해 총액주의를 취하고 있기 때문이다. 즉 그 사유의 설명이 잘못된 경우이더라도 세금 총액에 있어서 차이가 없다면 위법성이 없어서 그 청구를 기각하도록 되어 있으므로 심판원 결정에서도 이를 엄격하게 구분하지 않고, "처분에 달리 잘못이 없다."는 식으로 설명한다(과세관청은 처분사유변경(방어방법)을 통하여 원처분을 유지하는 것이 가능하다는 취지의 설명으로, 정재희(2020), "당사자 간 공평의 관점에서 바라본 조세소송 소송물의 구조 : 처분사유의 유형화와 판례 분석을 중심으로", 조세법연구 26-3, p.230).

구에 관한 제131조 제1항에서 국세기본법 규정을 준용하고 있다.

4. 심리원칙

(1) 국세기본법 심판청구 규정 준용하는 경우

사건의 병합과 분리, 사실판단의 자유심증주의, 세관공무원의 질문검사권 규정 등을 준용하고 있다(제131조).

(2) 불고불리의 원칙

고(告)하지 않은 것은 심리하지 않는다는 원칙 즉 청구한 처분에 대해서만 심리한다는 원칙을 말한다. 관세청장은 심사청구에 따른 결정을 할 때 심사청구를 한 처분 외의 처분에 대해서는 그 처분의 전부 또는 일부를 취소 또는 변경하거나 새로운 처분의 결정을 하지 못한다(제128조의2 제1항).

(3) 불이익변경금지

관세청장은 납세의무자가 신청한 처분의 내용보다 청구인에게 불이익한 결정을 하지 못한다는 원칙을 말한다(제128조의2 제2항). 상대방도 같이 불복을 하지 않으면 납세의무자는 원처분보다 불이익한 처분을 받지 않는다는 것이 보장되므로 자유로이 불복 또는 상소를 할 수 있게 된다. 이처럼 상소의 자유를 인정하기 위하여 인정되는 것인데 불이익하다는 것은 과세표준이나 세액의 증가, 환급액의 감소 등으로 판단한다.

VII. 불복청구에 대한 결정

1. 결정절차

심사청구가 있으면 관세청장은 관세심사위원회의 의결에 따라 결정하여야 하지만, 심사청구기간이 지난 후 심사청구가 제기된 경우 등 일정한 경우에는 그러하지 아니하다(제127조 제1항). 관세심사위원회의 회의는 공개하지 아니하되 관세심사위원회의 위원장이 필요하다고 인정할 때에는 공개할 수 있다(제127조 제3항).

관세청장은 관세심사위원회의 의결이 법령에 명백히 위반된다고 판단하는 경우 구체적인 사유를 적어 서면으로 관세심사위원회에 한 차례에 한정하여 다시 심의할 것을 요청할 수 있다(제127조 제2항).

2. 결 정

심사청구가 절차적·형식적 요건에 위반하는 경우에는 그 청구를 각하하는 결정, 본안 심리의 결과 심사청구가 이유 없다고 인정되는 경우에는 그 청구를 기각하는 결정, 본안 심리의 결과 심사청구가 이유 있다고 인정되는 경우에는 그 청구의 대상이 된 처분의 취소·경정 또는 필요한 처분의 결정을 한다(제128조 제1항). 다만 이 경우 취소·경정 또는 필요한 처분을 하기 위하여 사실관계 확인 등 추가적으로 조사가 필요한 경우에는 처분청으로 하여금 이를 재조사하여 그 결과에 따라 취소·경정하거나 필요한 처분을 하도록 하는 재조사 결정을 할 수 있다(제128조 제1항 제3호 후문).

결정은 심사청구를 받은 날부터 90일 이내에 하여야 하고(제128조 제2항), 재조사 결정이 있는 경우 처분청은 재조사 결정일부터 60일 이내에 결정서 주문에 기재된 범위에 한정하여 조사하고, 그 결과에 따라 취소·경정하거나 필요한 처분을 하여야 한다(제128조 제5항).

3. 불복방법의 통지

이의신청·심사청구 또는 심판청구의 재결청은 결정서에 그 결정서를 받은 날부터 90일 이내에 심사청구나 심판청구, 행정소송을 제기할 수 있다는 뜻을 함께 적어야 하고, 결정기간이 지날 때까지 결정을 하지 못한 경우에는 지체 없이 그 결정을 통지받기 전이라도 그 결정기간이 지난 날부터 심사청구나 행정소송 등 불복을 제기할 수 있다는 뜻을 서면으로 통지하여야 한다(제129조).

4. 결정의 효력

불가변력, 불가쟁력, 기속력이 있음을 제131조 제1항에 의하여 준용하고 있다.

(1) 불가변력(不可變力)

불복청구에 대한 결정은 형식적 확정 여부와 관계없이 당해 결정을 한 재결청 자신도 이를 취소하거나 변경할 수 없는데, 이를 불가변력이라 한다. 원래 하자가 있는 행정처분은 당해 행정청의 직권 또는 상급행정청의 감독권의 발동에 의하여 변경할 수 있는 것이 원칙이므로 이에 대한 예외이다. 다만, 불복청구에 대한 결정에 오기 · 계산착오 기타 이와 비슷한 잘못이 있는 것이 명백한 때에는 결정권자는 직권 또는 불복청구인의 신청에 의하여 이를 경정할 수 있다.

(2) 불가쟁력(不可爭力)

결정이 형식적으로 확정되면 당사자는 당연무효가 아닌 이상 그 효력을 다툴 수 없게 된다는 효력을 불가쟁력이라고 한다. 결정이 형식적으로 확정되는 것은, 불복청구에 대한 결정에 대하여 청구인 또는 처분청이 불복청구기간 내에 다음 단계의 불복청구를 하지 않거나 행정소송을 제기하지 않는 경우이다.

(3) (인용결정의) 기속력(羈束力)

인용결정은 불복청구인뿐 아니라 관계인 및 관계행정청을 기속하여, 처분청이 동일한 처분을 반복하거나 그 내용에 反하는 처분을 할 수 없는데, 이와 같은 효력을 기속력이라고 한다. 불복청구가 각하되거나 기각된 경우에는 기속력이 적용되지 않으므로 처분청은 처분을 직권취소하거나 또는 변경할 수 있다.

제9장

입 출 항

[9-1] 입·출항 및 하역

입 · 출항 및 하역

I. 의 의

국제무역선이나 국제무역기는 임의대로 항에 출입할 수 있는 것은 아니고 국제항으로 지정된 곳에 한정하여 운항할 수 있으며, 국제항이 아닌 지역에는 그 출입의 허가를 받은 경우에만 운항할 수 있는데(제134조 제1항) 이때 허가수수료(＝선박 1회 순 톤당 100원, 항공기 자체무게 톤당 1,200원, 50만원 한도)를 납부하여야 한다(제134조 제2항). 허가의 신청을 받은 날부터 10일 이내에 허가 여부를 신청인에게 통지하여야 하며, 허가 여부 또는 민원 처리 관련 법령에 따른 처리기간의 연장을 신청인에게 통지하지 아니하면 그 기간(민원 처리 관련 법령에 따라 처리기간이 연장 또는 재연장된 경우에는 해당 처리기간)이 끝난 날의 다음 날에 허가를 한 것으로 본다(제134조 제3항, 제4항). 이러한 허가기간에 관한 규정은 입출항, 통관 등의 허가·승인 등 각종 신청에 적용되는 경우가 많다.

> **|사례 1|** 중국 무역선이 보령항에 입항하려는 경우 세관장의 허가 없이 입항보고만으로 입항할 수 있을까?[1]

---

1) 국제항 또는 국제공항에 대하여는 시행령 제155조에서 위와 같이 규정하고 있고 보령항은 국제항으로 지정되어 있으므로 입항보고만으로 입항할 수 있다.

구분	국제항명
항구	인천항, 부산항, 마산항, 여수항, 목포항, 군산항, 제주항, 동해·묵호항, 울산항, 통영항, 삼천포항, 장승포항, 포항항, 장항항, 옥포항, 광양항, 평택·당진항, 대산항, 삼척항, 진해항, 완도항, 속초항, 고현항, 경인항, 보령항
공항	인천공항, 김포공항, 김해공항, 제주공항, 청주공항, 대구공항, 무안공항, 양양공항

II. 선박·항공기의 입·출항 절차

1. 입항절차

(1) 선(기)장의 입항보고

선박용품 또는 항공기용품의 목록, 여객명부, 승무원명부, 승무원 휴대품목록과 적재화물목록을 첨부하여 지체 없이 세관장에게 입항보고를 하여야 하며, 국제무역선은 선박국적증서와 최종 출발항의 출항허가장이나 이를 갈음할 서류를 제시하여야 한다(제135조 제1항). 입항절차는 검역 필요성 등이 중요해지고 있는데, 목록제출은 사람에 대해서는 밀수범, 마약범, 테러범 등, 물건에 대해서는 관세나 밀수 등에 대한 정보 제공이 필요하기 때문이다.

다만, 세관장은 감시·단속에 지장이 없다고 인정될 때에는 선박용품 또는 항공기용품의 목록이나 승무원 휴대품목록의 첨부를 생략하게 할 수 있다(제135조 제1항 단서).

(2) 선박회사 등의 입항전 목록 제출 인정

신속한 입항 및 통관절차의 이행과 효율적인 감시·단속을 위하여 필요할 때에는 해당 선박 또는 항공기가 소속된 선박회사 또는 항공사로 하여금 여객명부·적재화물목록 등을 입항하기 전에 제출하게 할 수 있다(제135조 제2항). 입항 전에 선박회사 등에게 목록 등의 제출을 인정하는 것은, 선장에게만 인정하면 출입국 수속이 늦어질 수도 있기 때문이다.

다만 탁송품 운송업자로서 법령의 요건을 갖춘 자가 작성한 적재화물목록은 관세청장이 정하는 바에 따라 해당 화물운송주선업자로 하여금 제출하게 할 수 있다(제135조 제2항 단서).

2. 출항절차

(1) 출항허가

국제무역선이나 국제무역기가 국제항을 출항하려면 선장이나 기장은 출항하기 전에 세관장에게 출항허가를 받아야 한다(제136조 제1항). 출항허가에 대해서는 10일

내 허가 여부 통지의무, 그 기간 내 통지가 없으면 허가로 간주하는 규정이 적용된다(제136조 제4항, 제5항).

(2) 적재목록의 사전 제출 원칙

선장이 출항허가를 받으려면 그 국제항에서 적재한 물품의 목록을 제출하여야 한다(제136조 제2항). 다만 선박회사 또는 항공사로 하여금 따른 적재물품의 목록을 출항허가 신청 전에 제출하게 할 수 있으며, 탁송품 운송업자인 화물운송주선업자가 작성한 적재화물목록을 제출하게 할 수 있다(제136조 제3항).

다만 신속한 출항을 위하여 세관장이 7일 이내의 범위에서 따로 기간을 정하는 경우 출항 전에 제출할 필요는 없고 그 기간 내에 제출하면 된다(제136조 제2항 단서).

3. 간이입출항 절차

적재화물목록이나 여객명부 등 서류의 제출을 생략한 채 국제무역선(기)가 입출항하는 경우를 말하며 2개의 유형이 있다. 첫 번째는 배가 고장나서 수리하는 경우 등 긴급한 경우에 국제항에 입항하여 물품(선박용품 또는 항공기용품과 승무원의 휴대품은 제외한다)의 하역 없이 입항한 때부터 24시간 이내에 출항하는 경우이다. 이 경우에는 적재화물목록, 선박용품 또는 항공기용품의 목록, 여객명부, 승무원명부, 승무원 휴대품목록 또는 제136조에 따른 적재물품의 목록의 제출을 생략하게 할 수 있다(제137조 제1항). 두 번째는 국제항에 입항하여 입항절차를 마친 후 다시 우리나라의 다른 국제항에 입항(=재입항)할 때이다. 이 경우에도 제1항을 준용하여 서류제출의 생략 등 간소한 절차로 입출항하게 할 수 있다(제137조 제2항).

4. 승객예약자료의 요청

수출입금지물품, 마약류나 총포도검류 등에 대한 수출입을 하려는 자 등에 대한 검사업무를 수행하기 위하여 필요한 경우 승객예약자료를 정보통신망을 통하여 열람하거나, 출항하는 선박 또는 항공기의 경우에는 출항 후 3시간 이내, 입항하는 선박 또는 항공기의 경에는 입항 1시간 전까지(운항예정시간이 3시간 이내인 경우에는 입항 30분 전까지) 제출을 요구할 수 있다(제137조의2 제1항, 시행규칙 제62조의3). 승객예

약자료란 국적, 성명, 생년월일, 여권번호 및 예약번호, 여행경로 및 여행사, 동반탑
승자 및 좌석번호, 수하물 자료 등에 관한 자료를 말하며, 열람은 관세청장이 지정
하는 세관공무원으로 한정된다(제137조의2 제2항, 제3항).

III. 하 역

1. 총 설

하역 규정은 운송물품(제140조), 항공기용품·판매용품(제143조) 등에 있으며, 물품
의 하역은 항에서 행해지므로 세관의 관여가 필요한 사항인데, 세관의 관여가 어느
정도 필요한지 여부에 대해서는 허가사항, 신고사항 등으로 나눌 수 있다.

2. 물품의 하역

(1) 원칙 및 방법

입항절차를 마친 후가 아니면 물품을 하역하거나 환적(換積)할 수 없으나 세관장
의 허가를 받으면 입항 전 하역이 가능하다(제140조 제1항). 국제무역선(기)에 하역·
환적 하는 때에는 신고 후 세관공무원의 확인이 필요하다(제4항).

(2) 하역에 대한 제한

① 하역통로와 기간 제한: 감시·단속에 필요하면 하역통로와 기간을 제한할 수 있
   다(제5항).
② 하역 제한 및 반송: 하역신고된 물품이 폐기물·화학물질 등 관세청장이 관계
   중앙행정기관의 장과 협의하여 고시하는 물품으로서 하역 장소 및 통로, 기간
   을 제한하는 방법으로는 사회안전 또는 국민보건 피해를 방지하기 어렵다고
   인정되는 경우에는 하역을 제한하고, 적절한 조치 또는 반송을 명할 수 있다
   (제7항).
③ 내국물품 적재 제한 등: 세관장의 허가가 없으면 국제무역선(기)에는 내국물품
   을, 국내운항선(기)에는 허가 없이 외국물품을 적재할 수 없다(제6항).

(3) 물품하역 규정의 예외

① 간소한 방법의 일시양륙: (a) 외국물품을 운송수단으로부터 일시적으로 육지에 내려 놓으려는 경우, (b) 해당 운송수단의 여객·승무원 또는 운전자가 아닌 자가 타려는 경우, (c) 외국물품을 적재한 운송수단에서 다른 운송수단으로 물품을 환적 또는 복합환적하거나 사람을 이동시키는 경우 등 일시양륙의 경우에도 세관장에게 신고를 하고 현장에서 세관공무원의 확인을 받아야 하는 것이 원칙이다. 다만 관세청장이 감시·단속에 지장이 없다고 인정하여 따로 정하는 경우에는 간소한 방법으로 신고 또는 확인하거나 이를 생략하게 할 수 있다(제141조).

② 항내 하역이 아닌 항외하역: 국제무역선이 국제항의 바깥에서 물품을 하역하거나 환적하려는 경우 선장은 세관장의 허가를 받아야 한다(제142조 제1항). 이때 항외하역 허가수수료를 납부하여야 하는데 하역 1일마다 4만 원으로 하고, 수출물품(보세판매장에서 판매하는 물품과 보세공장, 자유무역지역에서 제조·가공하여 외국으로 반출하는 물품 포함)에 대한 하역인 경우에는 하역 1일마다 1만 원으로 한다(제142조 제2항, 시행규칙 제63조).

|사례 2| 수입판매업자 갑은 유럽의 A국에서 제조된 B물품을 수입하여 우리나라에서 판매하기 위해 국제화물 운송업자에게 그 물품의 운송을 의뢰하였다. 국제무역선 C호는 2022년 2월 3일 그 물품을 선적하고 A국의 항구를 출항하여 같은해 3월 4일 울산항에 입항하였다. C의 선장 을이 적재화물목록 등 필요 서류를 첨부하여 입항보고를 하는 등 입항절차를 마치기 전에 하역의 허가를 신청한 경우 관할 세관장은 그 신청에 대하여 허가할 수 있을까?[2]

---

3. 항공기용품·판매용품의 하역

(1) 하역 원칙

선박용품이나 항공기용품, 국제무역선(기)에서 판매하는 물품, 해양수산부장관의

---

2) 법 제135조에 따라 국제무역선이나 국제무역기는 입항절차를 마친 후 물품을 하역하거나 환적할 수 있으나, 세관장 허가를 받은 경우에 한하여 입항 전 하역이 가능하다. 그러므로 선장 을이 입항보고를 하는 등 입항절차를 마치기 전 하역허가를 신청한 경우라면, 세관장 허가가 가능하다(국가직 기출, 2002년).

허가·승인 또는 지정을 받은 자가 조업하는 원양어선에 무상으로 송부하기 위하여 반출하는 물품으로서 해양수산부장관이 확인한 물품은 관세의 잠탈 가능성이 크기 때문에 이를 통제할 필요가 있어서 그 하역이나 환적에 세관장의 허가를 얻도록 하고, 그 허가의 내용대로만 하역 또는 환적하도록 하고 있다(제143조 제1항). 다만 물품의 종류와 수량은 선박이나 항공기의 종류, 톤수 또는 무게, 항행일수 또는 운행일수, 여객과 승무원의 수 등을 고려하여 세관장이 타당하다고 인정하는 범위이어야 한다(제143조 제3항).

(2) 보세구역에서 적재하는 경우

외국으로부터 우리나라에 도착한 외국물품(=수입물품)을 보세구역에서 국제무역선(기)에 바로 적재할 때에는 통관이 필요하지 않으므로 허가 없이 그대로 적재할 수 있다(제143조 제2항).

(3) 허가대로 하역이 이루어지지 않은 경우의 조치

선(기)용품은 품목이나 수량이 정해져 있어서 그 허가 내용대로 하역 또는 환적이 이루어지지 않으면 "즉시" 관세를 징수한다(제143조 제6항 본문). 다만 재해 또는 부득이한 사유로 멸실되거나 미리 승인을 받고 폐기한 경우 또는 지정한 기간 내에 다시 보세구역에 반입된 경우에는 관세를 징수하지 않는다(동조 동항 단서).

IV. 국제무역선(기)의 전환

1. 의의 및 요건

국제무역선(기) ↔ 국내운항선으로의 쌍방 전환 시(예: 김포에서 제주 비행기를 김포에서 동경으로 전환) 선장(기장)은 세관장의 승인을 받아야 한다(제144조).

2. 선장 등의 직무대행자

선장의 직무에 대한 규정(출항허가 등), 국제무역선(기)의 전환 규정 등은 선장 등의 직무대행자에게도 적용한다(제145조).

3. 국제무역선 규정의 준용

국제무역선 또는 국제무역기 외의 선박이나 항공기로서 외국에 운항하는 선박 또는 항공기, 외국을 왕래하는 여행자와 휴대품·탁송품 또는 별송품을 전용으로 운송하기 위하여 국내에서만 운항하는 항공기(=환승전용국내운항기)에 해당하는 선박이나 항공기는 입출항 및 물품 하역 등에 관한 국제무역선이나 국제무역기에 관한 규정을 준용한다(제146조 제1항 본문).

다만 군함 및 군용기, 국가원수 또는 정부를 대표하는 외교사절이 전용하는 선박 또는 항공기에 대해서는 그 규정을 준용하지 않으며(제146조 제1항 단서, 시행령 제168조), 국경하천만을 운항하는 내국선박에 대해서도 국제무역선에 관한 규정을 적용하지 아니한다(제147조).

한편 환승전용국내운항기에 대해서는 보세구역에서 외국물품을 그대로 적재할 수 있다는 규정은 적용하지 않으며 효율적인 통관 및 감시·단속을 위하여 입항보고, 출항허가 신청, 여행자와 물품의 통관 및 감시에 필요한 사항을 따로 정하고 있다(제146조 제2항, 시행령 제168조의2).

보세구역

보세구역 통칙

I. 의 의

보세구역이란 외국물품을 외국물품인 상태 그대로 둘 수 있는 장소를 말하며 관세가 부과되지 않는 장소이다. 관세법은 보세구역을 경유하는 경우 보세구역으로부터 반입하는 것을 수입의 한 형태로 보고 있는데 여기서의 반입이란 물품이 사실상 관세법에 의한 구속에서 해제되어 내국물품이 되거나 자유유통 상태에 들어가는 것을 말한다. 따라서 보세구역에서 보세지역 밖으로 화물을 반출할 때 예컨대 외국으로부터 우리나라에 도착하여 보세구역에서 수입신고 절차를 거치는 수입자동차는 수입신고 수리 시에 사실상 관세법에 의한 구속에서 해제되어 내국물품이 되므로 수입신고 수리 시에 보세구역으로부터 반입되어 수입이 이루어진 것이라고 보아야 한다(대법원 2019.9.9. 선고 2019도6588 판결).

II. 종 류

보세구역은 지정보세구역·특허보세구역 및 종합보세구역으로 구분하고, 지정보세구역은 지정장치장 및 세관검사장으로 구분하며, 특허보세구역은 보세창고·보세공장·보세전시장·보세건설장 및 보세판매장으로 구분한다(제154조). 보세구역의 범위는 나라마다 다른데, 예컨대 일본 관세청 홈페이지에서 확인한 바에 따르면 일본의 경우에는 지정보세구역, 종합보세구역 그리고 특허보세구역 중 세관창고와 세관공장을 인정하고 있으며, 2023년 기준 4,905 지역 중 보세창고가 4,610, 보세공장이 202, 지정보세구역이 89, 종합보세구역이 4지역이다(이 외에 세관 표시 구역이라 표현하는 보세전시장은 통계에서 제외되었으나 11개라 함).[1]

우리나라 보세구역 관련 내용을 정리하면 다음 <표 8>과 같다. 보세구역에 대해서는 물품의 장치, 물품의 반입·반출, 장치물품에 대한 작업 등 물품의 관리를 위한 별도의 규정들을 두고 있다.

---

1) 일본 관세청 홈페이지 FAQ 중 9204 세관 지역 개요(FAQ) 참조.

| 표 8 | 보세구역의 구분과 종류

구 분	지정권자	목 적	지정기간	종 류	비 고
지정 보세구역	세관장	공익	최소한 기간 (6월)	장치장	전수검사(예: 마약) ＋장치
				세관검사장	공항세관(X－Ray 운용)
특허 보세구역	세관장	사익	최대 (＝특허기간) 보장	보세창고	중계무역: 1년 이내
				보세공장	가공무역: 10년 이내
				보세전시장	전시 목적: 세관장 지정
				보세건설장	건설: 세관장 지정
				보세판매장	면세점 :5년 이내
종합 보세구역	관세청장	공익 ＋ 사익	절충	특허 2개 이상 기능	장치기간 제한 없음(보세창 고는 1년)

|사례 1| 반송신고는 보세구역에 있는 물품의 현상 그대로 신고하는 경우만 인정되고 동일성이 인정되지 않는 물품으로 반송한 경우는 밀수출죄의 처벌대상이 되는가?[2]

III. 물품의 장치

1. 보세구역 내 장치 원칙

외국물품과 외국운송수단에 있는 내국물품은 보세구역이 아닌 장소에 장치할 수

---

2) 반송신고는 당해 물품이 관세법에 규정된 장치장소, 즉 보세구역에 있는 경우에 한하여 할 수 있고, 반송신고를 받은 세관공무원은 신고된 물품과 현품이 일치하는지 여부를 확인하기 위하여 관세법이 정하고 있는 장치장소인 보세구역에서 반송신고물품을 검사할 수 있으며, 반송신고를 한 자는 반송신고가 관세법의 규정에 따라 적법하고 정당하게 이루어져 신고를 수리한다는 신고필증을 교부받은 후에 비로소 관세법에 규정된 장치장소인 보세구역으로부터 신고된 물품을 반출할 수 있는 점, 관세법의 해석상 반송이란 외국으로부터 우리나라 보세구역에 들어온 물품을 수입하지 아니하고 외국으로 보내는 것을 의미하는 점 등을 종합하여 보면, 물품을 반송하고자 할 때에는 반송신고 당시 보세구역에 장치되어 있는 물품의 품명·규격·수량 및 가격 등을 현상 그대로 신고하여야 하는 것으로 해석하여야 할 것이다. 따라서 보세구역에 장치된 당해 물품 또는 그와 동일성이 인정되는 물품이 아닌 물품을 반송신고 한 다음 당해 물품을 반송하는 행위는 밀수출죄에 해당한다(대법원 2006.5.25. 선고 2004도1133 판결).

없다(제155조 제1항 본문). 다만 ① 수출신고가 수리된 물품(＝운송 중 수출신고 수리하면 외국물품으로 전환), ② 크기 또는 무게의 과다나 그 밖의 사유(예: 활어 수입 시 수족관 여유 ×)로 보세구역에 장치하기 곤란하거나 부적당한 물품, ③ 재해나 그 밖의 부득이한 사유로 임시로 장치한 물품, ④ 검역물품(예: 농산물은 검역＋식품검사 필요), ⑤ 압수물품(＝압수물보관소), ⑥ 우편물품(＝통관우체국)은 보세구역이 아닌 장소에서 장치할 수 있다(제155조 제1항 단서). 이때 ① 내지 ④의 상품에 대해서는 물품의 반입·반출, 보수작업, 보관책임, 장치기간, 장치기간 경과 물품의 매각, 세관의 업무시간 등 일반 물품에 적용되는 규정들을 준용한다(제155조 제2항).

2. 크기나 무게 과다 등 이유로 한 보세구역 외 장치 허가

외국물품 등을 크기 또는 무게 과다 등 이유로 보세구역이 아닌 장소에 장치하려는 자는 세관장의 허가를 받아야 한다(제156조 제1항). 크기나 무게가 과다하다는 것은 주관적이기 때문에(예컨대 100톤 기준인지 아니면 1톤 기준인지 여부) 세관장의 허가를 요한다고 할 수 있다. 허가를 받으려는 자는 해당 물품에 관하여 장치장소 및 장치사유, 수입물품의 경우 당해 물품을 외국으로부터 운송하여 온 선박 또는 항공기의 명칭 또는 등록기호·입항예정연월일·선하증권번호 또는 항공화물운송장번호, 해당 물품의 내외국물품별 구분과 품명·규격·수량 및 가격, 포장의 종류·번호 및 개수 등의 사항을 기재한 신청서에 송품장과 선하증권·항공화물운송장 또는 이에 갈음하는 서류를 첨부하여 세관장에게 제출하여야 한다(시행령 제175조 제1항).

세관장이 그 허가를 하려는 때에는 그 물품의 관세에 상당하는 담보의 제공, 필요한 시설의 설치 등을 명할 수 있으며(제156조 제2항), 허가를 받으려는 자는 기획재정부령으로 정하는 금액과 방법(동일한 항공기＋동일 화주＋동일 장소는 1건으로, 장치허가수수료는 1만 8000원) 등에 따라 수수료를 납부하여야 한다(제156조 제3항, 시행규칙 제65조).

> **|사례 2|** 크기 또는 무게의 과다나 그 밖의 사유로 보세구역에 장치하기 곤란하거나 부적당한 물품으로 인정되어 수입참깨를 세관장의 허가를 받아 보세구역이 아닌 장소에 장치하였다가 도난당한 경우 도난물품에 대한 관세의 납세의무자는?[3]

3. 보세구역 장치물품 제한

① 인화성·폭발성 물품(최근 베이루트 폭발 사건): 특수한 설비를 한 경우에는 가능
② 부패할 염려 있는 물품이나 살아있는 동식물 등은 보세구역 아닌 특수한 설비를 한 창고 등에 장치할 수 있으며, 보세구역에 장치할 수 없다(시행령 제174조).

IV. 물품의 반입·반출

보세구역에 물품을 반입하거나 반출하려는 자는 대통령령으로 정하는 바에 따라 세관장에게 "신고"하여야 하며(제157조 제1항) 이 경우 세관장은 세관공무원을 참여시킬 수 있고 세관공무원은 해당 물품을 검사할 수 있는데(동조 제2항), 세관장은 보세구역에 반입할 수 있는 물품의 종류를 제한할 수 있다(동조 제3항). 즉 기본적으로 물품의 반입·반출은 신고사항으로 되어 있다.

다만 관세청장이 정하는 보세구역(＝인천, 부산을 의미)에 반입되어 수입신고가 수리된 물품의 화주 또는 반입자는 그 수입신고 수리일부터 15일 이내에 해당 물품을 보세구역으로부터 반출하여야 한다(제157조의2). 이러한 지역은 장시간 보관 시 물류 흐름에 방해가 되기 때문인데 그 위반 시 100만 원 이하의 과태료에 처한다(제277조 제7항 제4호). 다만, 외국물품을 장치하는 데에 방해가 되지 않음이(＝비수기) 인정되어 세관장으로부터 해당 반출기간의 연장 승인을 받았을 때에는 그러하지 아니하다.

V. 보세구역 장치물품에 대한 작업

1. 총 설

보세구역 물품은 그대로 반출함이 원칙이지만 일정 작업이 필요한 경우에는 세관장의 승인·허가를 받아 이를 할 수 있다. 관세법에서는 작업의 내용으로 보수작업(제158조), 해체·절단(제159조), 폐기(제160조), 견본품반출(제161조)에 대해 규정하고 있다.

---

3) 화물관리인이 지정된 경우에는 화물관리인이, 화물관리인이 지정되지 않은 경우에는 물품을 수입한 화주 또는 반입자가 관세법 제19조 제1항 제10호 (다)목에 규정된 보관인으로서 도난물품에 대한 관세의 납세의무자가 된다고 할 것이다(대법원 2004.10.15. 선고 2003두8951 판결).

2. 원형유지를 위한 보수작업

보수작업은 현상 유지 또는 성질을 변하지 않는 범위 내에서만 허용되므로, HS 품목분류의 변경을 가져오는 경우에는 보수작업으로 인정되지 않는다. 물품의 부패·손상을 막기 위한 보존행위, 상품성 향상을 위한 라벨표시, 단순절단, 단순조립, 화물포장을 열고 내용품의 품질·수량을 점검하거나 그 기능을 간단히 점검하는 행위, 포장을 바꾸는 행위, 화물을 화주별·출하지별·품목별로 구분하는 행위, 원산지 허위표시·오인표시 등의 말소행위는 당연히 허용된다(제158조 제1항). 이러한 보수작업에는 세관장 승인을 요하고 신청일로부터 10일 이내에 승인 여부를 통지하지 않으면 승인한 것으로 본다(제158조 제2항 내지 제4항).

보수작업의 재료로 외국물품에 부가된 내국물품은 외국물품으로 본다(제158조 제5항). 외국물품은 '수입될 물품'의 보수작업의 재료로 사용할 수 없는데(제158조 제6항), 그 것은 외국물품을 보수작업 재료로 쓰면 통관물품 관리에 혼선을 주기 때문이며 그 위반 시 200만 원 이하의 과태료에 처한다(제277조 제6항 제2호). 반대해석 상 수출물품과 반송할 물품에는 외국물품을 보수작업의 재료로 사용할 수 있다.

한편 보세구역 밖에서 보수작업을 하는 경우 세관공무원은 해당 물품이 보세구역에서 반출될 때에 이를 검사할 수 있고(제187조 제4항), 보세구역외작업장에 반입된 외국물품은 지정된 기간이 만료될 때까지는 보세구역에 있는 것으로 보며(제187조 제5항), 지정된 기간이 지난 경우 해당 보세구역외작업장에 허가된 외국물품이나 그 제품이 있을 때에는 해당 물품의 허가를 받은 보세구역의 운영인으로부터 그 관세를 즉시 징수한다(제187조 제7항, 제158조 제7항).

> **|사례 3|** 중계무역업자 갑은 중국으로부터 물품을 구매하여 우리나라 보세구역에서 보수작업을 한 다음 유럽으로 수출하고자 한다. 이때 갑은 보세구역에 반입된 외국물품을 보수작업의 재료로 사용할 수 있는가?[4]

---

4) 외국물품은 수입될 물품의 보수작업 재료로 사용할 수 없다. 다만, 본 사례의 물품은 유럽으로 수출할 예정이므로 외국물품을 보수작업의 재료로 사용할 수 있다(관세사 기출, 2006년).

3. 해체 · 절단 작업(=원형 변경)

외국 물품에 대해서 원형을 변경하거나 효용을 변경하는 것은 HS 코드의 변경 등을 초래하여 물품 관리와 관세 확보 상 문제가 있을 수 있으므로 이를 규율하는 규정을 두었다.

먼저 보세구역에 장치된 물품을 수입자가 해체 · 절단하려는 경우에는 세관장의 허가를 받도록 하고 10일 이내에 통지가 없으면 허가된 것으로 간주한다(제159조 제1항 내지 제4항). 그래서 작업을 하고자 하는 경우 해당 물품 등을 기재한 신청서를 제출하고 작업이 완료되면 완료보고를 하여야 한다.

예컨대 해체용선박의 수입신고 수리 전에 해체작업이나 폐품화 작업을 하려는 자는 세관장의 허가를 받아야 한다(수입통관 사무처리에 관한 고시(이하 수입통관 고시) 제80조, 제81조). 세관장은 총톤수 2,000톤 이상의 해체용 철강선박에 대하여는 해체작업 전에 신고수리할 수 있으며(수입통관 고시 제83조), 신고수리를 받은 해체용 철강선박을 해체작업하려는 자는 세관장에게 신고해야 하고, 그 작업을 종료된 때에도 또한 같다(수입통관 고시 제86조). 통상의 경우 배로 끌고 와야 운임이 적기 때문에 수입신고 전에 해체 · 절단 후 고철로 수입신고를 하게 된다.

다음으로 세관장이 해체 · 절단을 명하는 경우인데, 이것은 수입자가 해체 · 절단 안하려는 경우에 적용되는 것이다. 예컨대 고장 난 선박 엔진을 고철로 수입하였는데 고철로 사용하는 것이면 괜찮으나, 수리하여 엔진으로 사용하려는 경우(=수입 선박의 폐엔진을 다른 선박에 사용) 세관장은 필요하다고 인정하면 '화주 등의 신청이 없어도' 이를 해체 · 절단하여 고철로 사용하도록 작업을 명할 수 있다는 것이다(제159조 제6항).

위 사례처럼 선박엔진만을 분리하여 사용하고자 하는 경우 예컨대 총톤수 2,000톤 이상의 해체용 철강선박으로서 분리과세대상물품으로 수입신고 하지 않은 분리과세대상물품을 신고수리 후 원형대로 사용하고자 할 때에는 최초 신고수리 후 60일 이내에 추가로 수입신고해야 한다(수입통관 고시 제85조). 분리과세대상물품에 대하여 수입신고인이 과세를 원하지 아니하는 경우에는 폐품화작업을 실시하고 해체용 선박으로 일괄 과세처리한다(수입통관 고시 제82조).

4. 장치물품의 멸실·폐기

　외국물품은 수입신고 당시의 물건의 수량·성상에 의하므로(제16조) 신고 후 수리 전 사이의 물품이 멸실된 경우라 하더라도 관세징수 대상이 되는 것이 원칙이다. 그래서 부패·손상되거나 그 밖의 사유로 보세구역에 장치된 물품을 폐기하려는 자는 세관장의 승인을 받아야 한다(제160조 제1항). 단 천재지변 등 사유로 멸실된 경우에는 감면될 수 있다(손상감세, 제100조).

　폐기란, 물품을 버리는 것인데 보통 다른 물품까지 손상시키는 것을 방지하기 위하여 행해지는 경우가 많다. 신고 전 외국물품이 멸실되거나 폐기된 경우에는 수입신고의 대상에서 제외되는 결과 관세납부 의무도 없게 된다. 보세구역에 장치된 외국물품을 세관장의 승인 없이 폐기한 경우에는(예: 절도에 의한 멸실) 운영인(특허보세)이나 보관인(지정보세)으로부터 즉시 관세를 징수한다(제160조 제2항). 다만 부득이한 경우에는 관세 징수를 하지 않으므로(제160조 제2항 단서) 결국 세관장의 승인 없는 폐기에만 관세를 징수한다는 의미이다.

　그리고 폐기 후 잔존물이 있는 경우에는 그 잔존물의 성질과 수량에 따라 관세를 부과하는 것은 당연하다(제160조 제3항).

　장치장에 더 이상 보관할 필요가 없다고 인정되는 경우 즉 ① 사람의 생명이나 재산에 해를 끼칠 우려가 있는 물품(1호), ② 부패하거나 변질된 물품(2호), ③ 유효기간이 지난 물품(3호), ④ 상품가치가 없어진 물품(4호), ⑤ 제1호부터 제4호까지에 준하는 물품으로서 관세청장이 정하는 물품(제5호)에는 화주 등에게 폐기를 명하거나(＝폐기명령) 아니면 통고 후 직권 폐기(급박한 경우에는 직권 폐기 후 즉시 통고)할 수 있는데(제160조 제4항), 화주 등의 주소나 거소를 알 수 없거나 그 밖의 사유로 통고할 수 없는 경우에는 공고로써 이를 갈음하고(제160조 제5항), 세관장이 물품을 폐기하거나 화주 등이 폐기 또는 반송한 경우의 비용은 화주 등이 부담한다(제160조 제6항).

|사례 4| 2024.01.25. 인천소재의 관세물류센터에 화재가 발생하여 동 물류센터 내의 보세창고가 전소되었고, 이로 인해 보세창고에 보관중이던 외국물품인 기계류의 상당량이 소실되었다. 보세구역에 발생한 화재사건을 수습하기 위한 후속조치로서 화재 후 온전하게 남아있는 물품을 수입신고하는 경우, 납세의무자는 누구인가?5)

5. 견본품 반출

수입에 적합한 물품인지 등 판단을 위해 검사가 필요한 경우에는 세관공무원은 견본품을 반출하여 이를 검사할 수 있는데, 세관공무원의 경우에는 검사상 필요하면 세관장의 허가 없이 견본품으로 반출할 수 있고(제161조 제4항), 세관공무원 이외의 자 즉 당사자가 반출하려는 경우에는 세관장의 허가를 얻어야 한다(제161조 제1항). 견본품이라는 명목으로 관세 납부 없는 반출이 행해질 수 있고 또 견본품의 한도가 정해져있지 않으므로 허가를 요하는 것이다. 10일 이내에 허가를 통지하지 않으면 그 기간이 끝난 날의 다음 날에 허가한 것으로 본다(제161조 제2항, 제3항).

그러한 견본품이 세관공무원에 의해 또는 다른 법률에 따라 실시하는 검사·검역 등을 위하여 견본품으로 채취된 물품으로서 세관장의 확인을 받은 물품이 검사상 필요하여 사용·소비된 경우에는 이 견본품을 수입신고하여 관세를 납부하고 수리된 것으로 본다(제161조 제5항). 즉 사용·소비된 견본품은 관세납부절차가 종료된 것으로 된다.

VI. 기 타

1. 물품 및 보세구역 감시에 대한 권한

외국물품, 외국운송수단에 있는 내국물품을 취급하는 자(운송업자, 창고업자 등), 보세구역에 출입하는 자는 물품 및 보세구역 감시에 관한 세관장의 명령을 준수하고 세무공무원의 지휘를 받아야 한다(제162조). 세관장은 보세구역에 세무공무원을 파견하여 세관사무의 일부를 처리하게 할 수 있다(제163조).

---

5) 관세법 제160조 제2항은 "보세구역에 장치된 외국물품이 멸실되거나 폐기되었을 때에는 그 운영인이나 보관인으로부터 즉시 그 관세를 징수한다. 다만, 재해나 그 밖의 부득이한 사유로 멸실된 때와 미리 세관장의 승인을 받아 폐기한 때에는 예외로 한다."고 규정하고 있다. 따라서 소실된 물품에 대하여 과세하는 경우 납세의무자는 보세창고 운영인이 된다. 그러나 화재 후에 온전하게 남아있는 물품을 수입신고하는 경우, 그 남아있는 물품에 대한 납세의무자는 '화주'이다(관세사 기출, 2011년).

2. 자율관리보세구역(제164조): 물품 반·출입에 세관 관여 생략

보세구역의 운영인이 관리담당자인 보세사를 채용하는 것을 조건으로 하여 외국물품의 반출입을 직접 관리하고 세무공무원은 최소한의 감독기능만을 수행하도록 마련된 제도가 자율관리보세구역이다(제164조 제1항, 제3항). 예컨대 삼성전자 보세공장이나 항공사의 관리보세구역이 그러한 예이다. 자율보세관리구역은 반·출입에 세관공무원의 관여가 생략된다는 점에서 혜택이 된다. 다만 최근 항공사 밀수입 등으로 악용된다는 지적으로 관리가 강화되었다. 물품의 반·출입은 반드시 장부에 기록되어야 하는데(제164조 제5항), 현재는 물품반·출입 신고가 전산화 되어 있어 별도의 보고 등은 필요하지 않다.

3. 보세사(제165조, 165조의2, 165조의3, 제165조의4, 제164조의5)

일반직공무원으로서 5년 이상 관세행정에 종사한 경력이 있는 사람 또는 보세화물의 관리업무에 관한 전형에 합격한 사람을 보세사로 하며, 해당 보세지역을 관할하는 세관장에게 등록하여야 한다. 보세사의 업무는 보세구역 내 '물품과 사람, 견본품에 대한 관리'를 하는 사람으로 이해하면 된다.

명의대여는 금지되며, 보세사는 그 품위를 손상하는 행위를 하거나 고의로 진실을 감추거나 거짓진술을 하면 안 되고 금품제공이나 알선 등을 하는 것도 금지된다. 그 의무 등을 위반한 경우 보세사징계위원회의 의결에 따라 징계 등 한다.

10-2 지정보세구역

I. 의 의

지정보세구역은 보세화물을 효율적으로 관리하기 위해 공항이나 항만 등에 세관장이 지정하는 구역으로서, 지정장치장과 세관검사장(=공항세관에만 둔다)으로 나뉜다. 국가·지방자치단체·공항시설관리법인의 소유·관리 토지 중 세관장이 관리하는 토지는 직권으로, 관리하지 않는 토지는 소유자 등의 동의를 얻어서 설치한다.

II. 지정취소 및 처분

1. 지정보세구역의 취소

세관장은 수출입물량이 감소하거나 그 밖의 사유로 지정보세구역의 전부 또는 일부를 보세구역으로 존속시킬 필요가 없어졌다고 인정될 때에는 그 지정을 취소하여야 한다(제167조).

2. 지정보세구역의 처분

지정보세구역으로 지정된 지역 내 토지 소유자 등의 처분이나 용도변경, 시설의 신축 등 재산권 행사를 공익에 의해 제한하는 규정인데, 토지소유자가 국가나 지방자치단체가 아닌 경우에는 세관장과의 협의를 거쳐야 한다(제168조 제1항). 세관장은 협의 요청에 정당한 사유 없이 거부할 수 없다(제168조 제2항).

III. 지정장치장

1. 의의 및 설치 방법

지정장치장은 통관을 하려는 물품을 일시 장치하기 위한 장소(관리화물 전수검사하는 곳)로서 세관장이 지정하는 구역으로 한다(제169조). 통상 세관의 구내 창고나 항만·부두의 야적장 및 창고 등을 말하는데, 부대비용이 저렴하고 세관 근처에 위치하여 신속한 통관을 할 수 있다는 이점이 있다.

지정장치장은 '통관을 하려는 물품'을 장치하기 위한 장소이므로, 수출·수입·반송에 관한 물품을 모두 포함하여 장치하는 개념이다. 결국 통관과 관련된 것이라면 외국물품과 내국물품을 모두 포함한다. 또한 그러한 물품을 '일시적으로' 장치하는 장소 즉 보관하거나 대기하는 장소를 말하는데, 보세창고나 가건물 같은 것들에 대하여 세관장이 지정하게 된다. 통상은 휴대품 중 유치물품·예치물품, 특송물품, 이사화물, 정밀한 화물검사 대상인 관리대상 화물이 반입된다(관리대상화물고시 제2조).

2. 장치기간

지정장치장은 일시 장치를 위한 장소이므로 관세청장이 6개월 이내라는 단기간을 정하되, 3개월 범위 내에서 세관장이 연장할 수 있도록 하였다(제170조). 다만 부산항, 인천(공)항의 경우는 2개월이며 필요하면 2개월 범위에서 연장할 수 있고, 여행자·승무원 휴대품은 1개월이며 필요시 1개월 연장할 수 있다(보세화물장치기간 및 체화관리에 관한 고시(이하 보세화물 장치 고시) 제4조).

보세구역에 장치한 외국물품이 즉시 반출되지 않고 장치기간을 경과한 때에는 도산 등 예외적 사유로 찾아가지 않는 경우이므로 세관장이 이를 매각할 수 있도록 하였다. 다만 심판청구 등이 있거나 통관지연의 귀책사유가 국가에 있는 경우 또는 화주의 보류신청이 있는 경우는 예외이다(보세화물 장치 고시 제9조).

3. 물품에 대한 보관책임

지정장치장은 세관장이 지정하여 별도 비용 없음이 원칙이므로 그곳에 보관된 물품의 보관책임은 화주 또는 반입자가 부담한다(제172조 제1항). 실제로는 모든 지정장치장에서 화주를 갈음한 화물관리인이 지정되어 창고비용을 지급하면서 보관책임을 지우고 있다(제172조 제2항). 따라서 화물관리인은 화물관리 비용(세관설비 사용료 포함) 등을 화주로부터 징수하되 그 요율에 대해서는 세관장의 승인을 받아야 하고, 징수한 비용 중 세관설비 사용료 부분은 세관장에게 납부하여야 한다(제172조 제3항, 제4항). 세관장이 불가피한 사유로 화물관리인을 지정할 수 없으면 세관이 직접 화물관리를 할 수 있고, 이 경우 세관이 그 화물관리비용을 화주로부터 징수한다(제172조 제5항).

> **│사례 1│** 수입물품이 지정장치장에 반입되었다가 곧바로 수입자의 신청에 따라 수입자 경영의 공장 야적장에 허가된 타소장치장으로 보세운송되어 반입되었는데 정당한 권리자 아닌 자에게 무단으로 반출된 경우 국가에게 그 타소장치 관리상의 잘못이 있다고 볼 수 있을까?6)

IV. 세관검사장

1. 의의 및 지정 방법

세관검사장은 통관하려는 물품을 X－Ray 검사하기 위한 장소로서 휴대품, 이사물품, 탁송품 등을 검사하며 세관장이 지정하는 지역으로 하고 공항세관에만 있는 것이다(제173조 제1항). 예컨대 입국심사 후 세관공무원이 따로 검사장으로 부르는 경우가 그 예이다. 일반적으로 세관검사장은 세관 구내이거나 세관 인근에 있으므로 물품검사에 따른 시간 및 교통비 등의 부대경비를 절감할 수 있는 장점이 있고, 검사 결과 문제가 있다면 지정장치장으로 이동하여 전수검사를 하게 된다. 물품을 검사하기 위한 장소로서만 지정되는 지역이 세관검사장이므로(제173조 제1항), 물품의 장치 및 검사를 모두 할 수 있는 지정장치장과 구별된다. 환승구역은 세관검사장으로서 관세법에 따른 장치장소인 지정보세구역에 해당하여 관세법에 따른 장치 장소로서의 세관검사장에 해당하는 환승구역에 반입된 이상 이로써 관세법 제243조 제3항의 '이 법에 따른 장치 장소에 있는 경우'에 해당한다(대법원 2020.1.30. 선고 2019도11489 판결).

---

6) 타소장치란 거대·중량 등의 사유로 보세구역 내에 장치하기가 곤란한 물품을 세관장으로부터 허가를 얻어 장치하는 장소로서 보세구역은 아니나 외국물품이 있는 동안은 보세구역의 성격을 띠게 되어 보세구역에 관한 일정한 규정이 준용되는 곳인데, 기본적으로 국가는 관세채권의 확보와 통관질서의 확립이라는 행정적 목적을 위하여 제한된 범위 내에서 타소장치에 반입되는 물품에 대하여 허가·승인권을 행사하거나 세관공무원 파견, 화물관리인 지정을 할 수 있을 따름이고, 거기에 반입된 물품에 대한 사법상의 보관 책임은 화주 또는 반입자가 부담하도록 되어 있다고 할 것이므로, 타소장치에 반입된 물품이 정당한 권리자 아닌 자에게 무단으로 반출되어 버렸다고 하더라도 특별한 사정이 없는 한 그 사유만으로 국가가 위 타소장치를 관리함에 있어 어떠한 잘못을 저질렀다고 할 수는 없다(대법원 2002.12.10. 선고 2000다24894 판결).

2. 물품의 반입 검사와 비용 부담

물품의 검사는 세관공무원이 일반보세구역이나 수출물품 보관소 등의 검사 장소로 찾아가서 할 수도 있으나, 여기에서는 세관검사장에 반입시켜 검사할 수 있음을 규정하고 있다(제173조 제2항). 이 경우 그 검사에 관련된 물품의 채취·운반 등에 필요한 비용은 화주가 부담함이 원칙이지만(제173조 제3항 본문), 국가는 중소·중견기업의 컨테이너 화물로서 물품의 수출입과 관련된 법령을 위반하지 아니하는 경우의 일정한 물품에 대해서는 예산의 범위에서 해당 검사비용을 지원할 수 있다(제173조 제3항 단서).

이러한 물품은 ① 중견기업이 해당 물품의 화주일 것, ② 컨테이너로 운송되는 물품으로서 관세청장이 정하는 별도 검사 장소로 이동하여 검사받는 물품일 것, ③ 검사 결과 법령을 위반하여 통고처분을 받거나 고발되는 경우가 아닐 것, ④ 검사 결과 제출한 신고 자료(적재화물목록은 제외한다)가 실제 물품과 일치할 것, ⑤ 예산의 범위에 따라 관세청장이 정하는 기준을 충족할 것 등의 요건을 모두 갖추어야 한다(시행령 제187조의4 제1항).

컨테이너 운송료, 컨테이너 상·하차료, 컨테이너 내장(內藏)물품 적출·입료가 지원대상 검사비용이다(수출입화물 검사비용 지원 사무처리에 관한 고시 제7조).

10-3 특허보세구역

I. 의 의

특허보세구역을 설치·운영하려는 자는 세관장의 특허를 받아야 하는데, 기존의 특허를 갱신하려는 경우에도 또한 같다(제174조 제1항). 특허보세구역은 영리목적 등을 위한 운영인 등의 신청에 따른 세관장의 특허로 정해지며, 보세창고, 보세공장, 보세전시장, 보세건설장, 보세판매장이 이에 속한다. 특허요건은 관세청장이 정한다(제174조 제3항). 통상적으로 내국세와 관세 등 체납사실이 없고 운영인 결격사유가 없으며 위험물이나 화학물질에 대한 관계 행정기관장의 허가, 승인을 받아야 하며, 자본금·시설 등을 갖추어야 한다(제189조).

사인(私人)의 토지·건물 중에서 신청한다는 점에서 공익목적을 위한 지정보세구역과 구별된다. 특허신청을 함에는 수수료[7]를 납부하여야 한다(제174조 제2항). 세관장의 특허는 재량행위에 속하므로 특허요건을 갖춘 경우의 특허 설정 여부, 특허기간의 갱신 여부도 모두 세관장의 재량에 속한다.[8] 세관장은 특허를 받은 자에게 특허를 갱신 받으려면 특허기간이 끝나는 날의 1개월 전까지 특허 갱신을 신청하여야 한다는 사실과 갱신절차를 특허기간이 끝나는 날의 2개월 전까지 휴대폰에 의한 문자전송, 전자메일, 팩스, 전화, 문서 등으로 미리 알려야 한다(제188조 제4항).

---

7) 특허신청수수료는 4만 5000원, 설치·운영수수료는 1000제곱미터 이하의 경우 분기당 7만 2000원, 5만에서 10만 제곱미터인 경우 43만 5천원, 10만 제곱미터 초과 시 분기당 51만원 등으로 정해져있다. 다만, 보세공장과 목재만 장치하는 수면의 보세창고에 대하여는 각 호의 구분에 의한 금액의 4분의 1로 한다. 특허수수료는 분기단위로 매분기말까지 다음 분기분을 납부하되, 특허보세구역의 설치·운영에 관한 특허가 있은 날이 속하는 분기분의 수수료는 이를 면제한다. 이 경우 운영인이 원하는 때에는 1년 단위로 일괄하여 미리 납부할 수 있다(시행규칙 제68조 제1항 내지 제3항).

8) 보세구역의 설영특허는 보세구역의 설치, 경영에 관한 권리를 설정하는 이른바 공기업의 특허로서 그 특허의 부여여부는 행정청의 자유재량에 속하며, 특허기간이 만료된 때에 특허는 당연히 실효되는 것이어서 특허기간의 갱신은 실질적으로 권리의 설정과 같으므로 그 갱신여부도 특허관청의 자유재량에 속한다(대법원 1989.5.9. 선고 88누4188 판결).

II. 운영인의 결격 사유와 명의대여 금지

미성년자, 피성년후견인, 파산선고를 받고 복권되지 않은 자, 징역형 선고받고 집행후 2년 미경과자, 특허가 취소되거나 벌금형 또는 통고처분을 이행한 날로부터 2년 미경과자 또는 그러한 자를 임원으로 하는 법인은 특허보세구역의 설치·운영을 할수 없다(제175조).

운영인은 다른 사람에게 특허보세구역 운영에 자신의 성명·상호 등을 대여할 수 없다(제177조의2).

III. 특허보세구역의 종류

1. 보세창고

(1) 의의와 특징

보세창고는 외국물품을 장치(藏置)하기 위한 특허보세구역으로서 세관에 대하여 수입절차를 마치지 않은 물품을 통관하기 위해 보관하는 창고이다(제183조 제1항). 여기에 보관 중인 물품은 아직 수입품이 아니기 때문에 관세는 물론, 소비세·물품세와 같은 내국세도 부과되지 않는 특전이 있어서, 주로 중계무역을 위해 외국물품을 보관하면서 구매자를 찾는 경우에 활용된다. 창고에 보관한 상품은 통관처리가 검품, 가공, 보관, 출하 시 그 창고 내 또는 창고가 운영하는 공장에서 실시할 수 있으므로 수송비용이나 유통시간을 단축하는 등의 장점이 있다.

다만 인화성·폭발성 물품 등 특수한 물품은 장치할 수 없는 것이 원칙이지만 특수한 설비를 한 보세구역은 예외가 인정된다.

(2) 영업용 보세창고와 자가용 보세창고

보세창고는 보관업을 하는 영업용 보세창고와 자가화물 또는 운송인이 취급하는 화물을 보관하는 자가용 보세창고로 구분되는데, 자사창고를 보세창고로 지정받을 수도 있다. 일반창고가 아닌 보세창고이므로 물품 등에 승인 등 통제가 이루어진다. 예컨대 보세창고의 운영인은 장치물품에 관한 장부를 비치하고 반입 또는 반출한 물품의 내외국물품별 구분, 품명·수량 및 가격과 포장의 종류·기호·번호 및 개수, 반입 또는 반출연월일과 신고번호 등을 기장할 의무가 있다(시행령 제198조).

(3) 내국물품의 장치 특례

보세창고는 외국물품을 주로 보관하지만, 보세창고시설에 대한 이용도를 높이기 위해 세관장에게 신고하고 내국물품도 장치할 수 있다(제183조 제2항). 즉 수입통관 절차가 완료되어 보세구역에서 반출되었으나 미판매된 물품(＝내국물품)은 "내국물품 보세창고 장치신고서"를 제출하고 보관할 수 있으며, 1년 이상 계속하여 이러한 내국물품만을 보관하려는 경우에는 세관장의 승인을 받아야 하는데(제183조 제3항), 승인을 받은 경우에는 반·출입신고를 생략할 수 있다.

견품반출과 장치기간은 외국물품에 대해서만 적용되는 것이므로, 내국물품만을 장치하는 기간에는 그에 관한 법규 적용이 없으므로 관세와 무관하게 반출할 수 있다(제183조 제4항).

(4) 장치기간이 지난 물품에 대한 처리

장치기간이 경과한 외국물품(＝관세납부 안됨)은 공매 등을 통하여 관세 등을 징수하지만, 내국물품은 관세 징수 등의 문제가 발생하지 않는다. 그러나 보세창고의 본래 목적은 외국물품의 보관이기 때문에 내국물품에 대해서는 그 보관기간이 지난 후 10일 내에 운영인의 책임으로 반출하도록 하고 있다(제184조 제1항). 승인받은 기간이 경과한 내국물품의 경우도 같다(제184조 제2항). 이 규정에 위반하는 경우에는 100만원 이하의 과태료에 처해진다(제277조 제5항).

2. 보세전시장

박람회, 전람회, 견본품 전시회 등의 운영을 위하여 외국물품을 장치·전시하거나 사용할 수 있는 특허보세구역을 말한다(제190조). 수입신고 없이 반입신고로만 장치·전시·사용한다는 점에서 특징인데 코엑스나 킨텍스 등은 상설 보세전시장에 해당한다. 국제적인 박람회나 전시회 등 국제적인 행사를 위해 수입되어 행사 기간 중 사용한 후 행사 종료 후에 외국으로 재수출되는 물품에 대하여 간편한 절차를 거쳐 관세 면제를 받도록 지원하는 목적의 제도이다.

이때 외국물품의 사용에는, 당해 외국물품의 성질 또는 형상에 변경을 가하는 행위, 당해 박람회의 주최자·출품자 및 관람자가 그 보세전시장 안에서 소비하는 행위를 포함한다(시행령 제208조). 다만 보세전시장에 장치된 판매용 외국물품은 수입신고가 수리되기 전에는 이를 사용하지 못한다(시행령 제209조 제2항). 또한 보세전시장에 장치된 전시용 외국물품을 현장에서 직매하는 경우 수입신고가 수리되기 전에는 이를 인도하여서는 아니된다(시행령 제209조 제3항).

3. 보세판매장

(1) 의의 및 종류

외국물품을 '외국으로 반출'하거나 '과세의 면제를 받을 수 있는 자가 사용'하는 것을 조건으로 하여 판매하는 특허보세구역을 말한다(제196조 제1항). 보세판매장에는 외교관 면세점, 출국자면세점, 입국자면세점, 시내면세점 등이 있다(보세판매장 운영에 관한 고시(이하 보세판매장 고시) 제2조). 외교관 면세점은 내국인은 이용할 수 없으며, 시내면세점은 공항 및 항만의 보세구역 이외의 장소에서 출국인 또는 통과여객기(선)에 의한 환승객에게, 입국자면세점은 공항 또는 항만의 입국경로에 국내로 입국하는 자에게, 출국자면세점은 출국장에서 출국자와 환승객에게 판매하는 보세판매장이라는 점에서 구별된다.

(2) 시내보세판매장의 신규 특허 수 결정

기획재정부장관은 보세판매장 제도운영위원회의 심의·의결을 거쳐 공항 및 항만의 보세구역 외의 장소에 설치되는 보세판매장 즉 시내보세판매장의 신규 특허 수를 결정할 수 있다(제189조의2 제1항). 이 경우 보세판매장 제도운영위원회는 기존 보세판매장의 특허 수, 최근 3년간 외국인 관광객의 동향 등 시장상황을 고려하여 심의·의결해야 하는데, 광역자치단체별 시내보세판매장 매출액이 전년 대비 2천억원 이상 증가한 경우 또는 광역자치단체별 외국인 관광객 방문자 수가 전년 대비 20만명 이상 증가한 경우에는 신규 특허 수를 심의·의결 할 수 있다(제189조의2 제2항). 외교관 등을 위한 시내면세점, 또는 올림픽이나 세계육상선수권 등, 중소기업등이 광역자치단체에 시내보세판매장을 설치하는 경우에도 신규 특허 수를 심의·의결할 수 있으나 이 경우에는 매출액 또는 관광객 증가 수와 무관하게 결정한다(제189조의3 제3항).

(3) 보세판매장의 특허 비율 등

가. 중소·중견기업의 특허 비율

세관장은 중소기업과 다음 ①~② 기준을 모두 충족하는 중견기업에게 보세판매장 총 특허 수의 100분의 30 이상의 특허를 부여해야 한다(시행령 제192조의2 제1항). ① 보세판매장 설치·운영에 관한 특허 부여를 위해 관세청의 인터넷 홈페이지 등에 공고하는 공고일 직전 3개 사업연도의 매출액의 평균금액이 5천억 원 미만인 기업일 것, ② 자산총액이 1조 원 미만인 기업일 것, ③ 자산총액이 1조 원 이상인 법인(외국법인을 포함한다)이 주식 또는 출자지분의 100분의 30 이상을 직접적 또는 간접적으로 소유하고 있는 기업이나 자산총액이 1조 원 이상인 법인(외국법인을 포함한다)과 지배 또는 종속의 관계에 있는 기업이 아닐 것 등이다.

또한 세관장은 입국자에게 물품을 판매하는 보세판매장의 경우에는 중소기업등에게만 특허를 부여할 수 있다(제176조의2 제1항).

나. 공정거래법상 상호출자제한기업집단에 속한 기업

세관장은 상호출자제한기업집단에 속한 기업에 대하여 보세판매장 총 특허 수의 100분의 60 이상의 특허를 부여할 수 없다(시행령 제192조의2 제2항).

다. 특허비율의 판단 시점

특허 비율에 적합한지를 판단하는 시점은 보세판매장의 설치·운영에 관한 특허를 부여할 때를 기준으로 하며(시행령 제192조의2 제3항), 공고일 이후 기존 특허의 반납 등 예상하지 못한 사유로 특허 비율이 변경된 경우에는 그 변경된 특허 비율을 적용하지 아니한다(시행령 제192조의2 제4항).

(4) 보세판매장 운영인의 의무

가. 판매물품 등의 제한 준수 의무

세관장은 보세판매장에서 판매할 수 있는 물품의 수량, 장치장소 등을 제한할 수 있다(제196조 제4항). 운영인은 보세판매장에서 판매하는 물품과 동일 또는 유사한 물품을 수입하여 내수판매를 하지 않아야 하며(보세판매장 고시 제3조), 운영인은 보세판매장의 물품을 전자상거래의 방법에 의하여 판매할 수 있다(보세판매장 고시 제11

조). 보세판매장의 운영인이 외국에서 국내로 입국하는 사람에게 물품을 판매하는 때에는 미화 800달러의 한도에서 판매해야 하며, 술·담배·향수는 별도면세 범위에서 판매할 수 있다(시행규칙 제69조의4).

나. 기록 등 유지 의무

보세판매장의 운영인이 보세판매장에서 물품을 판매하는 때에는 판매사항·구매자인적사항 기타 필요한 사항을 관세청장이 정하는 바에 따라 기록·유지하여야 하며(시행령 제213조 제1항), 세관장은 연 2회 이상 보세화물의 반출입량·판매량·외국반출현황·재고량 등을 파악하기 위하여 보세판매장에 대한 조사를 실시할 수 있다(시행령 제213조 제4항).

다. 시내보세판매장과 현장 인도 제한

시내보세판매장에서 출국 조건으로 외국인에게 내국물품을 판매하고 이를 판매 현장에서 인도하는 경우에는 해당 물품을 인도할 수 있고(제196조의2 제1항), 시내보세판매장의 운영인이 인도가 제한되는 사람으로 세관장으로부터 명단을 통보받은 경우 물품 판매 시 해당 물품을 판매 현장에서 인도하여서는 아니되고, 관세청장이 정하는 바에 따라 인도하여야 한다(제196조의2 제5항).

라. 특허수수료 납부의무

보세판매장의 특허수수료는 운영인의 보세판매장별 매출액(기업회계기준에 따라 계산한 매출액을 말한다)을 기준으로 기획재정부령으로 정하는 바에 따라 다른 종류의 보세구역 특허수수료와 달리 정할 수 있다. 다만, 「재난 및 안전관리 기본법」 제3조 제1호의 재난으로 인하여 보세판매장의 영업에 현저한 피해를 입은 경우 보세판매장의 특허수수료를 감경할 수 있다(제176조의2 제4항). 보세판매장 특허수수료는 예컨대 매출액 2천억 원 이하는 매출액의 0.1%, 1조 원 이하는 2천억 원 초과분의 0.5%, 1조 원 초과 시 초과금액의 1%로 되어 있으나(시행규칙 제68조의2 제1항) 중소기업 보세판매장 특허기준을 충족하는 중소기업이 운영인인 경우에는 해당 연도 매출액의 0.01%(1만분의 1)에 해당하는 금액으로 한다(시행규칙 제68조의2 제2항).

보세판매장 특허수수료는 연단위로 해당 연도분을 다음 연도 4월 30일까지 납부해야 하며, 해당 연도 중간에 특허의 기간 만료, 취소 및 반납 등으로 인하여 특허의

효력이 상실된 경우에는 그 효력이 상실된 날부터 3개월 이내에 납부해야 한다(시행
규칙 제68조의2 제4항).

(5) 보세판매장 매출액의 보고

관세청장은 기획재정부장관의 국회 소관 상임위원회에 대한 보고를 위하여 매 회
계연도 종료 후 3월 말일까지 전국 보세판매장의 매장별 매출액을 기획재정부장관
에게 보고해야 한다(제192조의7).

IV. 특허기간과 물품장치기간

1. 특허기간

"특허기간=장치기간"이지만 보세창고는 재고상품이 존재할 수 있으므로 보세창
고(보세구역 중 90% 이상)와 그 밖의 특허보세구역을 구별하되 보세창고의 경우 기본
적으로 1년을 장치기간으로 하고 외국물품은 필요하면 1년 연장이 가능하지만 내국
물품은 연장 규정이 없다(제177조 제1항). 다만 정부비축용물품, 정부와의 계약이행
을 위하여 비축하는 방위산업용물품, 장기간 비축이 필요한 수출용원재료와 수출품
보수용 물품으로서 세관장이 인정하는 물품, 국제물류의 촉진을 위하여 관세청장이
정하는 물품은 비축에 필요한 기간으로 한다(제177조 제1항 제3호). 또한 세관장은 물
품관리에 필요하다고 인정될 때에는 장치기간에도 운영인에게 그 물품의 반출을 명
할 수 있다(제177조 제2항).

그 밖의 특허보세구역은 보세공장, 보세건설장, 보세전시장, 보세판매장인데 그
물품 장치기간은 그 구역의 특허기간이다(제177조 제1항 제2호). 장치기간을 경과한
외국물품에 대해서는 세관장에 의한 환가절차(공매)가 시행되므로 장치기간 규정은
매각의 근거 규정으로서의 의미가 있다.

2. 보세판매장 특례

보세판매장 특허를 받은 자는 두 차례에 한정하여 특허기간이 끝나는 날의 6개월
전까지 특허 갱신을 신청해서 특허를 갱신할 수 있다. 이 경우 갱신기간은 한 차례
당 5년 이내로 한다(제176조의2 제6항, 시행령 제192조의6 제1항).

V. 특허의 효력 정지와 취소

1. 반입정지

(1) 반입정지 사유

운영인에게 ① 장치물품에 대한 관세를 납부할 자금능력이 없다고 인정되는 경우(제1호), ② 본인이나 그 사용인이 이 법 또는 이 법에 따른 명령을 위반한 경우(제2호), ③ 해당 시설의 미비 등으로 특허보세구역의 설치 목적을 달성하기 곤란하다고 인정되는 경우(제3호), ④ 그 밖에 제1호부터 제3호까지의 규정에 준하는 것으로서 대통령령으로 정하는 사유에 해당하는 경우(제4호) 등 ①~④의 위법행위가 있는 경우 6개월 이내의 물품반입 또는 보세건설·보세판매·보세전시 등(이하 이 조에서 "물품반입등"이라 한다)의 정지처분을 할 수 있다(제178조 제1항). 이 외의 반입정지 사유로 제207조에 따른 재고조사 결과 원자재소요량 관리가 적정하지 않은 경우, 1년 동안 계속하여 물품의 반입·반출 실적이 없거나, 6개월 이상 보세작업을 하지 않은 경우, 운영인이 최근 1년 이내에 법에 따른 절차 등을 위반한 경우 등 관세청장이 정하는 사유에 해당하는 경우 등이 시행령에 추가 규정되어 있다(시행령 제193조의2).

(2) 정지처분을 갈음하는 과징금

가. 과징금의 계산 방법 및 범위

반입정지 사유에 해당하더라도 운영자 외 이용자에게 불편을 주는 등 지나치게 사익을 해칠 우려가 있어서 실제로는 단순 주의·경고만을 하게 되는 경우가 많고, 이 경우 위반행위에 대한 제재 실효성이 떨어지게 되므로, 정지처분을 대신하여 과징금을 부과하도록 하였다. 즉 물품반입 등의 정지처분이 그 이용자에게 심한 불편을 주거나 공익을 해칠 우려가 있는 경우에는 특허보세구역의 운영인에게 물품반입 등의 정지처분을 갈음하여 해당 특허보세구역 운영에 따른 매출액의 100분의 3 이하의 과징금을 부과할 수 있다(제178조 제3항).

과징금은 "물품반입 등의 정지 일수(1개월은 30일을 기준)×1일당 연간 매출액의 1/6,000"로 정해져 있으며 세관장은 산정된 과징금 금액의 4분의 1 범위에서 사업규모, 위반행위의 정도 및 위반횟수 등을 고려하여 그 금액을 가중하거나 감경할 수 있는데, 가중하는 경우에는 연간매출액의 100분의 3을 초과할 수 없다(시행령 제193조의3 제1항, 제3항).

나. 과징금의 부과 및 납부·징수

그 위반행위의 종별과 해당 과징금의 금액을 명시하여 서면 또는 전자문서로 통지를 받은 자는 납부통지일부터 20일 이내에 과징금을 관세청장이 지정하는 수납기관에 납부해야 한다(시행령 제193조의3 제4항, 제285조의7). 담보 제공이 없거나 징수 금액이 부족한 관세의 징수에 대하여는 제26조가 준용되는데(제178조 제4항), 과징금에 대해서도 이 법에 규정한 것을 제외하고는 국세기본법, 국세징수법의 예에 따른다(제26조 제1항).

2. 특허 취소

(1) 필요적 특허 취소 사유

특허보세구역의 운영인이 ① 거짓이나 그 밖의 부정한 방법으로 특허를 받은 경우(제1호), ② 운영인의 결격사유에 해당하는 경우(제175조 제8호에 해당하는 경우로서 같은 조 제2호 또는 제3호에 해당하는 사람을 임원으로 하는 법인이 3개월 이내에 해당 임원을 변경한 경우 제외)(제2호), ③ 제177조의2를 위반하여 명의를 대여한 경우(제5호)에 해당하는 경우 세관장은 특허를 취소하여야 한다(제178조 제2항 후문).

(2) 임의적 특허 취소 사유

특허보세구역의 운영인이 ① 1년 이내에 3회 이상 물품반입 등의 정지처분(제3항에 따른 과징금 부과처분을 포함)을 받은 경우(제3호), ② 2년 이상 물품의 반입실적이 없어서 세관장이 특허보세구역의 설치 목적을 달성하기 곤란하다고 인정하는 경우(제4호)에 해당하는 경우 세관장은 특허를 취소할 수 있다(제178조 제2항 전문).

3. 특허의 효력 상실 및 승계

운영인이 특허보세구역을 폐업하거나, 해산하거나 사망한 경우, 특허기간이 만료되거나 특허가 취소된 경우 특허효력이 상실되므로(제179조 제1항) 예컨대 특허보세창고는 일반창고로 전환된다. 그래서 물품을 지체없이 다른 보세구역으로 반출하여야 하는데(제182조 제1항) 예컨대 사망이나 해산 등에 대해 반출 등 준비가 되어 있지 않을 수 있기 때문에 폐업·사망·해산 시에는 세관장에게 지체 없이 그 사실을 보고하도록 하고(제179조 제2항), 사망·해산 시에는 30일 이내에 상속인 또는 승계법인이 특허승계신고를 하도록 하되 사망(해산)한 날부터 신고를 한 날까지의 기간 동안 그 상속인 등에 대한 특허로 간주한다(제179조 제3항, 제4항). 특허승계신고를 받은 세관장은 이를 심사하여 신고일부터 5일 이내에 그 결과를 신고인에게 통보하여야 한다(시행령 제194조 제2항). 운영인의 결격사유에 해당하는 자는 당연히 특허승계신고를 할 수 없다(제179조 제5항).

또한 특허의 효력이 상실된 경우 6개월의 범위에서 세관장이 지정하는 기간 동안 그 구역은 특허보세구역으로 보며 운영인이나 상속인 또는 승계법인에 대하여 그 특허가 있는 것으로 본다(제182조 제2항).

4. 세관장의 감독과 관리

세관장은 특허보세구역의 운영인을 감독하며, 운영인에게 그 설치·운영에 관한 보고를 명하거나 세관공무원에게 특허보세구역의 운영상황을 검사하게 할 수 있고, 운영에 필요한 시설·기계 및 기구의 설치를 명할 수 있을 뿐 아니라 특허보세구역에 반입된 물품이 해당 특허보세구역의 설치 목적에 합당하지 아니한 경우 해당 물품을 다른 보세구역으로 반출할 것을 명할 수 있다(제180조).

특허보세구역의 관리는 출입구 개폐 또는 특허보세구역에서의 물품을 취급하는 때 세관공무원의 참여, 특허보세구역의 출입구에는 자물쇠를 채우되 세관장이 필요하다고 인정되는 장소에는 2중으로 자물쇠를 채우게 하고 그중 1개소의 열쇠를 세관공무원에게 예치하도록 하며, 지정보세구역의 관리인 또는 특허보세구역의 운영인으로 하여금 그 업무에 종사하는 자 기타 보세구역에 출입하는 자에 대하여 상당한 단속을 하도록 하는 것 등이다(시행령 제195조 제2항 내지 제4항).

10-4 　보세공장

I. 의 의

보세공장이란, 보세구역의 하나로, 외국물품 또는 외국물품과 내국물품을 원료·
재료로 하여 제조·가공 기타 이에 유사한 작업을 하는 구역을 말한다. 일종의 중간
재를 가공하는 공장이라고 할 수 있는데, 무관세로 원료를 들여와서 제조 수출하는
것이 일반적인 모습이며 원료수입이 많은 업체나 해외로 수출을 많이 하는 업체 등
에 유용한 보세구역이라 할 수 있다. 보세공장에서는 외국물품을 원료 또는 재료로
하거나 외국물품과 내국물품을 원료 또는 재료로 하여 제조·가공하거나 그 밖에 이
와 비슷한 작업을 할 수 있으며, 보세공장에서는 세관장의 허가를 받지 아니하고는
내국물품만을 원료로 하거나 재료로 하여 제조·가공하거나 그 밖에 이와 비슷한 작
업을 할 수 없다(제185조 제1항, 제2항). 내국물품만을 원재료로 하는 작업의 허가 등
을 받은 경우에도 당해 작업은 바꿔치기 방지 등을 위해 외국물품을 사용하는 작업
과 구별하여 실시하여야 한다(시행령 제200조 제1항).

II. 보세공장의 종류와 기능

보세공장은 내수용 보세공장(제5항)과 수출용 보세공장으로 분류할 수 있다. 예컨
대 중국에 수출하는 제품을 만드는데 '일본의 자재＋미국의 자재'가 필요한 경우 각
각 통관하여야 하지만, 보세공장을 활용하면 "통관절차 없이" 관세가 유보된 상태에
서 가공·수출을 할 수 있다는 장점이 있다. 반입된 물품을 사용하려면 사전에 사용
신고를 요한다(제186조). 원재료 "사용신고"는 보세공장에만 존재하는 것이다.

다만, 내수용 보세공장에서 가공된 제품이 국내로 반입되는 경우에는 이를 수입품
으로 보아 관세가 부과되는데, 이처럼 수출 가공을 위한 것이 아니라 수입물품을 제
조·가공하는 것을 목적으로 하는 내수용 보세공장의 경우에는 보세공장의 취지와
다소 차이가 있으므로 기획재정부령에 따라 그 업종을 제한할 수 있다(제185조 제5항).
내수용 보세공장에서는 부분품이나 원재료가 아닌 완제품을 통관하게 되므로 부분
품에 대한 통관절차가 생략되는 장점이 있다.

한편 직접 소모되는 원재료가 아닌 기계나 윤활유 등 수입통관 후 보세공장에서

사용할 될 물품은 보세공장에 직접 반입하여 30일 내 수입신고를 하게 할 수 있다. 즉 보세공장에서 통관절차를 밟게 할 수 있도록 혜택을 준 것인데(제185조 제6항), 원재료 등과 달리 기계나 사무용품 등은 통관절차에 대한 특칙이 인정될 뿐 보세구역 외의 경우처럼 관세를 납부하게 된다.

III. 사용신고

운영인은 보세공장에 반입된 물품을 그 사용 전에 세관장에게 사용신고를 하여야(=원재료로 쓴다는 것을 신고) 한다. 이 경우 세관공무원은 그 물품을 검사할 수 있다(제186조 제1항). 사용신고를 한 물품이 허가·승인을 요하는 것이면 그 요건을 갖추었음을 증명해야 한다(제186조 제2항).

보세공장에서는 원재료 반입신고→사용신고→제조·가공→제품 완성의 순서로 작업이 진행되며, 수출하는 경우에는 과세하지 않으나, 내수용인 경우 과세가 이루어진다. 내수용의 혼용승인이 없는 경우에는 비율을 모르므로 제품과세가 이루어고, 혼용승인이 있는 경우에는 외국물품 비율만 과세하게 된다.

보세공장의 원재료란, 당해 보세공장에서 생산하는 제품에 물리적 또는 화학적으로 결합되는 물품, 해당 보세공장에서 생산하는 제품을 제조·가공하거나 이와 비슷한 공정에 투입되어 소모되는 물품, 해당 보세공장에서 수리·조립·검사·포장 및 이와 유사한 작업에 직접적으로 투입되는 물품 등을 말하며, 보세공장원재료는 당해 보세공장에서 생산하는 제품에 소요되는 수량 즉 원자재소요량을 객관적으로 계산할 수 있는 물품이어야 한다(시행령 제199조).

IV. 보세공장 외 작업허가

가공무역 등을 위해 필요하다면 세관장의 허가를 얻어 기간·장소·물품 등을 정하여 보세공장 외에서도 작업을 할 수 있는데(제187조 제1항), 관세부과 등의 목적 때문에 세관공무원은 그 물품이 보세공장에서 반출될 때에 그 검사를 할 수 있다(제187조 제4항). 이 검사의 내용은 대체로 서류와 현물과의 일치 여부에 있게 된다. 이 허가를 받으면 공장외 작업장은 보세공장으로 의제되는 것이므로(제187조 제5항), 그 작업장에는 보세공장에서처럼 외국물품도 보세운송을 통하여 직접 반입하게 할 수

있는데(제187조 제6항), 만일 지정된 허가기간 후에 남아 있는 외국물품이나 제품이
있다면 이곳은 보세공장으로 볼 수 없기 때문에 즉시 관세를 징수한다. 즉 지정된
기간이 지난 경우 해당 공장외작업장에 허가된 외국물품이나 그 제품이 있을 때에는
해당 물품의 허가를 받은 보세공장의 운영인으로부터 허가를 받은 때의 현상에 따라
그 관세를 즉시 징수한다(제187조 제7항).

V. 과　세

1. 제품과세

보세공장은 통상 원재료가 외국에서 오는 경우인데 그 가공을 통하여 완성된 제
품은 외국물품과 내국물품을 혼용하여 작업을 하더라도(＝국내작업이지만) 그 자체를
외국으로부터 우리나라에 도착한 물품으로 본다(제188조 제1항). 즉 완제품가격으로
하여 수입통관절차를 진행한다는 것인데, 이것은 혼용승인이 없고 내국물품의 비율
이 낮은 경우이기 때문이다.

그러나 외국물품과 내국물품을 혼용하였는데 그 비율을 알 수 있는 경우로서 세
관장의 혼용승인을 받은 경우에는, 제품 중 해당 외국물품의 수량 또는 가격에 상응
하는 부분을 수입품으로 보아 관세를 부과한다(제188조 제2항). 예컨대 외국 흑설탕
과 국내 백설탕 및 국내 밀가루를 원료로 하여 과자를 생산한 경우 그 과자를 외국
물품으로 과세하는 것이 일반적이지만, 혼용승인을 받은 경우에는 흑설탕 부분에 대
한 것만을 과세한다는 의미이다(제189조). 즉 관세액은 '제품가격×총 재료 중 외국
원재료 비율×세율'로 계산된다.

> **|사례 1|** 제품가격이 2,000달러인데, 내국원재료 가격 200달러, 외국원재료 가격 800달러
> 인 상황에서 세관장의 승인을 받아 외국물품과 내국물품을 혼용하여 제품을 생산한 경우 제
> 품과세 가격은 얼마인가?9)

---

9) 혼용승인을 받았으므로 외국원재료에 대해서만 과세한다. $2,000 \times (800/1,000) = 1,600$달러
　가 된다.

2. 원료과세

보세공장에서 제조된 물품을 수입하는 경우, 관세는 수입신고 당시의 성질과 수량에 의해서 과세되는 것이 원칙임에도 불구하고 그 사용신고를 할 때의 원료의 성질과 수량에 따라 관세를 부과한다는 것이다(제189조 제1항). 이는 수입신고 시 과세물건이 확정된다는 원칙의 예외인데, 완제품의 관세율이 더 높은 경우 운영인에게 더 불리하기 때문에 원료과세를 인정하는 것이다.

물론 사전에 미리 세관장에게 원료과세의 적용을 신청한 경우이어야 한다. 따라서 이 경우에는 외국 원재료를 과세대상으로 하여 관세를 부과하게 되는데, 보세공장은 1년의 범위에서 원료과세 적용을 신청할 수 있으며 보세공장 전체에 대해서도 신청을 할 수 있다. 즉 1년의 범위에서 원료별, 제품별 또는 보세공장 전체에 대하여 제1항에 따른 신청을 하게 할 수 있다(제189조 제2항).

10-5 보세건설장

I. 의 의

산업시설의 건설에 사용되는 외국물품인 기계류 설비품이나 공사용 장비를 세금 보류 상태에서 장치·사용하여 해당 건설공사를 하는 특허보세구역을 말한다(제191조). 보세공장과 유사하지만, 보세공장은 주로 수출을 위해 인정되는 것인 반면 보세건설장은 원자력발전소나 반도체공장 등 내수용의 완성품이 수입되는 것으로 본다는 점에서 차이가 있다.

전체적인 흐름은, 반입신고→사용 전 수입신고(=과세물건 확정)→건설공사 투입→완료보고(제척기간 기산일)→수입신고 수리(=적용법령 기준)→시설 가동, 관세 납부의 순으로 행해진다. 관세를 납부하지 않고 수입신고만 하고 건설에 사용하여 공사가 완공된 후 관세를 납부하는 것이므로 관세납부 및 통관절차를 거쳐 들여오는 일반 수입물품과 다르다. 즉 건설물품을 들여올 때마다 통관절차를 거쳐야하는 일반건설장과 달리 물품이 들어올 때마다 수입신고만 하고 그 수리 없이 미통관상태로 공사에 사용하여 공사 준공 시로 관세납부를 이연하는 점에 특징이 있다.

예컨대 기계나 설비의 부피, 수량 금액 등이 크기 때문에 설비를 들여오는 경우에도 각 부분별로 들어오는 등 분할 선적되어 들어오게 되고 사용 전에 미리 완성된 설비의 HS코드로 미리 수입신고를 한 후 각 부품별로 HS코드를 분류하는 등의 절차 없이 공사에 사용하게 된다. 전체 설비가 모두 완성되면 완료보고를 하고 세관장이 이를 수리하면서 전체 설비에 대한 품목분류로 세율 및 관세감면 여부를 결정하게 되는데, 우리나라에 특유한 것으로서 일본에는 보세건설장 제도가 없다.

II. 사용 전 수입신고

운영인은 보세건설장에 외국물품을 반입하였을 때에는 사용 전에 해당 물품에 대하여 수입신고를 하고 세관공무원의 검사를 받아야 한다(제192조). 보세공장에서 본 바와 같이 보세건설장도 사용 전 수입신고 시점에 과세물건이 확정된다. 보세건설장에 반입할 수 있는 물품은 그 건설에 필요한 기계류(1호), 공사장비(2호), 산업시설에 병설되는 사무소, 의료시설, 식당, 공원, 숙사 등 부대시설을 건설하기 위한 물품(3호),

기타 해당 산업시설 건설에 필요하다고 인정하는 물품(4호)이며, 이 중 기계류 설비품은 수입신고 후 사용하여야 하며, 나머지 물품은 수입신고 수리 전에 사용할 수 없다(보세건설장 관리에 관한 고시 제6조, 제12조). 보세건설장 설치 목적에 적합한 기계류는 보세건설장 완공 후에 과세하고, 나머지 물품은 미리 과세하는 것이 일반건설장과의 과세형평에 맞기 때문이다. 그래서 관련 공사가 완료된 경우 운영인은 지체 없이 그 사실을 세관장에게 보고하도록 되어 있다.

III. 운영 및 그 제한

1. 반입물품 장치제한

보세건설장의 범위가 넓기 때문에, 세관장은 반입물품의 관리를 위해 필요한 경우에는 그 장치장소를 지정하거나 또는 그 사용상황에 대하여 운영인으로 하여금 보고의무를 부담케 할 수 있다는 취지이다(제193조).

> **│사례 1│** A사는 충남 천안에 대단위 전자부품 생산공장을 건설하기로 하고, 다수의 수입 기자재가 투입되는 점을 감안하여 원활한 공장건설을 위해 보세건설장제도를 이용하기로 하였다. 이때 세관장은 보세건설장 안에서 반입된 외국물품의 장치장소를 제한할 수 있는가?[10]

2. 건설물품의 가동제한

운영인은 수입신고를 한 물품을 사용한 건설공사가 완료된 때에는 지체없이 이를 세관장에게 보고하여야 한다(시행령 제211조). 운영인은 보세건설장에서 건설된 시설을 제248조에 따른 수입신고가 수리되기 전에 가동하여서는 아니 된다(제194조). 즉 건설공사가 완료되었더라도 그 수입신고가 수리되기 전까지는 시설가동을 금지하고 있는데, 수입신고 수리로 내국물품으로 전환되는 것이므로 결국 내국물품으로 전환된 후에 시설가동을 하라는 취지로 볼 수 있다. 이에 위반한 경우 세관장이 부과고지 한다.

---

10) 세관장은 법 제193조에 따라 반입물품의 관리를 위해 필요한 경우 보세건설장 반입물품의 장치장소를 제한할 수 있다(관세사 기출, 2006년).

3. 보세건설장 외 작업허가

세관장은 보세작업을 위하여 필요하다고 인정될 때에는 보세작업의 종료기한 및 작업장소, 신청사유, 당해 작업에서 생산될 물품의 품명·규격 및 수량 등을 기재한 신청서를 세관장에게 제출하여 보세건설장 외 작업허가를 신청할 수 있고, 기간, 장소, 물품 등을 정하여 해당 보세건설장 외에서의 보세작업을 허가할 수 있다(제195조 제1항, 시행령 제212조 제1항). 이 경우 제187조 제2항부터 제7항까지의 규정(＝물품반출 검사 및 보세건설장 외 작업장의 보세건설장 의제, 기간 만료 시의 관세 즉시 징수 등)을 준용한다(제195조 제2항).

4. 제척기간

관세부과의 제척기간은 특허기간 만료일, 건설공사 완료보고일 중 먼저 도래한 날의 다음날이 기산일이 된다. 먼저 특허가 만료되면 안 되기 때문이다.

10-6 종합보세구역

Ⅰ. 총 설

1. 의의 및 지정요건

세관장이 지정하는 지정·특허보세구역과 달리 관세청장이 지정하는 보세구역을 말하며 무역진흥에의 기여 정도, 외국물품의 반입·반출 물량 등을 고려하여 외국인 투자지역, 산업단지, 공동집배송센터, 물류단지 등의 지역을 신청 또는 직권으로 지정하는 것인데(제197조 제1항, 시행령 제214조 제1항, 제3항), 개인 및 공공의 이익을 조화시키는 데에 목적이 있다는 점에서 사익을 추구하는 특허보세구역, 공공목적인 지정보세구역과 차이가 있다. 동일한 장소에서 기존 특허보세구역의 보세창고·보세공장·보세전시장·보세건설장 또는 보세판매장의 기능 중 둘 이상의 기능을 복합적으로 수행할 수 있는 제도로서(제197조 제2항) 외국인 투자 유치를 추진하기 위한 목적으로 도입된 것이다. 종합보세구역의 지정을 요청하고자 하는 자는 당해 지역의 소재지 및 면적, 구역 안의 시설물현황 또는 시설계획, 사업계획을 기재한 지정요청서에 당해 지역의 도면을 첨부하여 관세청장에게 제출하여야 한다(시행령 제214조 제2항).

2. 다른 보세구역과의 차이

지정권자가 관세청장이라는 점 외에 종합보세구역은 장치기간·설치운영기한의 제한이 없고 기능 간 물품이동에 대한 세관신고가 생략되며 보수작업 및 역외 작업을 세관장 "승인"이 아닌 세관장 "신고"로 가능하다는 점에서도 지정·특허보세구역과 차이가 있다. 특허보세구역은 보세구역별 특허를 받아야 하지만 종합보세구역은 신고만으로 복수기능이 가능하다는 점도 차이가 있다. 또한 종합보세구역은 외국인 투자 유치, 수출 증대 및 물류촉진 등에 기여할 목적으로 지정되는 것이므로 종합보세사업장 설치·운영신고에 있어서 특허신청 수수료와 특허수수료를 징수하지 않는다는 점도 중요한 차이점이다.

II. 설치·운영절차

1. 설치·운영신고

종합보세구역에서 종합보세기능을 수행하려는 자는 그 기능을 정하여 세관장에게 종합보세사업장의 설치·운영에 관한 신고를 하여야 하며, 운영인 결격자는 이러한 신고를 할 수 없다(제198조 제1항, 제2항). 즉 일반기업이 종합보세구역 제도를 이용하려면 입주하여 세관장에게 종합사업장 설치·운영신고를 해야 한다는 의미이다.

운영인이 그가 수행하는 종합보세기능을 예컨대 보세창고에서 보세판매점으로 변경하려는 경우에도 세관장에게 변경신고서를 제출하여야 한다(제198조 제3항, 시행령 제215조 제2항).

2. 물품의 반출입신고의 생략

종합보세구역에 물품을 반입하거나 반출하려는 자는 세관장에게 반입·반출신고를 하여야 한다(제199조 제1항, 시행령 제216조). 종합보세구역에 반입·반출되는 물품이 내국물품인 경우에는 반·출입신고를 생략하게 할 수 있다.

그러나 다음의 경우에는 생략할 수 없다(시행규칙 제70조). ① 보세공장에서 세관장의 허가를 받고 내국물품만을 원료로 하여 제조·가공 등을 하는 경우 그 원료 또는 재료(제1호), ② 보세공장에서 혼용작업에 소요되는 원재료(제2호), ③ 보세판매장에서 판매하고자 하는 물품(제3호), ④ 당해 내국물품이 외국에서 생산된 물품으로서 종합보세구역안의 외국물품과 구별되는 필요가 있는 물품(보세전시장의 기능을 수행하는 경우에 한한다)(제4호).

3. 판매물품 특례

(1) 판매물품에 대한 수입신고

종합보세구역에서 외국인관광객등에게 물품을 판매하는 판매인은 관세청장이 정하는 바에 따라 판매물품에 대한 수입신고 및 신고납부를 하여야 한다(시행령 제216조의3 제1항).

(2) 판매물품에 대한 내국세 및 관세의 환급

외국인 관광객 등이 종합보세구역에서 구입한 물품을 국외로 반출하는 경우에는 해당 물품을 구입할 때 납부한 관세 및 내국세 등을 환급받을 수 있다(제199조의2 제1항). 다만 법인, 국내에 주재하는 외교관(이에 준하는 외국공관원을 포함한다), 국내에 주재하는 국제연합군과 미국군의 장병 및 군무원은 여기에서 제외한다(시행령 제216조의2).

(3) 판매인에 대한 환급

외국인 관광객 등이 종합보세구역에서 관세 등이 포함된 가격으로 구입한 물품을 3개월 이내에 반출하는 경우 등에는 공항이나 항만 관할세관장의 확인으로 물품판매자나 환급창구운영자에게 관세 및 내국세를 환급한다. 이것은 외국인이 직접 환급받고 하는 것이 힘들기 때문에 판매인이 먼저 환급금을 송부하고 판매자가 그 송부 사실을 확인받아 세관에서 환급금을 받게 된다. 이 경우 판매인은 송금사실 등과 관련한 자료를 5년간 보관하여야 한다(시행령 제216조의5).

(4) 외국인관광객 등에 대한 환급

외국인관광객등이 종합보세구역에서 물품을 구매할 때에 부담한 관세등을 환급 또는 송금받고자 하는 경우에는 출국하는 때에 출국항을 관할하는 세관장에게 판매확인서와 구매물품을 함께 제시하여 확인을 받아야 한다(시행령 제216조의4 제1항). 세관장은 제시한 판매확인서의 기재사항과 물품의 일치여부를 확인한 후 판매확인서에 확인인을 날인하고(시행령 제216조의4 제2항), 외국인관광객 등이 판매확인서를 교부받은 때에는 제216조의6의 규정에 의한 환급창구운영사업자에게 이를 제시하고 환급 또는 송금받을 수 있다(시행령 제216조의4 제3항).

4. 반·출입 물품의 범위와 장치기간

(1) 반·출입물품의 범위

종합보세구역에서 소비하거나 사용되는 물품 중 제조·가공에 사용되는 시설기계류 및 그 수리용 물품, 연료·윤활유·사무용품 등 제조·가공에 직접적으로 사용되지 아니하는 물품 등은 보세공장의 예와 같이 수입통관 후 사용하도록 정해져 있는데(제200조 제1항, 시행규칙 제71조), 그 사용 시 관세부과가 곤란하기 때문에 사용 전에 수입통관을 하도록 한 것이다.

다만 세관장은 국가안전, 공공질서, 국민보건 또는 환경보전 등에 지장이 초래되거나 종합보세구역의 지정 목적에 부합되지 아니하는 등 공익목적에 반하는 장치물에 대한 반입·반출을 제한할 수 있다(제200조 제3항).

(2) 장치기간

종합보세구역에 반입한 물품의 장치기간은 제한하지 아니한다. 다만, 보세창고의 경우 장치기간이 10년이지만 장기미반출 화물 등 화물관리상 문제가 있을 수 있으므로 관세청장이 수출입물품의 원활한 유통을 촉진하기 위하여 필요하다고 인정하여 지정한 장소에 반입되는 물품의 장치기간은 1년의 범위 내에서 장치기간을 정할 수 있도록 하였다(제200조 제2항).

III. 운영인의 의무

1. 물품관리

운영인은 종합보세구역에 반입된 물품을 종합보세기능별로 구분하여(= 보세창고, 보세공장 등 각 기능별로) 관리하여야 한다(제201조 제1항). 종합보세구역에 장치된 물건은 장치기간이 없기 때문에, 살아있는 동식물 등이나 부패 우려가 있는 물품은 장치기간에 불구하고 매각할 수 있도록 하거나(제201조 제2항), 종합보세구역 내에서의 물품 이동·사용 또는 처분의 기록을 유지하여야 하고(제201조 제3항), 효율적인 종합보세구역의 관리를 위하여 화주의 불분명 또는 소재불명, 부도·파산, 화주의 수취 거절, 거절의 의사표시 없이 수취하지 아니한 경우 등의 사유로 6개월 이상 방치된 외국물품에 대하여 종합보세구역의 운영인이 세관장에게 해당 물품의 매각을 요청할 수 있도록 장기 미반출 외국물품에 대한 매각제도를 인정하고 있다(제201조 제5항).

2. 설비유지의무

운영인은 대통령령으로 정하는 바에 따라 종합보세기능의 수행에 필요한 시설 및 장비 등을 유지하여야 한다(제202조 제1항). 여기의 설비란 제조·가공·전시·판매·건설 및 장치 기타 보세작업에 필요한 기계시설 및 기구, 반입·반출물품의 관리 및 세관의 업무검사에 필요한 전산설비, 소방·전기 및 위험물관리 등에 관한 법령에서 정하는 시설 및 장비, 보세화물의 분실과 도난방지를 위한 시설 등 종합보세구역으로서 기능할 수 있는 시설들을 의미하는 것이며(시행령 제217조 제1항), 세관장의 승인을 요하는 일반보세구역과 달리 종합보세구역에서는 보수작업이 신고사항이다(제202조 제2항). 또한 보세작업은 보세공장이나 보세건설장 등에서는 세관장 허가를 요하는 사항이 되지만, 종합보세구역 밖에서 행할 때에는 세관장 신고사항이며, 그 작업에 대해서는 보세공장 외 작업장에 관한 규정을 준용한다(제202조 제2항, 제3항).

IV. 세관의 관리

1. 출입통제 및 물품검사, 도난방지시설 등 요구권

(1) 출입통제와 물품검사권

세관장은 관세채권의 확보, 감시·단속 등 종합보세구역을 효율적으로 운영하기 위하여 종합보세구역에 출입하는 인원과 차량 등의 출입을 통제하거나 휴대 또는 운송하는 물품을 검사할 수 있고, 반입·반출되는 물품의 반입·반출 상황, 그 사용 또는 처분 내용 등을 확인하기 위하여 장부나 전산처리장치를 이용한 기록을 검사 또는 조사할 수 있으며, 운영인으로 하여금 업무실적 등 필요한 사항을 보고하게 할 수 있다(제203조 제1항, 제2항).

(2) 도난방지시설 등 요구권

관세청장은 종합보세구역 안에 있는 외국물품의 감시·단속에 필요하다고 인정될 때에는 종합보세구역의 지정요청자에게 보세화물의 불법유출, 분실, 도난방지 등을 위한 시설을 설치할 것을 요구할 수 있는데, 이 경우 지정요청자는 특별한 사유가 없으면 이에 따라야 한다(제203조 제3항).

2. 지정 취소와 중지 · 폐쇄

(1) 지정 취소

관세청장은 종합보세구역에 반입 · 반출되는 물량이 감소하거나 지정요청자가 지정 취소를 요청한 경우 또는 종합보세구역의 지정 요건이 소멸한 경우 등 종합보세구역을 존속시킬 필요가 없다고 인정될 때에는 종합보세구역의 '지정을 취소'할 수 있다(제204조 제1항, 시행령 제218조 제1항).

(2) 종합보세구역 수행 중지

운영인이 종합보세구역 설비의 유지의무를 위반하거나, 운영인이 수행하는 종합보세기능과 관련하여 반입 · 반출되는 물량이 감소하는 경우 또는 1년 동안 계속하여 외국물품의 반입 · 반출 실적이 없는 경우에는 6개월의 범위에서 운영인의 종합보세기능의 수행을 '중지'시킬 수 있다(제2항).

(3) 종합보세구역의 폐쇄

거짓이나 그 밖의 부정한 방법으로 종합보세사업장의 설치 · 운영에 관한 신고를 하거나, 운영인의 결격사유에 해당하는 경우 또는 다른 사람에게 자신의 성명 · 상호를 사용하여 종합보세사업장을 운영하게 한 경우에는 세관장이 그 '종합보세사업장의 폐쇄'를 명하여야 한다(제204조 제3항).

3. 보세구역 통칙 준용

종합보세구역은 관세청장이 지정하고, 신고만으로 그 기능을 수행하는 등 특징이 있으나, 보세구역의 하나이므로 보세구역에 관한 통칙 규정을 준용하도록 하였다(제205조).

10-7 유치 및 처분

I. 의 의

여행자 또는 승무원의 휴대품에 대하여 통관을 허용할 수 없는 사유가 있어서 보세구역에 유치 또는 예치하는 경우(제206조), 보세구역 내의 장치물품이 장치기간을 경과한 경우의 매각절차(제208조) 등에 대해서 규정하고 있다.

II. 휴대품의 유치 및 예치

1. 유치 및 예치권

(1) 휴대품의 유치와 해제

여행자 휴대품이나 승무원의 휴대품은 보세구역을 거치는 통관절차를 밟지 않고 직접 휴대하고 나가게 되므로, ① 물품수입에 따라 필요한 허가·승인·표시 또는 그 밖의 조건이 갖추어지지 아니한 경우, ② 여행자휴대품 등의 관세의 면제 기준을 초과하여 반입하는 물품에 대한 관세를 납부하지 아니한 경우, ③ 지식재산권을 침해하는 물품을 수출하거나 수입하는 등 이 법에 따른 의무사항을 위반한 경우, ④ 불법·불량·유해물품 등 사회안전 또는 국민보건을 해칠 우려가 있는 물품으로서 (a) 식품의약품안전처장 등 관계 기관의 장으로부터 부적합 통보 또는 통관 제한 요청을 받거나 (b) 성분 또는 규격 등이 불명확하여 식품의약품안전처 등 관계 기관의 확인 또는 물품분석이 필요한 경우 (c) 기타 유해 성분이 포함된 식품·의약품 등 세관장이 사회안전 또는 국민보건을 위해 유치가 필요하다고 인정하는 경우, ⑤ 세관장에게 국세 또는 지방세 강제징수 또는 체납처분이 위탁된 해당 체납자가 물품을 수입하는 경우에는 해당 물품을 유치할 수 있다(제206조 제1항, 시행령 제219조 제1항). 만일 허가 등을 받는 등 사유가 해소되거나 반송되는 경우에만 유치를 해제한다(제206조 제2항).

(2) 일시예치

만약 수입할 의사가 없어서 통관하지 않고 다시 출국할 때에 다시 가지고 나간다면 통관절차를 밟을 필요 없이 일시예치하였다가 찾아 나갈 수 있다. 다만 부패·변질 또는 손상의 우려가 있는 물품 등 관세청장이 정하는 물품은 예치할 수 없다(제206조 제3항).

(3) 유치증과 예치증의 교부와 제출

물품을 유치 또는 예치한 때에는 당해 물품, 유치사유 및 보관장소 등을 기재한 유치증 또는 예치증을 교부하여야 하고, 유치를 해제하거나 예치물품을 반환받으려는 자는 교부받은 유치증 또는 예치증을 세관장에게 제출해야 한다(시행령 제219조 제2항, 제3항).

여행자가 휴대반입한 유치물품의 장치기간은 1개월로 하며, 예치물품의 장치기간은 6개월의 범위 내에서 예치증에 기재된 출국예정시기에 1개월을 가산한 기간까지로 하고, 유치물품 및 예치물품의 반출통고는 장치기간 만료시점에 한다(여행자 및 승무원 휴대품 통관에 관한 고시 제17조 제3항, 제6항, 제41조).

2. 유치·예치 물품의 보관

유치하거나 예치한 물품은 세관장이 관리하는 장소(＝지정장치장)에 보관한다. 다만, 세관장이 필요하다고 인정할 때에는 그러하지 아니하다(제207조 제1항). 위 유치물과 예치물에 대하여는 제160조 제4항부터 제6항(＝폐기)까지, 제170조(＝기간) 및 제208조부터 제212조(＝매각)까지의 규정을 준용한다(제207조 제2항).

장치기간이 경과한 외국물품을 매각하려면 그 화주 등에게 통고일부터 1개월 내에 해당 물품을 수출·수입 또는 반송할 것을 통고한 후 그 불이행 시에 매각하는 것이 원칙이다(제209조, 제207조 제2항). 그러나 세관장은 유치되거나 예치된 물품의 원활한 통관을 위하여 필요하다고 인정될 때에는 해당 물품을 유치하거나 예치할 때에 유치기간 또는 예치기간 내에 수출·수입 또는 반송하지 아니하면 매각한다는 뜻을 통고할 수 있다(제207조 제3항).

III. 장치기간 경과물품의 매각

1. 대상 및 절차

(1) 직접 매각하는 경우

보세구역에 반입된 외국물품에 대하여 인정되는 것이며 장치기간 경과 후 공고하고 매각하는 것이 원칙이다(제208조 제1항).

다만, ① 살아 있는 동식물(제1호), ② 부패하거나 부패할 우려가 있는 것(제2호), ③ 창고나 다른 외국물품에 해를 끼칠 우려가 있는 것(제3호), ④ 기간이 지나면 사용할 수 없게 되거나 상품가치가 현저히 떨어질 우려가 있는 것(제4호), ⑤ 관세청장이 정하는 물품 중 화주가 요청하는 것(제5호), ⑥ 관세의 강제징수, 국세의 강제징수 및 지방세 체납처분을 위하여 세관장이 압류한 수입물품(수입신고 수리 전의 외국물품으로 한정한다) 등에 대해서는 기간 경과 전이라도 공고 후 매각할 수 있다(제208조 제1항 단서).

장치기간이 경과한 ① 내지 ⑥의 물품이 급박하여 공고할 여유가 없으면 매각한 후 공고할 수 있다(제208조 제2항, 긴급매각).

매각된 물품의 질권자나 유치권자는 다른 법령에도 불구하고 그 물품을 매수인에게 인도하여야 한다(제208조 제3항). 이처럼 매각한 물품의 매수인에 대한 질권자 등의 인도의무를 규정하고 있는 것은 원래 대부분 창고업자인 유치권자나 질권자에게는 인도의무가 없으나 제211조 제3항에서 화주가 잔금받기 전에 유치권자나 질권자에게 우선변제를 인정하고 있기 때문에 인도의무를 인정하는 것이다.

(2) 매각대행기관이 매각하는 경우

① 신속한 매각을 위하여 사이버몰 등에서 전자문서를 통하여 매각하려는 경우, ② 매각에 전문지식이 필요한 경우, ③ 그 밖에 특수한 사정이 있어 직접 매각하기에 적당하지 아니하다고 인정되는 경우에는 매각대행기관에 이를 대행하게 할 수 있다(제208조 제4항).

매각대행을 의뢰한 물품이 매각된 경우에는 건별 매각금액에 1천분의 20을 곱하여 계산한 금액을 매각수수료로 하고, 건별 매각금액이 10억 원을 초과하는 때에는 당해 매각금액은 10억 원으로 하며, 매각대행수수료의 금액이 5천원 미만인 때에는 당해 매각대행수수료는 5천원으로 한다(시행규칙 제73조).

2. 통 고

화주 등은 기간 경과를 모를 수도 있기 때문에 화주 등에게 수출, 수입, 반송 등 통관의 기회를 부여하기 위하여 통고일부터 1개월 내에 해당 물품을 수출·수입 또는 반송할 것을 통고하도록 하고 화주 등이 분명하지 아니하거나 그 소재가 분명하지 아니하여 통고를 할 수 없을 때에는 공고로 이를 갈음할 수 있다(제209조).

3. 매각방법

경쟁입찰은 특정인만 참여하는 지명경쟁입찰, 일반인에 의한 일반경쟁입찰이 있으며 최고가 입찰자에게 낙찰되는 매각방법이다. 그 청약의 내용이 입찰서에 의해 이루어지고 비밀인 점에서, 통상 구두로 행하는 경매와 다르다.

경쟁입찰의 방법으로 매각하려는 경우 매각되지 아니하였을 때에는 5일 이상의 간격을 두어 다시 입찰에 부칠 수 있으며 그 예정가격은 최초 예정가격의 100분의 10 이내의 금액을 입찰에 부칠 때마다 줄일 수 있다. 이 경우에 줄어들 예정가격 이상의 금액을 제시하는 응찰자가 있을 때에는 그 응찰자가 제시하는 금액으로 수의계약을 할 수 있다(제210조 제2항).

2회 이상 경쟁입찰에 부쳐도 매각되지 아니한 경우 또는 매각물품의 성질·형태·용도 등을 고려할 때 경쟁입찰의 방법으로 매각할 수 없는 경우, 즉 부패 등 긴급한 사유가 있거나 물품의 매각예정가격이 50만원 미만인 경우 또는 경쟁입찰의 방법으로 매각하는 것이 공익에 반하는 경우에는 경매나 수의계약으로 매각할 수 있다(제210조 제3항, 시행령 제222조 제9항).

경매나 수의계약으로도 매각되지 아니한 물품과 부패 등 긴급한 물품, 상품가치가 현저히 감소할 우려가 있는 물품, 공매하는 경우 매각의 효율성이 저하되거나 공매에 전문지식이 필요하여 직접 공매하기에 부적합한 물품 등은 위탁판매의 방법으로 매각할 수 있다(제210조 제4항, 시행령 제222조 제5항).

일반적으로 수입물품에 대해 매각이 이루어지지만, 수입금지물품 등에 대해서는 수출조건 즉 외화지급조건으로 매각이 이루어지는 경우도 있다(시행령 제222조 제8항).

결국 매각방법에 관한 법령의 취지는 '경쟁입찰→경매 또는 수의계약→위탁판매'의 순으로 매각한다는 의미(제210조 제1항, 제4항)이며, 이 경우 관세평가액을 기준으로 하는 것이 아니고 최초 예정가격을 기초로 과세가격을 산출한다(제210조 제5항). 세관장이 제1항에 따라 매각하려면 매각 물건, 매각 수량, 매각 예정가격 등을 매각 시작 10일 전에 공고하여야 하는데(제210조 제7항), 경매절차에 관하여는 국세징수법을 준용한다(제210조 제6항).

4. 잔금처리

(1) 매각대금의 배분 순서

세관장은 그 매각대금을 그 매각비용, 관세, 각종 세금의 순으로 충당하고, 잔금이 있을 때에는 이를 화주에게 교부한다(제211조 제1항). 다만 잔금의 교부는 관세청장이 정하는 바에 따라 일시 보류할 수 있다(제211조 제5항).

(2) 유치권자와 질권자의 잔금 우선배분권

매각하는 물품의 질권자나 유치권자는 해당 물품을 매각한 날부터 1개월 이내에 그 권리를 증명하는 서류를 세관장에게 제출하여야 하며, 세관장은 매각된 물품의 질권자나 유치권자가 있을 때에는 그 잔금을 화주에게 교부하기 전에 그 질권이나 유치권에 의하여 담보된 채권의 금액을 질권자나 유치권자에게 교부한다(제211조 제2항, 제3항). 다만 그 잔금액이 질권이나 유치권에 의하여 담보된 채권액보다 적고 교부받을 권리자도 2인 이상인 경우에는 세관장은 「민법」이나 그 밖의 법령에 따라 배분할 순위와 금액을 정하여 배분하여야 한다(제211조 제4항). 유치권자까지 고려한 배분의 순서는 결론적으로 매각비용, 관세, 수입 시 내국세→유치권자→화주의 순이 된다.

(3) 매각을 대행하는 경우의 배분 규정 준용

매각대행기관이 매각을 대행하는 경우에는 매각대행기관이 위 제1항부터 제5항까지의 규정에 따라 매각대금의 잔금처리를 대행할 수 있다(제211조 제6항).

5. 국고귀속

(1) 매각되지 않은 물품

매각되지 않은 물품(관세, 내국세, 지방세 징수를 위해 세관장이 압류한 수입물품은 제외)에 대하여는 그 물품의 화주 등에게 장치 장소로부터 지체 없이 반출할 것을 통고하되, 통고일로부터 1월 내에 반출되지 않은 물품은 소유권 포기로 보아 국고에 귀속시킨다(제212조 제1항, 제2항). 심사 후 상품가치가 있는 물품만을 귀속시키게 된다.

(2) 관세 등 징수위해 압류한 수입물품

관세 등 징수를 위해 체납으로 압류한 물품에 대하여는 1개월 이내에 해당 물품의 최종예정가격 상당액 즉 마지막 입찰 시 산출한 예정가격을 충당금으로 납부하도록 통지하되, 통지를 받은 납세의무자가 그 기한 내에 관세 및 체납액 충당금을 납부하지 아니한 경우에는 유찰물품의 소유권을 포기한 것으로 보고 이를 국고에 귀속시킬 수 있다(제212조 제3항, 제4항, 시행령 제225조의2).

10-8 보세운송

I. 의의 및 특징

보세운송이란 외국으로부터 수입하는 화물을 입항지에서 통관하지 아니하고 세관장에게 신고하거나 승인을 얻어 외국물품상태 그대로 다른 보세구역으로 운송하는 것(＝보세구역 간 운송)을 말한다. 즉 국제항, 보세구역, 보세구역 외 장치가 허가된 장소, 세관관서, 통관역, 통관장, 통관우체국 등의 장소 간에 한정하여 외국물품 그대로 운송할 수 있다(제213조 제1항 본문). 다만 수출신고가 수리된 물품은 해당 물품이 장치된 장소에서 위의 장소로 운송할 수 있다(제213조 제1항 단서).

예를 들면, 서울에 보세창고를 소유한 화주가 부산항에 도착된 화물을 통관하는 데에는 두 가지 방법이 있다. 부산에서 통관을 한 후 내국화물상태로 서울로 운송하는 경우와 보세운송신고 또는 승인신청을 하여 부산에서 서울로 보세운송을 한 후 통관을 하는 것이다.

이러한 보세운송은 수입화물에 대한 관세가 유보된 상태에서 운송되는 것이므로 운송에 제약(통로지정 및 기간 제한)이 따른다. 즉 세관장은 보세운송물품의 감시·단속을 위하여 필요하다고 인정될 때에는 관세청장이 정하는 바에 따라 운송통로를 제한할 수 있고, 보세운송은 관세청장이 정하는 기간 내에 끝내야 한다(제216조 제1항, 제2항).

II. 보세운송 신고와 보고

1. 보세운송 신고

보세운송을 하고자 하는 자는 관세청장이 정하는 바에 의하여 세관장에게 보세운송의 신고를 하여야 한다(원칙).

그러나 보세운송 된 물품 중 다른 보세구역 등으로 재보세운송하고자 하는 물품, 검역 등을 요하는 물품, 부피가 작지만 고가의 물품 등은 승인을 요한다(제213조 제2항). 화물이 국내에 도착된 후 최초로 보세구역에 반입된 날부터 30일이 경과한 물품, 통관이 보류되거나 수입신고수리가 불가능한 물품, 법 제156조의 규정에 의한 보세구역외 장치허가를 받은 장소로 운송하는 물품, 귀석·반귀석·귀금속·한약재·의약품·향료 등과 같이 부피가 작고 고가인 물품, 화주 또는 화물에 대한 권리를 가진 자가 직접 보세운송 하는 물품, 법 제236조의 규정에 의하여 통관지가 제한되는 물품, 적재화물목록상 동일한 화주의 선하증권 단위의 물품을 분할하여 보세운송 하는 경우 그 물품 등이 승인을 요하는 대표적인 사례이다(시행령 제226조 제3항). 수출신고가 수리된 물품은 관세청장이 따로 정하는 것을 제외하고는 보세운송절차를 생략한다(제213조 제4항).

2. 보세운송 도착보고

보세운송을 하여 서울에 물품을 옮겨 놓은 후에 통관을 하게 되면 화주에게 편리한 면이 있지만, 보세운송 할 물품을 세관에 신고(승인신청)를 한 후 보세운송 하여 목적지 세관의 보세구역 등에 반입한 후에 관할세관장에게 도착보고를 하여야 한다(제215조). 보세운송하는 외국물품이 지정된 기간 내에 목적지에 도착하지 아니한 경우에는 즉시 그 관세를 징수하지만 해당 물품이 재해나 그 밖의 부득이한 사유로 망실되었거나 미리 세관장의 승인을 받아 그 물품을 폐기하였을 때에는 그러하지 아니하다(제217조).

3. 보세운송 신고인

보세운송 신고인은 화주, 관세사 등 또는 보세운송업자 등이다(제214조). 다만 제214조에도 불구하고 국제무역선이 소속된 외항 정기 화물운송사업의 등록을 한 선박회사(그 업무를 대행하는 자를 포함한다)가 환적컨테이너를 국제무역선으로 보세운송 하거나(제1호), 수출신고가 수리된 물품을 외항 부정기 화물운송사업의 등록을 한 선박회사 또는 해양수산부장관이 허가한 외국국적 선박이 소속된 선박회사가 국제무역선으로 보세운송(제2호)을 할 수 있다(제220조의2, 시행규칙 제73조의3 제1항).

III. 보세운송 신청시점

보세운송신고 또는 승인신청 시점은 수입물품의 적재화물목록을 제출하고 하선(기)장소에 물품이 반입된 이후에 보세운송신고(승인신청)하는 것이 원칙이다. 보세운송신고를 하려는 자는 「보세화물 입출항 하선·하기 및 적재에 관한 고시」(이하 보세화물 적재 고시)에 따라 화물관리번호가 부여된 이후에 할 수 있다(보세운송에 관한 고시(이하 보세운송 고시) 제25조). 화물의 입출항, 하선(기) 및 적재관리는 포장화물은 포장단위, 벌크화물은 총중량 단위 기준에 따르며, 이때 '벌크화물'이란 일정한 포장용기로 포장되지 않은 상태에서 운송되는 물품으로서 수량관리가 불가능한 물품을 말한다(보세화물 적재 고시 제2조, 제5조).

IV. 보세운송 범위

국내에서 운송되는 모든 외국물품은 보세운송에 의해서만 운송이 가능한 것이 원칙이다. 그러나 우편법에 의거 체신관서의 관리하에 운송되는 물품, 검역법등에 의거 검역관서가 인수하여 검역소 구내계류장 또는 검역시행장으로 운송하는 검역대상 물품, 국가기관에 의하여 운송되는 압수물품은 보세운송절차를 필요로 하지 않는다. 수출신고가 수리된 물품은 관세청장이 따로 정하는 것을 제외하고는 보세운송절차를 생략한다(제213조 제4항).

V. 보세운송수단

수입화물을 보세운송하고자 하는 경우 보세운송업자는 자기보유 또는 다른 보세운송업자의 운송수단을 이용할 수 있는데, 보세운송을 하려는 자가 운송수단을 정하여 제213조 제2항에 따라 신고를 하거나 승인을 받은 경우에는 그 운송수단을 이용하여 운송을 마쳐야 한다(제216조 제3항). 수입화주도 자기화물을 직접 보세운송 하는 경우에는 자기차량은 물론 다른 운송수단도 제한 없이 이용할 수 있으며, 이 경우 화주는 관세에 상당하는 담보를 제공한 후 자신의 책임 하에 목적지보세구역까지 보세운송을 할 수 있다(제218조).

VI. 내국운송과 비교

보세운송은 외국물품을 내국운송수단에 의하여 운송하는 것을 말한다. 이에 반하여 내국운송은 내국물품을 국제무역선으로 운송하는 것을 말한다. 내국운송의 경우 관세 문제가 없기 때문에 담보제공 등 문제도 없고 내국운송의 신고만으로 족하다 (제221조 제1항). 그러나 통로 및 기간제한 등이 있고 도착보고 등이 요구된다는 점은 같다. 내국운송에 관하여는 제215조(보세운송보고), 제216조(보세운송통로), 제246조 (물품의 검사), 제247조(검사장소) 및 제250조(신고의 취하 및 각하)를 준용한다(제221조 제2항).

VII. 보세운송업자

1. 보세운송업자의 등록의무

보세운송업자 등은 관세청장이나 세관장에게 등록하여야 할 의무를 부담하는데, 등록의무는 ① 보세운송업자, ② 보세화물을 취급하려는 자로서 다른 법령에 따른 화물운송주선업자, ③ 국제무역선·국제무역기 또는 국경출입차량에 물품을 하역하는 것을 업으로 하는 자, ④ 국제무역선·국제무역기 또는 국경출입차량에 선박용품, 판매용품 또는 용역을 공급하는 것을 업으로 하는 자, ⑤ 국제항 안에 있는 보세구역에서 물품이나 용역을 제공하는 것을 업으로 하는 자, ⑥ 국제무역선·국제무역기 또는 국경출입차량을 이용하여 상업서류나 그 밖의 견본품 등을 송달하는 것을 업으로 하는 자, ⑦ 구매대행업자 중 대통령령으로 정하는 자가 포함된다(제222조 제1항).

등록의 유효기간은 3년으로 하되, 대통령령으로 정하는 바에 따라 갱신할 수 있는데, 다만 관세청장이나 세관장은 안전관리 기준의 준수 정도 측정·평가 결과가 우수한 자가 등록을 갱신하는 경우에는 유효기간을 2년의 범위에서 연장하여 정할 수 있다(제222조 제5항).

2. 등록요건과 기타 의무 등

제223조는 보세운송업자의 등록요건 즉 운영인 결격사유가 없고, 관련 법령 상 허가 등을 받거나 등록했을 것, 관세 및 국세 체납이 없고, 무능력자 아닌 사유로 등록 취소 후 2년이 경과한 것 등을 규정하고 있으며, 제223조의2는 보세운송업자 등의 명의대여 금지를, 제224조는 보세운송업자 등의 행정제재(등록의 취소, 6개월 내의 업무정지, 업무정지 갈음한 매출액 3% 이하 과징금)을, 제224조의2는 그 등록의 효력 상

실(＝폐업, 사망 또는 해산, 등록 유효기간 만료, 등록의 취소)을 규정하고 있으며, 제225조는 보세화물 취급 선박회사 등의 주소·성명·상호 및 영업장소 등의 신고 및 보고의무를 규정하고 있다.

VIII. 간이보세운송

세관장은 보세운송을 하려는 물품의 성질과 형태, 보세운송업자의 신용도 등을 고려하여 관세청장이 정하는 바에 따라 보세운송업자나 물품을 지정하여 보세운송 신고절차의 간소화, 보세운송에 따른 물품 검사의 생략, 보세운송의 담보 제공의 면제 등의 조치를 할 수 있다(제220조). 세관장은 자본금이 1억 원 이상인 법인, 5천만 원 이상의 인·허가 보증보험에 가입한 자, 공인된 수출입 안전관리 우수업체(AEO) 또는 직전 법규수행능력평가 B등급 이상인 법인을 일반간이보세운송업자로 지정할 수 있다(보세운송 고시 제13조).

통 관

I. 의 의

통관이란 외국물품이 내국물품이 되고(수입), 내국물품이 외국물품이 되며(수출), 외국물품이 내국물품의 지위를 득하지 않은 상태로 반출되는(반송) 절차로서, 관세법에서는 수출, 수입, 반송에 수반되는 통관절차를 규정한다. 특히 수입통관의 경우 관세를 적정히 징수하고 국민건강과 안전을 보호하기 위하여 물품의 이동에 수반되는 일련의 단계별 신고사항, 신고방법 등 상세한 행정절차를 정하고 있다.

관세법은 관세 부과와 징수를 목적으로하는 조세법적 성격을 가지는 것과 동시에 수출입물품의 통관을 적정하게 하는 통관절차법적 성격을 갖고 있다. 오늘날 각 국가들은 비관세장벽으로서 통관절차를 통하여 국경을 보호하므로, 통관법규의 정교화와 통관행정의 선진화가 중요시되고 있다.

II. 통관 요건

1. 허가 · 승인 등의 확인

수출입을 할 때 법령에서 정하는 바에 따라 허가 · 승인 · 표시 또는 그 밖의 조건을 갖출 필요가 있는 물품은 세관장에게 그 허가 · 승인 · 표시 또는 그 밖의 조건을 갖춘 것임을 증명하여야 한다(제226조 제1항). 예컨대 전기용품의 경우 안전기준 등에 대한 허가 요건을 갖추어야 하며, 원산지표시 등의 조건을 갖춘 것이어야 한다는 의미이다. 해당 서류를 관세사 등에게 제출하고, 관세사 등이 해당 서류를 확인한 후 수입신고를 할 때에는 해당 서류의 제출을 생략하게 하거나 해당 서류를 수입신고 수리 후에 제출하게 할 수 있다(제245조 제2항, 제226조 제3항에서 준용).

그리고 그 물품과 확인방법, 확인절차 등의 사항을 미리 공고하여야 한다(제226조 제2항). 현재 세관장확인물품에 대한 고시(告示)로서 이를 행하고 있다(시행령 제233조). 이에 의하면 수출입시 허가 · 승인 등의 증명이 필요한 물품을 수출입하려는 자는 요건신청을 통관포털을 이용하여 요건확인기관의 장에게 할 수 있고, 통관포털을 이용하지 않고 서면 등의 방식으로 요건신청을 하려는 자는 요건확인기관의 장에게 직접 신청하여야 한다(위 고시 제3조).

한편, 수입물품의 통관을 적정히 하기 위해 수입물품의 통관에 관한 처리지침을 정함을 목적으로 「수입통관 사무처리에 관한 고시」가 시행되고 있다.

2. 의무이행의 요구

세관장은 다른 법령에 따라 수입 후 특정한 용도로 사용하여야 하는 등의 의무가 부가되어 있는 물품에 대하여는 문서로써 해당 의무를 이행할 것을 요구할 수 있고 의무의 이행을 요구받은 자는 특별한 사유가 없으면 해당 물품에 대하여 부가된 의무를 이행하여야 한다(제227조 제1항, 제2항). 특별한 사유란 ① 법령이 정하는 허가·승인·추천 기타 조건을 구비하여 의무이행이 필요하지 아니하게 된 경우, ② 법령의 개정 등으로 인하여 의무이행이 해제된 경우, ③ 관계행정기관의 장의 요청 등으로 부과된 의무를 이행할 수 없는 사유가 있다고 인정된 경우로서 수입신고 수리시에 부과된 의무를 면제받고자 하는 자는 당해 의무이행을 요구한 세관장의 승인을 얻어야 한다(시행령 제234조).

수입 후 특정한 용도로 사용한다는 것(예: 소매용·전시용) 등의 의무이행의 예시로서, 「수입통관 사무처리에 관한 고시」제107조에서는 "제227조에서 정한 의무를 불이행하거나 원산지 표시가 부적법 또는 다르게 표시된 경우 또는 상표권이나 저작권을 침해한 물품에 대해서는 통관을 보류하고 보세구역으로 반입할 것을 명령할 수 있다."고 규정한다.

3. 통관표지 첨부

세관장은 관세 보전을 위하여 필요하다고 인정할 때에는 대통령령으로 정하는 바에 따라 수입하는 물품에 통관표지를 첨부할 것을 명할 수 있다. 통관표지란, 합법적으로 통관된 물품인지 여부를 확인하는 증표로서 관세보전을 위해 첨부하는 것이다. 즉 감면 또는 용도세율의 적용을 받은 물품, 분할납부승인을 얻은 물품 등의 사후관리와 부정수입물품과 구별하기 위하여 관세청장이 지정하는 물품에 대하여 정품 확인을 위해 첨부하는 것이다(시행령 제235조 제1항).

| 그림 3 | 통관표지의 규격(제117조 제2항 관련)

일반수입물품 (초록색)

통관	필증
세관마크	
97 NO 0000000	

(35mm × 20mm)

내용풀이
(예: 97 NO 123456)
97 : 1997년도 제작
123456 : 제작일련번호

공매낙찰물품 (붉은색)

공매	필증
세관마크	
97 NO 0000000	

(35mm × 20mm)

통관표지를 첨부하여야 할 물품은 수입신고수리물품과 법에 의하여 매각된 물품이며, ① 수입신고수리후 자가사용으로 인정되는 휴대품, 우편물, 탁송품이나 별송품, ② 재수출조건부 면세대상 물품 등 일시수입물품, ③ 우리나라에서 수출된 후 재수입되는 물품, ④ 외교관 면세대상물품, ⑤ 수출조건으로 공매낙찰된 물품은 통관표지의 첨부를 생략한다(수입통관 사무처리에 관한 고시(이하 고시) 제116조). 통관표지의 종류는 초록색, 붉은색 2종으로 하고 초록색은 일반수입물품에 붉은색은 매각된 물품에 첨부하며(고시 제117조 제1항) 통관표지는 통관표지 첨부대상물품의 현품(개당)에 1장씩 첨부한다(고시 제118조 제1항).

통관표지는 관세청장이 일괄 인쇄하여 각 세관장에게 배부한다(고시 제119조 제1항). 통관표지 첨부대상 물품의 신고서나 매각된 물품의 품명, 규격난에는 제조번호 등을 가능한 한 상세히 표기하여 부정외래품을 쉽게 알아볼 수 있도록 하여야 하며, 세관장이 통관표지 첨부대상 수입물품에 대하여 수입신고수리를 하고자 할 때에는 통관표지의 종류와 소요되는 수량을 세관 기재란에 표기하여야 한다(고시 제120조).

4. 원산지 확인

(1) 의의 및 확인 기준

원산지란, 수출입 물품의 국적을 의미하며 상품의 실제 생산국가는 소비 및 세율에도 중대한 영향을 미치므로 중요한 문제이다. 이 법, 조약, 협정 등에 따른 관세의 부과·징수, 수출입물품의 통관, 원산지 확인요청에 따른 조사 등을 위하여 원산지를 확인할 때에는 ① 해당 물품의 전부를 생산·가공·제조한 나라(＝완전생산기준), ②

해당 물품이 2개국 이상에 걸쳐 생산·가공 또는 제조된 경우에는 그 물품의 본질적 특성을 부여하기에 충분한 정도의 실질적인 생산·가공·제조 과정이 최종적으로 수행된 나라(＝실질적 변형기준)를 원산지로 한다(제229조 제1항). 조약·협정 등의 시행을 위하여 원산지 확인 기준 등을 따로 정할 필요가 있을 때에는 기획재정부령으로 원산지 확인 기준 등을 따로 정한다(제229조 제3항).

(2) 시행규칙 상 3가지 기준

가. 완전생산기준

① 당해 국가의 영역에서 생산된 광산물과 식물성 생산물, ② 당해 국가의 영역에서 번식 또는 사육된 산 동물과 이들로부터 채취한 물품(예: 젖소와 우유), ③ 당해 국가의 영역에서의 수렵 또는 어로로 채집 또는 포획한 물품, ④ 당해 국가의 선박에 의하여 채집 또는 포획한 어획물 기타의 물품, ⑤ 당해 국가에서의 제조·가공의 공정 중에 발생한 부스러기, ⑥ 당해 국가 또는 그 선박에서 제1호 내지 제5호의 물품을 원재료로 하여 제조·가공한 물품은 완전생산기준에 의한 경우이다(시행규칙 제74조 제1항).

나. 실질적 변형기준

당해 물품의 생산과정에 사용되는 물품의 품목분류표상 6단위 품목번호와 다른 6단위 품목번호의 물품을 최종적으로 생산한 국가로 하는 것이다(＝세번(細番)변경기준)(시행규칙 제74조 제2항). 즉 세번변경 국가가 2 이상인 경우에는 최종적으로 바뀐 국가를 원산지로 한다.

다만, ① 운송 또는 보세구역장치 중에 있는 물품의 보존(예: 생선의 건조)을 위하여 필요한 작업, ② 판매를 위한 물품의 포장개선 또는 상표표시 등 상품성 향상을 위한 개수작업, ③ 단순한 선별·구분·절단 또는 세척작업, ④ 재포장 또는 단순한 조립작업, ⑤ 물품의 특성이 변하지 아니하는 범위 안에서의 원산지가 다른 물품과의 혼합작업, ⑥ 가축의 도축작업은 이 규정에 의한 원산지로 인정하지 않는다(제74조 제4항). 즉 이 경우에는 세번변경이 되더라도 이를 원산지로 인정하지 않는다는 의미이다. 예컨대 일본제 손톱깎이, 중국제 칼, 스위스제 등산용 칼 등이 하나의 세트로 구성되어 중국에서 반입된 경우(⑤) 중국을 원산지로 하는 것이 아니고 각각의 원산지를 나열하도록 되어 있다.

다. 주요공정 기준

세번변경으로 본질적 특성을 부여하기에 충분한 정도의 실질적인 생산과정을 거친 것으로 인정하기 곤란한 품목에 대하여는 주요공정·부가가치 등을 고려하여 품목별로 원산지기준을 따로 정할 수 있다(＝주요공정, 부가가치 기준)(제74조 제3항). 관세청장은 이에 따른 품목별 원산지기준을 정하는 때에는 기획재정부장관 및 해당 물품의 관계부처의 장과 협의하여야 한다(제74조 제5항). 예컨대 영화(필름보다 내용이 더 중요함)는 제작자, 기계와 기구의 부속품 등은 동시판매·동시수입·종류·수량 등 고려하여 기계와 부속품의 원산지가 다르더라도 기계·기구를 원산지로 하고, 포장용품은 내용물품의 원산지임을 원칙으로 한다.

(3) 직접운송의 원칙과의 관계

원산지 판정시, 해당 물품이 원산지가 아닌 국가를 경유하지 아니하고 직접 우리나라에 운송·반입된 물품인 경우에만 그 원산지로 인정한다(＝직접운송원칙). 즉 미국산이라면 미국에서 출발하여 환적없이 한국으로 반입된 것이어야 하지만, ① 지리적 또는 운송상의 이유로 단순 경유한 것, ② 원산지가 아닌 국가에서 관세당국의 통제하에 보세구역에 장치된 것, ③원산지가 아닌 국가에서 하역, 재선적 또는 그 밖에 정상 상태를 유지하기 위하여 요구되는 작업 외의 추가적인 작업을 하지 아니한 것 등의 요건을 모두 충족하는 물품은 원산지가 아닌 국가를 경유한 경우에도 우리나라에 직접 반입한 것으로 본다. 박람회·전시회 및 그 밖에 이에 준하는 행사에 전시하기 위하여 원산지가 아닌 국가로 수출되어 해당 국가 관세당국의 통제하에 전시목적에 사용된 후 우리나라로 수출된 물품인 경우에도 같다(시행규칙 제76조).

> **|사례 1|** 관세법령상 일반물품의 원산지 결정기준에 대한 내용이다. 다음 빈칸에 들어갈 내용은?1)
> 관세청장은 6단위 품목번호의 변경만으로 관세법 제229조 제1항 제2호의 규정에 의한 본질적 특성을 부여하기에 충분한 정도의 실질적인 생산과정을 거친 것으로 인정하기 곤란한 품목에 대하여 ( ) ( ) 등을 고려하여 품목별로 원산지기준을 따로 정할 수 있다.

---

1) 주요공정, 부가가치 등을 고려하여 품목별 원산지기준을 따로 정할 수 있다(관세사 기출, 2023년).

III. 통관 제한

1. 수출입의 금지

① 헌법질서를 문란하게 하거나 공공의 안녕질서 또는 풍속을 해치는 서적·간행물·도화, 영화·음반·비디오물·조각물 또는 그 밖에 이에 준하는 물품, ② 정부의 기밀을 누설하거나 첩보활동에 사용되는 물품, ③ 화폐·채권이나 그 밖의 유가증권의 위조품·변조품 또는 모조품은 수출하거나 수입할 수 없다(제234조). 화폐나 유가증권 자체의 수입이 금지되는 것이 아니고 그 모조품 등의 수출입이 금지되는 것임에 유의하여야 한다.

2. 지식재산권의 보호에 따른 수출입금지

지식재산권에는 상표권, 저작권 등 전통적인 권리 외에 품종보호권, 지리적표시권, 특허권 및 디자인권을 추가하였는데(제235조 제1항) 그 계기는 한-EU FTA 체결의 이행을 위한 것이었다. 상업용 목적이 아닌 개인용 여행자 휴대품으로서 소량 수출·입되는 경우에는 제1항의 적용이 배제된다(시행령 제243조).

관세청장은 해당 지식재산권을 관계 법령에 따라 등록 또는 설정등록한 자 등으로 하여금 해당 지식재산권에 관한 사항 즉 권리 신고를 하게 하고(제235조 제2항), 세관장은 신고된 지식재산권을 침해하였다고 인정될 때에는 그 지식재산권을 신고한 자에게 해당 물품의 수출입, 환적, 복합환적, 보세구역 반입, 보세운송, 일시양륙의 신고 또는 통관우체국 도착 사실을 통보하여야 한다. 이 경우 통보를 받은 자는 세관장에게 담보를 제공하고 해당 물품의 통관 보류나 유치를 요청할 수 있다(제235조 제3항). 즉 통관 전이라면 유치를, 통관 중이라면 통관 보류를, 통관 후라면 보세구역 반입명령을 통해 통관 제한이 이루어지게 된다.

지식재산권을 보호받으려는 자는 수입 전에 세관장에게 담보를 제공하고 해당 물품의 통관 보류나 유치를 요청할 수 있다(제235조 제4항). 이 경우의 담보제공은 손해배상의 성격이므로 과세가액의 120%에 해당하는 담보를 제공하여야 하며(중소기업은 40%로 감축함), 담보 중 부동산 및 납세보증보험증권은 인정되지 않는다. 이러한 신청을 받은 세관장은 특별한 사유가 없다면 통관 보류 또는 유치를 하여야 한다

(제235조 제5항). 세관장은 15일 이내에 결정하여야 한다.

다만 위조하거나 유사한 상표를 붙여 상표권을 침해하는 물품, 불법복제된 물품으로서 저작권등을 침해하는 물품, 위조하거나 유사한 지리적표시를 사용하여 지리적표시권등을 침해하는 물품 등 지식재산권을 침해하는 경우가 아니라면, 수출입신고 등을 한 자가 담보를 제공하고 통관 또는 유치 해제를 신청한 경우 통관을 허용하거나 유치를 해제할 수 있다(제235조 제5항 단서). 지식재산권 침해가 명백한 경우에는 직권으로 통관보류 또는 유치를 하고 수출입신고 등을 한 자에게 즉시 통보하여야 한다(제235조 제7항).

3. 통관장소의 제한

관세청장이나 세관장은 감시에 필요하다고 인정될 때에는 통관역·통관장 또는 특정한 세관에서 통관할 수 있는 물품을 제한할 수 있다(제236조). 예컨대 원산지표시 위반 물품 등에 대해서는 통관 자체를 허용하지 않는 것이 원칙이지만 그 검사장비나 규모 등에 차이가 있으므로 통관은 허용하되 그 검사가 가능한 특정세관(인천이나 부산세관)을 통해서만 통관을 허용한다는 취지이다.

4. 통관의 보류(=일시정지)

(1) 의의 및 보류사유

통관의 보류란, 통관절차를 일시 정지하는 것인데 대개 수출입 신고서나 제출서류 등에 보정이 가능한 흠이 있거나(제237조 제1항 제1호, 제2호) 이 법의 의무사항 위반이나 국민보건을 해칠 우려(3호), 안전성이나 불량·유해 물품 등 선행조건의 확인이 필요한 경우(4호, 4의2호), 체납자의 수입(5호) 등에 세관장이 행하는 조치라 할 수 있다. 통관의 보류를 인정하는 이유는, 수출입신고가 관세법에 따라 적합하게 이루어졌을 때에는 이를 지체 없이 수리하고 신고인에게 신고필증을 발급하도록 되어 있기 때문이다(제248조 제1항). 통관보류 사유에는 예컨대 통관 중 식품에서 발암물질이 발견된 경우(제3호), 휴대폰 충전기의 폭발 위험이 있는 경우(제4호), 관세 관계 법령을 위반한 혐의로 고발되거나 조사를 받는 경우(6호) 등이 포함된다.

(2) 보류 통지와 세관장의 조치

통관을 보류할 때에는 즉시 그 사실을 화주(화주의 위임을 받은 자를 포함한다) 또는 수출입 신고인에게 통지하여야 하고, 그 이행기간을 정하여 통관의 보류 해제에 필요한 조치를 요구할 수 있다(제237조 제2항, 제3항).

통관의 보류 사실을 통지받은 자는 세관장에게 통관 보류사유에 해당하지 아니함을 소명하는 자료 또는 세관장의 통관 보류 해제에 필요한 조치를 이행한 사실을 증명하는 자료를 제출하고 해당 물품의 통관을 요청할 수 있다.

이 경우 세관장은 해당 물품의 통관 허용 여부(허용하지 아니하는 경우에는 그 사유를 포함한다)를 요청받은 날부터 30일 이내에 통지하여야 한다(제237조 제4항 후문).

5. 보세구역 반입명령(=리콜)

(1) 의의 및 반입명령 대상 물품

통관된 물품에 대해서는 원래 세관장이 간섭할 수 없는 것이 원칙이다. 그럼에도 통관된 물품에 대한 세관장의 시정조치로서 인정되는 것이 보세구역 반입명령이다. 수입신고가 수리되어 반출된 물품이 일반적이지만 수출신고가 수리되어 외국으로 반출되기 전에 있는 물품도 반입명령의 대상이 된다(제238조 제1항).

그러한 물품 중 이 법 제227조에 따른 의무를 이행하지 않은 물품, 원산지표시위반 물품, 품질 등 허위표시 물품(=통관 시 발견 못하거나 통관 후 허위표시 한 경우 등), 지식재산권 침해 물품 등인 경우에는 당 물품을 3월 이내에 보세구역으로 반입할 것을 명할 수 있다. 다만, 해당 물품이 수출입신고가 수리된 후 3개월이 지났거나 관련 법령에 따라 관계행정기관의 장의 시정조치가 있는 경우에는 그러하지 아니하다(시행령 제245조 제1항).

한편 관세청장이나 세관장은 법 위반사항이 경미하거나 감시·단속에 지장이 없다고 인정되는 경우에는 반입의무자에게 해당 물품을 보세구역으로 반입하지 아니하고 필요한 조치를 하도록 명할 수 있다(제238조 제5항).

(2) 반입명령의 효력

반입명령을 받은 자는 해당 물품을 지정받은 보세구역으로 반입하여야 하며, 반입된 물품을 국외로 반출 또는 폐기할 것을 명하거나 반입의무자가 위반사항 등을 보완 또는 정정한 이후 국내로 반입하게 할 수 있다. 이 경우 반출 또는 폐기에 드는 비용은 반입의무자가 부담한다(제238조 제2항, 제3항).

반입된 물품이 반송 또는 폐기된 경우에는 당초의 수출입신고수리는 취소된 것으로 보고 납부한 관세는 환급한다(제238조 제4항). 그 결과 수입신고수리 취소→비용부담: 화주→관세환급의 순으로 처리된다.

IV. 통관의 예외

1. 수입으로 보지 않는 소비 · 사용(=수입×)

외국물품을 사용 · 소비하는 것은 수입을 전제로 하지 않으면 불가능한 것이다. 그러나 ① 선박용품 · 항공기용품 또는 차량용품을 운송수단 안에서 그 용도에 따라 소비하거나 사용하는 경우 에컨대 선박의 유류를 주유하여 항행한 경우(제1호), ② 선박용품 등을 지정보세구역에서 출국심사를 마친 출국자 또는 환승자에게 도시락으로 제공하는 등 그 용도에 따라 소비하거나 사용하는 경우(제2호), ③ 여행자가 휴대품을 운송수단 또는 관세통로에서 소비하거나 사용하는 경우(제3호), ④ 이 법에서 인정하는 바에 따라 소비하거나 사용하는 경우 예컨대 세관공무원 검사용 견품(제4호)에는 이를 수입으로 보지 아니한다(제239조).

즉 수입으로 보지 않으니 수입신고대상이 아니어서 통관절차가 불필요하며 세금도 납부할 필요가 없게 된다. 다만 예컨대 1호의 경우 남아 있는 선박유류는 수입신고 대상이 된다.

2. 수출입의제

(1) 수입의제

우편물은 관세청이 아닌 체신관서를 통하여 수취인에게 교부하는 것이므로 수입

으로 간주하는 것이고, 관세법에 따라 매각(낙찰금액에 세금 포함), 몰수, 추징, 국고귀
속, 통고처분 납부(통고처분에 세금 포함) 등의 물품은 법률상 또는 사실상 국고에 귀
속되어 사용·소비될 것이므로 수입으로 의제된다(제240조 제1항).

　수입으로 의제된다는 것은 수입신고가 수리된 것으로 본다는 의미로 보아야 하지
만, 수입으로 의제되더라도 우편물이나 매각, 통고처분, 추징이나 몰수, 국고귀속 등
은 통관우체국 등 별도의 절차가 따로 있거나 하여 통상의 수입신고를 하지 않고 관
세의 징수절차도 필요 하지 않다.

(2) 수출의제

　우편물 수취를 수입으로 간주하는 결과 체신관서가 외국으로 발송한 우편물은 이
법에 따라 적법하게 수출되거나 반송된 것으로 본다(제240조 제2항).

V. 통관 후 유통이력관리

　국내에 반입된 위해(危害) 수입물품(=사회안전 또는 국민보건을 해칠 우려가 현저한
물품 등으로서 관세청장이 지정하는 물품)으로부터 우리 사회를 보호하고 국민보건 수
준을 향상하기 위하여 수입업자 및 수입물품 유통업자로 하여금 유통이력(=유통단
계별 거래명세)을 관세청장에게 신고하게 하고(=소매업자는 제외), 유통이력 자료를
거래일로부터 1년간 보관하도록 하였다(제240조의2 제1항, 제2항). 관세청장은 유통이
력 신고물품의 지정, 신고의무 존속기한 및 신고대상 범위 설정 등을 할 때 수입물
품을 내국물품에 비하여 부당하게 차별하여서는 아니 되며, 이를 이행하는 유통이력
신고의무자의 부담이 최소화 되도록 하여야 한다(제240조의2 제4항). 신고의무위반
시 500만 원 이하의 과태료를 부과한다(제277조 제4항).

　관세청장은 세관공무원으로 하여금 유통이력 신고의무자의 사업장에 출입하여 영
업 관계의 장부나 서류를 열람하여 조사하게 할 수 있고, 유통이력 신고의무자는 정
당한 사유 없이 이 조사를 거부·방해 또는 기피하여서는 아니 된다(제240조의3 제1항,
제2항).

VI. 통관절차 등의 국제협력

기획재정부장관은「세계무역기구 설립을 위한 마라케쉬협정」에 따라 이 법 등에서 정한 통관 등 수출입 절차의 원활화 및 이와 관련된 국제협력의 원활화(이하 "무역원활화"라 한다)를 촉진하기 위하여 무역원활화 정책의 기본 방향에 관한 사항 등이 포함된 무역원활화 기본계획(이하 "기본계획"이라 한다)을 수립·시행하여야 한다(제240조의4). 우리나라에 대하여 통관절차의 편익을 제공하는 국가에서 수입되는 물품에 대하여는 상호 조건에 따라 대통령령으로 정하는 바에 따라 간이한 통관절차를 적용할 수 있다(＝상호주의)(제240조의5).

또한 관세청장은 물품의 신속한 통관과 이 법을 위반한 물품의 반입을 방지하기 위하여 세계관세기구에서 정하는 수출입 신고항목 및 화물식별번호를 발급하거나 사용하게 할 수 있으며(제240조의6 제1항), 세계관세기구에서 정하는 수출입 신고항목 및 화물식별번호 정보를 다른 국가와 상호 조건에 따라 교환할 수 있다(제240조의6 제2항). 수출입신고자료 등을 다른 법률에 저촉되지 않는 범위에서 다른 나라와 교환할 수 있다(제240조의6 제3항). 수입업자는 통관정보를 다르게 신고할 수 있으므로 수출국 통관정보를 수입국에 통보해준다면 신속·정확한 통관이 이루어질 수 있게 된다.

11-2 원산지 확인

I. 의 의

원산지란, 수출입 물품의 국적을 의미하며 상품의 실제 생산국가는 소비 및 세율에
도 중대한 영향을 미치므로 중요한 문제이다. 관세법은 물품의 전부를 생산·가공·제
조한 경우(＝완전생산기준), 2개국인 경우 '본질적 특성의 부여＋최종적 수행'을 요소
로 하여(＝실질적 변형기준) 판단한다고 규정한다(제229조 제1항). 시행규칙상으로는
좀 더 구체화하여 다음과 같이 세 가지 기준을 정하고 있다(제229조 제2항, 시행규칙
제74조).

II. 확인 기준

1. 완전생산기준

해당 물품의 전부를 생산·가공·제조한 나라(＝완전생산기준)에 의한 경우는 다음
과 같다(제229조 제1항 제1호, 시행규칙 제74조 제1항). ① 당해 국가의 영역에서 생산
된 광산물과 식물성 생산물, ② 당해 국가의 영역에서 번식 또는 사육된 산 동물과
이들로부터 채취한 물품(예: 젖소와 우유), ③ 당해 국가의 영역에서의 수렵 또는 어
로로 채집 또는 포획한 물품, ④ 당해 국가의 선박에 의하여 채집 또는 포획한 어획
물 기타의 물품, ⑤ 당해 국가에서의 제조·가공의 공정 중에 발생한 부스러기, ⑥
당해 국가 또는 그 선박에서 제1호 내지 제5호의 물품을 원재료로 하여 제조·가공한
물품.

2. 실질적 변형기준

해당 물품이 2개국 이상에 걸쳐 생산·가공 또는 제조된 경우에는 그 물품의 본질
적 특성을 부여하기에 충분한 정도의 실질적인 생산·가공·제조 과정이 최종적으로
수행된 나라 즉 실질적 변형기준에 따라 원산지를 결정한다(제229조 제1항 제2호). 실
질적 변형기준은, 당해 물품의 생산과정에 사용되는 물품의 품목분류표상 6단위 품
목번호와 다른 6단위 품목번호의 물품을 최종적으로 생산한 국가로 한다(＝세번변경

기준)(시행규칙 제74조 제2항). 즉 세번변경 국가가 2 이상인 경우에는 최종적으로 바
뀐 국가를 원산지로 한다.

다만, ① 운송 또는 보세구역장치 중에 있는 물품의 보존(예: 생선의 건조)을 위하
여 필요한 작업, ② 판매를 위한 물품의 포장개선 또는 상표표시 등 상품성 향상을
위한 개수작업, ③ 단순한 선별·구분·절단 또는 세척작업, ④ 재포장 또는 단순한
조립작업, ⑤ 물품의 특성이 변하지 아니하는 범위 안에서의 원산지가 다른 물품과
의 혼합작업, ⑥ 가축의 도축작업은 이 규정에 의한 원산지로 인정하지 않는다(시행
규칙 제74조 제4항). 즉 이 경우에는 세번변경이 되더라도 이를 인정하지 않는다는 의
미이다. 예컨대 일본제 손톱깎이, 중국제 칼, 스위스제 등산용 칼 등이 하나의 세트
로 구성되어 중국에서 반입된 경우(⑤) 중국을 원산지로 하는 것이 아니고 각각의
원산지를 나열하도록 되어 있다.

3. 부가가치기준

세번변경으로 본질적 특성을 부여하기에 충분한 정도의 실질적인 생산과정을 거
친 것으로 인정하기 곤란한 품목에 대하여는 주요공정·부가가치 등을 고려하여 품
목별로 원산지기준을 따로 정할 수 있다(＝주요공정, 부가가치 기준)(시행규칙 제74조
제3항). 관세청장은 이에 따른 품목별 원산지기준을 정하는 때에는 기획재정부장관
및 해당 물품의 관계부처의 장과 협의하여야 한다(시행규칙 제74조 제5항). 예컨대 영
화(필름보다 내용이 더 중요함)는 제작자, 기계와 기구의 부속품 등은 동시판매·동시수
입·종류·수량 등 고려하여 기계와 부속품의 원산지가 다르더라도 기계·기구를 원산
지로 하고, 포장용품은 내용물품의 원산지임을 원칙으로 한다(시행규칙 제75조 제1항).

|**사례 1**| 우리나라의 제작자와 감독이 미국의 배우들을 채용하여 미국에서 영화용 필름의
대부분을 촬영한 경우 관세법령상 우리나라가 원산지로 인정될 수 있는가?2)

---

2) 영화용 필름은 영화 제작자가 속하는 국가가 원산지로 인정되므로 우리나라가 원산지로 인
   정된다(국가직 7급 기출, 2021년).

III. 원산지 확인 효력

1. 원산지 허위표시 물품 통관제한

① 원산지 표시가 법령에서 정하는 기준과 방법에 부합되지 아니하게 표시된 경우(제1호), ② 원산지 표시가 부정한 방법으로 사실과 다르게 표시된 경우(제2호), ③ 원산지 표시가 되어 있지 아니한 경우(제3호) 해당 물품의 통관을 허용하면 안되지만, 그 위반사항이 경미한 경우에는 이를 보완·정정하도록 한 후 통관을 허용할 수 있다(제230조).

원산지표시는 소비자가 식별하기 좋은 위치에, 최종 구매자가 쉽게 판독할 수 있는 활자체로, 훼손이 어려운 방법에 따라, 한글·영어 또는 한문으로 표시되어야 하는데(대외무역법 시행령 제56조), 이에 위반한 경우 1호의 사유에 해당한다.

2. 품질 등 허위효시 통관제한

물품의 품질, 내용, 제조방법, 용도, 수량 등의 표시를 사실과 다르게 하거나 오인하게 하는 품질 등 허위·오인 표시물품으로서 품질 등 표시에 관한 법령을 위반한 물품에 대해서 종전에는 세관장이 이를 제재할 수 있는 근거가 없어 이러한 물품에 대한 효율적인 단속이 어려운 문제점이 있었다. 그래서 이러한 품질 등 허위·오인 표시물품에 대하여 세관장이 통관을 허용하지 않도록 단속 권한을 부여하는 동시에 사전에 품질 등을 표시하여야 할 의무를 부과하는 규정이다(제230조의2).

3. 원산지위반 환적물품의 유치

이 규정은, 중계무역 물품에 대하여 원산지표시 적정 여부를 판정하고 허위표시한 물품에 대해서 세관장의 유치를 인정하는 규정이다. 우리나라로 수입하는 물품이 아니므로 원칙적으로 관여하지 않겠지만 우리나라를 원산지로 표시한 경우에는 이를 유치할 수 있고(제231조 제1항) 수정 등 조치명령을 할 수 있으며 그 위반 시 매각을 할 수 있도록 한 것이다(제231조 제4항, 제6항).

그 대상은 일시적으로 양륙된 화물, 다른 운송수단으로 환적 또는 복합환적 되는

경우까지를 포함하므로 모든 운송수단에 대하여 인정된다(제231조 제1항). 세관장이
외국물품을 유치하는 경우에는 화주 등에게 통지하고(제231조 제3항) 이행기간을 정
하여 원산지 표시의 수정을 명하되(제231조 제4항), 그 불이행시 매각하거나 폐기할
수 있으나(제231조 제6항), 명령이 이행된 경우에는 물품의 유치를 즉시 해제하여야
한다(제231조 제5항).

매각방법 및 절차에 관하여는 제160조 제4항부터 제6항(＝장치물품 폐기, 통고, 비
용부담)까지 및 제210조(＝장치기간 경과물품의 매각)를 준용한다(제231조 제6항).

IV. 원산지증명서

1. 원산지증명서 제출의무 및 효과

(1) 원산지증명서 제출의무 및 그 예외

이 법, 조약, 협정 등에 따라 원산지 확인이 필요한 물품을 수입하는 자는 해당 물
품의 원산지를 증명하는 서류("원산지증명서", Certificate of Origin: C/O)를 제출하여
야 한다(제232조 제1항 본문).

다만, 대통령령으로 정하는 물품의 경우에는 그러하지 아니하다(제232조 제1항 단
서). 세관장이 상표나 생산국명 등으로 원산지 확인이 가능한 물품, 우편물, 과세가
격이 15만원 이하인 경우, 개인에게 무상 송부된 탁송·별송·휴대품의 경우에는 수
입할 때 원산지증명서 제출을 요하지 않는다(시행령 제236조 제2항).

원산지증명서의 발급방법은 세관·상공회의소에서 발급하는 기관발급, 수출자가
발급하는 자율발급(미국·EU), 원본을 기초로 발급하는 경우에만 인정되는 연결발급
의 경우로 나뉜다. 예컨대 미국→일본→한국으로 오는 경우 일본에서 발행한 원산지
증명서는 연결C/O(＝원본을 기초로 똑같이 발급한 것) 조건 충족 시 미국산으로 유효
하다(시행령 제236조 제3항). 원산지증명서는 수입국세관 제출일로부터 소급하여 1년
이내 발행된 것만 인정한다(시행령 제236조 제4항).

(2) 제출하지 않은 경우의 효력

원산지 확인이 필요한 물품을 수입하는 자가 원산지증명서를 제출하지 아니하는
경우에는 이 법, 조약, 협정 등에 따른 관세율을 적용할 때 일반특혜관세·국제협력

관세 또는 편익관세를 배제하는 등 관세의 편익을 적용하지 아니할 수 있다(제232조 제2항).

세관장은 제출받은 원산지증명서의 내용을 확인하기 위하여 필요한 원산지증명서 확인자료를 제출하게 할 수 있는데, 정당한 사유 없이 원산지증명서확인자료를 제출 하지 않는 경우에도 수입신고 시 제출받은 원산지증명서의 내용을 인정하지 아니할 수 있다(제232조 제3항). 다만 원산지증명서확인자료를 제출한 자가 정당한 사유를 제시하여 그 자료를 공개하지 아니할 것을 요청한 경우에는 그 제출인의 명시적 동 의 없이는 해당 자료를 공개하여서는 아니 된다(제232조 제4항).

2. 수출자 원산지증명서의 발급

이 법, 조약, 협정 등에 따라 관세를 양허받을 수 있는 물품의 수출자가 원산지증 명서의 발급을 요청하는 경우에는 세관장이나 그 밖에 원산지증명서를 발급할 권한 이 있는 기관은 그 수출자에게 원산지증명서를 발급하여야 한다(제232조의2 제1항). 원산지증명서의 내용을 확인하기 위하여 필요한 경우에는 원산지증명서를 발급받은 자, 원산지증명서를 발급한 자, 해당 수출물품의 생산자 또는 수출자로 하여금 원산 지증명서확인자료를 제출하게 할 수 있고(제232조의2 제2항, 시행령 제236조의6 제2항), 이 경우 자료의 제출기간은 그 자료제출을 요구받은 날로부터 30일 이내로 한다(시 행규칙 제77조). 우리나라에서 발급한 원산지증명서 등의 진위 여부, 정확성 등에 대 해 외국 정부의 확인 요청 시 조사기관, 조사절차 등 근거 규정이 미비하여 그 조사 와 관련된 규정을 신설한 것이다.

3. 원산지증명서 확인 및 조사

세관장은 신속한 통관을 위해 수입신고가 수리된 이후 원산지증명서의 정확성 여 부 등을 외국세관 등에 확인할 수 있으며, 그 결과의 회신이 없거나 실제 원산지와 다르거나 또는 회신은 되었으나 그 필요한 정보가 없는 경우에는 일반특혜관세·국 제협력관세 또는 편익관세 혜택을 부여하지 않는다(제233조 제1항, 제2항). 그 결과 관세법 세율로 경정 후 차액을 부과·징수하며 1년 이내에 경정하여야 한다(제233조 제2항).

반대로 외국세관 등에서 우리나라에 원산지증명서의 정확성 여부 등을 요청한 경우 그 발급을 한 자 및 받은 자, 수출자 또는 생산자에 대하여 서면조사나 현지조사를 할 수 있는데(제233조 제3항), 현지조사는 서면조사만으로 원산지증명서 및 원산지증명서확인자료의 진위 여부, 정확성 등을 확인하기 곤란하거나 추가로 확인할 필요가 있는 경우에 할 수 있다. 서면조사 또는 현지조사를 하는 경우에는 조사대상자, 조사대상 수출입물품 및 조사기간(서면) 또는 조사예정기간(현지) 등의 사항을 조사대상자에게 조사 시작 7일 전까지 서면으로 통지하여야 한다(시행령 제236조의8 제1항, 제2항).

4. 원산지정보원 설립

정부는 이 법과 「자유무역협정의 이행을 위한 관세법의 특례에 관한 법률」 및 조약·협정 등에 따라 수출입물품의 원산지정보 수집·분석과 활용 및 검증 지원 등에 필요한 업무를 효율적으로 수행하기 위하여 한국원산지정보원을 설립하며(제233조의2 제1항), 원산지정보원은 법인으로 하되 원산지정보원에 대하여 이 법과 「공공기관의 운영에 관한 법률」에서 규정한 것 외에는 「민법」 중 재단법인에 관한 규정을 준용한다(제233조의2 제2항, 제5항). 정부는 원산지정보원의 운영 및 사업수행에 필요한 경비를 예산의 범위에서 출연하거나 보조할 수 있다(제233조의2 제3항). 원산지정보원은 설립목적을 달성하기 위하여 ① 자유무역협정과 원산지 관련 제도·정책·활용 등에 관한 정보의 수집·분석·제공, ② 수출입물품의 원산지정보 관리를 위한 시스템의 구축 및 운영에 관한 사항, ③ 원산지인증수출자 인증, 원산지검증 등의 지원에 관한 사항, ④ 자유무역협정 및 원산지 관련 교육·전문인력양성에 필요한 사업 등을 수행한다(제233조의2 제4항).

이 법에 따른 원산지정보원이 아닌 자는 한국원산지정보원 또는 이와 유사한 명칭을 사용하지 못하며(제233조의2 제6항), 관세청장은 원산지정보원의 업무를 지도·감독한다(제233조의2 제7항).

11-3 직접운송원칙 사례

I. 서 론

원산지 판정시, 해당 물품이 원산지가 아닌 국가를 경유하지 아니하고 직접 우리나라에 운송·반입된 물품인 경우에만 그 원산지로 인정한다(=직접운송원칙)(시행규칙 제76조). 원산지 물품이더라도 협정 당사자국간에 직접 운송되지 않으면 협정관세의 적용을 인정하지 않은 것이 직접운송의 원칙의 본래의 의미이지만, 이것은 내륙국가이거나 중국과 홍콩 등 일국양제 국가인 경우 등 현실적으로 준수하기 어려운 경우가 있어서 FTA협정에서는 이를 완화하는 규정들을 두고 있다.[3]

II. 직접운송의 원칙

1. 직접운송 원칙의 의의 및 취지

원산지와 관련하여 '특혜 대상이 되는 원산지 상품이라 하더라도 체약 상대국인 역내국에서 자국으로 직접 운송되지 않으면 특혜 대상에서 배제한다.'는 의미가 있는데, 그 목적은 발송한 물품과 도착한 물품과의 동일성 확인 및 운송 과정에서의 가공 또는 뒤바뀜 등을 방지하기 위한 것이라고 설명된다.

그래서 우리나라가 체결한 각 FTA 협정문들은 대개 직접운송 간주요건을 같이 규정하고 있는데, '국제물품거래에 따른 운송 시 지리적 이유나 운송 상의 편의 등으로 인하여 제3국을 단순 경유하는 경우가 종종 있고, 그러한 물품에 대해서는 협정 당사국 간의 직접운송으로 인정하여 협정세율을 적용하는 것이 무역협정의 원산지 규정 취지에 부합하기 때문'이라고 한다.[4]

---

3) 관세평가상 운송비용 관련 사례와 관련한 심화내용은 저자의 논문 <직접운송원칙의 범위와 한계:불복사례를 중심으로(2020), 한국조세연구포럼>을 참고하여도 좋다.
4) 대법원 2019.1.17. 선고 2016두45813 판결.

|사례 1| 내륙국인 캄보디아에서 생산한 물품을 베트남을 경유하여 수입하면서 한·아세안
FTA에 따른 협정세율을 적용하여 수입신고 하면서 수출당사국에서 발행한 통과선하증권의
발급이 곤란하여 신빙성 있는 다른 자료로 이를 갈음한 경우 협정세율의 적용이 가능한가?5)

2. 직접운송 간주 요건

직접운송 원칙은 거래상품이 제3국을 경유하거나 제3국에서 환적 되는 것 자체를
금하는 것은 아니고, 예외적으로 환적이나 일시 장치가 되는 경우에 "수출 상품의
동일성"을 확보할 수 있는 조건하에서 직접운송된 것으로 간주하는데, 이러한 경우
가 직접운송의 간주요건이다. 환적이 불가피하더라도 그 과정에서 추가적인 생산이
나 작업을 통해 부가가치가 증대되어서는 안 되고, 경유 또는 환적 과정은 해당 국
가의 세관당국의 통제 또는 감독 아래에 있어야 한다. FTA특례법 제7조 제2항도
"보세구역 장치＋운송목적의 환적 또는 일시적 보관"을 예외사유로 하여, 이러한 요건
을 입증하지 못하면 해당 물품의 원산지를 인정하지 않는다(동법 시행규칙 제5조 제1항).

동일성의 확인 방법은 거래 형태나 운송방법 등에 따라 다를 것이지만, ① 통과선
하증권을 제출하는 방법, ② 컨테이너 봉인 및 확인대장 등으로 확인하는 방법, ③
환적관련 서류에 의한 환적기간 등으로 확인하는 방법, ④ 경유국 관세당국 또는 상
공회의소 등 권한 있는 기관이 발행한 보세구역 반·출입신고서, 단순경유 원산지증
명서 등을 제출하는 방법 등이 이에 해당한다.

따라서 통과선하증권은 원산지 상품이 제3국을 경유하여 운송되는 경우 직접운송
되었음을 증명하는 '증빙서류 중의 하나'일 뿐이라고 보아야 하고, 현재 이것이 대법
원의 입장이다. 일본의 입법례에서도 같은 취지로 규정되어 있다.

---

5) 한·아세안 FTA 부속서를 비롯한 관련 법령의 직접운송에 관한 규정들의 취지와 목적 등을
   모두 종합할 때…이를 제출하기 어려운 사정이 있는 경우에는 다른 신빙성 있는 자료로 대
   체할 수 있다(대법원 2019.2.14. 선고 2017두63726 판결). 이 판결 이후 기획재정부령 제
   789호에 따라 직접운송의 경우 제출서류도 "수출참가국에서 발행된 통과선하증권 또는 제2
   항을 준수하였음을 증명하는 서류"로 선택적 제출로 개정되었다

11-4 수입신고 절차 개관

I. 의 의

"수입"이란 외국물품을 우리나라에 반입(보세구역을 경유하는 것은 보세구역으로부터 반입하는 것을 말한다)하거나 우리나라에서 소비 또는 사용하는 것(우리나라의 운송수단 안에서의 소비 또는 사용을 포함하며, 수입으로 의제되는 제239조 각 호의 소비 또는 사용은 제외한다)을 말한다(제2조 제1호). 수출·수입 또는 반송의 신고는 수출·수입 또는 반송의 신고서를 세관장에게 제출하는 방식으로 한다(시행령 제246조 제2항).

II. 수입신고 의무

1. 품명·규격·수량·가격 등

통관을 하려면 물품의 품명, 수량, 수량 및 가격 등의 사항을 반드시 신고하여야 함이 원칙이다(제241조 제1항). 구체적으로는 ① 포장의 종류·번호 및 개수, ② 목적지·원산지 및 선적지, ③ 원산지표시 대상물품인 경우에는 표시유무·방법 및 형태, ④ 상표, ⑤ 납세의무자 또는 화주의 상호(개인의 경우 성명을 말한다)·사업자등록번호·통관고유부호와 해외공급자부호 또는 해외구매자부호, ⑥ 물품의 장치장소, ⑦ 물품의 모델 및 중량, ⑧ 품목분류표의 품목 번호 등을 세관장에게 신고하여야 한다(시행령 제246조 제1항, 시행규칙 제77조의6 제1항).

수입신고의 경우 가격은 법 제30조부터 제35조까지의 규정에 따라 제1방법 내지 제6방법으로 결정된 과세가격(CIF)을 말한다(시행령 제246조 제3항 제2호). 가격신고에 대해서는 [3-1]을 참고한다.

2. 신고생략 또는 간소한 신고

통관의 편의를 위해 신고를 생략하거나 간이한 방법으로 신고를 하는 경우가 있다(제241조 제2항). 신고를 생략하는 물품은, 여행자휴대품, 승무원휴대품, 종교·정부용품 등 관세가 면제되는 물품, 우편물, 국제운송을 위한 컨테이너(기본세율이 무세인 것. 내용물만 수입신고 하고 컨테이너는 신고 생략), 기타 서류·소액면세물품 등 신속한 통관을 위하여 필요하다고 인정하여 관세청장이 정하는 탁송품 또는 별송품 등이다(시행령 제246조 제4항).

특히 운송수단이 그 고유의 목적에 따라 항행하는 것은 수입신고의 대상이 되지 않으나, ① 우리나라에 수입할 목적으로 최초로 반입되는 운송수단, ② 해외에서 수리하거나 부품 등을 교체한 우리나라의 운송수단, ③ 해외로 수출 또는 반송하는 운송수단의 경우에는 수입·수출 신고를 생략하거나 간소하게 할 수 없다(제241조 제2항 3의2호). 해외에서 수리한 운송수단을 수입신고하는 경우 해당 운송수단의 가격은 수리 또는 부품 등이 교체된 부분의 가격으로 한다(제241조의2).

또한 수입물품 중 관세가 면제되거나 무세인 물품에 있어서는 그 검사를 마친 때에 당해 물품에 대한 수입신고가 수리된 것으로 본다(시행령 제246조 제5항).

3. 신고기한

수입하거나 반송하려는 물품을 지정장치장 또는 보세창고에 반입하거나 보세구역이 아닌 장소에 장치한 자는 그 반입일 또는 장치일부터 30일 이내에 수입신고를 하여야 한다(제241조 제3항). 즉 30일 이내에 신고의무를 부담하게 하는 것인데, 이것은 물류의 신속함을 도모하기 위한 것이다. 수리 후 15일 이내에 반출해야 한다.

4. 신고의무 위반과 가산세

보세창고 등 반입일로부터 30일 이내에 수입신고 하지 않은 경우에는 물품가액의 2%에 상당하는 가액의 범위에서 가산세를 징수한다(제241조 제4항). 예컨대 경과한 날로부터 20일 이내에 신고하면 0.5%, 경과한 날부터 50일 이내에는 1%, 80일 이후에 신고하면 2%의 가산세가 부과되지만 500만원을 한도로 한다(시행령 제247조 제1항, 제2항). 신고기한이 경과한 후 보세운송 된 물품에 대하여는 보세운송신고를 한 때를 기준으로 가산세율을 적용하며 그 세액은 수입 또는 반송신고를 하는 때에 징수한다(시행령 제247조 제3항).

수입신고가 생략되는 여행자휴대품에 대하여는 납부할 세액의 40%의 가산세가 부과되며, 반복적으로 자진신고를 하지 않는 경우에는 60%의 가산세가 부과된다(제241조 제5항). 이때 '반복적으로 자진신고를 하지 아니하는 경우'란 같은 여행자나 승무원에 대하여 그 여행자나 승무원의 입국일을 기준으로 소급하여 2년 이내에 2회 이상 위의 사유로 가산세를 징수한 경우를 말한다(시행령 제247조의 제4항). 이사물품에 대하여는 20%의 가산세가 부과된다(제241조 제5항 제2호).

한편 전기, 가스, 유류, 용수(用水) 등 배관 등의 시설을 통해야하는 연속통관물품은 1개월을 단위로 하여 다음 달 10일까지 수입신고를 하도록 하는 특례 규정을 두었다(시행령 제246조 제7항, 제8항). 즉 6월 달 수입분은 7월 10일까지 신고하라는 것이다(제241조 제4항).

> **|사례 1|** 수입업자 A는 부산항의 보세구역인 컨테이너 야드에 과세가격 5,000만원의 외국물품을 2009년 2월 1일에 반입하고 2009년 4월 11일에 수입신고를 하였다. 이때 수입신고 지연을 이유로 부과될 수 있는 가산세는 얼마인가?6)

III. 수입신고인

수입신고는 화주 또는 관세사의 이름으로 하여야 한다(제242조). 다만 수출신고의 경우 제조하여 공급한 자 즉 완제품공급자의 명의로도 할 수 있는데, 완제품 제조를 위한 수입원재료의 관세를 완제품공급자가 '직접' 환급받을 수 있도록 하려는 것이다.

IV. 수입신고의 요건

1. 입항 후 신고의 원칙

수입신고는 선박이나 항공기의 입항절차가 종료한 후에만(제243조 제2항), 반송신고는 해당 물품이 장치장소 즉 보세구역에 있는 경우에만(제243조 제3항) 할 수 있다. 다만 여행자휴대품의 과다반입을 억제하기 위하여 자가사용물품, 선물용품, 의류·화장품 등의 신변용품, 여행자 본인의 직업상 필요하다고 세관장이 인정하는 직업용구 등에 대해서는 관세청장이 반송방법을 제한하도록 할 수 있는데(제243조 제1항)

---

6) 2월 1일 보세구역에 반입되었으므로 3월 2일부터 지연 가산세가 부과되며, 4월 11일에 수입신고를 하였으므로 총 40일이 지연되었다. 신고기한 경과일로부터 50일 이내 신고하는 경우 가산세는 과세가격의 1천분의 10이므로, 과세가격 5천만원의 1%인 50만원의 가산세가 부과된다(국가직 9급 기출, 2009년).

기(선)내 휴대반송, 기탁반송, B/L반송, EMS반송 등이 그러한 예이다.

한편, 밀수출 등 불법행위가 발생할 우려가 높거나 감시단속상 필요하다고 인정하는 고위험 수출물품에 대해서는 보세구역에 반입한 후 수출의 신고를 하게 할 수 있도록 하였는데, 고위험수출물품은, 도난우려가 높은 물품 등 국민의 재산권 보호를 위하여 수출관리가 필요한 물품, 고세율 원재료를 제조·가공하여 수출하는 물품 등 부정환급 우려가 높은 물품을 말하며 반드시 보세구역 반입 후 수출신고를 하여야 한다(시행령 제248조의2).

2. 입항 전 출항후 수입신고

(1) 의의 및 신고시기

수입하려는 물품의 신속한 통관이 필요할 때에는 해당 물품을 적재한 선박이나 항공기가 입항하기 전에 수입신고를 할 수 있는데, 입항전수입신고가 된 물품은 우리나라에 도착한 것으로 본다(제244조 제1항). 입항전수입신고는 당해 물품을 적재한 선박 또는 항공기가 그 물품을 적재한 항구(공항)에서 출항하여 우리나라에 입항하기 5일전(항공기는 1일 전)부터 할 수 있으며(시행령 제249조 제1항), 신고가 되면 도착한 것으로 간주한다.

(2) 허용되지 않는 경우

세율이 인상되거나 새로운 수입요건을 갖추도록 요구하는 법령이 적용되거나 적용될 예정인 물품, 수입신고하는 때와 우리나라에 도착하는 때의 물품의 성질과 수량이 달라지는 물품(예: 액화가스나 원유 등)으로서 관세청장이 정하는 물품에 대하여는 입항전수입신고가 허용되지 않으며 반드시 우리나라에 도착한 후에 수입신고를 하여야 한다(시행령 제249조 제3항). 수입신고 시의 법령을 적용하는 점을 악용하여 '입항전 수입신고 시'로 함으로써 조세회피 하려는 시도를 방지하기 위한 것이다.

(3) 물품검사가 있는 경우의 처리

검사대상으로 결정되지 아니한 물품은 입항 전에 그 수입신고를 수리할 수 있으므로(제244조 제4항) 하역하자마자 바로 반출이 가능하다. 물품검사의 실시를 결정하였을 때에는 수입신고를 한 자에게 이를 통보하여야 하고(제244조 제2항), 수입신고를 한 세관의 관할 보세구역(보세구역이 아닌 장소에 장치하는 경우 그 장소를 포함한다)에 반입되어야 하지만, 세관장이 적재상태에서 검사가 가능하다고 인정하는 물품은 해당 물품을 적재한 선박이나 항공기에서 검사할 수 있다(제244조 제3항).

(4) 재해멸실 시의 환급 등

입항전수입신고가 수리되고 보세구역 등으로부터 반출되지 아니한 물품에 대하여는 해당 물품이 지정보세구역에 장치되었는지 여부와 관계없이 재해로 멸실되거나 변질 또는 손상되어 그 가치가 떨어졌을 때에는 그 관세의 전부 또는 일부를 환급한다는 규정을 준용한다(제244조 제5항, 제106조 제4항).

> |사례 2| 액화천연가스 수입업자인 갑 공사가 2006.1.1. 우리나라에 도착 예정인 액화천연
> 가스에 대하여 2005.12.30. 입항전수입신고를 하였는데, 당시 2006.1.1.부터 액화천연가스에
> 대한 특별소비세율을 인상하는 내용이 예정되어 있었다면 입항전수입신고 대상이 될 수 있을
> 까?7)

3. 출항 전 수입신고

일본, 중국, 대만, 홍콩 등 출항부터 입항까지의 기간이 단기간인 경우에는 당해 선박 등이 출항한 후에 신고하는 것이 곤란하다고 인정되어 출항하기 전에 신고하게 할 필요가 있다. 그래서 이 경우에는 입항전신고(=출항후신고)가 아니라 출항전신고를 하도록 그 신고시기를 조정할 수 있다(시행령 제249조 제2항). 다만 이는 입항전수입신고의 한 모습이므로(제244조 제1항) 다른 설명은 입항전 수입신고의 경우와 같다.

---

7) 세율이 인상되거나 새로운 수입요건을 갖추도록 요구하는 법령이 적용되거나 적용될 예정인 물품은 해당 물품을 적재한 선박 등이 우리나라에 도착된 후 수입신고하여야 한다. 따라서 사례의 액화천연가스는 입항전 수입신고 대상이 될 수 없다(국가직 7급 기출, 2015년).

V. 수입신고 시 서류제출

1. 원칙

수출·수입 또는 반송의 신고를 하는 자는 과세가격결정자료 외에 선하증권 사본 또는 항공화물운송장 사본, 원산지증명서(제236조 제1항이 적용되는 경우로 한정한다) 등의 서류를 제출하여야 한다(제245조 제1항, 시행령 제250조 제1항). 또한 수출입신고를 하는 물품이 법 제226조의 규정(허가, 승인 등)에 의한 증명을 필요로 하는 것인 때에는 관련증명서류를 첨부하여 수출입신고를 하여야 하며, 세관장은 필요없다고 인정되는 때에는 이를 생략하게 할 수 있다(시행령 제250조 제2항).

2. 관세사 등 제출 특례

관세사 등이 제출서류를 확인한 후 수입신고를 하는 경우에는 해당 서류의 제출을 생략하게 하거나 해당 서류를 수입신고 수리 후에 제출하게 할 수 있고(제245조 제3항), 이 경우 세관장이 필요하다고 인정하여 신고인에게 관세청장이 정하는 장부나 그 밖의 관계 자료의 제시 또는 제출을 요청하면 신고인은 이에 따라야 한다(제245조 제3항).

VI. 물품검사

1. 세관공무원의 물품검사권과 화주의 확인권

세관공무원은 수출·수입 또는 반송하려는 물품에 대하여 검사를 할 수 있는데(제246조 제1항), 수출·수입·반송물품에 대한 검사는 신고내용과 현품이 일치하는지 여부에 대한 것이다. '검사를 할 수 있다.'고 하므로 항상 검사를 하는 것이 아니고 필요한 경우 선별적으로 검사할 수 있다는 것(=빅데이터에 따라 지역 등 고려 검사비율 자동 선택)이다.

한편 화주도 수입신고를 하려는 물품에 대하여 수입신고 전에 관세청장이 정하는 바에 따라 확인을 할 수 있는데(제246조 제3항), 이는 화주에게 수입신고 전의 물품 확인권을 인정하는 규정으로서 화주가 수입신고할 물품을 구체적으로 확인하지 못하고 보세창고 등으로 반입하는 경우가 많기 때문에 인정하게 된 규정이다.

2. 물품검사에 따른 손실보상

관세청장 또는 세관장은 제246조에 따른 세관공무원의 적법한 물품검사로 인하여 물품 등에 손실이 발생한 경우 그 손실을 입은 자에게 손실보상을 하여야 한다(제246조의2 제1항). 국가가 손실을 보상하는 물품검사 범위가 2018년 전에는 수출·수입·반송대상 물품에 대한 검사에만 인정되었으나 국민의 재산권 보호를 위하여 관세법에 따른 모든 검사로 확대하게 되었다.

이때 손실보상의 기준, 대상 및 보상금액에 관한 사항은 시행령으로(제246조의2 제2항), 지급절차 및 방법 등은 관세청장이 정한다(제246조의2 제3항).

손실보상 기준에 대하여, 예컨대 해당 물품을 수리할 수 없는 경우는 법 제30조부터 제35조까지의 규정에 따른 해당 물품의 과세가격에 상당하는 금액을, 해당 물품을 수리할 수 있는 경우에는 수리비에 상당하는 금액을 보상한다(시행령 제251조의2).

3. 물품에 대한 안정성 검사

관세청장은 중앙행정기관의 장의 요청에 따라 또는 공동으로 세관장으로 하여금 제226조에 따른 세관장의 확인이 필요한 수출입물품 등 다른 법령에서 정한 물품의 성분·품질 등에 대한 안전성 검사를 하게 할 수 있다(제246조의3 제1항). '안전성 검사'란 「관세법」 제246조의3에 따라 수출입 통관단계에서 법 제226조에 따른 세관장 확인이 필요한 물품 등에 대하여 법령에서 정한 구비조건·성분·표시·품질 등의 검사를 통하여 불법·불량·유해물품 여부 등을 확인하는 것을 말한다(안전성 검사 업무처리에 관한 고시(이하 안정성 고시) 제2조).

그 대상은 ① 전기용품, 생활용품, 어린이제품 등의 안전인증 등 수출입요건을 회피할 우려가 있거나 수출입요건에 적합하지 않은 제품을 수출입할 우려가 있는 물품, ② 인체 유해성분을 함유할 우려가 있는 물품, ③ 성분 확인 등을 위하여 전문기관의 시험·분석이 필요한 물품, ④ 그 밖에 국민보건·사회안전 등을 위하여 안전성 검사가 필요하다고 관세청장이 인정하는 물품 등이다(안정성 고시 제13조).

관세청장은 안전성 검사를 위하여 협업검사센터를 주요 공항·항만에 설치할 수 있고, 세관장에게 제3항에 따라 지정된 안전성 검사 대상 물품의 안전성 검사에 필요한 자체 검사 설비를 지원하는 등 원활한 안전성 검사를 위한 조치를 취하여야 하며(제246조의3 제4항), 세관장은 안전성 검사 대상 물품으로 지정된 물품에 대하여 중앙행정기관의 장과 협력하여 안전성 검사를 실시하여야 하고(제246조의3 제5항), 관세청장은 안전성 검사 결과 불법·불량·유해 물품으로 확인된 물품의 정보를 관세청 인터넷 홈페이지를 통하여 공개할 수 있다(제246조의3 제6항). 안전성 검사에 필요한 정보교류 등의 사항을 협의하기 위하여 관세청에 수출입물품안전관리기관협의회를 둔다(제246조의3 제7항).

안전성 검사는 서류심사와 현품검사 방법으로 실시하는데, 현품검사는 전량검사, 발췌검사, 분석검사 방법으로 실시하며, 협업검사센터에서의 검사내용은 ① 법 제226조에 따른 수출입요건을 갖추었는지 여부, 다른 법령에서 정한 수출입요건을 갖추었는지 여부, ③ 수출입요건 내역의 위·변조 여부, ④ 수출입요건 내역과 해당 수출입 물품의 동일 여부, ⑤ 유해물질 함유 여부 확인을 위해 협업검사센터에서의 분석 실시 여부, ⑥ 협업부처의 검사기관에 안전성 검사 요청 여부, ⑦ 그 밖에 협업검사센터장이 안전성 검사에 필요하다고 인정하는 사항 등이다(안정성 고시 제15조).

4. 물품검사장소

물품 검사 장소는 물품을 장치할 수 있는 보세구역 등의 장소에서 하되, 수출 물품은 그 물품이 장치된 장소 예컨대 공장 등에서 검사 한다(제247조 제1항). 압수물품 등은 보세구역 외에서도 검사할 수 있지만, 검사를 위해 필요하면 보세구역으로 반입하여 검사할 수 있다(제247조 제2항). 검사 장소가 지정장치장이나 세관검사장이 아닌 경우 신고인은 기획재정부령으로 정하는 바에 따라 수수료를 납부하도록 되었으나, 2023.12.31. 부담 완화 목적의 법 개정으로 삭제되었다.

VII. 신고의 처리

1. 수입신고의 수리

(1) 신고필증의 교부

세관장은 수입 또는 수출·반송신고가 이 법에 따라 적합하게 이루어졌을 때에는 이를 지체 없이 수리하고 신고인에게 신고필증을 발급하여야 한다(제248조 제1항 본문).

국가관세종합정보시스템(=unipass)을 이용하여 신고를 수리하는 경우에는 신고인이
직접 전산처리설비를 이용하여 신고필증을 발급받을 수 있다(제248조 제1항 단서).

(2) 신고수리와 담보제공

관세를 납부하여야 하는 경우에도 수입신고 수리 시 납세담보 제공은 하지 않는
것이 원칙이다. 그러나 관세범으로서 징역형 또는 면제를 받고 2년 미경과한 자 또
는 집행유예기간 중인 자, 벌금형 또는 통고처분을 받은 자로서 그 벌금형을 선고받
거나 통고처분을 이행한 후 2년이 지나지 아니한 자, 수입신고일 기준 최근 2년간
관세 등 체납사실이 있는 자 또는 관세채권의 확보가 곤란한 경우에 해당하는 자에
대하여는 예외적으로 수입신고를 수리할 때에 관세 상당액의 납세담보 제공을 요구
할 수 있다(제248조 제2항). 최근 2년간 계속해서 수입실적이 없는 자, 파산, 청산 또
는 개인회생절차가 진행 중인 자, 수입실적, 자산, 영업이익, 수입물품의 관세율 등
을 고려할 때 관세채권 확보가 곤란한 경우로서 관세청장이 정하는 요건에 해당하는
자 예컨대 과태료 또는 과징금을 체납 중인 자(납부기한 경과 후 30일 이내에 납부하는
경우에는 제외 가능)등이 관세채권의 확보가 곤란한 경우에 해당한다(시행령 제252조,
고시 제4조).

(3) 신고수리 전 반출금지

신고수리 전에는 운송수단, 관세통로, 하역통로 또는 이 법에 따른 장치 장소로부
터 수입신고된 물품의 반출은 허용되지 않는다(제248조 제3항).

2. 신고사항의 보완

제241조 또는 제244조에 따른 수출·수입 또는 반송에 관한 신고서의 기재사항이
갖추어지지 아니한 경우 또는 제245조에 따른 제출서류가 갖추어지지 아니한 경우
에는 그 신고가 수리되기 전까지 갖추어지지 아니한 사항을 보완하게 할 수 있다.
즉 보완 후 신고수리 한다. 다만, 해당 사항이 경미하고 신고수리 후에 보완이 가능
하다고 인정되는 경우에는 관세청장이 정하는 바에 따라 신고수리 후 이를 보완하게
할 수 있다(제249조).

3. 신고의 취하 및 각하

수입 및 반송신고의 취하는 ① 정당한 이유가 있는 경우(예: 수출자가 물건 잘못 보낸 경우)에 ② 세관장의 승인을 받아서 ③ 물품의 반출 전에만 취하할 수 있다(제250조 제1항). 운송수단, 관세통로, 하역통로 또는 이 법에 규정된 장치 장소에서 물품을 반출한 후에는 다시 수출을 해야 하기 때문이다. 이때 취하의 승인에 대해서는 10일 이내에 신청인에게 통지하여야 하고 그 기간이 경과하면 기간 만료일의 다음 날에 승인을 한 것으로 본다(제250조 제4항, 제5항).

세관장의 신고 취하 승인이 있는 경우에 수출·수입 또는 반송신고 수리의 효력이 상실된다(제250조 제2항). 예컨대 수입지에서 대금지급 등을 하지 않는다면 수출을 취하할 수밖에 없고 이 경우 그 취하를 승인한 때에 수출신고 수리의 효력이 상실된다는 것이다.

세관장은 수입신고 및 입항전수입신고가 그 요건을 갖추지 못하였거나 부정한 방법으로 신고되었을 때에는 해당 수출·수입 또는 반송의 신고를 각하할 수 있다(제250조 제3항). 적극적인 내용 심사에 의한 것이 아니고 절차에 관한 것이므로 '각하'로 표시한 것이다.

11-5 수입신고 관련 특례

I. 서 론

통관절차의 특례는 반출에 관한 것(수입신고 수리전 반출, 수입신고전 즉시반출), 물품에 관한 것(전자상거래물품, 탁송품), 업체에 관한 것(AEO 인증업체) 등으로 분류할 수 있다.

II. 반출에 관한 특례

1. 수입신고 수리전 반출

통상 수입신고는 1~2일 정도 소요되므로 수입신고 수리 후 반출하는 것이 원칙이다. 그러나 예컨대 ① 완성품의 세번으로 수입신고수리 받고자 하는 물품이 미조립상태로 분할선적 수입된 경우, ② 사전세액심사 대상물품(부과고지물품을 포함한다)으로서 세액결정에 오랜 시간이 걸리는 경우, ③ 품목분류나 세율결정에 오랜 시간이 걸리는 경우, ④ 수입신고시 원산지증명서를 세관장에게 제출하지 못한 경우 등에는 납세자의 편의를 고려하여 수입신고 수리 전 반출을 인정하는 것이다.

그 요건은 "담보제공＋세관장 승인"이다. 세금을 납부하지 않고 반출하는 것이므로 반드시 납부하여야 할 관세에 상당하는 담보제공을 요한다. 어쨌든 이러한 요건을 충족하면 '누구나' 수입신고 수리 전 반출이 가능하다. 다만 정부나 지방자치단체, 공공기관이나 지방공단, 수출용원재료 등 수입물품의 성질이나 반입사유 등을 고려할 때 관세채권의 확보에 지장이 없다고 관세청장이 인정하는 물품, 거주 이전(移轉)의 사유나 납부할 세액 등을 고려할 때 관세채권의 확보에 지장이 없다고 관세청장이 정하여 고시하는 기준에 해당하는 자의 이사물품 등을 수입하는 것은 관세징수에 지장이 없으므로 담보제공 의무를 생략하고 있다(제252조, 시행령 제256조).

수리전 반출승인을 받은 경우에는 그 승인일을 수입신고의 수리일로 보아 15일 이내에 관세를 납부하여야 한다(제8조 제1항, 제9조 제1항). 반출된 물품은 유통이 가능하므로 내국물품으로 전환된다.

2. 수입신고 전의 물품반출(=즉시반출)

수입하려는 물품을 수입신고 전에 운송수단, 관세통로, 하역통로 또는 이 법에 따른 장치 장소로부터 즉시 반출하려는 자는 세관장에게 즉시반출신고를 하여야 한다. 이 경우 세관장은 납부하여야 하는 관세에 상당하는 담보를 제공하게 할 수 있다(제253조 제1항). 수입신고 전에 물품을 반출하는 것이므로 즉시반출신고→반출신고 수리→반출→10일 내 수입신고→수입신고 수리→수리일부터 15일 내 관세납부 등의 순으로 절차가 진행된다.

즉시반출신고를 하면 보관비용이나 통관절차를 위한 시간 등이 절약되기 때문에, 즉시반출을 할 수 있는 자 또는 물품은 세관장이 지정하는데(제253조 제2항), 수입신고수리전 반출의 경우보다 더 신속한 필요가 있는 시설재·원부자재 등에 대해 인정된다. 즉시반출 하려는 자는 당해 물품의 품명·규격·수량 및 가격을 기재한 신고서를 제출하여야 하며, 관세 등의 체납이 없고 최근 3년동안 수출입실적이 있는 제조업자 또는 외국인투자자가 수입하는 시설재 또는 원부자재 등이 즉시반출대상으로 지정된다(시행령 제257조 제2항).

수입신고는 즉시반출 후 10일 이내에 반드시 행하여야 하는 절차이므로(제253조 제3항), 그 위반 시 기간 내에 수입신고를 하지 아니하는 경우에는 관세를 부과·징수하고 관세액의 20%에 해당하는 가산세를 부과하며 그 지정을 취소할 수 있다(제253조 제4항). 즉 관세징수, 가산세, 즉시반출지정 취소 등의 불이익이 있다. 그 결과 다음부터 즉시반출을 할 수 없다.

III. 물품에 관한 특례

1. 전자상거래와 특별통관

전자상거래물품이란 사이버몰(컴퓨터 등과 정보통신설비를 이용하여 재화를 거래할 수 있도록 설정된 가상의 영업장을 말한다) 등을 통하여 전자적 방식으로 거래가 이루어지는 수출입물품을 말한다(제2조 제19호). 관세청장은 전자상거래물품에 대하여 수출입신고·물품검사 등 통관에 필요한 사항을 따로 정할 수 있는데(제254조 제1항) 예컨대 특별통관 대상 거래물품 또는 업체, 수출입신고 방법 및 절차, 관세 등에 대한 납부방법, 물품검사방법 등이다(시행령 제258조).

국내거주자가 수취하는 자가사용물품 중 물품가격이 미화 150달러(한미 FTA 적용
물품은 미화 200달러) 이하의 특송물품은 목록통관을(전자상거래물품의 특별통관에 관한
고시(이하 전자상거래 고시 제4조), 물품가격이 미화 150달러(한미 FTA 적용 물품은 미화
200달러)를 초과하고 2,000달러 이하인 간이신고특송물품은 첨부서류없이 인터넷·
EDI 등을 이용하여 전자서류로 간이수입신고를(전자상거래 고시 제5조), 물품가격이
미화 2,000달러를 초과하는 특송물품은 수입신고를 하되 「수입통관 사무처리에 관
한 고시」에 따른 통관절차를 적용한다(전자상거래 고시 제6조).

또한 관세청장은 전자상거래물품 중 감시·단속에 지장이 없다고 인정되는 물품
의 경우 통관우대를 할 수 있고 그 적용대상 물품에 대하여 스마트통관을 적용할 수
있다(전자상거래 고시 제13조, 제14조). 다만, 스마트통관 대상물품임에도 불구하고 마
약·총기류 등 불법물품 및 국민건강 위해물품 국내반입 방지를 위하여 세관장이 필
요하다고 인정하는 경우에는 X–ray 판독결과에 따라 선별하거나 수작업으로 선별
하여 검사할 수 있다(전자상거래 고시 제14조 단서).

관세청장은 관세의 부과·징수 및 통관을 위하여 필요한 경우 사이버몰을 운영하
는 구매대행업자, 통신판매업자 또는 통신판매중개를 하는 자에게 전자상거래물품의
주문·결제 등과 관련된 거래정보 등을 수입신고 전에 제공하여 줄 것을 요청할 수
있다(제254조 제2항).

2. 탁송품의 특별통관

탁송품으로서 자가사용물품 또는 면세되는 상업용 견본품 중 물품가격(수입항까지
의 운임 등 공제한 물품가격)이 미화 150달러 이하인 물품은 탁송품 운송업자가 ① 물
품의 발송인 및 수신인의 성명, 주소, 국가, ② 물품의 품명, 수량, 중량 및 가격,
③ 탁송품의 통관목록에 관한 것으로 운송업자명, 선박편명 또는 항공편명, 선하증
권 번호, 물품수신인의 통관고유부호 등의 사항이 기재된 통관목록을 세관장에게 제
출함으로써 수입신고를 생략할 수 있다(제254조의2 제1항, 시행규칙 제79조의2). 탁송
품에 대해서는 탁송품운송업자(=FEDEX, DHL 등)가 통관하는 경우를 전제로 하여
전자상거래의 통관절차와 별도로 둔 규정인데 탁송품은 물량이 너무 많기 때문에 신
속한 통관이 필요하지만 마약 등의 전달통로로 활용될 위험성이 있는 등 관리필요성

도 높기 때문이다.

그래서 수입신고를 생략하는 소액탁송품의 특별통관절차(=목록통관)를 규정한 것이다. 즉 소액 탁송품에 대해 운송업체가 세관에 통관목록을 제출하도록 하고(=목록통관, 의약품, 향수, 주류, 분유 등은 목록통관 배제 물품)(특송물품 수입통관 사무처리에 관한 고시 제8조), 만약 운송업체가 이를 사실과 다르게 제출하는 경우 세관이 100만원 이하의 과태료를 부과할 수 있다(제277조 제7항 제4호).

탁송품 운송업자는 통관목록을 사실과 다르게 제출하여서는 안 되는데(제254조의2 제2항), 통관목록을 사실과 다르게 제출한 경우(예: 소액으로 분할하여 여러 사람 명의로 주문한 경우)에는 간이통관을 통한 관세탈루가 있는 경우이므로 이를 관리할 목적으로 배송한 날이 속하는 달의 다음달 15일까지 실제 배송지를 세관장에게 제출하도록 하고(제254조의2 제3항). 목록통관을 배제하여 일반수입신고 절차를 거치도록 하고 있다(제254조의2 제4항).

이러한 탁송품은 원칙적으로 세관공무원이 지정장치장에서 X-Ray 투시, 마약탐지견 등의 방법으로 물품검사를 수행하고 예외적으로 운송업자의 보세창고 등에서 이를 수행할 수 있는데(제254조의2 제5항 내지 제7항), 그 시설기준이나 유효기간 등을 표준화하여 X-Ray 투시기와 자동분류기, 세관직원 전용 검사장소를 자체시설에서 갖추어야 할 검사장비로 규정하고 있다(시행령 제258조의2 제1항).

IV. 업체에 관한 특례

이는 수출입안전관리 공인 우수업체 등(법 제255조의2 내지 255조의6)에 관한 것이다. 제조·운송·보관 또는 통관 등 무역에 관련된 자가 안전관리 기준을 충족하는 경우 관세청장이 수출입 안전관리 우수업체로 공인하고(제255조의2 제1항) 통관절차 상의 혜택을 부여하며 다른 국가와 상호인증 할 수 있도록 한 것이다(제255조의3). 통관절차 상의 혜택이란 수출입물품에 대한 검사 완화나 수출입신고 및 관세납부 절차 간소화 등의 사항을 말한다(시행령 제259조의4 제1항).

구체적으로 ① AEO업체들에 대해서 현행범 등 아닌 경우 관세조사나 외국환조사 제외, 세액 사전심사 제외, 법규위반 시 행정형벌보다 통고처분, 과태료 등 행정질서벌 우선, 통고처분금액 또는 과태료 경감, 승무원전용통로를 통한 보안검색, 수출물품의 선별검사 등 최소 50% 선별 제외 등 각종 편의 제공, ② AEO 시행국과 상호

인정협정(MRA)이 체결될 경우 AEO업체들은 협정체결 국가에서도 검사비율 축소와
같은 신속 통관 편의 제공 등 각종 혜택을 부여 받게 된다(수출입 안전관리 우수업체
공인 및 운영에 관한 고시(이하 안전관리 공인 고시) 제15조 별표2).

　　AEO 공인 대상업체는 수출업체, 수입업체, 관세사, 보세구역 운영인, 보세운송업
자, 하역업자, 화물운송주선업자, 선박회사, 항공사 등 9개 업종이며(안전관리 공인 고
시 제3조), AEO 공인신청은 공인신청서 및 관련 서류를 첨부하여 관세청 Uni—pass
를 통하여 제출하여야 한다(안전관리 공인 고시 제6조). 관세청장은 신청한 서류를 토
대로 서류심사를 실시한 후 안전 관리 등에 대한 현장심사를 거쳐 공인심사위원회에
서 공인여부를 결정하게 된다(안전관리 공인 고시 제8조, 제9조, 제11조).

11-6 우편물 통관

I. 의 의

우편물 중 서신은 통관대상이 아니어서 일반우체국으로 가야하고 물품인 경우에는 통관우체국을 거치게 되지만 소액 또는 무상성을 갖기 때문에 탁송품과 같은 방식으로 처리될 수밖에 없다. 첫째, 일반신고물품이다. 이것은 반드시 수출입신고가 필요하여 일반통관 하는 경우인데, 세관장 확인이 필요한 수입요건이 규정된 물품 및 개인용이 아닌 사업자통관물품 등이다. 예컨대 식품이 우편으로 온다면 반드시 통관하여야 한다. 둘째, 간이통관(＝신고생략 또는 간단한 검사)에 따른 현장과세이다. 예컨대 1,000달러 이하 물품이다. 우편물은 원칙적으로 이에 의한다. 셋째 관세가 부과되지 않거나 소액(＝150달러 이하)이어서 수입신고가 생략되고 현장면세 처리 되는 경우이다.

II. 통관우체국

1. 통관우체국

통관우체국은 일반우체국과 구별되는 것으로서 수출·수입 또는 반송하려는 우편물(서신은 제외한다)은 반드시 통관우체국을 경유하여야 하는데(제256조 제1항), 통관우체국은 체신관서 중에서 관세청장이 지정하며(동조 제2항) 현재 국제우편물류센터, 부산국제우체국, 인천해상교환국이 지정되어 있다(국제우편물 수입통관 사무처리에 관한 고시(이하 우편물 고시) 제3조). 국제우편물의 통관지 세관은, 항공으로 반입된 국제우편물은 인천공항국제우편세관, 해상으로 반입된 국제우편물은 부산국제우편지원센터로 한다(우편물 고시 제4조).

2. 사전전자정보제출 특례

통관우체국의 장은 수입하려는 우편물의 발송국으로부터 해당 우편물이 발송되기 전에 세관신고정보를 포함하여 사전전자정보를 제공받은 경우에는 그 제공받은 정보를 해당 우편물이 발송국에서 출항하는 운송수단에 적재되기 전까지 세관장에게 제출하여야 한다(제256조의2).

III. 우편물 검사

1. 절 차

통관우체국장이 제256조 제1항에 따른 우편물을 접수한 때에는 관세청장이 검사를 생략할 수 있다고 정하지 않은 한 전자문서로 작성한 우편물목록을 세관장에게 제출하여 검사를 받아야 하며(제257조), 세관장은 그 우편물에 대하여 X-ray검색기를 통해 검사를 하여야 한다. X-Ray 검사가 부적합하다고 인정되는 물품이나 X-Ray 검사결과 사회안전 저해물품 및 지식재산권 침해 의심물품 등 현품확인이 필요하다고 인정되는 경우에는 현품검사를 실시할 수 있다(우편물 고시 제11조). 검사결과, 사회안전, 국민보건 등을 위하여 통관관리가 필요한 물품은 별지 제2호서식인 국제우편물 통관안내서의 종류에 따라 구분된 스티커를 겉포장에 부착하는 등의 방법으로 관리대상물품임을 표시하고 물품통관 절차가 종료될 때까지 관리하여야 한다(우편물 고시 제12조 제2항).

검사결과에 따라 법 제237조에 따른 통관보류 대상 우편물, 수입신고대상 우편물, 간이통관대상 우편물, 현장과세통관대상 우편물, 현장면세통관대상 우편물로 재분류한 후 필요한 절차를 처리한다(우편물 고시 제13조).

2. 검사후의 조치

(1) 현장면세

현장면세란, 우편물에 대하여 수입신고를 생략하고 관세 및 내국세 등의 부과·징수없이 곧바로 면세로 통관하는 것을 말하며 관세가 면제되는 소액물품 등 관세 및 내국세 등 각종 세금이 부과되지 아니하는 물품과 징수최저금액에 미달하여 세액을 징수하지 않는 물품 등이 이에 해당한다(우편물 고시 제2조 제7호, 제8호).

(2) 현장과세

현장과세통관이란 수입신고를 생략하고, 간이통관 신청여부와 관계없이 곧바로 법 제39조에 따라 세관장으로부터 부과고지 받아 통관하는 것을 말하는데 현품, 만국우편연합 세관신고서, 우편물목록 등을 확인하여 과세가격 결정에 어려움이 없는 물품이면서 수취인의 주소·성명이 명확한 물품 등이 이에 해당한다(우편물 고시 제2조 제5호, 제6호).

(3) 간이통관

간이통관이란 수입신고를 생략하고, 간이통관 신청절차 및 법 제39조에 따라 통관지세관장으로부터 부과고지 받아 통관하는 것을 말하는데 판매목적이 아닌 다른 목적으로 수입하는 물품으로서 대가를 지급하였거나 지급하여야 할 물품 중 물품가격 미화 1,000달러 이하의 물품, 선물 등 판매목적이 아닌 다른 목적으로 수입하면서 대가를 지급하지 않는 물품 중 과세가격 5백만원 이하의 물품 등이 이에 해당한다(우편물 고시 제2조 제3호, 제4호).

세관장은 간이통관대상 우편물에 대하여 법 제39조에 따라 부과고지하려는 경우에는 미리 해당 우편물이 간이통관대상이라는 사실을 통관우체국장에게 전산으로 통보하여야 하고, 통보를 받은 통관우체국장은 해당 우편물이 간이통관대상이라는 사실과 간이통관 신청절차를 진행해야 한다는 사실을 세관장 명의로 수취인에게 등기우편 또는 전자문서로 통지해야 한다(우편물 고시 제22조).

(4) 수입신고

① 법령에 따라 수출입이 제한되거나 금지되는 물품, ② 법 제226조에 따라 세관장의 확인이 필요한 물품, ③ 판매를 목적으로 반입하는 물품 또는 대가를 지급하였거나 지급하여야 할 물품(통관허용여부 및 과세대상여부에 관하여 관세청장이 정한 기준에 해당하는 것으로 한정한다), ④ 가공무역을 위하여 우리나라와 외국간에 무상으로 수출입하는 물품 및 그 물품의 원·부자재물품가격이 미화 1,000달러를 초과하는 물품, ⑤ 건강기능식품과 의약품 및 유사한 물품으로서 관세청장이 국민보건을 위하여 수출입신고가 필요하다고 인정하여 고시하는 물품, ⑥ 선물 등 판매목적이 아닌 다른 목적으로 수입하면서 대가를 지급하지 않는 물품으로서 과세가격 5백만원 초과 물품, ⑦ 수취인이 수입신고하려는 물품 등이 수입신고 대상 우편물에 해당한다(시행령 제261조, 우편물 고시 제16조). 우편물을 수입신고하려는 자는 도착후신고를 함이 원칙이지만 우편물의 겉포장에 바코드가 부착되어 통관우체국에서 바코드 스캔으로 우편물 번호를 인식할 수 있는 우편물의 경우 통관지 세관 관할 통관우체국에 도착하기 5일 전부터 도착전 신고를 할 수 있으며, 수입신고는 우편물의 수취인 또는 발송인이 하지만 「관세사법」에 따른 관세사, 관세법인, 통관취급법인 명의로 할 수 있다(우편물고시 제17조, 제19조).

IV. 우편물 통관 결정

1. 세관장의 압수명령

통관결정은 세관장이 하고, 통관우체국장은 세관장의 결정에 따라 직무를 수행하는 것이다. 따라서 통관우체국의 장은 세관장이 우편물에 대하여 수출·수입 또는 반송을 할 수 없다고 결정하였을 때(예: 압수)에는 그 우편물을 발송하거나 수취인에게 내줄 수 없다(제258조 제1항).

2. 수입신고

우편물이 「대외무역법」 제11조에 따른 수출입의 승인을 받은 것이거나 그 밖에 대통령령으로 정하는 기준에 해당하는 것일 때에는 해당 우편물의 수취인이나 발송인은 수입신고를 하여야 한다(제258조 제2항). 수입신고를 하여야 하는 것은 소액·소량 또는 무상 등 우편물의 특성과 잘 부합하지 않는 것들이다(시행령 제261조).

V. 세관장 통지

세관장은 제258조에 따른 결정(=통관 불허)을 한 경우에는 그 결정사항을, 관세를 징수하려는 경우에는 그 세액을 통관우체국의 장에게 통지하여야 한다(제259조 제1항). 이 경우 간이통관통보를 받은 통관우체국장은 국제우편물 통관안내서를 세관장 명의로 수취인이나 발송인에게 통지하여야 한다(제259조 제2항, 우편물 고시 제17조). 수입신고를 하는 통관우체국장의 통지는 세관이 발행하는 납부고지서로써 이에 갈음한다(시행령 제262조).

VI. 납세절차

1. 간이통관 납부자

제259조 제2항에 따른 통지를 받은 자는 대통령령으로 정하는 바에 따라 해당 관세를 수입인지 또는 금전으로 납부하여야 한다(제260조 제1항). 납부고지서를 받은

경우에는 세관장에게, 기타의 경우에는 체신관서에 각각 금전으로 이를 납부하여야
한다(시행령 제263조).

2. 우편물은 관세징수 전 교부 불가

체신관서는 관세를 징수하여야 하는 우편물은 관세를 징수하기 전에 수취인에게
내줄 수 없다(제260조 제2항).

VII. 우편물의 반송·폐기

통관우체국장은 보관기일 경과, 수취인 소재불명 등의 사유로 반송하려는 우편물
에 대하여는 반송 우편물목록을 작성하여 세관장에게 반송신청하고 승인을 받아야
하며, 동일한 우편물번호가 기재된 우편물 중 일부 우편물만 반송하려는 경우에는
해당 우편물만 구분하여 반송 신청하여야 한다(우편물 고시 제30조). 이처럼 세관장의
승인을 얻어 해당 우편물이 반송되면 관세의 납세의무는 소멸한다(제261조).

통관우체국장은 부패 등의 사유로 우편물을 폐기하려는 경우 그 목록을 세관장에
게 통보한 후에 폐기하여야 하는데(우편물 고시 제31조) 이 경우에도 관세의 납세의무
는 소멸한다.

제12장

세관장 등 직무집행 특례

12-1 세관장 등 직무집행 특례

I. 의 의

관세법은 관세의 부과·징수 및 수출입물품의 통관을 적정하게 하고 관세수입을 확보함으로써 국민경제의 발전에 이바지함을 목적으로 하므로(제1조) 통관의 적정과 관세수입 확보가 관세법의 목표라 할 수 있다. 그래서 물품을 수입하려는 사람은 세관장에게 신고하고 필요한 경우 물품검사를 받은 후에 물품의 반출이 이루어지도록 하고 있다. 세관의 물품검사는 사회에 부정적인 영향을 미칠 물품의 유입을 방지하고 무역 질서를 유지하기 위해 한편으로는 관세 납부가 적절하게 신고되었는지 확인하기 위해 이루어진다.

관세법은 이러한 목적하에 세관장의 과세자료 요청권 및 물품검사에 관한 권한 등을 규정하고 있다.

II. 세관장의 과세자료 요청

1. 운송수단의 출발 중지

관세청장이나 세관장은 이 법 또는 이 법에 따른 명령(대한민국이 체결한 조약 및 일반적으로 승인된 국제법규에 따른 의무를 포함)을 집행하기 위하여 필요하다고 인정될 때에는 운송수단의 출발을 중지시키거나 그 진행을 정지시킬 수 있다(제262조). 관세의 특성상 과세자료 요청 및 확보를 위해 가장 직접적이고 효율적인 방법은 운송수단을 직접 통제하는 것일 수 있으므로 운송수단의 출발 중지 또는 진행 정지를 명할 수 있도록 한 것이다. 입항보고(제135조)나 출항허가(제136조)의 대상이 세관장이므로 당연히 출발 중지 등의 명령도 가능하다고 생각되며, 다만 그 발동을 할 때에는 과잉금지의 원칙에 위배되지 않아야 할 것이다.

2. 물품 등에 관한 서류 제출명령 및 조사권

관세청장이나 세관장은 이 법(환급특례법 포함) 또는 이 법에 따른 명령을 집행하기 위하여 필요하다고 인정될 때에는 물품·운송수단 또는 장치 장소에 관한 서류의

제출·보고 또는 그 밖에 필요한 사항을 명하거나, 세관공무원으로 하여금 수출입
자·판매자 또는 그 밖의 관계자에 대하여 관계 자료를 조사하게 할 수 있다(제263조).
이는 관세청이 서류제출명령이나 수출입자, 판매자 등에 대한 조사권을 가지고 있다
는 점을 확인해 주고 있다.

3. 과세자료의 요청

관세청장은 국가기관 및 지방자치단체 등 관계 기관 등에 대하여 관세의 부과·징
수 및 통관에 관계되는 자료 또는 통계를 요청할 수 있다(제264조). 다만 관세의 부
과·징수와 수출입물품의 통관을 위한 허가·승인 등 제한사항의 확인을 위하여 필
요한 자료 및 통계의 요청대상 기관, 요청자료, 제출방법 등을 구체적으로 정하는
내용의 개정이 2013년 이루어져 제264조의2부터 제264조의9까지 신설되었다.

(1) 과세자료제출기관

과세자료제출기관은 은 국가와 지방자치단체, 지방공사, 국가나 지방자치단체의
지원·감독·감사를 받는 기관 또는 공익목적으로 설립된 기관, 신용카드업자와 여
신전문금융업협회, 금융회사 등이다(법 제264조의2).

(2) 대상자료

과세자료제출기관이 제출하여야 하는 과세자료는, 예컨대 수입하는 물품에 대하
여 관세 또는 내국세 등을 감면받거나 낮은 세율을 적용받을 수 있도록 허가, 승인,
추천 등을 한 경우 그에 관한 자료, 거주자의 신용카드 등의 대외지급(물품구매 내역
에 한정) 및 외국에서의 외국통화 인출 실적 등의 자료로서 관세의 부과·징수와 통
관에 직접적으로 필요한 자료로 한다(법 제264조의3).

(3) 제출방법

과세자료 제출기관의 장은 분기별로 분기 만료일이 속하는 달의 다음 달 말일까
지 관세청장 또는 세관장에게 과세자료를 제출하여야 하며 이때 그 기관이 접수하거
나 작성한 자료의 목록을 함께 제출하여야 한다(법 제264조의4).

(4) 수집협조

관세청장 또는 세관장으로부터 제264조의3에 따른 과세자료의 제출을 요청받은 기관 등의 장은 다른 법령에 특별한 제한이 있는 경우 등 정당한 사유가 없으면 이에 협조하여야 한다(법 제264조의5).

(5) 비밀유지 의무와 형사처벌

세관공무원은 제출받은 과세자료를 타인에게 제공 또는 누설하거나 목적 외의 용도로 사용하여서는 아니 되며, 이에 위반하는 과세자료의 제공을 요구받으면 이를 거부하여야 한다. 또한 과세자료를 제공받은 자는 이를 타인에게 제공 또는 누설하거나 목적 외의 용도로 사용하여서는 아니 된다(제264조의8). 이를 위반하여 과세자료를 타인에게 제공 또는 누설하거나 목적 외의 용도로 사용한 자는 3년 이하의 징역 또는 1천만원 이하의 벌금에 처하며, 징역과 벌금은 병과할 수 있다(제264조의9).

4. 국민안전과 건강을 위한 정보의 제출요구

(1) 불법 · 불량 · 유해물품에 대한 정보 등의 제공 요청과 협조

관세청장은 우리나라로 반입되거나 우리나라에서 반출되는 물품의 안전 관리를 위하여 필요한 경우 중앙행정기관의 장에게 해당 기관이 보유한 불법 · 불량 · 유해물품에 대한 정보, 즉 ① 이 법 또는 다른 법령에서 정한 구비조건 · 성분 · 표시 · 품질 등을 위반한 물품에 관한 정보, ② 위 ①의 물품을 제조, 거래, 보관 또는 유통하는 자에 관한 정보 등을 제공하여 줄 것을 요청할 수 있으며, 이러한 요청을 받은 중앙행정기관의 장은 특별한 사유가 없는 경우에는 이에 협조하여야 한다(제264조의10).

(2) 마약류 관련 정보 제출 요구

관세청장은 법령을 위반하여 우리나라에 반입되거나 우리나라에서 반출되는 마약류를 효과적으로 차단하기 위하여 대통령령으로 정하는 바에 따라 관계 중앙행정기관의 장에게 해당 기관이 보유한 마약류 관련 범죄사실 등에 관한 정보, 「마약류 관리에 관한 법률」 제11조의2 제1항에 따른 마약류 통합정보, 마약류 관련 국제우편물에 관한 정보의 제출을 요구할 수 있으며, 그 요구를 받은 중앙행정기관의 장은 특별한 사유가 없는 경우에는 이에 따라야 한다(제264조의11).

III. 세관공무원의 물품검사

1. 물품 또는 운송수단에 대한 검사

세관공무원은 이 법 또는 이 법에 따른 명령(대한민국이 체결한 조약 및 일반적으로 승인된 국제법규에 따른 의무를 포함한다)을 위반한 행위를 방지하기 위하여 필요하다고 인정될 때에는 물품, 운송수단, 장치 장소 및 관계 장부·서류를 검사 또는 봉쇄하거나 그 밖에 필요한 조치를 할 수 있다(제265조). 명령위반 행위를 방지하기 위해 즉 사전적으로 세관공무원의 포괄적 검사권을 인정하는 규정이므로 통관 시의 물품검사와는 그 성격이 다르다. 통관 시의 '물품검사'는 세관공무원이 수입신고 된 물품 이외에 은닉된 물품의 존재 여부 및 수입신고 사항과 현품의 일치 여부를 확인하는 것이 목적이기 때문이다.

세관장이 지정한 보세구역 등에서 검사 등을 실시하는 화물에 대한 검사방법 등 세부적인 절차를 규정함으로써 효율적인 세관업무의 수행을 목적으로 하여 관리대상화물 관리에 관한 고시(이하 관리화물 고시)가 제정되어 있다. 이때 '관리대상화물'이란 세관장이 지정한 보세구역 등에 감시·단속 등의 목적으로 장치하거나 검사 등을 실시하는 화물로서 예컨대 세관장이 「관세법」 제135조에서 규정한 입항보고서 및 적재화물목록을 제3조에 따라 심사하여 선별한 '검사대상'화물(검색기검사화물, 즉시검사화물, 반입후검사화물 및 수입신고후검사화물) 및 '감시대상'화물(하선(기)감시화물 및 운송추적감시화물)에 해당하는 물품을 말한다(관리화물 고시 제2조).

2. 물품 분석

물품검사의 대상인 수출·수입 또는 반송하려는 물품(제1호), 제265조에 따라 검사하는 물품(제2호), 범죄와 관련된 물품(제3호)에 대한 품명, 규격, 성분, 용도, 원산지 등을 확인하거나 품목분류를 결정할 필요가 있을 때에는 해당 물품에 대하여 물리적·화학적 분석을 할 수 있다(제265조의2). 관세행정의 효율화를 위해 물품검사의 내용에 물리적·화학적 분석 검사를 추가한 것으로 볼 수 있다.

3. 장부 또는 자료의 제출 요구

세관공무원은 이 법에 따른 직무를 집행하기 위하여 필요하다고 인정될 때에는 수출입업자·판매업자 또는 그 밖의 관계자에 대하여 질문하거나 문서화·전산화된 장부, 서류 등 관계 자료 또는 물품을 조사하거나, 그 제시 또는 제출을 요구할 수 있는데(제266조 제1항), 상설영업장을 갖추고 외국에서 생산된 물품을 판매하는 자 중 매출액 또는 매출비중에 따라 정해지는 일정한 자는 부가가치세법에 따르는 세금계산서나 수입 사실 등을 증명하는 자료를 영업장에 갖춰 두어야 한다(제266조 제2항).

그러한 자는 ① 백화점, ② 최근 1년간 수입물품의 매출액이 5억원 이상인 수입물품만을 취급하거나 수입물품을 할인판매하는 상설영업장, ③ 통신판매하는 자로서 최근 1년간 수입물품의 매출액이 10억원 이상인 상설영업장, ④ 관세청장이 정하는 물품을 판매하는 자로서 최근 1년간 수입물품의 매출액이 전체 매출액의 30퍼센트를 초과하는 상설영업장, ⑤ 상설영업장의 판매자 또는 그 대리인이 최근 3년 이내에 「관세법」 또는 「관세사법」 위반으로 처벌받은 사실이 있는 경우 그 상설영업장이다(시행규칙 제80조).

관세청장이나 세관장은 소비자 피해의 예방을 위해 필요한 경우 통신판매중개자를 대상으로 수입물품의 유통 실태 조사를 서면으로 실시할 수 있도록 하고(제266조 제4항), 공정거래위원회와 소비자가 피해 예방을 위하여 필요하다고 합의한 경우 그 조사 결과를 공개할 수 있도록 하였다(제266조 제5항).

4. 마약류 등 정보수집

2023년 말 법 개정으로 관세청장이나 세관장은 수입신고 규정을 위반하여 수입하는 마약류의 위치정보를 수집할 수 있게 함으로써 마약밀수 단속을 위한 개인정보 및 위치정보 수집의 근거를 마련하였다(제266조의2).

5. 무기의 휴대 및 사용

관세청장이나 세관장은 직무를 집행하기 위하여 필요하다고 인정될 때에는 그 소속 공무원에게 무기, 즉 총포(권총 또는 소총에 한정한다), 도검, 분사기 또는 전자충격

기를 휴대하게 할 수 있다(제267조 제1항, 제2항).

　세관공무원은 그 직무를 집행할 때 특히 자기나 다른 사람의 생명 또는 신체를 보호하고 공무집행에 대한 방해 또는 저항의 억제를 위해 필요한 상당 이유가 있는 경우 그 사태에 응하여 부득이하다고 판단되면 무기를 사용할 수 있다(제267조 제3항).

6. 운송수단에 대한 검문·검색 등의 협조 요청과 조치

　세관장은 직무를 집행하기 위하여 필요하다고 인정될 때에는 육군·해군·공군의 각 부대장(제1호), 국가경찰관서의 장(2호), 해양경찰관서의 장(3호)에게 협조를 요청할 수 있다(제267조의2 제1항).

　협조 요청을 받은 자는 밀수 관련 혐의가 있는 운송수단에 대하여 추적감시 또는 진행정지명령을 하거나 세관공무원과 협조하여 해당 운송수단에 대하여 검문·검색을 할 수 있으며, 이에 따르지 아니하는 경우 강제로 그 운송수단을 정지시키거나 검문·검색을 할 수 있다(제267조의2 제2항).

7. 명예세관원

　관세청장은 밀수감시단속 활동의 효율적인 수행을 위하여 필요한 경우에는 수출입 관련 분야의 민간종사자 등을 명예세관원으로 위촉하여 ① 공항·항만에서의 밀수 감시(1호), 정보 제공과 밀수 방지의 홍보(2호) 활동을 하게 할 수 있다(제268조 제1항).

제13장

관세범

I. 의 의

관세범이란 관세법 또는 관세법에 따른 명령[1]을 위반하는 행위로서 관세법에 따라 형사처벌[2]되거나 통고처분되는 것을 말한다(제283조 제1항). 이는 형법에 규정된 형벌의 명칭이 없는 제재, 즉 과태료(제277조)나 과징금(제178조, 327조의2)이 부과되는 관세질서범과 구별된다. 관세범에 관한 조사·처분은 세관공무원이 하고(제283조 제2항), 관세범에 관하여는 관세법에 특별한 규정이 있는 것을 제외하고는 형사소송법을 준용한다(제319조).

II. 중요 유형

구분	내용	처벌	특가법[3]에 의한 가중처벌
전자문서 위·변조 등 (268조의2 1항)	unipass 전자문서 위변조·행사	1년 이상 10년 이하의 징역 or 1억 원 이하 벌금	해당 없음
전자문서 비밀 침해·누설 등 (268조의2 2항)	unipass 전자문서 훼손·비밀 침해· 누설·도용 등	5년 이하의 징역 or 5천만 원 이하 벌금	해당 없음
금지품 수출입 (269조 1항)	234조 금지품의 밀수출입 (음란물, 위조화폐 등)	• 7년 이하의 징역 or 7천만 원 이하 벌금 • 금지품 필요적 몰수· 추징(273조)	• 수출입물품의 가액이 ① 1억 원 이상: 무기 또는 7년 이상 징역 ② 3천만~1억 원 미만: 3년 이상의 유기징역 • 물품가액의 2배 이상 10배 이하에 상당하는 벌금을 병과(특가법 제6조 제1항)

---

1) 대통령령인 관세법시행령, 기획재정부령인 관세법시행규칙, 관세청장의 고시·훈령·지시, 세관장이 통관 또는 과세와 관련하여 구체적 사안에 대하여 행하는 지시 등이 있다(김태인·정재완, 전게서, p.494).
2) 형법 제41조는 사형·징역·금고·자격상실·자격정지·벌금·구류·과료·몰수의 9가지 형을 규정하고 있으나, 관세법령에는 징역·벌금·몰수의 세 가지 형으로만 규정되어 있다.
3) 특정범죄 가중처벌 등에 관한 법률(법률 제19573호, 2024.1.26. 시행).

밀수입 (269조 2항)	무신고 또는 다른 물품으로 허위 신고	• 5년 이하의 징역 or Max(관세액 10배, 물품원가) • 밀수품 필요적 몰수·추징(273조)	• 수입물품의 원가가 ① 5억 원 이상: 무기 또는 5년 이상 징역 ② 2억~5억 원 미만: 3년 이상의 유기징역 • 물품원가의 2배에 상당하는 벌금을 병과(특가법 제6조 제2항)
밀수출 (269조 3항)	무신고 또는 허위신고 수출 (절도 차량 → 부품 위장 수출)	• 3년 이하의 징역 or 물품원가 이하 상당액 벌금 • 밀수품 필요적 몰수·추징(273조)	• 수출물품의 원가가 5억 원 이상: 1년 이상 유기징역 • 물품원가에 상당하는 벌금을 병과(특가법 제6조 제3항)
관세포탈 (270조 1항)	1. 과세가격 또는 관세율을 허위 신고 또는 신고하지 않고 수입 2. 허위서류 제출 사전/재심사 3. 수입제한 완제품을 부분품으로 분할 수입 등	• 3년 이하의 징역 or Max(관세액 5배, 물품원가) • 밀수품 필요적 몰수·추징 대상은 아님(제273조)	• 관세법 제270조 제1항 제1호의 포탈세액이 ① 2억 원 이상: 무기 또는 5년 이상 징역 ② 5천만~2억 원 미만: 3년 이상의 유기징역 • 포탈세액의 2배 이상 10배 이하에 상당하는 벌금을 병과(특가법 제6조 제4항) • 관세법 제270조 제1항 제2호의 수입물품 원가가 ① 5억 원 이상: 3년 이상 유기징역 ② 2억~5억 원 미만: 1년 이상의 유기징역 • 수입물품의 원가에 상당하는 벌금을 병과(특가법 제6조 제5항)
부정 수입 (270조 2항)	수입에 필요한 조건 불비 또는 부정하게 갖추어 부정수입	• 3년 이하의 징역 or 3천만 원 이하 벌금(부정수입)	• 수입물품 원가가 ① 5억 원 이상: 3년 이상 유기징역 ② 2억~5억 원 미만: 1년 이상의 유기징역

			• 수입물품의 원가에 상당하는 벌금을 병과(특가법 제6조 제5항)
부정 수출 (270조 3항)	수출에 필요한 조건 불비 또는 부정하게 갖추어 부정수입	1년 이하의 징역 or 2천만 원 이하 벌금(부정수출)	해당 없음
부정 감면 (270조 4항)	부정하게 관세를 감면받거나 관세감면물품의 관세 징수 면탈 (제품생산용 → 연구개발용 부정감면)	3년 이하의 징역 or 감면받은(면탈한) 관세액의 5배 이하 벌금	• 감면/면탈/환급받은 세액이 ① 2억 원 이상: 무기 또는 5년 이상 징역 ② 5천만~2억 원 미만: 3년 이상의 유기징역 • 감면/면탈/환급받은 세액의 2배 이상 10배 이하에 상당하는 벌금을 병과(특가법 제6조 제4항)
부정 환급 (270조 5항)	부정한 방법 관세 환급 (수출용원재료(건고추) 불법 유출, 국내 재료로 고춧가루 수출 → 부정 환급)	• 3년 이하의 징역 or 환급 관세액 5배 이하 벌금 • 환급받은 세액 즉시징수	
가격 조작 (270의2)	보정신청 · 수정신고 등에 물품 가격을 조작하여 신청 · 신고	2년 이하의 징역 or Max (물품원가, 5천만 원)	해당 없음
밀수품 취득 (274조)	269조, 270조 1항 3호 · 2/3항 물품의 취득 · 양도 · 운반 · 보관 · 알선 · 감정 (보따리상 수집한 담배 판매)	3년 이하의 징역 or 물품원가 이하의 벌금	해당 없음
강제징수면탈죄 등 (275조의2)	• 강제징수 면탈 목적 재산 은닉 · 탈루 · 거짓계약(1항) • 압수/압류 물	• 3년 이하의 징역 or 3천만 원 이하의 벌금(1항, 2항) • 2년 이하의 징역 or 2천만 원 이하의 벌금(3항)	해당 없음

	건의 보관자가 보관 물건을 은닉·탈루·손괴·소비(2항) • 1항, 2항의 사정을 알고도 방조 또는 거짓계약을 승낙(3항)		
명의대여 (275조의3)	명의대여 납세신고 또는 그 허락	1년 이하의 징역 or 1천만 원 이하의 벌금	해당 없음
보세사의 명의대여 (275조의4)	보세사의 명의대여 또는 알선	1년 이하의 징역 or 1천만 원 이하의 벌금	해당 없음
허위신고죄 등 (276조)	신고없는 보세사업 운영, 보세구역 반입명령 위반, 허위수입신고, 허위 보정·수정신고, 수리 전 반출(1항) 등	물품원가 or 2천만원 중 높은 금액 이하의 벌금(제2항) → 2천만 이하 벌금(제3항, 과실은 3백만 원 이하) → 1천만 이하 벌금(제4항, 과실은 2백만 원 이하) → 5백만 원 이하 벌금(제5항)	해당 없음(형법 제29조)

III. 관세범의 특징

관세범은 형사범과 다른 특징을 몇 개 가지고 있는데, 이를 정리하면 다음과 같다.

1. 미수범·예비범, 종범 등 중과처벌

형법은 미수범에 대하여, 범죄의 실행에 착수하여 행위를 종료하지 못하였거나 결과가 발생하지 아니한 때에는 미수범으로 처벌하고(형법 제25조 제1항), 미수죄에 대한 처벌은 해당 죄에서 규정된 경우에 한하여 처벌하되(형법 제29조), 미수범의 형은 기수범보다 감경할 수 있다(형법 제25조 제2항)라고 규정하고 있다. 또한 예비범에 대하여, 범죄의 음모 또는 예비행위가 실행의 착수에 이르지 아니한 때에는 법률에 특별한 규정이 없는 한 벌하지 아니한다(형법 제28조)라고 규정하여 원칙적으로 예비행위를 처벌하지 않고, 예외적으로 특별한 규정을 두어 처벌하는 경우에도 본범에 대한 처벌조항과는 별도로 보다 가벼운 처벌조항을 두고 있다.[4][5] 관세법은 중대 관세범죄[6]에 대하여 미수범을 본죄에 준하여 처벌하며(제271조 제2항), 예비를 한 자는 본죄의 2분의 1을 감경하는 형식으로 처벌한다(제271조 제3항). 형법이 미수범에 대하여 감경할 수 있고(형법 제25조 제2항), 예비범을 원칙적으로 처벌하지 않도록(형법 제28조) 규정한 것에 비하여, 밀수하다가 잡힌 자(미수), 밀수 준비하던 자(예비)에 대한 처벌이 강력하다.

> **|사례 1|** 형법과 달리 관세법에서 미수죄와 예비죄를 기수죄와 같이 처벌하도록 한 것이 평등원칙이나 과잉금지의 원칙에 어긋나서 위헌 아닌지?[7]

 밀수출입죄(제269조)와 관세포탈죄 등(제270조)에 대하여는 교사범[8]과 방조범(종범)도 정범에 준하여 처벌한다(제271조 제1항). 형법이 종범에 대하여 필요적으로 감경하도록 규정(형법 제32조 제2항)한 것에 비하여 강하게 처벌한다. 예컨대 밀수에 도움을 주거나 망을 본 자는 방조범(종범), 밀수를 권유하거나 지휘한 자는 교사범, 밀수를 같이 하는 자는 공동정범이라 하여 이를 구분할 수 있는데, 형법과 달리 방조범(종범)을 정범에 준하여 처벌하는 점이 관세형벌의 특징이다.

---

4) 김민정, "세관조사와 관세형사법" 제2판(2023), 박영사, 267면.
5) 형법 제255조(살인 예비,음모), 343조(강도 예비, 음모) 등.
6) 전자문서 위조·변조죄 등(제268조의2), 밀수출입죄(269조), 관세포탈죄 등(270조).
7) 헌법재판소는, 관세범이 재정범으로서 국가경제에 미치는 영향이 크며, 조직성과 전문성, 지능성, 국제성을 갖춘 영리범이라는 특성을 갖고 있어 쉽게 근절되기 어려울 뿐 아니라 범행의 인지·범인의 체포 등이 극히 어렵고 특히 기수와 미수, 미수와 예비를 엄격하게 구별하기는 어려우므로, 이 범죄에 대하여 철저하게 대처해야 할 필요성이 있으며, 법률의 위하적 효과로서의 일반예방적 효과를 제고할 필요도 있고, 특수한 범죄구성요건에 해당되는 자에 한하여 특별히 기수에 준하여 처벌하도록 규정하고 있을 뿐, 어느 특정인에 대하여 그 조항의 적용을 배제하는 것은 아니며, 위와 같이 특수한 구성요건에 해당하는 행위를 특별하게 처벌하는 이유가 질서유지와 공공복리를 위하여 필요함에 있을 뿐, 합리적 근거없이 어느 특정인을 일반국민과 차별하거나 다른 특정범죄와 차별하여 특별히 엄단하려 함에 있지 아니하므로(헌법재판소 1995.3.23. 선고 94헌가4 결정 참조), 헌법 제11조의 평등원칙이나 헌법 제10조의 인간의 존엄성 존중원리에 반하지 아니하며 입법형성재량권의 범위를 일탈한 바가 없다고 할 것이어서 합헌이라고 결정함(헌법재판소 1996.11.28. 선고 96헌가13 전원재판부).
8) 형법도 교사범은 정범과 동일한 형으로 처벌한다(형법 제31조 제1항).

2. 징역형 · 벌금형 병과

밀수출입죄(269조), 관세포탈죄 등(270조), 가격조작죄(270조의2), 미수범 등(271조), 밀수품의 취득죄 등(274조) 일부 관세범에 대하여는 징역형과 벌금형을 병과 할 수 있다(제275조).

3. 양벌규정

법인의 대표자나 법인 또는 개인의 대리인, 사용인, 그 밖의 종업원이 그 법인 또는 개인의 업무에 관하여 제11장에서 규정한 벌칙(제277조의 과태료는 제외한다)에 해당하는 위반행위를 하면 그 행위자를 벌하는 외에 그 법인 또는 개인에게도 해당 조문의 벌금형을 과(科)한다. 다만, 법인 또는 개인이 그 위반행위를 방지하기 위하여 해당 업무에 관하여 상당한 주의와 감독을 게을리하지 아니한 경우에는 그러하지 아니하다(제279조).

4. 벌금경합의 제한 가중 미적용

경합범의 처벌수준이 낮아지는 것을 방지하기 위해, 형법 제38조 제1항 제2호 중 벌금경합에 대한 제한가중규정[9]을 적용하지 않는다(제278조). 예컨대 벌금이 2억, 3억인 경우 제한 규정에 따라 3억의 1.5배인 4억 5천까지만 적용되지만, 적용하지 않으면 5억 원까지 부과할 수 있다.

5. 물품에 대한 몰수 · 추징

형법은 법관의 자유재량에 따라 몰수 여부를 결정하는 임의적 몰수 · 추징[10]을 규정하고 있다. 관세법은 이에 대한 특칙으로서 밀수출입물품에 대한 몰수 · 추징(제282

---

9) 2. 각 죄에 대하여 정한 형이…같은 종류의 형인 경우에는 가장 무거운 죄에 대하여 정한 형의…다액(多額)에 그 2분의 1까지 가중하되 각 죄에 대하여 정한 형의…다액을 합산한… 액수를 초과할 수 없다. 다만, 과료와 과료, 몰수와 몰수는 병과(倂科)할 수 있다.
10) 형법 제48조(몰수의 대상과 추징), 제49조(몰수의 부가성)

조), 밀수 전용 운반기구의 몰수(제272조), 범죄에 사용하기 위해 특수한 가공을 한 물품의 몰수(제273조)를 규정하고 있다. 즉 범죄에 사용된 선박이나 차량 등에 대한 몰수 규정이 있고, 마약을 먹거나 폐기하는 경우 범칙 당시 국내 도매가격 상당액을 추징한다. 관세법상의 몰수·추징은 각 해당 조항의 규정에 따라 일부 예외를 제외하면 원칙적으로 필요적 몰수이다.

6. 고발전치주의

관세범에 대한 사건은 관세청장 또는 세관장의 고발이 없는 한 검사는 공소를 제기할 수 없고(관세법 제284조), 이를 고발전치주의라고 한다. 그런데, 고발전치주의의 예외로서, 특가법 제6조(관세법위반행위의 가중처벌)의 죄에 대한 공소는 고소 또는 고발이 없는 경우에도 제기할 수 있다(특가법 제16조).

IV. 특정범죄가중처벌등에관한법률에 의한 가중처벌 등 특례

특가법은 「형법」, 「관세법」, 「조세범 처벌법」, 「지방세기본법」, 「산림자원의 조성 및 관리에 관한 법률」 및 「마약류관리에 관한 법률」에 규정된 특정범죄에 대한 가중처벌 등을 규정함으로써 건전한 사회질서의 유지와 국민경제의 발전에 이바지함을 목적으로 한 법률이다(특가법 제1조).

특가법은 제6조(「관세법」 위반행위의 가중처벌)와 제7조(관계 공무원의 무기 사용)에서 관세법위반사범에 대하여 특칙을 두고 있고, 제14조(무고죄)와 제15조(특수직무유기)에서 특가법에 규정된 죄에 대한 특칙을, 제16조(소추에 관한 특례)에서 관세법위반사범 및 조세포탈범에 대한 특칙을 각각 두고 있다.

1. 「관세법」 위반행위의 가중처벌

관세법 제269조 제1항 내지 제270조 제5항에 규정된 죄를 범한 사람에 대하여 특가법 제6조 제1항 내지 제5항에서 각 항 각 호의 구분에 따라 가중처벌 한다.

2. 징역형과 벌금형의 필요적 병과

특가법 제6조 제1항부터 제5항까지의 경우에 각 구분에 따른 벌금을 병과한다(특
가법 제6조 제6항).

3. 미수범 등의 가중처벌

「관세법」 제271조(미수범 등)에 규정된 죄를 범한 사람은 특가법 제6조 제1항부터
제6항까지의 예에 따른 그 정범 또는 본죄에 준하여 처벌한다(특가법 제6조 제7항).

4. 집단범 또는 상습범 등의 가중처벌

단체 또는 집단을 구성하거나 상습적으로 「관세법」 제269조부터 제271조까지 또
는 제274조에 규정된 죄를 범한 사람은 무기 또는 10년 이상의 징역에 처한다(특가
법 제6조 제8항).

5. 관계 공무원의 무기 사용

관세법위반사범을 단속할 권한 있는 공무원은 일정한 경우에 필요하다고 인정되
는 상당한 이유가 있을 때에는 총기를 사용할 수 있다(특가법 제7조).

6. 무고죄 및 직무유기죄에 대한 처벌강화

특가법에 규정된 죄에 대하여, 무고죄를 범한 사람은 3년 이상의 유기징역에 처하
고(특가법 제14조 제6항), 직무유기죄를 범한 경우에는 1년 이상의 유기징역에 처한다
(특가법 제15조).

7. 소추에 관한 특례

관세범에 대한 사건은 관세청장 또는 세관장의 고발이 없는 한 검사는 공소를 제
기할 수 없고(관세법 제284조), 조세범처벌법에 따른 범칙행위에 대해서는 국세청장,

지방국세청장 또는 세무서장의 고발이 없으면 검사는 공소를 제기할 수 없으며(조세 범처벌법 제21조), 지방세기본법위반에 따른 범칙행위는 지방자치단체의 장의 고발이 있어야 공소를 제기할 수 있는데(지방세기본법 제111조), 이를 고발전치주의라고 한다.

 그런데, 고발전치주의의 예외로서, 특가법 제6조(관세법위반행위의 가중처벌) 및 제8 조(조세포탈의 가중처벌)의 죄에 대한 공소는 고소 또는 고발이 없는 경우에도 제기할 수 있다(특가법 제16조).

13-2 주요 관세범 사례

I. 전자문서 위·변조죄

누구든지 관세정보시스템 또는 전자문서중계사업자의 전산처리설비에 기록된 전자문서 등 관련 정보를 위조 또는 변조하거나 위조 또는 변조된 정보를 행사하여서는 아니 된다(제327조의4 제1항). 관세청장은 국가관세종합정보망을 효율적으로 운영하기 위하여 국가관세종합정보망의 전부 또는 일부를 운영하는 국가관세종합정보망 운영사업자를 지정할 수 있는데(제327조의2 제1항), 누구든지 관세정보시스템 또는 전자문서중계사업자의 전산처리설비에 기록된 전자문서 등 관련 정보를 훼손하거나 그 비밀을 침해하여서는 아니 된다(제327조의4 제2항).

그런데 관세정보원 또는 전자문서중계사업자의 임직원이거나, 임직원이었던 자가 업무상 알게 된 전자문서상의 비밀과 관련 정보에 관한 비밀을 누설하거나 도용한 경우에는 업무정지를 명할 수 있고, 업무정지처분을 갈음하여 1억 원 이하의 과징금을 부과할 수 있다(제327조의2 제3항, 제4항).

이처럼 국가관세종합정보망 등의 전자문서 및 그 내용은 엄격한 보호를 받고 있는데, 이를 위반하여 국가관세종합정보망(=UNIPASS)이나 전자문서중계사업자의 전산처리설비에 기록된 전자문서 등 관련 정보를 위조 또는 변조하거나 위조 또는 변조된 정보를 행사한 자는 1년 이상 10년 이하의 징역 또는 1억 원 이하의 벌금에 처한다(제268조의2 제1항).

또한 관세청장의 지정을 받지 아니하고 전자문서중계업무를 행한 자(제1호), 전자문서 등 관련 정보를 훼손하거나 그 비밀을 침해한 자(제2호), 업무상 알게 된 전자문서 등 관련 정보에 관한 비밀을 누설하거나 도용한 한국관세정보원 또는 전자문서중계사업자의 임직원 또는 임직원이었던 사람(제3호)은 5년 이하의 징역 또는 5천만 원 이하의 벌금에 처한다(제268조의2 제2항).

|사례 1| **전자문서 위·변조죄의 객체** 오토바이 수입업자인 A는 수입신고필증의 신고가격을 높게 변조하여 국내 거래처에 제시하면서 더 높은 가격에 판매하기로 마음먹고, B 관세사무소 직원 C에게 부탁하여, C로 하여금 B 관세사무소에서 설치한 사설 통관업무용 프로그램을 통해 그 관세사무소의 컴퓨터에 저장되어 있는 통관절차가 완료된 수입신고필증 파일을 불러낸 후 그 중 과세가격과 관세액 등을 수정한 후 출력하도록 하여 이를 교부받았다. A는 관세법상 전자문서변조죄로 처벌되는가?11)

II. 밀수출입죄

1. 금지품밀수출입죄

정상적인 수입신고 또는 수출신고 없이 물품을 수입 또는 수출하는 것을 밀수입 또는 밀수출이라고 하며, 그중 절대적으로 수출입이 금지되는 물품을 밀수출입 하는 경우에는 일반적인 밀수출입의 경우에 비해 형을 가중하여 7년 이하의 징역 또는 7천만원 이하의 벌금에 처한다(제269조 제1항).

|사례 2| **수입금지품 의미** A는 현재 통용되지 않는 스위스 화폐의 진폐를 수입함으로써 수입금지품인 '화폐위조품'을 수입하였다는 공소사실로 기소되었다. A는 이 사건 스위스화폐는 유통기한이 경과하고 자국에서도 강제통용력이 상실되어 유통성이 없어 휴대수출입시 세관에 신고할 의무도 없을 뿐만 아니라 과세표준액의 대상이 되지 아니함에도 불구하고, 이 사건 스위스 화폐의 취득·양여 행위에 대하여 관세법위반죄를 묻는 것은 법리오해라고 주장하였다. A에게 관세법위반죄가 인정되는가?12)

---

11) 구 관세법 제268조의2 제1항의 위조 또는 변조의 대상인 '전자문서중계사업자의 전산처리설비에 기록된 전자문서 등 관련 정보'는 **전자문서중계사업자가** 전자신고 등과 전자송달을 중계하는 업무를 수행할 목적으로 구축하여 설치·운영하는 '**전산처리설비에 기록된**' 전자문서 등 관련 정보만을 의미하는바, 본 건은 "B관세사무소 컴퓨터에 저장된 것으로서 A 등에 의하여 그 내용이 수정된 이 사건 수입신고필증 파일들은 전자문서중계사업자의 전산처리설비에 기록된 전자문서 등 관련 정보에 해당한다고 보기 어렵다는 이유로, 피고인들의 전자문서 등 변조로 인한 관세법 위반의 공소사실에 대하여 무죄를 선고한 원심을 확정하였다(대법원 2012.7.12. 선고 2010도5835 판결).

12) 대법원은 관세법위반죄를 인정한 원심을 확정했다. 즉, **원심은** "이 사건 스위스화폐가 국내 은행에서 환전할 수 있다 하더라도 이는 지급수단이 아니라 은행이 매도가격과 매수가격의 차액 상당의 이득을 얻기 위하여 하는 외국환매매거래의 대상으로서 상품과 유사한 것에

2. 밀수입죄

수입신고나 입항전수입신고를 하지 않고 물품을 수입하거나 그 신고를 하였으나 해당 수입물품과 다른 물품으로 신고하여 수입한 자에 대하여는 5년 이하의 징역 또는 관세액의 10배와 물품원가 중 높은 금액 이하에 상당하는 벌금에 처한다(제269조 제2항).

|사례 3| 무관세물품의 객체성 여부   A는 중국이나 일본으로부터 정상적인 수입절차를 통하여 수입할 경우 관세율 영(0)에 해당하는 도자기 등 골동품을 수입신고 없이 통관하였다. A를 무신고수입이라는 관세법위반죄로 처벌할 수 있는가?[13]

|사례 4| 밀수입죄의 주체   A는 음반에 대한 녹음실 대여업 등을 목적으로 설립된 주식회사 B를 실질적으로 운영하는 자로, 음향기기를 부분품으로 분할하여 수입하면서 B 명의의 수입신고서를 작성하면서 음향기기와는 전혀 다른 품명과 관세법상의 품목분류번호로 신고하였다. A를 무신고수입으로 처벌할 수 있는가?[14]

불과하다 할 것이므로 이를 가리켜 국내에서 유통되고 있다고 보기는 어렵고, 이태원 등 관광지에서 지급수단으로 사용된다 하더라도 이는 관광객과 상인 사이에⋯ 지급수단이라기보다는 은행에서 환전하는 경우와 마찬가지로 외국환거래의 대상으로 봄이 상당하여, 이 사건 스위스화폐는 **내국에서 '유통하는' 화폐라고 볼 수 없다고 할 것⋯위조화폐임**"(광주고등법원 2002.6.12. 선고 2002노196 판결)이라고 선고하고, 이후 **대법원은** "피고인들이 취득하거나 양여한 이 사건 스위스 화폐가 관세법 제234조 제3호에서 수·출입이 금지되는 물품으로 정한 '화폐위조품'에 해당한다고 인정하여 피고인들의 행위를 관세법위반죄로 처단한 **원심의 조치는 정당**하다"(대법원 2003.1.10. 선고 2002도3340 판결)라고 판단하였다.

13) 관세법 등 관계 법령에서 정하는 소정의 적법한 절차를 밟아 수입하는 경우에 **관세가 부과되지 않는 물품에 해당한다 하더라도** 적법한 수입신고 절차 없이 통관하는 경우에는 무신고수입으로 인한 **관세법위반죄로 처벌**할 수 있다(대법원 2002.12.6. 선고 2000도3581 판결).

14) 대법원은 "(i) 이 사건 물품의 수입화주는 신고서상 공소외 국제자동차판매 주식회사나 주식회사 오토테크코리아로 되어 있으나, 위 회사들은 모두 **사실상 피고인이 경영**하고 있는 회사들이며,⋯이 사건 수입행위는 피고인이 자신의 계산으로 한 것이어서 무신고 수입행위로 말미암아 **실질적으로 이득을 보는 자도 피고인**이라는 점 등에 비추어 이 사건 수입행위를 한 **실질적인 수입자는 피고인**이므로 **그가 무신고수입죄의 주체가 되고,** (ii) 무신고수출입죄는 처음부터 수출입신고를 하지 아니하고 수출입을 하는 경우는 물론이고 수출입신고는 하였으나 신고물품과 **동일성이 인정되지 않는 다른 물품을 수출입하는 경우에도 마찬가지로 성립**한다. 본건에서 전체적으로 보아 실제로 수입된 물품은 음향기기의 완제품으로

수입신고를 하였더라도 실제 수입한 물품이 다른 경우라면 수입신고와의 동일성이 인정되지 않으므로 역시 밀수입의 대상으로 규정하고 있다. 실제로는 수입신고를 하였지만 일부 물량에 대해서 차이가 있는 경우 이를 적법한 수입신고로 보아야 하는지 문제가 발생한다.

> **|사례 5| 고의 불인정**　A는 농림수산부장관의 고시에 의하여 별도의 품목분류표가 없어 한국원양어업협회의 추천을 받아야 수입을 할 수 있는 냉동남양통삼치(Snoek)를 수입하면서 그와 유사어종으로서 수입자동승인품목인 냉동삼치(SPANISH MACKEREL)를 수입하는 것으로 허위의 수입신고를 하였다. 그런데 위 어류 명칭의 정확한 의미에 대하여 전문가들 사이에서 조차 의견의 차이가 있고 우리나라에서도 두 어종의 구분 없이 그냥 '삼치'라고 불리면서 거래되고 있으며 수입신고서 상에 "BARACOUTA"라는 정확한 품명을 함께 기재한 경우 A를 허위신고죄로 처벌할 수 있는가?[15]

보아야 하는 것으로서 수입신고된 물품과의 사이에는 서로 **동일성이 없어** 이 사건 수입신고의 효력은 실제로 수입된 물품에 미치지 아니하므로 피고인의 위와 같은 행위는 관세법상 무신고수입죄를 구성하는 것이므로, 피고인 A는 관세법위반의 책임을 진다고 판결한 원심 판단은 정당하다"고 상고기각하였다(대법원 2003.11.28. 선고 2003도3956 판결).

15) 대법원은 "피고인이 관세율표상 별도로 품목분류가 되어 있지 아니한 기타 어류로서 수산청장의 추천을 받아야 수입할 수 있게 되어 있는 검정통삼치(또는 남양통삼치로 불리우고, 영어명이 Snoek, Snake Mackerel 또는 Baracouta)를 수입하면서 세관에 제출한 수입신고서의 그 수입 품명란에 영문으로 "FROZEN SPANISH MACKEREL(BARACOUTA)"라고 기재하고, 그 난 위에 한글로 "냉동삼치"라고 부기하였다면, 그 명칭의 정확한 의미에 대하여 전문가들 사이에서 조차 의견의 차이가 있어 그 기재내용이 반드시 허위라고 단정할 수 없고, 검정통삼치는 삼치와는 **같은 고등어 아목어류**에 속하는 어종으로서 형태상, 외관상 상당히 유사하여 우리 나라에서도 보통의 삼치와 구분없이 불리며 거래되고 있으며, 관세률표상 수입자동승인품목으로 품목분류된 "삼치"를 반드시 종명으로서의 삼치(Scomberomorus Niphonius)를 **한정**하여 가리키는 것이라고 **단정하여 해석할 것도 아닌 점**과 특히 **수입신고서상에 "BARACOUTA"라는 정확한 품명이 함께 기재**된 점을 아울러 고려하여 볼 때, 피고인에게 그 수입물명을 허위로 기재하여 수입신고를 하는 방법으로 검정통삼치를 무면허수입하려고 하였다는 점에 관한 **범의를 인정하기는 어렵다**"라는 취지로, 유죄선고된 원심을 파기환송하였다(대법원 1991.6.28. 선고 91도914 판결).

|사례 6| 죄수, 수량 차이 현저 A는 중국산 수입 농어에 대하여 과세가격을 기준으로 100%의 조정관세가 부과되자 이를 포탈할 의도로 수입신고 시 실제로 수입하는 물량 중 20%만을 수입하는 것으로 신고하고 나머지 물량 80%에 대해서는 수입신고를 하지 않은 채 선하증권, 검량보고서 등 각종서류를 신고한 물량에 맞추어 허위로 작성하여 통관절차를 밟았다. A를 밀수입죄로 처벌할 수 있을까?[16]

|사례 7| 수량 차이 경미 A는 2002.1.31.경 인천세관에서 중국으로부터 남성용 상의 1,990벌을 수입하면서 그 중 60벌을 신고에서 누락하였다. 비록 그 수량의 차이가 수십 개 또는 수 개에 불과하는 등 경미하더라도 수입신고의 효력은 수입신고서에 기재된 수량의 물품에만 미치고 나머지 수량의 물품에 대하여는 미친다고 볼 수 없다는 이유로 밀수입죄로 처벌할 수 있을까?[17]

다만 수입신고를 하지 않고 간이수입신고를 한 경우에도 밀수입죄의 대상이 되는지 여부에 대해서는 논란이 있었다.

---

16) 수입신고는 세관장에게 하는 수입의 의사표시이므로, 농어를 수입함에 있어 실제로 수입하는 물량 중 일부만을 수입하는 것으로 신고하고 나머지 물량에 대하여는 수입신고를 하지 않을 의사로 각종서류를 신고한 물량에 맞추어 허위로 작성, 통관절차를 밟는 방법으로 **수입신고한 물량에 비하여 현저하게 많은 물량**의 농어를 수입하였다면, 수입신고를 하지 않고 수입한 물량의 농어는 수입신고한 물량의 농어와 **동일성을 인정할 수 없어** 이에 대하여는 관세법 제179조 제2항 제1호 소정의 **밀수입죄가 성립한다**(대법원 2000.2.8. 선고 99도4864 판결).
17) 무신고수입으로 인한 관세법 제269조 제2항 제1호 소정의 밀수입죄에 있어서 서로 다른 시기에 수회에 걸쳐 이루어진 무신고수입행위는 그 행위의 태양, 수법, 품목 등이 동일하다 하더라도 원칙적으로 **별도로 각각 1개의 무신고수입**으로 인한 관세법 위반죄를 구성한다(대법원 2001.5.15. 선고 99도1046 판결). 또한, 물품을 수입함에 있어 실제로 수입하는 물량 중 일부만을 수입하는 것으로 신고하고 나머지 물량에 대하여는 수입신고를 하지 않을 의사로 각종서류를 신고한 물량에 맞추어 허위로 작성, 통관절차를 밟는 방법으로 수입신고한 물량에 비하여 **현저하게 많은 물량**의 물품을 수입하였다면, 수입신고를 하지 않고 수입한 물량의 물품은 수입신고한 물량의 물품과 **동일성을 인정할 수 없어** 관세법 제269조 제2항 제1호 소정의 **밀수입죄가 성립**한다 할 것이다(대법원 2000.2.8. 선고 99도4864 판결, 2002. 5. 10. 선고 2001도451 판결). 그런데 본건과 같이 수입신고 물량과 실제수입 물량의 차이가 **그리 현저하지 않다고 보이는** 각 경우에는 수입신고를 초과하여 실제 수입한 물량의 의류와 수입신고한 물량의 의류 사이에 **동일성이 인정되지 않는다고 할 수는 없을 것**이므로 관세법 제269조 제2항 제1호 소정의 **밀수입죄가 성립하지 않는다고 볼 여지**가 있다. 심리미진으로 파기환송한다(대법원 2006.4.27. 선고 2005도6405 판결).

|사례 8| **고의 인정**　　A는 판매 목적으로 고가이면서도 소중량인 선박부품을 수입하면서 정식의 일반수입신고를 하지 아니하고, 수출자에게 실제구입가격보다 낮은 가격으로 송품장을 작성하여 주도록 요구하거나 송품장에 '견품'으로 기재해 달라고 요구하는 등의 부정한 방법을 이용하여 간이통관절차에 해당하는 물품으로 가장하여, 목록통관이라는 간이수입신고를 이용하여 통관하였다. 이 경우 A에게 적법한 수입신고가 없다는 이유로 밀수입죄로 처벌할 수 있는가?18)

한편 관세는 신고납부방식의 조세로서 납부의무자가 수입물품의 수입신고를 할 때마다 1개의 납세의무가 확정되므로 그 때마다 1개의 죄가 성립하는 것이 원칙이다.

|사례 9| **죄수 및 공소사실의 특정**　　A는 2001. 2.부터 2002. 6.까지 보따리상을 통하여 장뇌삼 9,398뿌리 외 7종 시가 1억 900,000,000원 상당품을 10차례에 걸쳐 밀수입하였다. A의 밀수입죄는 행위 시마다 각각 성립하는가?19)

---

18) 상용물품을 수입하는 경우에는 여행자휴대품신고서를 제출하는 방법의 간이수입신고를 통하여 면세통관할 수 없다 할 것이어서, 설령 상용물품이 여행자휴대품신고서를 제출하는 방법의 간이수입신고를 통하여 면세통관되었다고 하더라도 이는 적법하게 통관된 것으로 볼 수 없어 그 수입행위는 관세법 제269조 제2항 제1호 소정의 밀수입죄(무신고수입죄)를 구성한다(대법원 2005.3.25. 선고 2004도8786 판결). 나아가 관세법 제241조 제2항에서 규정하고 있는 **간이통관절차의 대상 물품에 해당하지 않는 상용물품을 수입**하는 경우에, 같은 조 제1항에서 규정하고 있는 **일반수입신고를 하지 아니하고 부정한 방법을 이용하여 간이통관절차를 거쳐 통관**하였다면, 이러한 수입행위는 적법한 수입신고 절차 없이 통관한 경우에 해당하여 관세법 제269조 제2항 제1호 소정의 **밀수입죄를 구성**한다(대법원 2008.6.26. 선고 2008도2269 판결).

19) 물품을 신고하지 아니하고 수입하는 경우에는 그 수입 시마다 당해 수입물품에 대한 정당한 관세의 확보라는 법익이 침해되어 별도로 구성요건이 충족되는 것이어서 **각 수입시마다 1개의 죄가 성립**하는 것이고(대법원 2000.5.26. 선고 2000도1338 판결, 2000.11.10. 선고 99도782 판결, 2001.1.30. 선고 2000도2903 판결 등 참조), **수 개의 무신고수입행위를 경합범**으로 기소하는 경우에는 **각 행위마다 그 일시와 장소 및 방법을 명시하여 사실을 특정할 수 있도록 공소사실을 기재**하여야 한다(대법원 2007.1.11. 선고 2004도3870 판결).

> **|사례 10| 불가벌적 사후행위** A는 다이아몬드를 밀수한 후 이를 판매하였는데 밀수입죄(제269조 제2항) 외에 판매행위에 대해 밀수품양여죄(제274조 제1항 제1호)로도 처벌되는가?[20]

3. 밀수출죄 · 밀반송죄

신고를 하지 아니하고 물품을 수출하거나 반송한 자 또는 신고를 하였으나 해당 수출물품 또는 반송물품과 다른 물품으로 신고하여 수출하거나 반송한 자는 3년 이하의 징역 또는 물품원가 이하에 상당하는 벌금에 처한다(제269조 제3항). 밀수출이나 밀반송은 관세와는 무관하기 때문에 밀수입의 경우와 비교하여 약하게 처벌하는 것으로 되어 있다.

> **|사례 11| 밀수출죄의 동일성 인정 기준** A는 '삼성 MX6W-2, 차대번호 100인 굴삭기 1대를 수출하는 것처럼 신고한 후, 그와 달리 삼성 MX8W-2, 차대번호 200인 굴삭기 1대를 선적하여 세관에 신고한 차량과 다른 차량을 밀수출하였다'라는 공소사실로 기소되었다. 위 굴삭기의 관세 · 통계통합품목분류표상 10단위 분류코드는 같았지만 차량의 종류 또는 규격(톤수, 연식) 등이 일부 다른 경우 A를 밀수출죄로 처벌할 수 있는가?[21]

---

20) 신고 없이 물품을 수입한 본범이 그 물품에 대한 취득, 양여 등의 행위를 하는 경우 밀수입 행위에 의하여 이미 침해되어 버린 것으로 평가되는 적정한 통관절차의 이행과 관세수입의 확보라는 보호법익 외에 **새로운 법익의 침해를 수반한다고 보기 어려우므로**, 이는 새로운 법익의 침해를 수반하지 않는 이른바 **불가벌적 사후행위**로서 별개의 범죄를 구성하지 않는다고 할 것이어서 **범죄로 되지 아니한다**(대법원 2008.1.17. 선고 2006도455 판결).
21) 수출신고서에 의하여 신고한 물품과 실제 통관하여 수출한 물품 간에 **동일성이 인정**되는지는 양자의 관세 · 통계통합품목분류표상 **10단위 분류코드가 같은지 다른지를 기준**으로 결정되어야 할 것임에도, 원심은 피고인이 세관에 수출신고한 차량들과 실제 수출한 차량들의 관세 · 통계통합품목분류표상 10단위 분류코드가 같은 경우까지 제조회사, 차량의 종류 또는 규격(톤수, 연식) 등에 차이가 있다는 이유만으로 동일성을 인정하지 아니하였으니, 이러한 원심의 조치에는 법 제269조 제3항 제2호의 '당해 수출물품과 다른 물품'에 관한 법리를 오해하여 판결 결과에 영향을 미친 위법이 있다. 다만, 피고인의 행위가 법 제276조 제1항 제4호에 해당할 수 있는 것은 이 사건 공소사실과 별도의 문제이다(대법원 2006.1.27. 선고 2004도1564 판결).

|사례 12| **밀수출죄의 의미 – 허위신고죄와 구분**   A는 일본에 의류 등을 수출하면서 그 수출 및 통관절차에 관한 업무를 영진무역에 위임하였고, 용성종합물류 주식회사는 영진무역으로부터 다시 위임을 받아 관세사 등에게 의뢰하여 관세사 등 명의로 피고인의 위 의류 수출에 관한 수출신고를 하였는데, 위 수출신고서의 수출화주란에는 A와 관련 없는 업체의 상호와 사업자등록번호가 기재되었다. 이에 대하여 수출화주를 사실과 다르게 수출신고 하였다는 이유로 A를 밀수출죄로 처벌할 수 있을까?22)

|사례 13| **무신고반송죄**   외국에서 국내의 국제공항 환승구역으로 금괴를 갖고 왔다가 내국인 운반책에게 건네 외국으로 반출하는 경우 밀반송죄로 처벌할 수 있는가?23)24)

---

22) 구 관세법 등의 규정들과 법리에 비추어 보면, 물품을 수출하는 사람이 **화주 또는 관세사등의 명의로 수출신고를 하였다면**, 수출신고를 하지 않고 물품을 수출하였다고 할 수는 없으므로 구 관세법 제269조 제3항 제1호의 **밀수출입죄는 성립하지 아니**하고, 다만 화주의 사업자등록번호 등 구 관세법 제241조 제1항 및 그 위임에 따른 구 관세법 시행령 제246조 제1항 각 호가 정한 사항을 허위로 신고한 경우에는 구 관세법 제276조 제1항 제4호에서 정한 **허위신고죄 등이 성립한다**고 보아야 한다(대법원 2015.10.15. 선고 2014도15287 판결).

23) 구체적 사실관계는 다음과 같다. <가. 피고인들의 공모내용> ○ 피고인들은 **홍콩**에서 **금괴**를 싸게 구입한 후 **일본으로 밀반입**해 판매하면 **막대한 시세차익**을 얻을 수 있다는 사실을 알고 일본으로의 금괴밀수를 계획함. 금괴에 대한 **소비세**가 홍콩은 없고, 일본은 있어(5% → 2014년 8% → 2019년 10%), 관련 **세금만큼 차익** 발생. ○ **한국에서 출발**하는 여행객들에 대한 **일본 세관의 휴대품 검사는 상대적으로 완화**되어 있다는 점을 범행에 이용하기로 함(이른바 '**출발지 세탁**'). <나. 피고인들의 범행 실행> 피고인들은 ① 피고인 A가 **홍콩**에서 금괴를 휴대하여 **인천공항 환승구역**으로 반입, ② 별도로 피고인 B가, **한국에서** 조직적으로 **금괴 운반을 담당할 여행객들을 모집하여 교육**시킨 다음 그들로 하여금 여행객을 가장하여 인천에서 일본으로 가도록 항공권을 제공, ③ 여행객으로 위장한 **운반책** 피고인 C 등이, 한국 공항의 출국심사를 받고 위 **환승구역에 진입**하도록 한 후, 홍콩에서 위 환승구역으로 반입된 금괴를 6~8개씩 몰래 **몸(항문)에 숨겨 일본행 항공기에 탑승**하도록 하는 방법으로, ④ 2015.7.1.~2015.12.24. 총99회에 걸쳐 금괴 합계 10,040개(시가 합계 460,187,000원)을 밀반출하고, 2016.1.8.~2016.12.24. 143회에 걸쳐 1킬로그램 금괴 합계 30,281개(시가 합계 1,550,050,876,000원)를 밀반출함

24) 외국으로부터 국내에 도착한 외국물품이 **수입통관절차를 거치지 아니하고 다시 외국으로 반출**되는 경우에는 관세법 제241조 제2항에 해당하는 등 특별한 사정이 없는 한 반송신고의 대상이 되므로, 이러한 신고 없이 해당 물품을 '반송'하는 행위는 관세법 제269조 제3항 제1호에 해당한다고 봄이 타당하고, **무신고반송죄에 해당**한다(대법원 2020.1.30. 선고 2019도11489 판결).

|사례 14| **허위신고반송죄**　A는 일본에서 사용되고 있는 자동차용 휘발류(MOTOR GASOLIN)의 일종인 오민(Oily Mixture Including Naphta)을 수출하기 위하여, 대만 등지로부터 품명을 "MOTOR GASOLIN"으로 허위 기재하여 보세창고로 반입한 산소계 화합물인 MTBE(Methyl Tertiary Butyl Ether)를 일본으로 반송신고 함에 있어, 품명 허위기재 사실을 감추기 위하여 반입 시 품명 그대로 "MOTOR GASOLIN"으로 기재하여 반송하였다. A에게 허위신고반송죄를 물을 수 있을까?[25]

4. 특가법의 적용 여부

관세법 제269조 제1항 내지 제270조 제5항에 규정된 죄를 범한 사람에 대하여는 특가법 제6조 제1항 내지 제5항에서 가중처벌한다.

|사례 15| **실행의 착수시기, 포괄일죄**　A와 B는 일본 모지항에서 시가 3억 원 상당 40상자의 밀수품을 선박에 은닉하여 적재하고 우리나라에 들어와 부산 북외항 검역묘지에서 37상자를 전마선에 분선하여 위 전마선을 부산조선소 안벽에 접안하여 이를 양륙하던 중 세관원들에게 적발되었는데, 적발 당시 전마선에 실려 온 37상자 중 1상자는 양륙이 완료되었고, 나머지 36상자는 전마선에 아직 실려 있어 양륙이 완료되지 않았으며, 본선에 남아 있던 3상자는 피고인들이 적발을 면하기 위하여 바다에 투기하였으나 세관원들이 위 40상자를 모두 수거하여 압수하였다. 이 경우 전체의 행위를 포괄하여 하나의 밀수입죄로 처벌하되 3억 원 상당이므로 특가법에 의한 가중처벌이 가능할까?[26]

---

25) 물품을 반송하고자 할 때에는 **반송신고 당시 보세구역에 장치되어 있는 물품**의 품명·규격·수량 및 가격 등을 **현상 그대로 신고하여야** 하는 것으로 해석하여야 할 것이다. 따라서 보세구역에 장치된 당해 물품 또는 그와 **동일성이 인정되는 물품이 아닌** 물품을 반송신고 한 다음 당해 물품을 반송하는 행위는 의당 관세법 제269조 제3항 제2호에 해당한다 할 것인바, 원심이 인정한 사실관계에 의하면 보세구역에 장치되어 있던 물품은 MTBE이었으므로, **비록 그 MTBE가 보세구역에서 반출된 후 선박에서 다른 물품과 혼합되어 오민(MOTOR GASOLINE)으로 제조된다 하더라도,** 피고인들이 반송신고한 "MOTOR GASOLINE"과 MTBE가 상호 **동일성이 인정되지 않는 이상** 그 MTBE를 "MOTOR GASOLINE"으로 반송신고한 다음 이를 반송한 행위는 위 법조 소정의 '당해 반송물품과 다른 물품으로 신고하여 반송'한 행위에 해당한다(대법원 2006.5.25. 선고 2004도1133 판결).

26) 관세법상 밀수입죄는 해상에서는 물품을 **본선으로부터 전마선에 옮겨실을 때에 실행의 착수**가 있고, 물품을 **양륙한 때 기수**가 되며, 물품을 **본선으로부터 전마선에 옮겨싣기 이전의 행위는 아직 예비행위**에 불과하다고 보아야 한다. 다만 관세법은 위 죄를 범할 목적으로 예비를 한 자와 미수범을 본죄에 준하여 처벌한다고 규정하고 있어서 예비나 미수를 기수와

III. 관세포탈죄 등

관세의 청구권을 직접 침해하는 행위인 탈세범의 한 종류로서[27] 관세를 포탈하거나 관세의 부정감면·부정환급을 받는 것을 말한다. 단순한 무신고나 단순한 과소신고 등과 구별하여 처벌하려면 적극적인 행위가 필요하기 때문에 '세액결정에 영향을 미치기 위하여' 또는 '수입이 제한된 사항을 회피할 목적으로' 혹은 '부정한 방법'으로 등의 요건을 필요로 한다.

1. 관세포탈죄

수입신고 또는 입항전 수입신고를 한 자 중 과세가격 또는 관세율 등을 거짓으로 신고하거나 신고하지 아니하고 수입한 자(1호), 거짓으로 서류를 갖추어 품목분류의 사전심사·재심사를 신청한 자(2호), 법령에 따라 수입이 제한된 사항을 회피할 목적으로 부분품으로 수입하거나 주요 특성을 갖춘 미완성·불완전한 물품이나 완제품을 부분품으로 분할하여 수입한 자(3호)에 대하여는 3년 이하의 징역 또는 포탈한 관세액의 5배와 물품원가 중 높은 금액 이하에 상당하는 벌금에 처한다.

수입신고 한 자를 전제로 하여 처벌하는 신분범에 해당하며, 이 경우 제1호의 물품원가는 전체 물품 중 포탈한 세액의 전체 세액에 대한 비율에 해당하는 물품만의 원가로 한다(제270조 제1항). 어느 경우에나 세액 결정에 영향이 있으므로 Max(포탈 관세액 5배, 물품원가)로 하여 벌금형을 선택할 수 있도록 한 것이다.

구별할 실익이 없으므로, **동일한 기회를 이용하여 단일한 의사로 다량의 물품에 대한 밀수입의 예비를 하고 그 물품 중 일부만 양륙에 착수하였거나 일부만 양륙을 완료하였더라도 양륙의 착수나 완료 여부에 따라 물품을 나누어 예비죄, 미수죄, 기수죄의 수죄가 성립하는 것이 아니라 포괄하여 1개의 관세법위반죄가 성립**한다고 보아야 한다. 그리고 이와 같은 경우에 **특정범죄가중처벌등에관한법률 제6조 제2항을 적용할 것인지의 여부도 그 물품원가를 모두 합산**하여 같은 항 각 호가 정한 금액 이상인지의 여부에 따라 이를 결정하여야 할 것이고, 그 **전체의 물품원가가** 특정범죄가중처벌등에관한법률 제6조 제2항 제2호가 정한 **2억 원 이상**이므로 이 사건 범행에 대하여는 같은 규정이 적용되어야 할 것이다(대법원 2000.4.25. 선고 99도5479 판결).

27) 이태로·한만수, 전게서, p.1268.

> **|사례 16| 관세포탈죄의 주체**　　A는 '수입통관업무를 대행하여 주는 관세사 사무소의 직
> 원으로서 1992. 12. 8.부터 1993. 11. 29.까지 총 139회에 걸쳐 수입신고만 하였을 뿐 관세
> 를 납부하지 아니하여 수입면허를 받지 않은 물품을 위조한 수입면장을 제시하여 무단반출
> 하는 방법으로 위 물품 시가에 해당하는 관세 합계 금 7억 원을 포탈하였다'라는 공소사실로
> 기소되었다. A를 관세포탈죄로 처벌할 수 있을까?[28]

　　과세가격의 저가신고는 관세법 제30조의 과세가격 결정 원칙에 위반되는 경우를
포함하는데, 관세법 제30조에 의하면 수입물품의 과세가격은 구매자가 실제로 지급
하였거나 지급하여야야 할 가격(이하 '실제지급가격'이라고 한다)에 가산·조정을 거쳐
결정한다. 실무에서 빈번히 문제되는 경우는 가산요소(제30조 제1항 각 호) 중 하나인
운임·보험료를 누락한 경우인데,[29] 판례는 운임을 수출업자가 부담하는 운임포함가
격조건(C&F, CFR)으로 수입신고를 했더라도, 실제로 운임을 부담한 사람이 누구인지
(수입업자인지, 수출업자인지)에 대하여 객관적 증거로 입증이 되는지 여부에 따라 관
세포탈죄 인정 여부를 판단하고 있다(실제 운임 부담한 사람이 수입업자라면 관세포탈죄
인정[30], 실제 운임 부담자가 수출업자라면 관세포탈죄 불인정[31]).

---

28) 원심은 관세포탈죄는 **화주 등 관세를 납부할 의무가 있는 자만이 그 범죄의 주체가 될 수
　　있는 신분범**으로서 그러한 신분이 없는 자는 신분자의 범죄에 가공한 경우에 한하여 관세
　　포탈죄의 공범으로 처벌할 수 있을 뿐인데, 피고인은 관세를 납부할 의무가 있는 자가 아닐
　　뿐 아니라 피고인의 행위가 관세납부의무자의 관세포탈범행에 가공한 경우도 아니므로, 피
　　고인을 관세포탈죄로 처벌할 수 없다고 하여 **무죄를 선고**하였다. 살피건대 관세법 제180조
　　제1항은 "사위 기타 부정한 방법으로 관세의 전부 또는 일부를 포탈한 자"라고 규정하고
　　있는바, 이는 자신이 납부하여야 할 관세를 포탈한 자를 말하는 것이지 상고이유에서 주장
　　하는 바와 같이 실제로 관세를 포탈하는 행위를 한 자를 말한다고는 볼 수 없으므로 **원심
　　의 판단은 정당**하다(대법원 1996.5.28. 선고 96도756 판결).
29) 김민정, 전게서, p.345, 346.
30) 수입업자인 피고인이 수입신고를 함에 있어 수입업자가 운임을 부담하는 본선인도가격조건
　　(BOF)이 아니라 수출업자가 운임을 부담하는 운임포함가격조건(C&F)으로 수입가격을 신
　　고하였다고 하더라도 **실제로는** 사실상 본선인도가격조건(BOF)에 불과하여 **수입업자가 그
　　와 별도로 그 운임을 실질적으로 부담하기로 한 사실이 인정되는 경우** 세액결정에 영향을
　　미치기 위하여 그 운임 상당액을 고의로 누락하고 저가로 신고하였다면 다른 특별한 사정
　　이 없는 한 **그 운임 상당액에 부과될 관세를 포탈한 것으로 보아야 할 것**이다(대법원
　　2005.7.15. 선고 2005도2520 판결).
31) 수입업자가 수입신고를 함에 있어 수입가격을 본선인도가격(FOB)이 아니라 수출업자가 운
　　임을 부담하는 운임포함가격(CFR)으로 신고하였으나 그 운임을 수입업자가 지급한 사실이
　　인정되는 경우에, 수출업자를 위하여 그 운임을 대신 지급한 것에 불과하다는 점을 제대로
　　입증하지 못한다면 일응 수입업자가 그 운임의 부담자이고, 따라서 수입업자가 운임 상당

|사례 17| 운임누락으로 인한 관세포탈죄 인정 여부 2가지 사례   A가 '냉동홍어 등을 수출업자 B로부터 수입하면서 사실은 운임을 A가 부담하여 지급했음에도 이를 누락하고 수출업자가 그 운임을 부담하는 것처럼 수입가격을 신고하여 그 운임상당액의 관세를 포탈하였다'라는 공소사실로 기소된 경우, A를 관세포탈죄로 처벌할 수 있을까?32)

|사례 18| '양허관세율 적용 거짓신고=관세포탈죄≠밀수입죄' 사례   A는 시장접근 물량에 대한 저율 양허관세율(5%)이 적용되는 수입권의 대상이 '황백색 콩나물 콩'으로 제한된다는 사정을 알면서도, 고율 관세율(487% 또는 956원/kg 중 고액)이 적용되는 검은색 콩나물 콩을 수입한 후, 수입신고서에 추천서를 첨부하여 관세율을 고율이 아닌 저율의 양허관세로 거짓 신고하였다. A의 위 행위는 밀수입죄에 해당하는가 아니면 관세포탈죄에 해당하는가?33)

액을 누락하고 수입가격을 신고하여 관세를 포탈한 것이라고 추단할 수 있겠지만, 그렇지 아니하고 **수출업자를 위하여 수입업자가 그 운임을 대신 지급한 것이라는 점에 부합하는 자료가 있다면** 특단의 사정이 없는 한 함부로 수입업자가 운임 상당액을 누락하고 수입가격을 신고하여 **관세를 포탈한 것이라고 인정할 수는 없다.**"고 판시하였다(대법원 2002.5.10. 선고 2000도1773 판결).

32) 위 각주 30) 및 31) 각 판례 참조
33) (ⅰ) 관세법 제269조 제2항 제2호에서 정한 '당해 수입물품과 다른 물품'이란 수입신고서에 의하여 신고한 바로 그 물품 이외의 모든 물품을 의미하는 것이 아니라 수입신고한 물품 또는 그와 **동일성이 인정되는 물품을 제외한 모든 물품**을 의미하는데, 여기에서 동일성이 인정되는 물품이란 동종의 물품으로서 수입신고수리의 요건이 동일한 물품을 말하고, 동종의 물품이라고 하더라도 수입신고수리의 요건이 다르면 동일한 물품이라고 할 수 없다(대법원 2011.11.10. 선고 2009도12443 판결). 기록에 의하면, ① 피고인이 '검은색 콩나물 콩' 40,000kg을 수입하면서 양산세관에 제출한 수입신고서에는 '품명: OTHER SOYBEAN FOR BEAN SPROUTS, 거래품명: SOYBEAN FOR SPROUTING, 세번부호: K, 수량: 40,000kg, 금액(USD): 54,000, 종류: 일반수입(내수용)'으로, 한국농수산식품유통공사 명의의 시장접근물량 양허관세적용 추천서에는 '세번부호: K, 품명 및 규격: 대두(콩나물용-기타), 추천수량: 40,000kg, 금액: USD 54,000, 용도: 일반내수용'으로 각 기재되어 있을 뿐 **콩나물 콩의 색택에 대하여는 별도로 기재되어 있지 아니한** 사실, ② 콩나물 콩은 **세번부호(HS 코드)가 'K'으로 색택에 따라 세번부호를 달리 정하고 있지 않고**, 그 관세율이 양허관세적용 추천 시에는 5%, 양허관세적용 미추천 시에는 487% 또는 956원/kg 중 고액인 사실, ③ 콩나물 콩은 사전세액심사대상 품목에 해당하는 것으로 보이는 사실을 인정할 수 있다. 위 인정 사실을 앞서 본 법리에 비추어 보면, '검은색 콩나물 콩'과 '콩나물 콩'은 **동종의 물품**으로서 수입신고수리의 요건이 **동일한 물품에 해당**하고, 달리 수입신고수리의 요건이 다른 물품에 해당한다고 볼 만한 증거가 없으므로 **밀수입죄에 해당한다고 할 수 없다.** (ⅱ) 다음과 같은 사정, 즉 ① 피고인은 '2013 D 입찰'에 참여하였다가 낙찰받지 못하자 F

　　포탈범의 성립을 인정하려면 최종적으로 포탈세액이 특정되어야 하며 포탈세액을
알 수 없는 포탈범이란 존재할 수 없다.[34] 내국세의 포탈범에서도 실제 세액을 확인
하여 포탈세액을 확인하는 것이 바람직하지만 은닉행위 등으로 확인이 용이하지 않
은 것이 일반적이므로 그 방법이 객관적이고 합리적이며 결과를 신뢰할 수 있는 고
도의 개연성, 진실성이 있으면 허용된다(대법원 2005.5.12. 선고 2004도7141 판결).

|사례 19| 포탈세액의 확정　　A는 저가신고하였다는 이유로 관세포탈죄로 기소되었는데,
포탈세액을 계산함에 있어 당해 수입물품의 대가로서 구매자가 실제 지급하였거나 지급하여
야 할 가격을 인정할 확실한 증거는 없으나 일반적으로 용인될 수 있는 객관적, 합리적인 방
법으로서 구 관세법이 규정한 제31조 내지 제35조를 순차적으로 적용하여 포탈세액을 추정
하는 방법으로 계산한 경우 이와 같이 계산하여 관세포탈죄를 처벌하는 것이 허용되는가?[35]

　　　　으로부터 위 수입권을 2,000만 원에 양수한 점, ② 이 사건 공사는 '2012 D 입찰'에서도 양
　　허관세추천 대상인 콩나물 콩의 색택(色澤: 빛깔과 윤기)을 **황백색으로 제한하여 공고**하였
　　고, 피고인은 위 수입권공매입찰에 참여하여 100톤의 콩나물 콩 수입권을 낙찰받았던 점,
　　③ 피고인이 '검은색 콩나물 콩'을 수입하면서 수입신고서에 이 사건 추천서를 첨부한 점
　　등을 고려하면, 피고인이 양허관세율이 적용되는 수입권의 대상이 '황백색 콩나물 콩'으로
　　제한된다는 사정을 알면서도 관세를 포탈할 의도로 '검은색 콩나물 콩'의 수입신고서에 이
　　사건 추천서를 첨부하여 관세율을 고율인 487%(관세 306,671,497원)가 아닌 저율인 5%
　　(관세 3,148,578원)의 양허관세로 거짓 신고한 사실을 인정할 수 있어서, **관세포탈죄를 인
　　정할 수 있다**(대법원 2018.12.27. 선고 2017도11361 판결).
34) 이태로·한만수, 전게서, p.1278.
35) 관세포탈죄는 포탈세액이 구체적으로 계산되어 확정될 수 있어야 하는 것인데, 장부 기타
　　증빙서류를 허위작성하거나 이를 은닉하는 등의 방법으로 실제 거래가격을 줄이거나 신고
　　하지 아니함으로써 관세를 포탈한 경우, 포탈세액의 계산기초가 되는 당해 수입물품의 대
　　가로서 구매자가 실제 지급하였거나 지급하여야 할 가격을 인정할 확실한 증거를 요한다고
　　고집할 수는 없는 것이다. 따라서 이러한 경우에는 **일반적으로 용인될 수 있는 객관적, 합
　　리적인 방법으로서 구 관세법이 규정한 제31조 내지 제35조를 순차적으로 적용하여 포탈
　　세액을 추정하는 방법도 허용된다**고 할 것이고, 그 추정계산의 기초가 되는 거래가격 또는
　　비용의 **증명책임은 검사에게** 있다. 원심판결 이유에 의하면 원심은, 특정범죄 가중처벌 등
　　에 관한 법률 제6조 위반죄뿐만 아니라 구 관세법 제270조 제1항에 의한 관세법위반죄의
　　성립을 인정하기 위하여는 포탈세액이 특정될 것을 요건으로 하는데, 검사가 제출한 증거
　　들만으로는 구 관세법 제30조의 규정에 의하여 **포탈세액을 특정할 수 있는 중국산 유기농
　　대두의 실제 단가를 인정하기 부족**하고, **구 관세법 제31조 및 제35조의 규정에 의하여 포
　　탈세액을 특정할 증거도 없다**고 판단하여 관세포탈죄에 대하여 무죄를 선고하였다. 이러한
　　원심의 판단은 정당하다(대법원 2016.10.27. 선고 2014도16271 판결).

> **|사례 20| 관세포탈죄의 고의** A는 주기판(motherboard)에 대한 실제 거래가격을 조작하기 위하여 다른 품목에 대한 관세를 초과 납부한 경우 초과 납부한 관세에 상응한 액수만큼 포탈한 세액이 줄어드는가?36)

관세포탈의 죄수는 허위 수입신고시마다 1개의 죄가 성립하므로, 수회에 걸쳐 이루어진 관세포탈행위에 대하여 특가법의 적용대상이 되는지를 결정함에 있어서도 각 포탈세액을 합산할 것이 아니라 각 수입신고시마다 포탈세액이 특가법 위반죄의 적용기준 금액을 넘었는지 여부를 따져 판단하여야 한다(대법원 2000.11.10. 선고 99도782 판결).37)

> **|사례 21| 관세포탈죄의 죄수** A는 각 범행의 태양, 범행 수법, 품목이 동일하고, 일부 수입신고는 동일한 배에 선적되어 동시에 도착된 것에 대하여 나누어 이루어진 것인 관세포탈 사안에 대하여, 각각의 수입신고별로 각 포탈세액을 산정했을 경우 각 2억원에 미달된 것이 있음에도 불구하고, 각 포탈세액을 포괄하여 합산한 관세포탈액이 2억 원을 초과하였다는 이유로 전체 포탈세액을 합산하여 특가법위반(관세포탈)으로 기소되었다. 피고인 A는 포탈세액 전체에 대하여 특가법위반(관세포탈)로 처벌받는지?38)

---

36) 이 사건 주기판(motherboard)에 대하여 정당하게 납부하여야 할 **관세를 포탈한 것이라면 그로써 관세포탈죄가 성립**하는 것이고, 실제 거래가격을 조작하기 위하여 다른 품목에 대한 관세를 초과 납부하였다 하더라도 그 초과 납부한 관세에 상응한 액만큼 포탈한 세액이 줄어드는 것으로 볼 수는 없으므로, 같은 취지로 판단한 원심은 정당하고 거기에 관세포탈죄의 고의에 관한 법리를 오해한 위법이 있다고 할 수 없다(대법원 1996.5.28. 선고 96도757 판결).
37) 김민정, 전게서, p.354.
38) 조세포탈의 죄수는 위반사실의 구성요건 충족회수를 기준으로 하여 정하는 것이다(대법원 1982.6.22. 선고 82도938 판결, 1987.12.22. 선고 87도84 판결 등 참조). 그런데… 관세는 신고납부방식의 조세로서 납부의무자가 수입물품의 **수입신고를 할 때마다 1개의 납세의무가 확정**된다 할 것이다. 한편… 관세포탈죄는… **각각의 허위 수입신고시마다 1개의 죄가 성립**한다 할 것이다. **원심은**… 피고인 A의 이 사건 관세포탈 행위는 모두 각각의 수입신고에 기하여 세관장으로부터 신고필증을 교부받고 당해 수입물품을 반출할 때마다 **독립하여 1개의 죄가 성립**한다고 하여, 포탈관세액이 **개별적으로** 금 20,000,000원에 **미달**하는 원심 판시 제1의 나, 다, 마, 바, 사.항의 각 범행에 대하여는 특정범죄가중처벌등에관한법률 제6조 제4항 제2호를 적용하여 **처벌할 수 없다**고 하였는바, 이는 위에서 본 법리에 따른 것으로서 **정당**하다. 검사가 상고이유에서 들고 있는 대법원 1984.6.26. 선고 84도782 판결은 수입면허를 받지 아니하고 보세장치장에 장치된 물품을 (1983.1.22.부터 4.23.까지 도합 47회

> **|사례 22| 신고한 용도대로 사용하였다고 보아서 관세포탈죄 부정 사례**   A는 미국에서 인천항을 통하여 관세율이 339.1%인 미국산 뻥튀기용 옥수수[WHITE CORN(백옥)] 623,000kg(물품원가 88,783,860원 상당)을 수입함에 있어서, 관세 3억 1,068,030원을 포탈하기 위하여 사실은 위 옥수수를 수입하여 가공할 생각이 없음에도 한국전분당협회에 '가공용'으로 수입하겠다고 허위 신고하여 관세율 1%의 할당관세 적용대상물품으로 추천을 받은 다음 관세율 1%의 가공용 옥수수로 신고하고 수입하였다. A는 회사의 시설을 이용하여 정선, 석발, 가수·건조의 작업을 통해 뻥튀기 원재료로 만든 후 이를 뻥튀기 제조업체들에 공급한 경우 A를 관세포탈죄로 처벌할 수 있을까?39)

2. 부정수입죄

수입신고 또는 입항전 수입신고를 한 자 중 법령에 따라 수입에 필요한 허가·승인·추천·증명 또는 그 밖의 조건을 갖추지 아니하거나 부정한 방법으로 갖추어 수입한 자는 3년 이하의 징역 또는 3천만원 이하의 벌금에 처한다(제270조 제2항). 관세포탈죄의 경우와 같이 신분범으로 되어 있으며, 수입에 필요한 허가 등을 받도록 요구하는 다른 법령을 위반하여 수입한 점에 대하여 처벌하는 것이므로 벌금형이 선택적으로 규정된 관세포탈죄와 달리 징역형으로만 되어 있다. 부정한 방법이란 비난가능성이 높은 반사회적 또는 악성(惡性)의 방법을 의미한다.

에 걸쳐서 각각 무단반출한 행위 중에서) **하루에 수회 반출**한 경우에 관한 사안으로서 단일하고 계속된 범의 아래 반출행위가 이루어짐으로써 단일한 법익을 침해하여 하나의 구성요건 충족행위가 있다고 본 경우(에는 **그 부분에 관한 한 포괄일죄**로 처벌된다)이므로, 이 사건에 원용하기에 적절하지 않다(대법원 2000.11.10. 선고 99도782 판결).

39) 할당관세 추천요령이 말하는 '**가공용**'이라 함은, 할당관세와 용도세율의 목적 및 취지와 함께 당해 물품의 성질과 용도 및 유통과정 등을 종합적으로 고려하여 탄력적으로 해석해야 할 것이므로, 반드시 일정한 **물리적, 화학적 변화를 거치는 과정만을 이에 해당한다고 그 의미를 엄격히 제한할 것은 아니다.** 피고인 A가 이 사건 옥수수(백옥)를 피고인 회사의 시설을 이용하여 정선, 석발, 가수·건조의 작업을 통해 뻥튀기 원재료로 만든 후 이를 뻥튀기 제조업체들에 공급한 것은, 할당관세 추천요령에서 정한 '가공용 옥수수'를 **그 신고한 용도대로 사용**한 것에 해당한다고 봄이 상당하므로, 관세포탈죄에 해당한다고 볼 수 없다(대법원 2007.11.29. 선고 2007도4811 판결).

3. 부정수출죄

수출신고를 한 자 중 법령에 따라 수출에 필요한 허가·승인·추천·증명 또는 그 밖의 조건을 갖추지 아니하거나 부정한 방법으로 갖추어 수출한 자는 1년 이하의 징역 또는 2천만 원 이하의 벌금에 처한다(제270조 제3항). 수출은 관세의 부과와 무관하므로 부정수입죄에 비해 약하게 처벌하면서 벌금형을 선택적으로 규정하고 있다는 점에서 부정수입죄와 다르지만 신분범을 전제로 한다는 점에서는 같다.

4. 부정감면죄

부정한 방법으로 관세를 감면받거나 관세를 감면받은 물품에 대한 관세의 징수를 면탈한 자는 3년 이하의 징역에 처하거나, 감면받거나 면탈한 관세액의 5배 이하에 상당하는 벌금에 처한다(제270조 제4항). 관세의 면탈이란 납세의무가 있는 관세를 납부하지 않는 것을 의미하므로 그 전제요건으로 관세의 납부의무가 성립하였어야 한다. 관세포탈도 결국 관세의 납부의무를 이행하지 않았다는 점에서는 부정감면과 공통점이 있으므로 그 처벌 정도가 거의 같다. 3년 이하의 징역형은 동일하지만 물품가액을 고려하지 않고 관세액의 5배 이하에 상당하는 벌금으로 되어 있어 약간의 차이가 있다.

5. 부정환급죄

부정한 방법으로 관세를 환급받은 자는 3년 이하의 징역 또는 환급받은 세액의 5배 이하에 상당하는 벌금에 처한다. 이 경우 세관장은 부정한 방법으로 환급받은 세액을 즉시 징수한다(제170조 제5항). 관세 납부 후 감면액을 환급받는 것이나 처음부터 감면 받는 것이나 경제적 측면에서는 차이가 없기 때문에 부정환급죄의 처벌은 부정감면죄의 그것과 같다.

|사례 23| **부정환급죄의 죄수** 행위의 태양, 수법, 품목 등이 동일한 경우 수회에 걸쳐
이루어진 간이정액환급절차에 따른 관세부정환급죄는 포괄일죄로서 특가법위반으로 처벌될
수 있는지?40) 같은 달에 날짜를 달리하여 여러 차례 수출신고 한 물품에 대하여 개별환급 신
청을 하지 않고 일괄하여 한꺼번에 관세의 환급신청을 하여 환급결정을 받은 경우 단순일죄
로서 특가법위반으로 처벌할 수 있는지?41)

---

40) 수출용원재료에대한관세등환급에관한특례법시행령 제16조에서 정한 간이정액환급절차에 의
한 관세부정환급죄에 있어서는 **관세의 환급신청을 하여 관세의 환급결정을 받을 때마다** 적
법한 통관절차에 의한 관세의 확보라는 **법익의 침해가 있다**고 할 것이어서 **그 위반사실의
구성요건 충족 횟수마다 1죄가 성립**하는 것이 원칙이라 할 것이다. 또한, 관세부정환급죄가
수출신고, 환급신청, 환급결정, 환급금의 지급 등의 절차를 거쳐 이루어지는 점을 고려하면
일정기간 동안 수차례의 관세부정환급행위가 있는 경우에도 범죄행위자는 새로운 시기와
수단, 방법을 택하여 다시 관세부정환급행위를 하는 것이어서 **그 때마다 범의가 갱신**된다
고 보아야 할 것이므로, 달리 특별한 사정이 없는 한 서로 다른 기회에 행하여진 관세부정
환급행위를 **계속되고 단일한 범의에 의하여 저질러진 것이라고 평가할 수는 없다**고 할 것
이다. 따라서 서로 다른 시기에 수회에 걸쳐 이루어진 수출용원재료에대한관세등환급에관
한특례법시행령 제16조에서 정한 간이정액환급절차에 의한 관세부정환급행위는 그 행위의
태양, 수법, 품목 등이 동일하다 하더라도 원칙적으로 **별도로 각각 1개의 관세부정환급죄를
구성**한다고 할 것이다. 원심은 1998.5.28.부터 같은 해 12.31.까지 94회에 걸쳐서 이루어진
피고인의 관세부정환급행위를 포괄하여 1죄로 보고, 이를 구 특정범죄가중처벌등에관한법
률(1999.12.28. 법률 제6040호로 개정되기 전의 것) 제6조 제4항 제2호로 의율하고 있음
을 알 수 있다. 그러나 앞서 본 법리와 기록에 의하면, 피고인이 범한 위 각 관세부정환급
행위는 수출용원재료에대한관세등환급에관한특례법시행령 제16조에서 정한 간이정액환급
절차에 의한 것으로 특별한 사정이 없는 한 위 각 관세부정환급행위는 각각 별도의 관세
부정환급죄를 구성한다고 할 것이고, **위 각 관세부정환급행위마다 환급받은 관세액이
20,000,000원에 미달하여 위 각 관세부정환급행위를 구 특정범죄가중처벌등에관한법률
(1999.12.28. 법률 제6040호로 개정되기 전의 것) 제6조 제4항 제2호로 의율할 수는 없다**
고 할 것이다(대법원 2002.7.23. 선고 2000도1094 판결).

41) 수출용 원재료에 대한 관세 등 환급에 관한 특례법 제10조에서 정한 개별환급절차에 의한
관세부정환급죄의 경우에 환급신청을 할 수 있는 자가 관세의 환급신청을 하여 관세의 환
급결정을 받을 때마다 적법한 통관절차에 의한 관세의 확보라는 법익침해가 발생하는 것이
므로 **같은 달에 날짜를 달리하여 여러 차례 수출신고한 물품에 대하여 일괄하여 한꺼번에
관세의 환급신청을 하여 환급결정**을 받은 경우에는 수출신고별로 별도의 죄가 성립하는 것
이 아니고 **1회의 관세환급결정에 따라 단순일죄가 성립한다**고 할 것이다. 같은 취지에서
원심은, 피고인이 수출신고 날짜를 달리 하여 여러 차례에 걸쳐서 이루어진 수출에 대하여
일괄하여 관세의 환급을 신청하여 2,000만 원 이상 1억 원 미만에 해당하는 환급금액의
**1회 환급결정을 받은 범행에 대하여 특정범죄가중처벌등에관한법률 제6조 제4항 제2호를
적용하여 처단**하였는바, 원심의 위와 같은 판단은 옳다(대법원 2005.1.14. 선고 2004도
7028 판결).

Ⅳ. 허위신고죄 등

허위신고죄는 관세의 부과·징수 및 수출입 물품의 통관을 적정하게 하기 위하여 물품을 수출·수입 또는 반송하고자 하는 사람들에 대하여 신고의무를 부과하고 이를 이행하지 않거나 허위신고를 하는 경우를 처벌하려는 데에 그 취지가 있다. 따라서 물품을 수출할 의사 없이 중국산 의류제품의 원산지가 국내인 것처럼 허위의 수출신고를 한 행위는 위 법조항에 의하여 처벌된다고 볼 수 없다(대법원 2011. 3. 24. 선고 2008도8816 판결). 2012년 12월 관세법 개정 시 "물품의 가격을 허위로 신고한 자는 물품원가 또는 5천만원 중 높은 금액 이하의 벌금에 처한다."는 규정이 신설되었으나 2013년 8월 개정 시 다시 삭제되었고 현재는 관세의 납부와 무관한 사항들에 대한 허위신고나 협력의무 위반 또는 세관장의 명령 위반 등에 대해서만 규정하고 있다.

즉 ① 종합보세사업장의 설치·운영에 관한 신고를 하지 아니하고 종합보세기능을 수행한 자(제1호), ② 세관장의 중지조치 또는 세관장의 폐쇄 명령을 위반하여 종합보세기능을 수행한 자(제2호), ③ 관세청장이나 세관장의 보세구역 반입명령에 대하여 반입대상 물품의 전부 또는 일부를 반입하지 아니한 자(제3호), ④ 물품을 수출·수입 또는 반송하면서 해당 물품의 품명·규격·수량 및 가격 등을 신고하지 아니하거나 허위신고를 한 자(타인의 명의를 사용하여 납세신고를 한 자는 명의대여행위죄로 처벌되므로 제외)(제4호), ⑤ 보정신청 또는 수정신고를 할 때 해당 물품의 품명·규격·수량 및 가격 등을 허위로 신청하거나 신고한 자(제4의2호), ⑥ 수입신고수리 전에는 운송수단, 관세통로, 하역통로 또는 이 법에 따른 장치 장소로부터 신고된 물품을 반출하여서는 안 되는데 이 규정을 위반한 자(제5호)는 물품원가 또는 2천만원 중 높은 금액 이하의 벌금에 처한다(제276조 제2항).

|사례 24| 수입신고서에 사실과 다른 운임 신고 시 허위신고죄 성립 여부: 수입신고 중 물품 가격=구입가격≠과세가격 결정할 때 가산 · 조정하는 운임 · 보험료 포함 가격　　A는 중국 수출업자 B로부터 중국산 생강을 수입함에 있어, 중국산 생강은 관세율이 377.3%의 고세율로 저가신고를 방지하기 위한 사전세액심사대상 물품으로 지정되어 있어 과세가격 정밀심사 및 수리 전 반출 시의 담보제공 절차 등으로 통관에 시간이 걸리는 등 어려움이 있을 것으로 예상되자, 그 수입물품의 운송선사인 C회사로부터 실제와 다른 운임송장(INVOICE)을 추가로 발급받아 세관에 수입신고를 하면서 운임을 실제 운임보다 높게 신고하는 방법으로 수입신고가격을 허위로 신고하였다. A를 허위신고죄로 처벌할 수 있을까?42)

---

42) 원심은, 구 관세법의 목적과 수입신고 관련 규정 및 실무의 태도를 종합하여 보면, 구 관세법 제241조 제1항에 의하여 수입신고의무를 부담하는 자가 신고하여야 하는 수입신고가격은 '구입가격'을 의미하는 것이 아니라 여기에 운임과 보험료 등이 포함된 '과세가격'을 의미하는 것으로 해석함이 타당하다고 보아, 피고인들이 수입신고를 함에 있어서 운임을 실제 운임보다 높게 신고함으로써 수입신고가격을 허위로 신고하였다고 판단하여 위 공소사실을 유죄로 인정하였다. 그러나, 구 관세법(2010.12.30. 법률 제10424호로 개정되기 전의 것. 이하 법 조항의 표시는 이 법에 의하고, 이하 '법'이라고 한다)에 의하면, 물품을 수출·수입 또는 반송하고자 하는 때에는 당해 물품의 품명·규격·수량 및 가격 등을 세관장에게 신고하여야 한다(법 제241조 제1항). 이 신고는 그 규정의 체계상 수출신고·수입신고 및 반송신고의 경우에 모두 동일하게 적용되어야 할 것인데 수출신고나 반송신고는 관세의 부과와 상관이 없다는 점 등을 감안하면, 법 제1조가 규정한 관세법의 두 가지 목적, 즉 '관세의 부과·징수'를 통한 '관세수입의 확보'와 '수출입물품의 통관을 적정하게' 하는 것 중 통관의 적정을 위한 것이라고 보아야 한다. 따라서 위 신고사항 중 하나로 규정된 물품의 '가격'은 수출신고나 반송신고뿐 아니라 수입신고의 경우에도 이를 '과세가격'으로 볼 것이 아니라 과세가격(법 제30조)을 결정하는 기초가 되는 실지거래가격, 즉 '구매자가 실제로 지급하였거나 지급하여야 할 가격'(이하 '구입가격'이라고 한다)을 의미하고, 과세가격을 결정할 때 가산·조정하는 운임, 보험료 등은 거기에 포함되지 않는다고 할 것이다. 한편 물품을 수입하고자 하는 사람은 **수입신고** 외에 **납세신고**(법 제38조)를 하여야 하는데, 납세신고는 수입신고서에 관세의 납부에 관한 사항을 기재하여 함께 제출하도록 되어 있어서(관세법 시행령 제32조), 납세신고와 수입신고는 하나의 서면으로 한꺼번에 이루어지게 되지만, 납세신고는 관세수입의 확보를 위한 것이므로 수입신고와는 그 목적이 다르다. 더구나 **수입신고를 허위로 한 때에는 허위신고죄**로서 '물품원가 또는 2천만 원 중 높은 금액 이하의 벌금'에 처하도록 규정되어 있는 반면(법 제276조 제1항 제4호), 세액결정에 영향을 미치기 위하여 **납세신고를 위한 과세가격을 허위로 신고한 때에는 '3년 이하의 징역 또는** 포탈한 관세액의 5배와 물품원가 중 높은 금액 이하에 해당하는 벌금'에 처하도록 규정되어 있어서(법 제270조 제1항 제1호) 그 법정형에 현저한 차이가 있다. 따라서 수입신고서에 기재된 사항이 수입신고 사항인지 납세신고 사항인지는 분명하게 가려서 판단하여야 하므로, **수입신고를 하면서 수입물품의 구입가격을 사실대로 신고하였다면, 그 과세가격의 결정에 가산·조정하는 요소인 운임 등에 관하여 사실과 달리 신고한 부분이 있다고 하더라도** 이를 법 제276조 제1항 제4호에 따라 **허위신고죄로 처벌할 수는 없다**고 할 것이다(대법원 2016.7.14. 선고 2013도8382 판결).

13-3 과태료

I. 의 의

과태료란 행정법규 위반 정도가 비교적 경미한 행정법상 질서위반행위에 대하여 국가 또는 지방자치단체가 부과·징수하는 금전적 제재를 말하며, 행정질서벌에 속한다. 벌금·과료처럼 직접적으로 행정 목적이나 사회법익을 침해하는 경우 과하는 금전적 제재인 행정형벌과 구별된다. 과태료는 형벌이 아니므로 원칙적으로 형법의 적용을 받지 않고 질서위반행위규제법(이하 '질서위반법'이라 한다)에 따르며, 과태료를 부과받아도 전과가 되지 않는다.

> |사례 1| 승용차 운전자 A는 임시운행허가기간을 벗어나 자동차를 운전한 사실로 과태료 처분을 받았는데, 그 후에 당시 A가 무등록 차량을 운전하였다는 사실로 기소되어 벌금형의 형사처벌을 선고받았다. 위 형사처벌은 일사부재리 원칙에 반하는 것이 아닌지?43)

고의 또는 과실이 없는 질서위반행위, 위법성의 착오에 정당한 이유가 있는 때, 14세 미만자와 심신장애인의 질서위반행위 등에는 과태료를 부과하지 아니한다(질서위반법 제7조 내지 제10조).

관세법은 과태료에 대하여 제277조에서 규정하고, 제279조 제1항에서는 양벌규정 적용의 배제를 규정하고 있다. 과태료는 대통령령이 정하는 바에 따라 세관장이 부과·징수한다(제277조 제7항). 과태료 부과에 불복하는 당사자는 과태료 부과 통지를 받은 날부터 60일 이내에 해당 행정청에 서면으로 이의제기를 할 수 있고(질서위반법 제20조 제1항), 이 때 세관장은 관할법원에 그 사실을 통보하여야 한다(질서위반법 제21조 제1항).

과태료 부과처분은 행정소송 대상인 행정처분에서 제외되고(법 제119조 제1항 제3호), 질서위반법은 제28조에서 비송사건절차법을 과태료 재판에 준용하고 있다.

---

43) 행정법상의 질서벌인 과태료의 부과처분과 형사처벌은 그 성질이나 목적을 달리하는 별개의 것이므로 행정법상의 질서벌인 과태료를 납부한 후에 형사처벌을 한다고 하여 이를 일사부재리의 원칙에 반하는 것이라고 할 수는 없다(대법원 1996.4.12. 선고 96도158 판결).

II. 과태료 부과대상과 금액

관세법은 제277조에서 각 위반행위별로 1억원 이하(동조 제1항), 2억원 이하(동조 제2항), 5천만원 이하(과실로 2호를 위반한 경우에는 400만원 이하)(동조 제3항), 1천만원 이하(동조 제4항), 500만원 이하(동조 제5항), 200만원 이하(동조 제6항), 100만원 이하(동조 제7항)의 과태료 부과대상을 규정하고 있다.

위반행위의 횟수와 가중처분의 적용 차수 등을 고려한 기준은 예컨대 잠정가격으로 가격신고를 한 후에는 확정가격신고를 하여야 하는데 1차 위반 시에는 25만원, 2차 위반 시에는 50만원, 4차 이상 위반 시에는 100만원의 과태료를 부과하도록 정하고 있다(시행령 제265조의2 별표 5).

이외에 관세청장 또는 세관장은 세관공무원에게 금품을 공여한 자에 대해서는 그 금품 상당액의 2배 이상 5배 내의 과태료를 부과·징수하도록 하고(제277조의2 제5항, 시행령 제265조의2 별표 5), 과세정보를 타인에게 제공 또는 누설하거나 그 목적 외의 용도로 사용한 자에게 2천만원 이하의 과태료를 부과·징수한다(제277조의3 제1항). 비밀유지의무 위반에 대한 과태료는 예컨대 누설한 비밀건수에 50만원을 곱한 금액과 500만원 중 큰 금액에 해당하는 과태료를 부과할 수 있으며 위반행위가 사소한 부주의나 오류에 의한 것으로 인정되거나 위반의 내용·정도가 경미하여 그 피해가 적다고 인정되는 경우 등에는 2분의 1 범위에서 금액을 줄여 부과할 수 있다(시행령 제265조의3 별표 6).

다만 어느 경우에나 「형법」 등 다른 법률에 따라 형사처벌을 받은 경우에는 과태료를 부과하지 아니하고, 과태료를 부과한 후 형사처벌을 받은 경우에는 과태료 부과를 취소한다(제277조의2 제5항 및 제277조의3 제1항 각 단서).

13-4 조사와 처분

I. 의 의

조사와 처분에 관한 규정들은 형사소송법의 특별 규정으로 볼 수 있다. 관세조사권은 1차적으로 세관공무원에 있으며(관세법 제283조 제2항) 출석요구, 검증, 임의제출 등 임의조사가 원칙이다.

조사의 결과 처분이 이루어지며, 사람에 대해서는 통고처분과 고발이 행해진다. 벌금, 몰수, 추징액 등을 합하여 통고처분이 내려지고(대개 벌금액의 30% 정도) 그 이행이 있으면 사건은 종료되지만 불이행 시에는 고발로 이행하게 되며 그 고발이 공소요건이 된다(관세법 제284조, 고발전치주의). 다만 징역형 등에 해당하는 경우 통고처분 없이 바로 고발할 수 있다(즉시고발). 고발의 효과로 통고처분은 효력을 상실하게 된다. 물건에 대해서는 압수가 이루어지며 그 상황에 따라 국고귀속, 반환, 매각, 폐기 등의 절차가 행해진다.

II. 관세범에 대한 조사절차

1. 조사의 개시사유

세관공무원은 관세범이 있다고 인정할 때에는 범인, 범죄사실 및 증거를 조사하여야 한다(제290조).

2. 조서작성 및 조사

세관공무원이 피의자·증인 또는 참고인을 조사하였을 때에는 조서를 작성하여야 하고, 조서는 세관공무원이 진술자에게 읽어 주거나 열람하게 하여 기재 사실에 서로 다른 점이 있는지 물어보아야 한다. 진술자가 조서 내용의 증감 변경을 청구한 경우에는 그 진술을 조서에 적어야 한다. 조서에는 연월일과 장소를 적고 ① 조사를 한 사람, ② 진술자, ③ 참여자가 함께 서명날인하여야 한다(제291조).

3. 조사절차

(1) 출석요구

세관공무원이 관세범 조사에 필요하다고 인정할 때에는 피의자·증인 또는 참고인의 출석을 요구할 수 있고, 관세범 조사에 필요하다고 인정할 때에는 지정한 장소에 피의자·증인 또는 참고인의 출석이나 동행을 명할 수 있다. 피의자·증인 또는 참고인에게 출석 요구를 할 때에는 출석요구서를 발급하여야 한다(제294조).

(2) 사법경찰관리의 직무수행

세관공무원은 관세범에 관하여 「사법경찰관리의 직무를 수행할 자와 그 직무범위에 관한 법률」에서 정하는 바에 따라 사법경찰관리의 직무를 수행한다(제295조).

(3) 수색·압수영장

이 법에 따라 수색·압수를 할 때에는 관할 지방법원 판사의 영장을 받아야 한다. 다만, 긴급한 경우에는 사후에 영장을 발급받아야 한다. 다만 소유자·점유자 또는 보관자가 임의로 제출한 물품이나 남겨 둔 물품은 영장 없이 압수할 수 있다(제296조).

(4) 현행범의 체포, 인도

세관공무원이 관세범의 현행범인을 발견하였을 때에는 즉시 체포하여야 한다(제297조). 관세범의 현행범인이 그 장소에 있을 때에는 누구든지 체포할 수 있고(제298조 제1항), 이 때에는 지체 없이 세관공무원에게 범인을 인도하여야 한다(제298조 제2항).

(5) 검증·수색

세관공무원은 관세범 조사에 필요하다고 인정할 때에는 선박·차량·항공기·창고 또는 그 밖의 장소를 검증하거나 수색할 수 있다(제300조). 또한 세관공무원은 범죄사실을 증명하기에 충분한 물품을 피의자가 신변(身邊)에 은닉하였다고 인정될 때에는 이를 내보이도록 요구하고, 이에 따르지 아니하는 경우에는 신변을 수색할 수 있다(제301조).

(6) 압수 및 압수조서 작성

세관공무원은 관세범 조사에 의하여 발견한 물품이 범죄의 사실을 증명하기에 충분하거나 몰수하여야 하는 것으로 인정될 때에는 이를 압수할 수 있다(제304조).

검증·수색 또는 압수를 하였을 때에는 조서를 작성하여야 한다(제305조).

(7) 압수·수색의 제한

해 진 후부터 해 뜨기 전까지는 검증·수색 또는 압수를 할 수 없다. 다만, 현행범인 경우에는 검증·수색 또는 압수를 할 수 있고, 이미 시작한 검증·수색 또는 압수는 해 진 후에도 계속할 수 있다(제306조).

4. 경찰관 원조

세관공무원은 조사·검증·수색 또는 압수를 할 때 필요하다고 인정하는 경우에는 경찰공무원의 원조를 요구할 수 있다(제309조).

III. 처 분

1. 의 의

관세범에 대한 조사한 결과 내리는 조치로서, 범죄의 혐의가 없을 때에는 혐의없음 처분을, 범죄의 확증을 얻었을 때에는 통고처분이나 고발로 처분한다. 혐의없음 처분 시 압수물품은 환부된다.

관세청장은 훈령으로 관세범에 대하여 고발의 대상과 기준 및 통고처분에 대한 세부사항을 정함으로써 엄정하고 공정한 처벌을 도모하고 있다(관세범의 고발 및 통고처분에 관한 훈령 제1조).

2. 통고처분

(1) 통고처분

관세청장이나 세관장은 관세범을 조사한 결과 범죄의 확증을 얻었을 때에는 대통령령으로 정하는 바에 따라 그 대상이 되는 자에게 그 이유를 구체적으로 밝히고 다음 각 호에 해당하는 금액이나 물품을 납부할 것을 통고할 수 있다(제311조 제1항).

1. 벌금에 상당하는 금액
2. 몰수에 해당하는 물품
3. 추징금에 해당하는 금액

(2) 통고서 작성

통고처분을 할 때에는 통고서를 작성하여야 한다(제314조).

(3) 예 납

관세청장이나 세관장은 통고처분을 받는 자가 벌금이나 추징금에 상당한 금액을 예납(豫納)하려는 경우에는 이를 예납시킬 수 있다(제311조 제2항).

(4) 통고의 효력

관세범인이 통고의 요지를 이행하였을 때에는 동일사건에 대하여 다시 처벌을 받지 아니하여(제317조), 일사부재리 원칙이 적용된다.

(5) 통고처분의 면제

관세청장이나 세관장은 통고처분 대상자의 연령과 환경, 법 위반의 동기와 결과, 범칙금 부담능력과 그 밖에 정상을 고려하여 제284조의2에 따른 관세범칙조사심의위원회의 심의·의결을 거쳐 제1항에 따른 통고처분을 면제할 수 있다(제311조 제8항).

통고처분 면제는 벌금에 상당하는 금액이 30만원 이하이거나, 물품 몰수가액과 추징금 합계액이 100만원 이하인 것을 요건으로 한다(제311조 제9항).

3. 고　발

(1) 즉시고발

관세청장이나 세관장은 범죄의 정상이 징역형에 처해질 것으로 인정될 때에는 통고처분 규정에도 불구하고 즉시 고발하여야 한다(제312조).

(2) 통고처분의 불이행

관세범인이 통고서의 송달을 받았을 때에는 그 날부터 15일 이내에 이를 이행하여야 하며, 이 기간 내에 이행하지 아니하였을 때에는 관세청장이나 세관장은 즉시 고발하여야 한다. 다만, 15일이 지난 후 고발이 되기 전에 관세범인이 통고처분을 이행한 경우에는 그러하지 아니하다(제316조).

(3) 무자력고발

관세청장이나 세관장은 다음 각 호의 어느 하나의 경우에는 제311조 제1항에도 불구하고 즉시 고발하여야 한다(제318조).

1. 관세범인이 통고를 이행할 수 있는 자금능력이 없다고 인정되는 경우
2. 관세범인의 주소 및 거소가 분명하지 아니하거나 그 밖의 사유로 통고를 하기 곤란하다고 인정되는 경우

IV. 보　칙

1. 포　상

관세청장은 다음 각 호의 어느 하나에 해당하는 사람에게는 대통령령으로 정하는 바에 따라 포상할 수 있다(제324조).

1. 제269조부터 제271조까지, 제274조, 제275조의2 및 제275조의3에 해당되는 관세범을 세관이나 그 밖의 수사기관에 통보하거나 체포한 자로서 공로가 있는 사람
2. 제269조부터 제274조까지의 규정에 해당되는 범죄물품을 압수한 사람으로서 공로가 있는 사람

3. 이 법이나 다른 법률에 따라 세관장이 관세 및 내국세 등을 추가 징수하는 데
   에 공로가 있는 사람
4. 관세행정의 개선이나 발전에 특별히 공로가 있는 사람

2. 편의제공

관세법에 따라 물품의 운송·장치 또는 그 밖의 취급을 하는 자는 세관공무원의
직무집행에 대하여 편의를 제공하여야 한다(제325조).

3. 몰수품 등의 처분

세관장은 이 법에 따라 몰수되거나 국고에 귀속된 물품(이하 "몰수품등"이라 한다)
을 공매 또는 그 밖의 방법으로 처분할 수 있다. 몰수품등의 공매에 관하여는 제210
조를 준용한다. 다만, 관세청장이 정하는 물품은 경쟁입찰에 의하지 아니하고 수의
계약이나 위탁판매의 방법으로 매각할 수 있다(제326조).

제14장

환급특례법

14-1 환급특례법의 의의와 환급요건

I. 의 의

환급특례법[1]은 수출을 지원하기 위한 제도로서 관세법과 국세기본법, 국세징수법 등 내국세에 대한 특례를 규정하고 있다(제1조). 관세는 '내국에서의 소비'를 예상하고 부과하는 것인데 수출하는 경우에는 이러한 전제가 깨져 관세를 부과할 이유가 없으므로 이에 대한 환급 특례를 규정하는 것이다.

이 법에서 "환급"이란 제3조에 따른 수출용원재료를 수입하는 때에 납부하였거나 납부할 관세등을 「관세법」 등의 규정에도 불구하고 이 법에 따라 수출자나 수출물품의 생산자에게 되돌려 주는 것을 말하며(제2조 제5호), 환급신청을 함에는 '매 건마다' 신고하는 것보다 예컨대 '1년마다' 일괄하여 신청함이 더 효율적일 수 있다.

II. 환급요건

1. 환급 대상 원재료

그 원재료를 제조·가공하여 수출하는 경우, 수입한 상태 그대로 수출하는 경우 및 원재료로 간주하는 경우 등으로 분류할 수 있다.

(1) 제조·가공하여 생산하는 경우

① 해당 수출물품에 물리적·화학적으로 결합되는 물품, ② 해당 수출물품을 생산하는 공정에 투입되어 소모되는 물품(수출물품 생산용 기계·기구 등의 작동 및 유지를 위한 물품 등 수출물품의 생산에 간접적으로 투입되어 소모되는 물품은 제외), ③ 해당 수출물품의 포장용품 중 하나에 해당하는 것으로서 소요량을 객관적으로 계산할 수 있는 것(제3조 제1항 제1호)을 말한다.

---

1) 수출용 원재료에 대한 관세 등 환급에 관한 특례법(약칭: 환급특례법)이라 하며, 조문을 인용할 경우 관세법과 중복하여 열거되는 등 특별한 상황이 아니라면 제1조 등과 같이 조문만을 제시하기로 하고, 환급특례법의 시행령 또는 시행규칙도 시행령, 시행규칙으로 표시한다.

(2) 수입한 상태 그대로 수출하는 경우

이 경우에는 소요량 계산을 하지 않는다(제3조 제1항 제2호). 이때 "소요량"이란 수출물품을 생산(수출물품을 가공·조립·수리·재생 또는 개조하는 것을 포함)하는 데에 드는 원재료의 양으로서 생산과정에서 정상적으로 발생되는 손모량(損耗量)을 포함한 것을 말한다(제2조 제4호).

(3) 원재료 간주

수입＋국내생산 원재료를 혼용하는 경우이다. 국내생산 원재료는 수입원재료와 동일한 질과 특성이 있고 상호 대체사용이 가능하며 생산과정에서 구분하지 않고 사용하는 경우이어야 한다(제3조 제2항). 그 결과 실제 수입된 원재료가 아니더라도 환급이 인정된다.

> **|사례 1|** 갑 주식회사(원고)는 무변성 에틸알코올과 변성 에틸알코올을 수입한 후, 이를 원재료로 초산에틸을 제조하여 수출하거나 국내에 판매하면서 양자는 대체 사용이 가능하다는 점을 이유로 환급특례법 제3조 제2항에 따라 원재료에 대한 관세 환급신청을 하여 관할세관장으로부터 환급을 받았다. 그러나 관할 세관장은 위 변성 에틸알코올과 무변성 에틸알코올이 관세율, 관세율표상의 품목번호와 품명 등에서 다른데도 원재료별 구분 없이 소요량을 계산하여 관세가 과다 환급되었다는 이유로 경정고지를 한 경우 이러한 경정처분은 적법한가?2)

---

2) ① 원고가 수입한 이 사건 변성 에틸알코올과 무변성 에틸알코올은 화학적 분자식과 물리적·화학적 특성이 동일한 점, ② 이 사건 변성 에틸알코올은 무변성 에틸알코올에 변성제를 극소량 첨가하여 음용에 사용할 수 없다는 점에서만 이 사건 무변성 에틸알코올과 차이가 날 뿐 초산에틸의 제조와의 관련에서는 아무런 차이가 없어 상호 대체사용이 가능한 점, ③ 원고는 초산에틸의 생산과정에서 이 사건 변성 에틸알코올과 무변성 에틸알코올을 구분하지 아니하고 혼합 보관하다가 대체사용한 점 등을 종합하여 보면 위 변성 에틸알코올과 무변성 에틸알코올은 구 수출용 원재료에 대한 관세 등 환급에 관한 **특례법 제3조 제2항의 대체환급 요건을 충족**하므로, 그와 다른 전제에 선 위 처분은 위법하고, 위 변성 에틸알코올과 무변성 에틸알코올이 **관세율, 관세율표상의 품목번호와 품명 등에서 다르다고 하여 달리 볼 수는 없다**(대법원 2014.4.10. 선고 2013두25122 판결).

2. 환급 대상 수출

(1) 환급 대상 수출의 종류

환급의 대상이 되는 수출이 이루어져야 한다. ① 관세법상 수출신고가 수리된 경우, ② 우리나라 안에서 외화획득 판매 또는 공사가 있는 경우, ③ 수출한 물품에 대한 수리·보수 또는 해외조립생산을 위하여 부품 등을 반입하는 경우의 보세창고, 수출용 원재료로 사용될 목적으로 공급되는 경우의 보세공장, 보세판매장 및 수출용 원재료로 공급하거나 수출한 물품에 대한 수리·보수 또는 해외조립생산을 위하여 부품 등을 반입하는 경우 또는 보세구역에서 판매하기 위하여 반입하는 경우의 종합보세구역 또는 자유무역지역 입주기업체에 공급한 경우, ④ 수출로 인정되는 것으로 기재부령으로 정하는 것 예컨대 우리나라와 외국 간을 왕래하는 선박 또는 항공기에 선용품 또는 기용품으로 사용되는 물품의 공급 등이 이에 해당한다(제4조, 시행규칙 제2조 제3항, 제4항).

기본적으로 대가를 받는 유상(有償) 수출이 이에 해당하지만, 무상(無償) 수출이더라도 해외에서 외화를 받고 판매되는 등의 사유가 있다면 환급대상인 수출이 될 수 있다.

|사례 2| 수입된 원재료를 사용하여 물품을 제조한 후 외국에서 개최되는 박람회·전시회·견본시장·영화제 등에 출품하기 위하여 무상으로 반출하였다가 외화를 받고 판매한 경우에도 환급의 대상이 되는 수출에 해당되는가?[3]

---

3) 무상수출 되더라도 해외에서 외화를 받고 판매한 경우에는 수출로 본다(1호). 수출된 물품이 계약조건과 서로 달라서 반품된 물품에 대체하기 위한 물품의 수출(3호), 해외구매자와의 수출계약을 위하여 무상으로 송부하는 견본용 물품의 수출(4호), 외국으로부터 가공임 또는 수리비를 받고 국내에서 가공 또는 수리를 할 목적으로 수입된 원재료로 가공하거나 수리한 물품의 수출 또는 당해 원재료 중 가공하거나 수리하는데 사용되지 아니한 물품의 반환을 위한 수출(5호), 외국에서 위탁가공할 목적으로 반출하는 물품의 수출(5의2호), 위탁판매를 위하여 무상으로 반출하는 물품의 수출(외국에서 외화를 받고 판매된 경우에 한한다)(6호) 등의 무상수출도 포함된다(시행규칙 제2조 제1항).

(2) 수출이행기간 내 수출

환급대상이 되는 수출은 수출이행기간 내, 즉 수출신고 수리일로부터 소급하여 2년 내에 이루어져야 한다(제9조 제1항). 다만 개별환급과 달리 정액환급에서는 수출이행 기간의 문제가 없다.[4] 왜냐하면 정액환급은 수출물품의 품목번호별 평균환급액 또는 평균납부세액등을 기초로 환급액이 결정되므로(시행령 제16조) 수출하였다는 사실 만 있으면 되고 원재료의 수입이나 납부세액 등에 대하여 확인하는 절차가 필요하지 않기 때문이다.

3. 수출용 원재료에 대한 관세 납부

관세의 환급을 위한 전제로서 수출자가 원재료 수입 시 그 원재료에 대한 관세를 납부했어야 한다.

(1) 수입 시 관세납부

수입하는 수출용 원재료는 수입하는 때에 관세를 징수하므로(제5조 제1항), 그 때에 관세를 납부한 것이어야 한다. 내국신용장으로 거래하여 수출입이 의제되는 경우 제6조의 일괄납부 및 제7조의 정산이 가능한 경우에는 내국신용장 공급을 수출로, 받는 것을 수입으로 간주한다(제5조 제2항).

(2) 관세 등 일괄납부가 있는 경우

수입하는 자가 신청하여 6월 내 범위에서 일괄납부기간별로 세관장이 일괄납부업 체로 지정할 수 있으며(제6조 제1항), 세관장은 일괄납부 세액 한도를 정할 수 있다 (제6조 제2항). 수출용원재료에 대한 관세 등의 일괄납부기간은 1개월, 2개월, 3개월, 4개월, 반기로 할 수 있으며, 일괄납부세액 한도는 "전년도 환급 등 실적 ×1/12"을 기본으로 하여 2/12, 3/12, 4/12, 6/12을 곱하는 방식으로 계산한다(수출용 원재료에 대한 관세 등의 일괄납부 및 정산에 관한 고시(이하 일괄납부 고시) 제4조, 제5조). 일괄납부기간이 끝나는 날에 정산이 이루어지고(제7조) 납부할 세액이 있다면 일 괄납부기간이 끝나는 날의 다음달 15일이 납부기한이 된다(제6조 제3항).

---

4) 김태인·정재완, 전게서, p.612.

4. 환급신청

환급신청은 실제로 사용된 수출용 원재료의 소요량을 직접 계산하여 신청하거나 (=개별환급), 그러한 계산을 필요로 하지 않고 신청하는 간이정액환급이 있다. 환급 신청하려는 수출물품에 대한 관세 등의 환급신청은 해당 수출물품의 생산에 소요된 모든 원재료를 일괄하여 신청하여야 한다(수출용 원재료에 대한 관세 등 환급사무처리에 관한 고시(이하 원재료 환급 고시) 제7조). 이는 별항으로 설명한다. 환급신청은 기간의 제한이 있다.

(1) 환급신청기간

수출 등에 제공된 날로부터 5년 이내에 관세청장이 지정한 세관에 환급신청을 하여야 한다(제14조 제1항 본문). 다만 관세액에 보정, 수정 또는 경정, 징수 또는 자진 신고 납부 등 사유가 있는 경우에는 그 사유가 있은 날부터 5년 이내에 신청하여야 한다(제14조 제1항 단서).

(2) 환급신청서의 심사 등

세관장은 환급신청서 기재사항과 이 법상 확인사항을 심사하여 환급금을 결정하는데, 심사에서 중요한 것은 수출물품의 생산에 소요된 원재료와 환급신청 시 기재된 원재료가 일치하는지 여부 즉 '원재료의 동일성 여부'이며 이러한 동일성 여부는 신청서 및 각종 서류로 확인하게 되므로 관련 서류의 품명과 규격 등은 다른 물품과 구별할 수 있도록 가급적 상세히 기재하는 것이 필요하다.[5]

환급금의 정산 규정이 있는 것을 미루어보면 환급금의 정확성 여부는 환급 후에 심사하는 것이 원칙이라고 할 수 있으나(제14조 제2항), 과다 환급의 우려가 있는 경우로서 환급 후 심사가 부적당한 경우에는 환급 전에 심사할 수 있다(제14조 제3항).

(3) 신청방법의 특례

세관장은 전산처리설비를 이용하여 이 법에 따른 납부·신청 등 전자신고를 하거나 통지·납세고지·교부 등 전자송달을 하게 할 수 있다(제15조 제1항). 전자신고 등

---

5) 김태인·정재완, 전게서, pp.611-612.

을 할 때에는 관계서류 등을 전산처리설비를 이용하여 제출하게 할 수 있고 그 제출
의 생략이나 간단한 방법으로 하게 할 수 있다(제15조 제2항). 전자신고는 그 입력한
때에, 전자송달은 미리 지정한 컴퓨터에 입력하거나 신청에 따른 전산처리설비에 입
력한 때에 도달된 것으로 본다(제15조 제3항).

14-2 환급절차

I. 환급금 산출

환급금 산출을 함에는 환급액의 정산, 원재료 소요량 등에 따른 환급금 산출 등의 과정이 따르게 되지만, 관세채권 확보가 필요한 경우에는 직권정산 후 충당 등의 조치를 취한다.

1. 환급금의 정산

(1) 정산결과 통지

"정산"이란 제6조 제1항에 따라 제3조에 따른 수출용원재료에 대하여 일정 기간별로 일괄납부(一括納付)할 관세 등과 제16조 제3항에 따라 지급이 보류된 환급금을 상계(相計)하는 것을 말한다(제2조 제6호). 세관장은 일괄납부업체가 일괄납부할 관세와 지급보류된 환급금을 정산하고 일괄납부기간이 종료되는 달의 다음달 1일까지 일괄납부업체에 그 정산결과를 통지하여야 한다(제7조 제1항, 시행령 제6조 제2항).

(2) 징수 또는 환급

징수할 관세가 있는 경우에는 납세고지를 하고(제7조 제2항), 일괄납부기간이 끝나는 날 다음달 15일까지 납부하여야 한다(제7조 제3항). 환급금이 있는 경우에는 해당 금액을 즉시 지급한다(제7조 제4항).

(3) 경 정

세관장은 정산통지 후 과부족을 알았을 경우에는 경정할 수 있다(제7조 제5항).

2. 환급금의 직권정산

(1) 정산결과 통지 없음

세관장은 관세범으로 처벌을 받거나 관세 등의 체납이 발생된 경우(독촉기간내에 자진납부하는 경우를 제외), 파산선고 또는 어음부도 등 사유가 발생한 경우 관세채권의 확보를 위해 납부기한이 도래하지 않은 관세와 지급보류 환급금을 즉시 정산하는 직권정산을 하여야 한다(제8조 제1항, 시행령 제7조 제1항). 직권정산하려는 경우에는 해당 업체에 그 사실을 통지하여야 한다(시행령 제7조 제2항).

(2) 환급 또는 징수

환급금이 있는 경우에는 즉시 지급하여야 한다(제8조 제2항). 징수할 관세가 있으면 납세고지를 해야 하며, 고지받은 날부터 10일 내 납부하여야 한다(제8조 제3항).

(3) 충 당

일괄납부업체로서 납세고지 받은 자가 해당 관세 등을 납부하지 않은 경우에는 그 제공한 담보를 해당 관세 등에 충당하여야 한다(제8조 제4항).

II. 개별환급 신청

수출물품에 대한 원재료의 소요량에 따라 환급액을 계산하여 신청하는 경우를 말한다. 이를 위해서는 ① 수출사실, ② 원재료 소요량, ③ 납부세액 등의 확인이 필요하므로 환급금을 정확하게 산출할 수 있다는 장점에도 불구하고 절차가 복잡하다는 단점이 있다.

1. 환급금의 산출

(1) 소요량계산서 또는 표준소요량 고시 선택

환급신청자는 원재료의 소요량을 계산한 서류를 작성하여 그 소요량계산서에 따른 환급금을 산출하여야 한다(제10조 제1항). 다만 관세청장은 소요량 계산업무의 간소화 등을 위해 필요하다고 인정되면 수출품별 평균소요량을 기준으로 한 표준소요량을 정하여 고시할 수 있고, 환급신청자로 하여금 '소요량계산서 또는 표준소요량 고시'중 이를 선택적으로 적용하게 할 수 있다(제10조 제2항).

단위소요량이란 수출물품 1단위를 생산하는 데 소요된 원재료별 양으로서 "단위소요량＝단위실량＋손모량"으로 표시된다. 단위실량이란 수출물품 1단위를 형성하고 있는 원재료의 종류별 양을, 손모량이란 수출물품을 정상적으로 생산하는 과정에서

발생하는 원재료의 손실량(불량품에 소요된 원재료 중 재활용이 가능한 원재료의 양은 제
외)을 말한다(소요량의 산정 및 관리와 심사에 관한 고시(이하 소요량 고시) 제2조).

수출물품과 소요원재료는 품명·규격(특성, 함량, 중량, 두께 등)별로 분류하여 소요
량 산정 및 계산을 하여야 하며, 1회계연도 단위소요량(일정기간별 단위소요량 포함)을
산정할 때에는 상거래상 동종의 물품으로 인정되고 손모율의 차이가 없다고 인정되
는 경우 수출물품 또는 소요원재료를 통합하여 손모율을 산정할 수 있다(소요량 고시
제12조).

(2) 연산품(連産品)의 경우

수출용원재료를 사용하여 생산되는 물품이 둘 이상인 경우에는 생산되는 물품의
가격을 기준으로 관세청장이 정하는 바에 따라 관세 등을 환급한다(제10조 제3항).
특수공정물품 중에서 원재료를 같은 생산공정으로 가공했을 때 주종(主從)의 관계를
구별할 수 없는 종류가 다른 두 가지 이상의 개별적인 기능과 경제적인 가치를 가진
제품들이 생산되는 경우에 이 제품들을 총칭하여 연산품이라 말하며, 예컨대 원유
(원재료)를 상압증류하여 생산(같은 생산공정으로 가공)한 나프타, 등유, 경유, 중유, 아
스팔트, 윤활유, LPG 등(주종 관계를 구별할 수 없는 제품)을 연산품이라고 한다(소요량
고시 제2조 제8호).

(3) 관세율, 수입가격 변동 등으로 과다 또는 과소환급이 발생할 우려가 있는 경우

① 수출용원재료(수입된 원재료의 경우로 한정한다)에 대하여 관세율 변동, 수입가격
변동 또는 둘 이상의 관세율 적용 등의 사유가 있는 경우, ② 국내에서 생산된 원재
료와 수입된 원재료가 제3조 제2항에 해당하여 수출용원재료가 되는 경우로서 각
원재료가 생산과정에서 수출물품과 국내공급 물품에 구분하지 아니하고 사용되는
경우 중 하나에 해당하면 수출용원재료를 수입할 때에 납부하는 세액보다 관세 등을
환급할 때 현저히 과다 또는 과소 환급이 발생할 우려가 있다.

그래서 ① 환급 가능한 수입신고필증의 유효기간을 짧게 하여 그 변동 폭을 줄이
거나 ② 업체별 수출용 원재료의 재고물량과 수출입 비율 등 기준으로 하여 환급에
사용 가능한 수출용 원재료 물량을 정하여 환급할 수 있다(제10조 제4항).

> **|사례 1|** 같은 달에 날짜를 달리하여 정식으로 외화획득용 금괴를 사용하여 제조, 가공한 금제품을 수출하는 것처럼 허위의 수출신고를 하고 일괄하여 한꺼번에 관세의 환급신청을 하여 환급결정을 받은 경우 수출신고별로 별도의 죄가 성립하는 것으로 보아야 하는가?6)

2. 소요량 사전심사의 신청

(1) 의 의

세관장에게 환급신청 전 산정한 소요량 및 소요량 계산방법의 적정 여부를 신청하는 유권해석을 말한다(제10조의2 제1항). 과세가격·품목분류·원산지결정의 사전조사와 거의 같은 구조를 갖는다.

(2) 세관장의 조치와 재심사 신청

신청받은 세관장은 30일 내 적정 여부를 통지하여야 하고(제10조의2 제2항 본문), 제출 자료의 미비 등으로 심사가 곤란한 경우에는 그 사실을 통지하고 소요량 사전심사를 거절하거나 제출 자료를 보정하게 할 수 있다(제10조의2 제2항 단서). 신청인은 결과 통지를 받은 날부터 30일 이내에 재심사 신청을 할 수 있다(제10조의2 제3항).

(3) 사전심사 결정의 효력

세관장은 환급신청인이 통지된 소요량 사전심사 결과를 적용하여 환급신청을 한 경우에는 그 통지된 내용에 따라 소요량을 계산하여 환급하여야 한다(제10조의2 제4항).

(4) 사전심사 결정의 유효기간

세관장으로부터 통지받은 소요량 사전심사 결과의 유효기간은 통지를 받은 날부

---

6) 관세의 환급은 수출신고, 환급신청, 환급결정, 환급금의 지급 등의 절차를 거쳐 이루어지는 점에 비추어 보면, 같은 법 제10조에서 정한 개별환급절차에 의한 관세부정환급죄의 경우에 환급신청을 할 수 있는 자가 관세의 환급신청을 하여 관세의 환급결정을 받을 때마다 적법한 통관절차에 의한 관세의 확보라는 법익침해가 발생하는 것이므로 같은 달에 날짜를 달리하여 여러 차례 수출신고한 물품에 대하여 일괄하여 한꺼번에 관세의 환급신청을 하여 환급결정을 받은 경우에는 **수출신고별로 별도의 죄가 성립하는 것이 아니고 1회의 관세환급결정에 따라 단순 일죄가 성립**한다(대법원 2005.1.14. 선고 2004도7028 판결). 그 결과 액수에 따라 특가법으로 처벌하는 결과가 된다.

터 1년으로 한다. 다만, 소요량 사전심사의 근거가 되는 사실관계 또는 상황의 변경 등 사유가 있는 경우에는 그 사유가 있는 날부터 해당 소요량 사전심사 결과는 그 효력을 잃는다(제10조의2 제5항).

III. 납부의 증명

환급을 위해서는 수입할 때 관세를 납부하였음이 증명되어야 한다. 이때 문제되는 것이 평균세액증명과 기초원재료납세증명이다.

1. 평균세액증명

(1) 의 의

'수입신고＝납세신고'에 해당하므로 관세 납부사실은 수입신고필증으로 확인할 수 있다. 그러나 분할납부나 감면, 간이세율의 적용 등이 있는 경우의 수입신고필증으로는 납부사실의 확인이 어렵기 때문에 수입신고필증에 갈음하여 환급에 활용하는 서류이다. 즉 세관장은 수출용원재료를 수입(내국신용장등에 의한 매입을 포함)하는 자의 신청에 의하여 그가 매월 수입한 수출용원재료의 품목별 물량과 단위당 평균세액을 증명하는 서류인 평균세액증명서(＝평세증)를 발행할 수 있는데 이는 환급업무의 간소화를 위하여 필요하기 때문이다(제11조 제1항).

HSK 분류번호는 동일하지만 규격이 다른 여러 수출용 원재료의 세부적 확인을 생략하고 전체 물량의 월 단위 당 평균세액을 산출하여 환급하려는 경우에 평균세액증명서가 활용되며, 평균세액증명서를 발급받고자 하는 자는 관할지세관장으로부터 평균세액증명 대상 물품의 지정을 받아야 한다(시행령 제12조 제1항).

평균세액증명은 수입신고필증을 갈음하는 것이므로 반드시 평균세액증명서에 의해서만 환급할 수 있다. 이 경우 해당 원재료는 수입하는 달의 1일에 수입하는 것으로 본다(제11조 제1항 후문). 평균세액증명서는 품목번호를 기준으로 매월 수입하거나 내국신용장등에 의하여 매입한 수출용원재료 전량에 대하여 일괄신청하여야 한다(시행령 제12조 제4항). 다만 또한 평균세액증명서에 의하여 환급 또는 기초원재료납세증명서등을 발급하는 것이 수출용원재료에 대한 관세 등의 세액과 현저한 차이가 있다고 인정하는 경우에는 평균세액증명서 발급대상물품의 지정을 취소하여야 한다 (시행령 제12조 제7항).

(2) 발행자

그 원재료를 수입한 자 또는 그 위임받은 관세사로서 관세청장이 정하는 기준에 해당하는 자로 하여금 평균세액증명서를 발급하게 할 수 있다(제11조 제2항).

(3) 수출 외 목적으로 수입된 수출용원재료와 10단위 품목번호가 동일한 물품의 환급제한

평균세액증명서 발급받은 자 또는 발급한 자가 수출용원재료와 「관세법」 제50조 제1항의 관세율표상 10단위 품목분류가 동일한 물품으로서 수출 등에 제공할 목적 외의 목적으로 수입한 물품에 대하여는 평균세액증명서에 기재된 수출용원재료에 대한 관세 등의 환급이 끝난 경우에만 관세 등을 환급할 수 있다(제11조 제3항 전문). 이 경우 물품별 환급액은 그 물품이 수입된 달의 평균세액증명서에 기재된 수출용원 재료의 평균세액을 초과할 수 없다(제11조 제3항 후문).

(4) 평균세액증명서를 발급한 후에 세액 등 전부 또는 일부가 변경된 경우의 처리

평균세액증명서를 환급 등에 사용하지 아니하였거나 일부만 사용한 경우에는 평 균세액증명서를 회수하고 다시 발급한다(시행령 제12조 제3항, 시행규칙 제10조 제1호). 평균세액증명서가 관세 등의 환급에 전부 사용된 경우에는 다음 달의 평균세액증명 서를 발급할 때에 그 사실을 참작하여 발급하지만 이미 다음 달의 평균세액증명서 (다음 달의 평균세액증명서가 관세 등의 환급에 전부 사용되었거나 없는 경우에는 그 다음 달의 평균세액증명서를 말한다)가 발급된 경우에는 이를 회수하고 다시 발급한다(시행 규칙 제10조 제2호).

2. 기초원재료 납세증명 등

(1) 의 의

세관장은 수출용 원재료가 내국신용장 등에 의하여 거래된 경우로서(일괄납부와 정산이 적용되는 경우 제외) 관세 등의 환급업무를 효율적으로 수행하기 위해 납부된 세액의 증명서를 발급할 수 있다(제12조 제1항). 즉 수출물품의 제조업자가 수출용원재료를 직접 수입하여 제조·가공하지 않고, 다른 수입업자가 수입한 수출용원재료나 국내에서 제조한 원재료를 구입·가공하여 수출하는 경우에는 그 수입업자나 제조자로부터 수입신고필증분할증명서(=수입분증)나 기초원재료납세증명서분할증명서(=기납분증)를 교부받아 관세환급 신청 시 환급신청서와 함께 이를 첨부하는 것이 원칙인데, 국내업체에게 수출용 원재료가 양도되어 관세 환급청구권도 양도되었기 때문이다.

그러한 증명서에 따른 증명의 내용으로는 ① 그러한 원재료가 사용되고 관세가 납부되었다는 사실, ② 납부세액의 확인, ③ 관세환급청구권이 이전되었다는 사실 등이다.[7] 다만 수출용 원재료가 제조·가공된 채 이전된 경우에는 기초원재료납세증명(=기납증), 수입된 상태 그대로 양도된 경우에는 수입세액분할증명서(=분증)를 발급하게 된다(제12조 제1항).

수출물품의 생산에 사용할 원재료의 국내거래과정이 여러 단계일 경우 세관장은 거래단계별로 기납증을 발급할 수 있는데, 예컨대 수입원재료를 사용하여 생산한 물품 또는 수입원재료와 중간원재료를 사용하여 생산한 물품을 해당 수입원재료의 수입신고 수리일부터 1년 이내에 수출물품을 생산하는 자에게 양도하거나 수출물품의 중간원재료를 생산하는 자에게 양도하는 경우 등이 기납증 발급사유에 해당하며, 수입신고 수리일로부터 2년 이내에 수입한 상태 그대로 양도한 경우에는 분증 발급사유에 해당한다(원재료 환급 고시 제46조, 제53조).

(2) 분할공급이 있는 경우

하나의 내국신용장등에 의하여 거래되는 물품이 2회 이상 분할공급되는 경우의 기초원재료납세증명서등은 '최초의 물품이 거래된 날'에 당해 수출용원재료가 전부 거래된 것으로 보아 기초원재료납세증명서등을 발급하여야 한다. 다만, 내국신용장 등에 의하여 수출용원재료를 공급하는 자가 원하지 아니하는 경우에는 그러하지 아니하다(시행령 제13조 제3항).

---

7) 김태인·정재완, 전게서, p.594.

(3) 발행자

내국신용장등에 의하여 물품을 공급한 자 또는 그 위임받은 관세사 중 관세청장이 정하는 기준에 해당되는 자로 하여금 기초원재료납세증명서 또는 수입세액분할증명서를 발급하게 할 수 있다(제12조 제2항).

(4) 환급제한이 있는 경우

관세 등의 환급이 제한되는 물품에 대하여는 환급이 제한된 세액을 공제하고 기초원재료납세증명서등을 발급하여야 한다(시행령 제13조 제2항).

(5) 증명세액의 산출

증명하는 세액에 대하여는 법 제10조의 소요량계산서에 따른 환급금 산출방법에 의하며, 증명세액의 정확 여부의 심사는 환급 후에 심사하지만 과다 환급의 우려가 있는 경우로서 환급한 후에 심사하는 것이 부적당하다고 인정되어 기획재정부령으로 정하는 경우에는 환급하기 전에 이를 심사하여야 한다(제12조 제3항). 즉 거짓서류의 작성 등으로 처벌을 받은 자 또는 수출용원재료 소요량산출의 특수성 등으로 인하여 과다 또는 부정환급의 우려가 있다고 인정하여 관세청장이 따로 정한 품목, 수출물품이나 소요량산정방법 등에 대한 신고를 하지 아니하고 환급을 신청하거나 기초원재료납세증명서 또는 수입세액분할증명서의 발급을 신청한 경우에는 환급 전에 이를 심사한다(시행규칙 제13조).

IV. 정액환급

1. 의의 및 대상

단일(單一) 수출용원재료에 의하여 둘 이상의 제품이 동시에 생산되는 등 생산공정(生産工程)이 특수한 수출물품과 중소기업 수출물품에 대한 관세 등의 환급 절차를 간소화하기 위하여 필요하다고 인정하는 경우 수출용원재료에 대한 관세 등의 평균 환급액 또는 평균 납부세액 등을 기초로 수출물품별로 정액환급률표(定額還給率表)를 정하여 고시할 수 있는데(제13조 제1항), 이에 기하여 환급을 하는 것을 간이 정액환급이라고 한다. 환급절차는 단순하지만 개별환급에서와 같이 정확한 납부세액을 환급하는 것이 아니므로 차이가 있다.

이러한 정액환급률표는 수출물품의 품목번호를 기준으로 정하되, 필요한 경우에는 수출물품의 품명 또는 규격별로 정할 수 있으며, 이 때 적정한 환급을 위하여 관세율 및 환율의 변동등을 고려하여 일정률을 가감할 수 있다(시행령 제14조 제1항, 제2항). 관세청장은 정액환급률표를 정하여 고시하는 경우 또는 정액환급률표의 전부 또는 일부를 조정하여 고시하는 경우 기획재정부장관과 미리 협의하여야 한다(시행령 제14조 제8항).

2. 정액환급률표의 종류

(1) 특수공정물품의 정액환급

관세청장은 특수공정물품 정액환급률표를 정할 때에는 최근 6월 이상 기간 동안의 수입 또는 내국신용장등에 의하여 매입한 원재료에 대한 관세 등의 평균환급액 또는 평균납부세액을 기초로 하여야 한다(시행령 제15조 제1항). 이 환급률표의 적용을 받는 자는 수출물품별로 수출용원재료에 대한 관세 등의 납부세액, 제조공정의 변동 등에 관한 사항을 관세청장에게 신고하여야 하며, 관세청장은 신고된 자료를 기초로 특수공정물품 정액환급률표를 조정하여 고시할 수 있다(시행령 제15조 제3항).

(2) 중소기업의 수출물품에 대한 간이정액환급

중소기업의 수출물품에 적용하는 간이정액환급률표를 정할 때에는 최근 6월 이상 기간 동안의 수출물품의 품목번호별 평균환급액 또는 평균납부세액등을 기초로 하여 적정한 환급액을 정하여야 한다.

다만, 최근 6월 이상의 기간 동안 수출물품의 품목번호별 환급실적(간이정액환급실적을 제외한다)이 없거나 미미하여 당해 물품의 품목번호별 평균환급액 또는 평균납부세액 등을 기초로 간이정액환급률표의 환급액을 정하는 것이 불합리한 것으로 판단되는 경우에는 직전의 간이정액환급률표의 환급액을 기초로 하여 적정한 환급액을 정할 수 있다(시행령 제16조 제1항). 간이정액환급률표는 수출금액 원화 10,000원을 기준으로 산정하되 10원 단위로 고시하며, 해당 간이정액환급률표가 적용되는 해의 전전년도 10월부터 전년도 9월까지 환급 및 기납증 발급실적을 기초로 최근 6월 이상 기간 동안의 수출물품의 품목번호별 평균환급액 또는 평균납부세액 등을 기초로 하여 적정한 환급액을 정한다(원재료 환급 고시 제29조 제2항, 제3항).

이 간이정액환급률표는 기획재정부령이 정하는 자가 생산하는 수출물품에만 적용한다. 이 경우 수출자와 수출물품의 생산자가 다른 경우에는 수출물품의 생산자가 직접 관세 등의 환급을 신청하는 경우에 한한다(시행령 제16조 제2항).

기획재정부령이 정하는 자란, ① 환급신청일이 속하는 연도의 직전 2년간 매년도 환급실적(기초원재료납세증명서 발급실적을 포함)이 6억원 이하일 것, ② 환급신청일이 속하는 연도의 1월 1일부터 환급신청일까지의 환급실적(해당 환급신청일에 기초원재료 납세증명서의 발급을 신청한 금액과 환급을 신청한 금액을 포함)이 6억원 이하일 것 등의 요건을 모두 갖춘 자를 말한다(시행규칙 제12조).

> |사례 2| 서로 다른 시기에 수 회에 걸쳐 그 행위의 태양, 수법, 품목 등이 동일한 간이정액 환급절차에 따른 관세부정환급행위가 행해진 경우 별도로 각각 1개의 관세부정환급죄를 구성한다고 볼 수 있을까?8)

(3) 적용 배제

특수공정물품의 정액환급률표가 적용되는 물품에 대하여는 중소기업 수출물품의 정액환급률표를 적용하지 아니한다(시행령 제14조 제4항).

---

8) 간이정액환급절차에 의한 관세부정환급죄에 있어서는 관세의 환급신청을 하여 관세의 환급 결정을 받을 때마다 적법한 통관절차에 의한 관세의 확보라는 법익의 침해가 있다고 할 것이어서 그 위반사실의 구성요건 충족 횟수마다 1죄가 성립하는 것이 원칙이라 할 것이고, 또한 관세부정환급죄가 수출신고, 환급신청, 환급결정, 환급금의 지급 등의 절차를 거쳐 이루어지는 점을 고려하면 일정기간 동안 수차례의 관세부정환급행위가 있은 경우에도 범죄 행위자는 새로운 시기와 수단, 방법을 택하여 다시 관세부정환급행위를 하는 것이어서 그 때마다 범의가 갱신된다고 보아야 할 것이므로, 달리 특별한 사정이 없는 한 서로 다른 기 회에 행하여진 관세부정환급행위를 계속되고 단일한 범의에 의하여 저질러진 것이라고 평 가할 수는 없다고 할 것이어서, 서로 다른 시기에 수회에 걸쳐 이루어진 수출용원재료에대 한관세등환급에관한특례법시행령 제16조에서 정한 간이정액환급절차에 의한 관세부정환급 행위는 그 행위의 태양, 수법, 품목 등이 동일하다 하더라도 원칙적으로 별도로 각각 1개의 관세부정환급죄를 구성한다(대법원 2002.7.23. 선고 2000도1094 판결).

3. 적용기준

(1) 정액환급률표에 따른 환급

수출물품 또는 내국신용장등에 의하여 거래된 물품이 정액환급률표에 기재된 경우에는 수출 등에 제공된 날 또는 내국신용장등에 의하여 거래된 날에 시행되는 정액환급률표에 정하여진 바에 따라 환급하거나 기초원재료납세증명서를 발급한다(시행령 제14조 제3항 본문).

(2) 비적용승인 시

관세청장이 정하는 바에 따라 정액환급률표를 적용하지 아니하기로 승인(=비적용승인)을 받은 경우에는 정액환급률표에 정해진 바에 따라 환급하지 않는다(동법시행령 제14조 제3항 단서). 즉 비적용승인을 받은 자의 모든 수출물품(내국신용장등에 의하여 거래된 물품을 포함)에 대하여는 정액환급률표를 적용하지 아니한다(시행령 제14조 제5항).

(3) 변경 승인의 신청

적용승인 또는 비적용승인을 받은 날부터 2년 내에는 그 변경 적용을 신청할 수 없다(시행령 제14조 제6항 본문). 다만 예외적으로 생산공정의 변경 등으로 인하여 소요량계산서의 작성이 곤란하게 된 때, 정액환급률표에 의한 환급액이 소요량계산서 규정에 따라 산출된 환급액의 70퍼센트에 미달하게 된 때, 비적용승인을 받은 날부터 적용승인을 신청하는 날까지 관세 등을 환급받은 실적이 없을 때에는 2년 이내에도 이를 신청할 수 있다(시행령 제14조 제6항 단서).

(4) 변경 승인을 받은 경우의 효력

비적용승인을 받은 경우에는 그 승인을 받은 날 이후 수출 등에 제공되거나 내국신용장등에 의하여 거래된 물품에 대하여 정액환급률표를 적용하지 아니하고, 적용승인을 받은 경우에는 그 승인을 받은 날 이후 수출등에 제공되거나 내국신용장등에 의하여 거래된 물품에 대하여 정액환급률표를 적용한다(시행령 제14조 제7항 본문). 즉 소급효가 없이 장래에 대하여 적용되는 것이 원칙이지만 예외적으로 소급하여 적용되는 경우가 있다.

　관세 등을 환급받은 실적(수입한 상태 그대로 수출하는 경우의 수출용원재료에 대한 관세 등의 환급은 제외)이 없는 자로서 최초로 비적용승인을 받은 경우에는 그 승인을 받은 날 전에 수출 등에 제공되거나 내국신용장등에 의해 거래된 물품에 대해서도 정액환급률표를 적용하지 않을 수 있다(시행령 제14조 제7항 단서).

4. 정액환급률표 기재의 효력

　정액환급률표에 정하여진 금액은 해당 물품을 생산하는 데 드는 수출용원재료를 수입한 때에 납부하는 관세 등으로 보아 환급한다(제13조 제2항).

5. 정액환급률표의 고시 요청

　정액환급률표를 적용받을 수 있는 자는 대통령령으로 정하는 바에 따라 관세청장에게 정액환급률표를 정하여 고시할 것을 요청할 수 있다(제13조 제3항). 관세청장은 정액환급률표의 고시를 요청받은 경우에는 제출된 서류 및 환급실적 등을 기초로 이를 고시하여야 한다. 다만, 당해 물품의 거래의 특수성 등으로 현저히 과다·과소환급의 우려가 있어 정액환급 대상물품으로 부적합하다고 인정되는 경우에는 이를 고시하지 아니할 수 있다(시행령 제17조 제2항).

6. 정액환급률표의 조정 고시

　관세청장은 수출구조, 원재료 수입구조, 관세율 및 환율의 변동 등으로 정액환급률표에 고시된 환급액이 많거나 적어 정액환급률표를 적용하는 것이 부적당하다고 인정하는 경우에는 그 적용을 중지하거나 정액환급률표의 전부 또는 일부를 조정하여 고시할 수 있다(제13조 제4항).

V. 환급금 지급

1. 원칙적인 지급절차

기본적으로 내국세 또는 과오납 환급의 그것과 거의 유사하다. 즉 한국은행이 환급금의 지급을 결정한 세관장의 소관 세입금계정에서 지급한다(제16조 제1항). 환급신청인이 통보한 계좌에 입금하는 방법으로 지급하며(시행령 제21조 제1항), 신청인의 계좌에 입금된 때에 지급된 것으로 본다(시행령 제21조 제4항).

2. 세입금 계정에 부족이 있는 경우

관세청장은 소관 세입금계정에 부족이 있는 경우에는 세관장 소관 세입금계정 간의 조정을 한국은행에 요청할 수 있다(제16조 제2항). 즉 관세청장에게 필요한 금액의 이체를 받을 수 있도록 조치할 것을 요청할 수 있으며, 관세청장은 소관세입금계정에 세입금의 여유가 있는 세관장(=이체하는 세관장)으로 하여금 필요한 금액을 세입금의 이체를 요청한 세관장(=이체받는 세관장)에게 이체할 것을 한국은행에 요구하도록 이체하는 세관장에게 지시하고 그 사실을 이체받는 세관장에게 통보하여, 지체 없이 이체가 실행되도록 한다(시행령 제22조).

3. 일괄납부업체의 환급신청과 지급보류

세관장은 관세 등의 일괄납부업체가 환급신청하여 결정된 환급금은 그 환급금 결정일이 속하는 일괄납부기간별로 제7조 제1항에 따라 정산하는 날, 즉 일괄납부기간이 종료되는 달의 다음달 1일까지 지급을 보류한다(제16조 제3항).

4. 체납관세 등의 우선충당

세관장은 환급신청자가 세관에 납부하여야 할 금액이 있는 경우에는 결정한 환급금을 다음의 순서에 따른 금액에 우선 충당할 수 있으며, 충당하고 남은 금액은 그 신청자에게 지급하여야 한다. 즉 ① 체납된 관세 등(부가가치세를 포함한다)과 가산금,

가산세 및 체납처분비, ② 「관세법」제28조 제4항에 따라 잠정가격을 기초로 신고
납부한 세액과 확정된 가격에 따른 세액의 차액으로서 징수하여야 하는 금액, ③ 과
다환급금 및 과다환급가산금으로 징수하여야 하는 금액(제16조 제4항)의 순서이다.

5. 충당 신청

결정한 환급금을 체납세금이 아닌 납부할 세금에 충당할 때에는 환급신청자의 충
당 신청을 받아 충당한다. 이 경우 충당된 세액의 충당 신청을 한 날에 해당 세액을
납부한 것으로 본다(제16조 제5항).

14-3 환급의 제한 및 환급 후의 조치

I. 국내원재료 사용의 촉진을 위한 제한

1. 의 의

수출물품의 생산에 국산 원재료의 사용을 촉진하기 위하여 필요하다고 인정되는 경우에는 제9조에서 "수출 등에 제공된 경우 수출신고 수리일부터 소급하여 2년 이내에 수입된 해당 물품의 수출용원재료에 대한 관세 등을 환급한다."는 규정을 하였음에도 불구하고 국내원재료 사용의 촉진을 위하여 환급을 제한할 수 있다(제17조 제1항).

2. 환급제한의 신청

관계행정기관의 장 또는 이해관계인은 당해 물품의 품명 · 규격 및 용도, 환급을 제한하고자 하는 비율 및 그 이유, 당해 연도와 전년도의 당해 물품에 대한 국내수요 · 생산실적 및 생산능력, 최근 1년간의 월별 수입가격 · 수입량 및 총수입금액 등의 자료를 기획재정부장관에게 제출하여 국내원재료 사용의 촉진을 위한 환급의 제한을 요청할 수 있다(시행령 제25조 제1항).

3. 환급제한 신청에 대한 자료제출 등 협조요청

환급의 제한을 요청받은 기획재정부장관은 관세 등의 환급의 제한에 관하여 필요한 사항을 조사하기 위하여 필요하다고 인정하는 경우에는 관계기관 · 수출자 · 수입자 기타 이해관계인 등에 대하여 관계자료의 제출 기타 필요한 협조를 요청할 수 있다(시행령 제25조 제2항).

4. 환급제한 물품과 그 제한비율

환급을 제한하는 물품과 그 제한 비율은 기획재정부령으로 정하는데(제17조 제2항) 그 제한비율은 별표에 의한다(시행규칙 제14조 본문). 다만 보세공장과 자유무역지역

안의 입주기업체에서 생산하여 수입된 수출용원재료는 제한 대상에서 제외하며(시행규칙 제14조 단서), 정액환급에서는 환급금지급제한제도가 적용되지 않는다.[9]

그런데 2023.3.20.시행 기획재정부령 제971호 별표에서는 관세법 제51조를 적용받는 물품에 대하여 덤핑관세의 차액/덤핑방지총세액의 비율을, 관세법 제57조를 적용받는 물품에 대하여 상계관세의 차액/총상계관세액의 비율을, 관세법 제63조를 적용받는 물품에 대하여 보복관세의 차액/총보복관세액의 비율을 규정하고 있다.

II. 용도 외 사용과 관세 등의 징수

1. 의 의

우리나라 안에서 외화획득을 위한 판매 또는 공사에 제공하여 관세를 환급받은 후 용도제공한 날로부터 2년 내에 환급받은 용도 외로 사용한 경우에는 그 혜택을 부여할 필요가 없으므로 즉시 징수하여야 하는데, 본 조는 이에 관한 내용을 규정한 것이다.

2. 용도 외 사용에 대한 즉시징수와 그 예외

(1) 즉시징수

세관장은 우리나라 안에서 외화를 획득하는 판매 또는 공사 용도에 제공되어 관세 등을 환급받은 물품이 그 용도에 제공된 날부터 2년 내에 관세 등을 환급받은 용도 외에 사용된 경우에는 그 용도 외에 사용한 자로부터 환급받은 관세 등을 즉시 징수한다(제18조 제1항 본문, 원재료 환급 고시 제76조).

(2) 즉시징수의 예외

재해 등 부득이한 사유로 멸실(滅失)되었거나 미리 세관장의 승인을 받아 없애버린 경우에는 그러하지 아니하다(제18조 제1항 단서). 관세 등을 환급받은 물품에 대한 용도외 사용·폐기승인 또는 멸실확인을 받으려는 자는 환급받은 물품 용도외사용(폐기·멸실) 승인신청서를 작성하여 해당 물품의 소재지를 관할하는 세관장에게 신

---

9) 김태인·정재완, 전게서, p.617.

청하여야 하며, 용도외 사용(폐기·멸실) 승인신청을 받은 세관장은 그 사유를 검토하여 승인하여야 한다(원재료 환급 고시 제76조, 제77조).

(3) 보세구역 등 반입한 물품의 외국물품 간주

보세구역 중 기획재정부령으로 정하는 구역 또는 자유무역지역의 입주기업체에 대한 공급의 용도에 제공되어 관세 등을 환급받은 물품은 「관세법」등을 적용할 때 외국물품으로 본다(제18조 제항).

이때 기획재정부령으로 정하는 구역이란, 관세법상 보세창고(수출한 물품에 대한 수리·보수 또는 해외조립생산을 위하여 부품 등을 반입하는 경우에 한한다), 보세공장(수출용 원재료로 사용될 목적으로 공급되는 경우에 한한다), 보세판매장, 종합보세구역(수출용원 재료로 공급하거나 수출한 물품에 대한 수리·보수 또는 해외조립생산을 위하여 부품 등을 반입하는 경우 또는 보세구역에서 판매하기 위하여 반입하는 경우에 한한다)를 말한다(시행 규칙 제2조 제3항).

III. 환급을 갈음한 관세 등 세율인하

1. 의 의

수출 등에 제공되는 물품의 생산에 주로 사용하기 위하여 수입되는 물품에 대하여 는 그 수출 등에 제공되는 비율을 고려하여 관세 등의 세율을 인하할 수 있다(제19조 제1항). 관세율이 인하(=환특세율)된 물품을 수입신고할 때에는 수입신고서 50번 항 목의 세율(구분)에 "환특"이라 기재하여 신고하여야 하고, 세관장은 환특세율을 적용 한 물품을 수입신고 수리할 때에 해당 수입신고필증 여백에 별표 12의 인장을 날인 하여 교부하여야 한다(원재료 환급 고시 제78조).

2. 환특세율의 적용 물품과 세율

환특세율의 적용 물품과 세율은 대통령령으로 정하며(제19조 제2항), 시행령 제27 조 제7항은 "법 제19조 제2항의 규정에 의한 관세 등의 세율을 인하하는 물품과 세 율은 따로 대통령령으로 정한다."고 규정하고 있으나 현재 위 내용을 정한 대통령령 은 없다.

3. 환특세율의 적용 효과

(1) 환급절차 적용 없음

관세 등의 세율이 인하된 물품에 대하여는 이 법에 따른 관세 등의 일괄납부 및 환급을 하지 아니한다(제19조 제3항).

(2) 세율인하 전 수입물품의 수출에 따른 관세액의 세관장 확인

관세 등의 세율이 인하되기 전에 수입한 수출용원재료를 이 규정에 의하여 관세 등의 세율이 인하된 후 수출 등에 제공하고 관세 등의 환급을 받고자 하는 자는 수출용으로 수입된 당해 물품의 물량과 관세 등의 세액을 기획재정부령이 정하는 바에 따라 관세 등의 세율이 인하된 날부터 30일 이내에 관할지세관장에게 신고하여 확인을 받아야 한다(시행령 제27조 제6항).

(3) 세율인하 전 수입물품의 수출에 따른 환급과 수출용 원재료의 재고신고

시행령 제27조 제6항에서 규정하는 기획재정부령이 정하는 내용이란 수출용원재료의 재고신고와 관련된 것으로서, 수출용원재료의 물량과 관세 등의 세액을 신고하고자 하는 자는 당해물품의 품명·물량 및 관세 등의 세액, 당해물품의 수입신고번호 및 수입신고수리일자, 기타 신고인의 인적사항 등 관세청장이 정하는 사항을 기재한 신청서에 당해 물품의 수입신고필증을 첨부하여 수출용으로 수입된 당해 물품 또는 이를 생산한 물품의 소재지를 관할하는 세관장에게 제출하여야 한다. 이때 관세 등의 세율이 인하된 날에 신고인이 보유하고 있는 신고대상물품전량을 일괄하여 신고하여야 한다(시행규칙 제15조 제1항 본문, 제2항).

다만, 법 제12조에 따라 기초원재료납세증명서 또는 수입세액분할증명서의 발급을 받은 경우에는 재고신고를 하지 아니할 수 있다(시행규칙 제15조 제1항 단서). 신고된 물품은 관세청장이 정하는 경우를 제외하고는 세관장이 확인할 때까지 다른 장소로 옮기거나 이를 사용할 수 없다(시행규칙 제15조 제3항).

IV. 환급 후 조치

1. 과다환급금의 징수

환급금이 ① 이 법에 따라 환급받아야 할 금액보다 과다하게 환급받은 경우, ② 기초원재료납세증명서 또는 수입세액분할증명서에 관세 등의 세액을 과다하게 증명받은 경우로서 그 기초원재료납세증명서 또는 수입세액분할증명서가 환급 등에 이미 사용되어 수정·재발급이 불가능한 경우, ③ 선적(船積)이나 기적(機積)을 하지 아니하고 관세 등을 환급받은 경우(해당 금액을 징수하기 전에 선적되거나 기적된 경우 제외), ④ 정액환급률표를 적용할 수 없는 물품에 대하여 정액환급률표에 따라 환급받은 경우에는 그 환급금액 또는 과다환급금액을 「관세법」 제47조 제1항에 따라 관세 등을 환급받은 자(기초원재료납세증명서 또는 수입세액분할증명서를 발급받은 자를 포함)로부터 징수한다(제21조 제1항). 잠정세액과 확정세액과의 차액을 징수하는 경우를 제외하고는 가산금을 징수하여야 한다(제21조 제2항).

> **|사례 1|** 갑 주식회사(원고)는 을(乙) 주식회사와 외국항행선박 해상급유 용역계약을 체결하고, 을 회사는 갑 회사가 공급하는 선박용 유류를 급유하기 위해 병 주식회사와 용선계약을 체결하였다. 이후 병 회사의 대표자 정이 공급받은 유류 중 일부를 국내로 부정반출하고도 정상적으로 급유하였다는 내용의 영수증을 위조하였고 갑 회사가 이를 근거로 유류를 수입할 때 납부했던 관세 등을 2004.6 환급받았다. 관할 세관장은 2007.9. 갑 회사에 '선적(船積)이나 기적(機積)을 하지 아니하고 관세등을 환급받은 경우(제21조 제1항 제3호)'에 해당한다는 이유로 과다환급금 징수 부과처분을 한 경우 이 부과처분은 적법한가?10)11)

---

10) 본건의 부과제척기간은 당시의 구 관세법(2010.12.30. 법률 제10424호로 개정되기 전의 것) 제21조 제1항 본문에 따라 2년인지, 아니면 동항 단서 제1호에 따라 5년인지 여부도 다툼이 있었으나 2011.12.31. 이후에는 부과제척기간이 각 5년, 10년 등임

11) 구 관세법 제21조 제1항 본문과 단서 제1호에서 정한 **'부정한 방법'에는 납세의무자의 대리인이나 이행보조자 등이 행한 부정한 방법도 다른 특별한 사정이 없는 한 포함**된다(5년의 부과제척기간 적용). 이 사건에서 병 회사가 원고의 이행보조자로 볼 여지가 있고, 그렇다면 병이 외국항행선박에 이 사건 유류를 공급하여 그에 관한 영수증 등을 교부받는 과정에서 **병이 행한 부정한 행위를 원고가 알지 못하였다거나 직접 관여하지 아니하였다 하더라도** 그와 같은 부정한 행위에 의하여 원고가 이 사건 유류에 대한 관세 등을 환급받은 이상 이를 환수하기 위한 관세 등의 부과제척기간은 다른 특별한 사정이 없는 한 관세법 제21조 제1항 단서 제1호에 의하여 5년이 된다고 할 것이다. 그럼에도 이와 달리 원심은 **병이 원**

|사례 2| 갑 주식회사(원고)는 을 주식회사 등으로 하여금 보세공장 내에서 갑 회사 공급의 내국물품과 을 회사 등의 외국물품 등을 결합해 집적회로 물품을 제조·가공하도록 하여, 이를 보세공장으로부터 국내로 반입한 후, 가공절차를 거치지 않은 채 수출하거나 다시 국내 수출물품 제조업체에 공급한 다음, 간이정액환급을 받았다. 관할 세관장은 수출용원재료를 수입한 상태 그대로 수출 등에 제공하거나 내국신용장 등에 의하여 공급한 물품은 정액환급율표를 적용할 수 없는 물품이라는 이유로 간이정액환급율표에 의하여 환급한 관세를 징수하는 처분을 한 경우 이러한 처분은 적법한가?12)

2. 과소환급금의 환급

세관장은 지급한 환급금이 이 법에 따라 환급하여야 할 금액보다 과소(過少)하게 환급된 사실을 안 때에는 지체 없이 해당 과소환급금을 지급하여야 한다(제22조 제1항). 과소환급금을 지급하는 경우 환급한 날의 다음 날부터 과소환급금의 지급을 결정하는 날까지의 기간에 대하여 제21조 제2항에 따라 대통령령으로 정한 이율로 계산한 금액을 과소환급금에 가산하여야 한다(동조 제2항). 이 이율은 1일 10만분의 39로 한다(시행령 제30조 제1항).

고의 이행보조자인지 여부 등에 대한 심리·판단을 하지 아니한 채 '원고는 정이 이 사건 유류를 국내로 부정반출하고 영수증 등을 위조하였다는 사정을 알지 못하였고, 그와 같은 부정행위에 관여하지도 아니하였으므로, 원고가 부정한 방법으로 관세 등을 환급받은 것으로 볼 수 없어서 이 사건 유류에 관한 부과제척기간이 5년이 아니라 원래의 2년이라는 이유로 이 사건 부과처분이 부과제척기간 2년이 도과한 후의 것으로서 위법하다'고 단정했으므로 위법하다(대법원 2011.9.29. 선고 2009두15104 판결).

12) 수출용원재료에 대한 관세 등 환급사무처리에 관한 고시(이하 '환급사무처리고시'라 한다) 제3-2-3조는 '다음 각 호의 1의 물품에 대하여는 간이정액환급율표를 적용하지 아니한다'고 규정하면서, 제1호에서 **간이정액환급 적용배제대상**의 하나로 '**수출용원재료를 수입한 상태 그대로 수출 등에 제공하거나 내국신용장 등에 의하여 공급한 물품**'을 들고 있다. 한편 구 관세법(2010.12.30. 법률 제10424호로 개정되기 전의 것) 제2조 제1호는 외국물품을 우리나라에 반입(보세구역을 경유하는 것은 **보세구역으로부터 반입**하는 것을 말한다)하는 것 등을 '**수입**'으로 규정하고, 제188조 본문은 "외국물품이나 외국물품과 내국물품을 원료로 하거나 재료로 하여 작업을 하는 경우 그로써 생긴 물품은 **외국으로부터 우리나라에 도착한 물품**으로 본다."고 규정하고 있다. 관세법 제188조 본문에 의하여 '외국물품'으로 취급되는 이 사건 물품은 환급사무처리고시 제3-2-3조 제1호 소정의 **간이정액환급 적용배제대상인** '**수출용원재료를 수입한 상태 그대로 수출 등에 제공하거나 내국신용장 등에 의하여 공급한 물품**'에 **해당**한다는 이유로, 간이정액환급율표에 의하여 환급한 관세를 징수하는 이 사건 처분은 **적법하다**(대법원 2013.9.27. 선고 2013두4101 판결).

14-4 위반자에 대한 처벌 및 조사와 처분

I. 벌칙 내용

1. 거짓 또는 부정방법 환급죄

거짓이나 그 밖의 부정한 방법으로 관세 등을 환급받은 자는 3년 이하의 징역 또는 환급받은 세액의 5배 이하에 상응하는 벌금에 처한다(제23조 제1항). 이는 관세법 제270조 제5항에서 정하는 부정환급죄와 그 취지 및 형량이 같아서 양자의 관계에 대해서 다툼이 있다.

> **|사례 1|** 피고인은 관세환급의 대상이 되는 수입고추 5,700kg과 함께 관세환급의 대상이 될 수 없는 국내산 고추 6천kg을 혼합하여 제조한 고추편 1만kg을 일본으로 수출하였음에도 그 전량을 수입고추로 제조하여 수출한 것처럼 관세환급 신청을 함으로써 부정한 방법으로 관세 금 38,000,000원을 환급받았다는 사실로 기소되었다. 그런데 관세법 제270조 제5항에서 규정하는 부정한 방법으로 관세를 환급받은 행위가 같은 취지와 형량을 규정한 환급특례법 제23조 제1항에 해당하게 되어, 관세법 제270조 제5항의 부정한 방법으로 환급받은 관세액에 따라 가중 처벌하는 특정범죄가중처벌등에관한법률(=특가법) 제6조 제4항을 적용할 수 있는지 문제되었다. 환급특례법의 부정환급죄 신설에 따라 관세법 제270조 제5항의 부정환급죄 규정이 실효되었다고 볼 수 있는가?[13]

---

13) 관세법 제270조 제5항은 "부정한 방법으로 관세의 환급을 받은 자는 3년 이하의 징역 또는 환급 받은 세액의 5배 이하에 상당하는 벌금에 처한다."고 규정하고, 환급특례법은 관세법 제270조 제5항과 같은 취지로 규정하고 있으며, 한편 특가법 제6조 제4항은 관세법 제270조…제5항에 규정된 죄를 범한 자의 경우 그 부정환급 세액에 따라 가중 처벌한다는 취지로 규정하고 있는바, 환급특례법은 수출용 원재료를 수입한 경우 능률적인 수출지원 등을 위하여 수입업자가 납부한 관세, 임시수입부가세, 특별소비세, 주세, 교통세, 농어촌특별세 및 교육세(이하 '관세 등'이라고 한다)의 환급을 위한 근거와 그 요건 및 절차를 규정한 것에 불과하므로, **환급특례법 제23조에 위와 같은 수출용 원재료에 관한 관세 등을 부정한 방법으로 환급받은 행위를 처벌하는 규정이 신설되었다고 하여 관세법 제270조 제5항이 당연히 실효되었다고는 할 수 없고**, 따라서 관세법 제270조 제5항에 규정된 죄를 범한 자에 대하여 그 환급세액에 따라 가중 처벌하는 특가법 제6조 제4항의 규정의 적용이 배제되는 것이라고 볼 수 없다(대법원 2003.12.26. 선고 2002도4550 판결).

2. 허위문서 작성 · 발급죄

① 제10조 제1항에 따른 소요량계산서를 거짓으로 작성한 자, ② 거짓이나 그 밖의 부정한 방법으로 제12조 제1항 또는 제2항에 따라 세관장 또는 관세사로부터 기초원재료납세증명서 또는 수입세액분할증명서를 발급받은 자, ③ 제12조 제2항에 따라 기초원재료납세증명서 또는 수입세액분할증명서를 발급하는 자로서 기초원재료납세증명서 또는 수입세액분할증명서를 거짓으로 발급한 자는 3년 이하의 징역 또는 2천만 원 이하의 벌금에 처한다(제23조 제2항). '허위'의 대상인 문서가 소요량계산서, 기초원재료납세증명서 또는 수입세액분할증명서 등으로 관세법상 요구되는 서류가 아닌 점에서 구별된다.

3. 서류 보관의무 위반죄

관세 등의 환급에 관한 서류로서 5년의 범위에서 서류 보관의무가 있는 ① 수출물품별 원재료의 소요량계산근거서류 및 계산내역에 대한 서류(=환급신청일부터 5년. 다만, 「중소기업기본법」 제2조 제1항에 따른 중소기업자가 보관해야 하는 원재료출납대장 및 수출물품출납대장의 보관기간은 3년), ② 내국신용장등 수출용원재료의 거래관계서류(=당해 물품의 기초원재료납세증명서등의 발급일부터 3년), ③ 수출신고필증 등 법 제4조에서 정한 수출사실을 증명할 수 있는 서류(=환급신청일부터 3년), ④ 수입신고필증등 원재료의 납부세액을 증명할 수 있는 서류(=환급신청등에 사용한 날부터 3년), ⑤ 기타 관세청장이 정하는 서류(=환급신청등에 사용한 날부터 3년) 등의 보관의무를 정당한 사유 없이 위반한 경우에는 2천만원 이하의 벌금에 처한다(제23조 제3항, 시행령 제20조 제1항 및 제28조 제1항).

4. 서류 등 제출의무 위반죄

관세청장이나 세관장은 환급금의 정확 여부를 심사하는 데 필요하다고 인정하는 경우에는 환급받은 자, 수출용원재료 수입자, 내국신용장 등에 의한 수출용원재료의 공급자, 그 밖에 이와 관련된 자에게 그에 따른 서류나 그 밖의 관계자료의 제출을 요구할 수 있는데(제20조 제3항), 이때 정당한 사유 없이 관세청장이나 세관장이 요청한 서류나 그 밖의 관계자료를 제출하지 아니한 자는 1천만원 이하의 벌금에 처한다(제23조 제4항).

5. 벌칙에 따른 환급관세 즉시징수

세관장은 제1항의 거짓 또는 부정방법 환급죄 또는 제2항의 허위문서 작성·발급죄에 해당하는 자에 대하여는 그가 환급받은 관세등을 즉시 징수한다(제23조 제5항).

II. 미수범 등의 처벌 내용

1. 교사·방조범의 정범 처벌

그 정황을 알면서 제23조 제1항의 거짓 또는 부정방법 환급 또는 제2항의 허위문서 작성·발급에 따른 행위를 교사하거나 방조한 자는 정범(正犯)에 준하여 처벌한다(제23조의2 제1항).

2. 미수범의 처벌

제23조 제1항의 거짓 또는 부정방법 환급죄의 미수범은 본죄에 준하여 처벌한다(제23조의2 제2항).

3. 예비범의 처벌

제23조 제1항의 거짓 또는 부정방법 환급죄를 저지를 목적으로 예비를 한 자에게는 본죄에 정한 형의 2분의 1을 감경하여 처벌한다(제23조의2 제3항).

4. 징역과 벌금의 병과

제23조 제1항의 거짓 또는 부정방법 환급죄 또는 제2항의 허위문서 작성·발급죄를 저지른 자에게는 정상(情狀)에 따라 징역과 벌금을 병과할 수 있다(제23조의3).

5. 벌금 경합 관련 형법 규정 적용 배제

각 죄에 대하여 정한 형이 같은 종류의 형인 경우에는 가장 무거운 죄에 대하여 정한 벌금형의 다액(多額)에 그 2분의 1까지 가중하되 각 죄에 대하여 정한 벌금형의 다액을 합산한 액수를 초과할 수 없다(형법 제38조 제1항 제2호). 즉 벌금액이 10억원, 2억원인 경우 10억원의 2분의 1인 5억원을 가중하면 15억원이 계산되지만 각 죄에서 정한 벌금형의 합산 액이 12억원이므로 결국 12억 원의 벌금형을 부과할 수 있다는 것이다. 그러나 이 법에 따른 벌칙에 해당하는 행위를 한 자에게는 위 제한 규정을 적용하지 않으므로(제23조의4) 15억원의 벌금형을 부과할 수 있다는 취지이다.

6. 양벌 규정

법인의 대표자나 법인 또는 개인의 대리인, 사용인, 그 밖의 종업원이 그 법인 또는 개인의 업무에 관하여 제23조의 위반행위를 하면 그 행위자를 벌하는 외에 그 법인 또는 개인에게도 해당 조문의 벌금형을 과(科)한다. 다만, 법인 또는 개인이 그 위반행위를 방지하기 위하여 해당 업무에 관하여 상당한 주의와 감독을 게을리하지 아니한 경우에는 그러하지 아니하다(제23조의5).

III. 조사와 처분

제23조 제1항의 거짓 또는 부정방법 환급죄 또는 제2항의 허위문서 작성·발급죄, 제3항의 서류보관의무 위반죄, 제4항의 서류 등 제출의무 위반죄의 규정에 해당하는 자에 대하여는 「관세법」 제283조부터 제319조까지의 조사 및 처분 규정을 적용한다(제24조).

제15장

FTA특례법

15-1 FTA특례법과 협정관세의 적용

I. 의 의

FTA특례법은 FTA협정의 효율적이고 원활한 국내이행을 목적으로 하여 모든 FTA 협정의 기본적이고 공통적인 사항을 규정하고 있는 특별법이며,[1] 세율, 원산지, 통관절차, 불복절차 등에 대한 특별규정을 두고 있다. FTA협정은 국회 비준 동의를 얻어야 하므로 법률과 동일한 효력을 갖지만 위임사항 및 국내법과 상충하는 경우의 효력이 문제될 수 있다.

FTA특례법은 관세법에 우선 적용되며(제3조 제1항), FTA특례법과 FTA협정이 상충하면 FTA협정이 우선하므로(제3조 제2항) 양자 간에는 신법우선의 원칙이 적용되지 않는다.

II. 협정관세의 적용

1. 협정관세의 세율 등

(1) 의 의

협정관세란 협정에 따라 체약상대국을 원산지로 하는 수입물품에 대하여 관세를 철폐하거나 세율을 연차적으로 인하하여 부과하여야 할 관세를 말한다(제2조 제1항 6호). 연도별 세율, 적용기간, 적용수량 등은 협정에서 정하는 관세의 철폐비율, 인하비율, 수령기준 등에 따라 시행령으로 정한다(제4조 제1항).

(2) 한도수량 내 협정관세율의 적용

일정 수량에 대하여 더 낮은 세율(동일한 물품에 대하여 수량기준에 따라 둘 이상의 세율을 정한 경우에는 그 중 낮은 세율을 말하며 "한도수량내 협정관세율"이라 함)이 적용되도록 양허된 물품이 있는 경우로서 한도수량 내 협정관세율을 적용받으려는 자는 주

---

[1] 정식 명칭은 「자유무역협정의 이행을 위한 관세법의 특례에 관한 법률」(이하 FTA특례법이라 한다)인데, 조문을 인용할 경우 관세법과 중복하여 열거되는 등 특별한 상황이 아니라면 제1조 등과 같이 조문만을 제시하기로 하고, FTA특례법의 시행령 또는 시행규칙도 시행령, 시행규칙으로 표시한다.

무부장관 또는 그 위임을 받은 자의 추천을 받은 후 그 추천서를 수입신고 수리 전
까지 세관장에게 제출해야 한다. 다만, 해당 물품이 보세구역에서 반출되지 않은 경
우에는 수입신고 수리일부터 15일이 되는 날까지 제출할 수 있다(시행령 제3조 제1항).

(3) 한도수량의 배정 방법

동법시행규칙 제3조 제1항에서 정하는 한-EU협정의 넙치류, 한미협정의 넙치,
명태, 민어, 한-뉴질랜드협정의 홍합, 한중협정의 눈다랑어, 소라, 해파리, 등의 물
품에 대해서는 한도수량 내 협정관세율이 적용되도록 양허된 물품의 적용수량을 선
착순(보세구역에 해당 물품을 장치(藏置)한 후 수입신고한 날을 기준으로 한다)의 방법으로
배정하고, 적용수량에 이르는 날에는 남은 적용수량을 그날 수입신고되는 수량에 비
례하여 배정한다.

(4) 용도세율 및 품목분류체계의 수정

협정관세에 대해서는 관세법 제83조(용도세율의 적용), 제84조(품목분류체계의 수정)
를 준용한다.

2. 세율적용의 우선순위

① 협정관세율＞관세법 제50조 세율인 경우 관세법 제50조 세율을 적용(제5조 제
   1항 본문)
② 협정관세율＝관세법 제50조 세율인 경우, 수입자가 협정관세율 적용신청 시
   협정관세율 적용한다(제5조 제1항 단서).
③ 관세법 제51조(덤핑방지관세), 제57조(상계관세), 제63조(보복관세), 제65조(긴급
   관세), 제67조의2(특정국물품 긴급관세), 제68조(농림축산물에 대한 특별긴급관세),
   제69조 제2호(국제평화와 안정보장을 위한 조정관세)의 경우에는 협정관세율에
   우선하여 적용한다(제5조 제3항).

3. 적용요건

다음의 요건을 모두 충족해야 한다(제6조).

① 해당 수입물품이 협정에 따른 협정관세의 적용대상이어야 한다.
② 동법 제7조에 따라 결정된 수입물품의 원산지가 해당 체약상대국이어야 한다.
③ 해당 수입물품에 대해 협정관세의 적용신청 또는 사후적용신청이 있어야 한다.

4. 협정관세의 적용신청

(1) 신청절차

가. 협정관세 적용신청서 제출

수입신고 수리 전까지 수입자가 세관장에게 협정관세 적용신청을 하여야 한다(제8조 제1항). 즉 협정관세를 적용받으려는 자(=수입자)는 기획재정부령으로 정하는 협정관세 적용신청서를 세관장에게 제출하여야 한다(시행령 제4조 제1항 본문).

나. 협정관세 적용신청서의 기재사항

해당 신청서에는 수입자, 수출자, 생산자에 관한 사항 및 품명·모델·규격 및 품목번호 등 상품에 관한 사항, 협정관세율·원산지 및 해당 물품에 적용한 원산지결정기준과 원산지증빙서류를 갖추고 있는지 여부, 원산지증명서의 발급번호와 발급기관 및 발급일 등 원산지증명서에 관한 사항 및 적출국(積出國)·적출항 및 출항일 그리고 환적국(換積國)·환적항 및 환적일에 관한 사항이 기재되어야 한다(시행령 제4조 제2항).

다. 한도수량 내 협정관세율의 적용

수입자가 제3항 제1호의 물품에 대하여 협정관세를 적용받으려는 경우에는 관세청장이 정하여 고시하는 방법(예컨대 선착순)에 따라 협정관세의 적용을 신청할 수 있다(시행령 제4조 제1항 단서). 협정관세를 적용하거나, 원산지증명서를 발급하는 물품에 대해서는 '자유무역협정의 이행을 위한 관세법의 특례에 관한 법률 사무처리에 관한 고시'를 적용한다.

라. 원산지증빙서류의 구비 및 제출 요구

협정관세의 적용을 신청할 때에 수입자는 원산지 증빙서류를 갖추되, 세관장이 요구하면 제출하여야 한다(시행령 제4조 제2항 본문). 수입자에게 원산지증빙서류의 제출을 요구할 수 있는 경우란, ① 수입신고서와 협정관세 적용신청서의 원산지가 다른 물품, ② 품목번호와 원산지결정기준이 부합하지 않은 물품, ③ 제3국 선적물품 등 직접운송 위반 우려물품, ④ 물품의 특성, 수출국의 산업구조 등을 고려하여 원산지증빙서류 제출대상 품목으로 관세청장이 지정한 물품, ⑤ 그 밖에 원산지확인이 필요하다고 인정하는 물품 등의 경우이다(고시 제12조).

마. 원산지증명서의 구비 요건

수입자가 협정관세의 적용을 신청할 당시에 갖추어야 할 원산지증명서는 수입신고일을 기준으로 제6조 제2항의 각 협정에 따른 원산지증명서 유효기간 이내의 것이어야 한다(시행령 제4조 제5항). 또한 ① 협정에서 원본으로 제출하도록 정하고 있는 경우, ② 세관장이 원산지증명서의 위조 또는 변조를 의심할 만한 사유가 있다고 판단하는 경우, ③ 해당 물품이 법 제37조 제1항에 따라 협정관세 적용제한자로 지정된 자로부터 수입하는 물품인 경우의 경우가 아니라면 사본을 제출할 수 있다(시행령 제4조 제6항).

바. 원산지증빙서류 불제출의 효과

수입자가 요구받은 원산지증빙서류를 제출하지 아니하거나 수입자가 제출한 원산지증빙서류만으로 해당 물품의 원산지를 인정하기가 곤란한 경우에는 협정관세를 적용하지 않는다(제8조 제3항).

사. 원산지증빙서류의 제출을 요구하지 않는 경우

시행령으로 정하는 물품은 관세탈루의 우려가 있는 경우를 제외하고는 원산지증빙서류의 제출 요구를 하지 않는다(제8조 제2항 단서). ① 과세가격이 미화 1천 달러(자유무역협정에서 금액을 달리 정하고 있는 경우에는 그에 따른다) 이하로서 자유무역협정에서 정하는 범위 내의 물품(수입물품을 분할하여 수입하는 등 수입물품의 과세가격이 미화 1천 달러를 초과하지 아니하도록 부정한 방법을 사용하여 수입하는 물품은 제외), ② 동종·동질 물품을 계속적·반복적으로 수입하는 경우로서 해당 물품의 생산공정 또는 수입거래의 특성상 원산지의 변동이 없는 물품 중 관세청장이 정하여 고시하는 물품, ③ 관세청장으로부터 원산지에 대한 법 제31조 제1항 본문에 따른 사전심사를 받은 물품(사전심사를 받은 때와 동일한 조건인 경우만 해당), ④ 물품의 종류·성질·형상·상표·생산국명 또는 제조자 등에 따라 원산지를 확인할 수 있는 물품으로서 관세청장이 정하여 고시하는 물품 등이 그러한 예이다(시행령 제4조 제3항).

(2) 세관장의 협정관세 적용신청 심사

세관장은 협정관세의 적용신청을 수입신고 수리 후에 심사한다(제8조 제4항 본문). 다만 관세채권의 확보 곤란, 수리 후 원산지·협정관세 적용 적정 여부의 심사 부적당 등의 사유로 기재부령으로 정하는 물품은 수리 전에 심사한다(제8조 제4항 단서). 즉 ① 영 제48조 제1항에 따른 협정관세 적용제한자가 생산하거나 수출하는 물품, ② 관세를 체납하고 있는 자가 수입하는 물품(체납액이 10만원 미만이거나 체납기간이 7일 이내인 경우는 제외), ③ 그 밖에 협정관세율과 「관세법」 제50조에 따른 세율의 차이가 큰 물품 등 수입신고 수리 후에 원산지 및 협정관세 적용의 적정 여부를 심사하는 것이 부적당하다고 인정되는 물품으로서 관세청장이 정하여 고시하는 물품에 대하여는 수리 전에 심사한다(시행규칙 제6조 제1항).

(a) 적용대상 협정 또는 원산지에 따른 협정관세율과 「관세법」 제50조에 따른 세율 간 차이가 큰 물품, (b) 수입 상대국의 통상적인 생산량에 비해 우리나라로의 수입량이 과도하게 많은 물품, (c) 이스라엘을 원산지로 하는 수입물품, (d) 그 밖에 관세청장이 원산지 및 협정관세 적용 요건 위반 등에 따른 관세탈루의 위험성이 높다고 인정하는 물품 등이 사전심사물품으로서 관세청이 고시하는 물품에 해당한다(고시 제17조의2).

5. 협정관세의 사후적용 신청

(1) 신청절차

협정관세의 적용신청을 하지 못한 수입자는 해당 물품의 수입신고 수리일부터 1년 이내에 협정관세의 적용을 신청할 수 있다(제9조 제1항). 이때 협정관세 적용신청서에 원산지증빙서류, 「관세법 시행령」 제34조 제1항에 따른 경정청구서를 첨부하여 세관장에게 제출하여야 한다(시행령 제5조 제1항).

또한 제8조 또는 제9조 제1항의 신청자를 제외한 수입자는 세관장이 신고와 다른 품목분류를 적용하여 관세법 제38조의3, 제39조 제2항에 따라 관세를 징수하는 경우 그 납부고지를 받은 날부터 45일 이내에 협정관세의 사후적용 신청이 가능하다 (제9조 제2항, 시행령 제5조 제3항).

이러한 사후적용 신청 시에는 원산지증빙서류를 제출해야 한다(제9조 제3항 본문). 다만 원산지정보교환시스템을 구축·운영하고 상대체약국으로부터 수입하며 원산지증명서에 포함된 정보를 교환하는 경우 그 증빙서류 중 원산지증명서 제출을 하지 않을 수 있다(제9조 제3항 단서). 이 경우에도 원산지증명서 확인이 필요한 경우로서 대통령령이 정하는 경우에는 제출을 요구할 수 있다(제9조 제4항). ① 법 제17조에 따른 원산지에 관한 조사를 위하여 필요한 경우, ② 법 제37조 제1항에 따른 협정관세 적용제한자가 수출하거나 생산한 물품을 수입하려는 경우, ③ 그 밖에 세관장이 관세탈루의 우려가 있다고 인정하는 경우 등이 그러한 예이다(시행령 제5조 제4항). 원산지증명서를 제출할 때에는 시행령 제4조 제6항 각 호의 어느 하나에 해당하는 경우 외에는 사본을 제출할 수 있다(시행령 제5조 제6항). 원본을 제출하는 경우와 사본을 제출하는 경우는 적용신청의 그것과 같다.

(2) 사후적용 신청과 경정에 따른 환급

협정관세의 사후적용을 신청한 수입자는 경정청구를 할 수 있으며, 세관장은 2월 내에 사후적용 또는 경정 여부를 통지할 의무가 있다(제9조 제5항). 세관장은 협정관세 적용신청서 및 원산지증빙서류의 기재사항을 확인하여 세액을 경정하는 것이 타당하다고 인정하는 경우에는 세액을 경정해야 한다(시행령 제5조 제5항).

세관장은 경정청구 한 세액의 심사결과가 타당하다고 인정하면 경정 후 차액을 환급하여야 하는데(제9조 제6항), 경정 및 환급에 대해서는 관세법 규정을 준용한다 (제9조 제7항).

6. 협정관세의 적용 배제 사유 및 그 효과

(1) 적용 배제 효과

협정관세의 적용이 배제되는 경우에는 그 차액을 부과·징수하여야 하며(제35조 제1항), 보정이자를 징수하고(제35조의2), 가산세를 부과한다(제36조).

(2) 적용 배제 사유

협정관세의 적용 배제 사유는 다음 ① 내지 ⑨와 같은데, 이처럼 협정관세의 적용을 배제하는 경우에는 그 내용을 미리 수입자에게 서면으로 통지하여야 한다(시행령 제44조 제1항).

① 정당한 사유 없이 수입자, 체약상대국의 수출자 또는 생산자(＝체약상대국수출자등)가 관세청장 또는 세관장이 요구한 자료를 제16조 제2항에 따른 기간 이내에 제출하지 아니하거나 거짓으로 또는 사실과 다르게 제출한 경우(원산지증빙서류의 기재사항을 단순한 착오로 잘못 기재한 것으로서 원산지결정에 실질적인 영향을 미치지 아니하는 경우는 제외).

② 체약상대국수출자등이 제17조 제1항에 따른 관세청장 또는 세관장의 서면조사에 대하여 기획재정부령으로 정하는 기간 이내에 회신하지 아니한 경우 또는 제17조제2항에 따른 관세청장 또는 세관장의 현지조사에 대한 동의 요청에 대하여 제17조제4항에 따른 기간 이내에 동의 여부에 대한 통보를 하지 아니하거나 특별한 사유 없이 동의하지 아니하는 경우.

③ 제17조 제1항에 따라 현지조사를 할 때 체약상대국수출자등이 정당한 사유 없이 원산지증빙서류의 확인에 필요한 장부 또는 관련 자료에 대한 세관공무원의 접근을 거부하거나 협정에서 정한 원산지증빙서류를 보관하지 아니한 경우.

④ 제17조에 따른 서면조사 또는 현지조사 결과 세관장에게 신고한 원산지가 실제 원산지와 다른 것으로 확인되거나 수입자 또는 체약상대국수출자등이 제출한 자료에 제7조에 따른 원산지의 정확성을 확인하는 데 필요한 정보가 포함되지 아니한 경우.

⑤ 제19조 제1항에 따라 관세청장 또는 세관장이 체약상대국의 관세당국에 원산지의 확인을 요청한 사항에 대하여 체약상대국의 관세당국이 기획재정부령으로 정하는 기간 이내에 그 결과를 회신하지 아니한 경우 또는 세관장에게 신고한 원산지가 실제 원산지와 다른 것으로 확인되거나 회신 내용에 제7조에 따른 원산지의 정확성을 확인하는 데 필요한 정보가 포함되지 아니한 경우.

⑥ 제31조 제1항에 따른 사전심사를 신청한 수입자가 사전심사의 결과에 영향을 미칠 수 있는 자료를 고의로 제출하지 아니하였거나 거짓으로 제출한 경우 또는 사전심사서에 기재된 조건을 이행하지 아니한 경우.

⑦ 협정에 따른 협정관세 적용의 거부·제한 사유에 해당하는 경우.

⑧ 그 밖에 관세청장 또는 세관장이 원산지의 정확성 여부를 확인할 수 없는 경우로서 대통령령으로 정하는 사유에 해당되는 경우 등이다(제35조 제1항).

⑨ (a) 법 제17조 제1항에 따른 조사를 받는 자의 부도·폐업·소재불명, 그 밖에 이에 준하는 불가피한 사유로 인하여 관세청장 또는 세관장의 원산지에 관한 조사가 불가능하게 된 경우, (b) 법 제17조 제1항에 따른 조사를 받는 자가 관세청장 또는 세관장의 서면조사 또는 현지조사를 거부·방해 또는 기피한 경우에도 협정관세의 적용이 배제된다(시행령 제44조 제2항).

|사례 1| 국내 법인인 갑 주식회사(원고)는 스위스 업체인 을, 병이 생산한 제1금괴 및 정이 생산한 제2금괴를 수입하면서 대한민국과 유럽자유무역연합 회원국 간의 자유무역협정에서 정한 협정관세율 0%를 적용하여 수입신고를 하였다. 관할 세관장이 원산지 검증요청을 하자, 스위스 관세당국이 제1금괴에 대하여는 원산지가 스위스가 아니라고 회신하고 제2금괴에 대하여는 회신기간인 10개월 내에 회신하지 아니하였는데, 관할 세관장이 각 금괴에 대하여 협정세율의 적용을 제한하고 기본세율 3%를 적용하여 관세 및 부가가치세 등을 부과하는 처분을 하였다.

회신기간이 경과한 뒤 스위스 관세당국이 병이 생산한 금괴는 원산지가 스위스가 아니지만 을이 생산한 금괴는 원산지가 스위스이고 정이 생산한 금괴는 일부의 원산지가 스위스라는 내용으로 최종회신을 하였다. 스위스 관세당국이 각 금괴에 관한 원산지 검증요청에 대하여 회신기간을 준수하지 아니하거나 원산지를 판정할 수 있는 충분한 정보를 제공하지 아니한 데에 위 자유무역협정에서 정한 '예외적인 경우'에 해당하는 사정이 있었다고 볼 수 있는가?[2]

---

2) **자유무역협정의 이행을 위한 관세법의 특례에 관한 법률(이하 '자유무역협정 관세법'이라고 한다)과 대한민국과 유럽자유무역연합 회원국 간의 자유무역협정(이하 '자유무역협정'이라고 한다)은** 협정 당사국들 사이에서 자유무역지대를 창설하여 유대를 강화하는 동시에 당사국들 간 무역 장벽을 제거하여 무역과 투자 흐름을 확대함으로써 새로운 고용기회를 창출하고 생활수준의 향상 및 실질소득의 지속적인 증가를 보장하기 위한 것이다. 이를 위하여 자유무역협정 관세법과 자유무역협정은 당사국을 원산지로 하는 상품의 수입과 수출에 대하여 관세를 철폐하거나 점진적으로 인하하는 협정관세를 적용하도록 하는 한편, 적용 요건이 되는 **원산지의 검증을 위하여 당사국 사이에 상호 신뢰를 바탕으로 하여 역할을 분담하도록 규정**하고 있다. 즉 당사국의 수출자나 생산자가 작성하는 원산지신고서에 대하여 수입 당사국의 관세당국이 검증을 요청하면 수출 당사국의 관세당국이 검증을 수행하는 **간접검증방식**을 채택하여, 수입 당사국의 관세당국은 원칙적으로 수출 당사국의 관세당국이 수행하여 회신한 검증결과를 존중하되, **10개월 내에 회신이 없거나 서류의 진정성 또는 상품의 원산지를 판정할 수 있는 충분한 정보를 포함하지 아니하는 회신인 경우에** 수입 당사

(3) 적용 배제에 관한 유사 사례 등

가. 위 판례처럼 '예외적 경우' 요건을 엄격하게 적용하는 입장3)

① 말레이시아 국제통상산업부가 원산지 검증요청에 대하여 내부 인사이동으로 인한 담당자 부재 등을 이유로 회신기한을 준수하지 않은 것은 '예외적인 상황'에 해당하는 사정이 있었다고 볼 수 없다(대법원 2016.8.18. 선고 2015두50399 판결).

② 원산지신고서가 인증 수출자가 아닌 자에 의해 작성되는 등의 형식적 하자가 있는 경우에도 수출국 정부로부터 원산지 기준을 충족한 것이라는 회신이 있었던 이상 협정세율 적용을 배제할 수 없다는 취지의 원심의 판단에는 법리오해의 위법이 있다(대법원 2020.2.27. 선고 2016두63408 판결).

나. '예외적 경우' 요건 완화 적용 입장

① 아태무역협정 원산지 확인 기준 등에 관한 규칙에서 정한 직접운송에 관한 증빙서류를 제출하기 어려운 사정이 있는 경우, 다른 신빙성 있는 자료로 대체할 수 있다(대법원 2019.1.17. 선고 2016두45813 판결, 대법원 2019.1.31. 선고 2016두50488 판결).

국의 관세당국은 **'예외적인 경우'를 제외하고는 협정관세의 적용을 제한할 수 있도록** 하고 있다. 여기서 체약상대국 관세당국이 회신기간 내에 회신을 하지 아니한 데에 **'예외적인 경우'에 해당하는지는** 간접검증방식에 의한 원산지의 검증은 수출 당사국의 발급자가 발급한 원산지 증명서에 기초하여 이루어지며 검증을 위하여 상당한 기간을 부여하고 있는 사정과 아울러 자유무역협정 관세법과 자유무역협정에서 간접검증방식에 의한 원산지 증명 검증제도를 둔 취지를 종합하여 **회신 지연을 정당화할 수 있는 객관적인 사유가 있는지에 의하여 판단**한다. 이 사안에서 당초 회신 이후 대한민국 관세청이 스위스 관세당국의 정에 대한 **최종검증 과정에 참관하였을 때 당초 회신 내용과 달리 볼 만한 특별한 정황이 없었을** 뿐만 아니라, 제네바 관세청은 각 금괴의 원재료와 완제품이 동일한 HS 세번에 해당하여 **원산지 요건을 충족하지 못한 것으로 보인다는 잠정적인 의견**까지 제시하였으므로, 관할 세관장이 회신기간을 넘겨 스위스 관세당국의 **추가 회신을 기다리기를 기대할 수 없는 상황**이었던 점 등을 종합하여 보면, 스위스 관세당국이 각 금괴에 관한 원산지 검증요청에 대하여 회신기간을 준수하지 아니하거나 원산지를 판정할 수 있는 충분한 정보를 제공하지 아니한 데에 자유무역협정에서 정한 **'예외적인 경우'에 해당하는 사정이 있었다고 볼 수 없다**(대법원 2016.8.24. 선고 2014두5644 판결).
3) 우도훈, "원산지신고서의 형식적 하자와 협정관세 적용 배제", 통상 NEWS BRIEF, 법무법인(유) 세종 국제통상법센터, 2020 Vol. 2, 7면

② 한·아세안 FTA 부속서 원산지 규정의 이행을 위한 절차적 사항을 담은 부록 '원산지 규정을 위한 원산지 증명 운영절차' 제19조의 문언, 체계, 경위, 한·아세안 FTA 부속서를 비롯한 관련 법령의 직접운송에 관한 규정들의 취지와 목적 등을 모두 종합할 때, '수출 당사국에서 발행된 통과 선하증권'을 발급받기 어려운 사정이 있는 경우에는 같은 조 라호에 따라 다른 신빙성 있는 증명서류를 제출하여 직접운송 간주 요건의 충족을 증명할 수 있고, 단지 위 '통과 선하증권'이 제출되지 않았다는 형식적인 이유만으로 한·아세안 FTA 직접운송의 요건을 충족하지 못한다고 단정하여 협정세율 적용을 부인할 수는 없다 (대법원 2019.2.14. 선고 2017두63726 판결).

7. 협정관세의 적용제한자 지정

(1) 물품 전체에 대한 적용제한자 지정

5년간 2회 이상 반복적으로 원산지증빙서류 주요 내용을 거짓 작성·잘못 작성한 체약 상대국의 수출자 등에 대해서는 그 자가 수출·생산하는 동종동질의 물품 전체에 대하여 5년(협정에서 정한 기간이 5년을 초과하는 경우에는 그 기간)의 범위에서 협정관세를 적용하지 아니할 수 있다(제37조 제2항). 관세청장은 적용제한자 지정 보고를 받았을 때에는 그 사실을 즉시 지정대상자 및 체약상대국의 관세당국에 통보하여야 하며, 적용제한자 지정의 효력은 세관장이 지정 정보통신망에 게시한 날부터 발생한다(시행령 48조 제2항, 제3항).

다만 협정관세 적용제한자로 지정된 자가 원산지증빙서류를 성실하게 작성하였음을 입증하는 경우에는 그 지정을 해제할 수 있다(제37조 제4항).

(2) 심사에 따른 물품별 적용제한

세관장은 수입신고되는 물품별로 원산지 등 협정관세의 적용요건을 심사하여 그 요건을 충족하는 경우에는 협정관세를 적용할 수 있는데(제37조 제3항) 이 심사는 해당 물품에 대한 수입신고를 수리하기 전에 하여야 한다(시행령 제48조 제5항).

15-2 FTA특례법상 원산지

I. 결정기준

1. 완전생산기준

해당 물품의 전부를 생산·가공 또는 제조한 국가를 말한다(제7조 제1항 제1호).

2. 실질변형기준

해당 물품이 둘 이상의 국가에 걸쳐 생산·가공 또는 제조된 경우로서 다음 중 하나의 기준에 해당하는 국가를 말한다(제7조 제1항 제2호).

① 세번변경 기준(가목): 해당 물품의 품목번호가 그 물품의 생산·가공 또는 제조에 사용되는 재료 또는 구성물품의 품목번호와 일정 단위 이상 다른 경우 해당 물품을 최종적으로 생산·가공 또는 제조한 국가.

② 부가가치 기준(나목): 해당 물품에 대하여 일정 수준 이상의 부가가치를 창출한 국가.

③ 주요공정 기준(다목): 해당 물품의 생산·가공 또는 제조의 주요 공정을 수행한 국가.

3. 기타: 협정에서 정한 원산지 인정요건 충족

그 밖에 해당 물품이 협정에서 정한 원산지 인정 요건을 충족시킨 국가(제7조 제1항 제3호). 법 제7조 제4항과 동법시행규칙 제4조에서는 각 협정 별 원산지결정기준을 별도로 규정하고 있는데 예컨대 「대한민국정부와 칠레공화국정부 간의 자유무역협정에 따른 원산지결정기준: 별표 1」과 같다.

II. 직접운송기준에 따른 원산지 배제

원산지로 결정된 경우에도 해당 물품이 생산·가공 또는 제조된 이후에 원산지가 아닌 국가를 경유하여 운송되거나 원산지가 아닌 국가에서 선적(船積)된 경우에는 그 물품의 원산지로 인정하지 아니한다(제7조 제2항 본문). 다만, 해당 물품이 원산지가 아닌 국가의 보세구역에서 운송 목적으로 환적(換積)되었거나 일시적으로 보관되었다고 인정되는 경우에는 그러하지 아니하다(제7조 제2항 단서).

이 경우 ① 원산지가 아닌 국가에서 생산과정 또는 작업과정이 추가된 경우(수입항까지 국제운송에 필요한 하역·선적·포장에 필요한 작업이나 물품을 양호한 상태로 보존하는 데 필요한 작업과정이 추가된 경우는 제외), ② 해당 물품이 원산지가 아닌 국가의 관세당국의 통제 또는 감독하에 있지 아니하였던 경우에는 단서에 해당하는 것으로 인정하지 아니한다(시행규칙 제5조 제2항). 관세청장 또는 세관장은 수입자가 법 제7조 제2항 단서에 따른 요건을 입증하지 못하는 경우에는 해당 물품의 원산지를 인정하지 아니한다(시행규칙 제5조 제1항). 또한 협정에서 직접 운송의 요건 등에 관하여 다르게 규정한 경우에는 협정에서 정하는 바에 의한다(제7조 제3항).

III. 원산지증명

1. 원산지증명서

수입자는 협정관세를 적용받으려는 수입물품에 대하여 협정 및 이 법에서 정하는 바에 따라 원산지를 증명하여야 한다(제10조 제1항). 수출자 및 생산자는 체약상대국에서 협정관세를 적용받으려는 수출물품에 대하여 협정 및 이 법에서 정하는 바에 따라 원산지증빙서류를 작성하거나 발급받아야 한다(제10조 제2항).

원산지증명서 발급절차는 기관발급 또는 수출자·생산자 등의 발급에 의한다(제11조 제1항). 발급기관에 대하여는 동법시행규칙 제8조에 개별 협정국의 관세당국이나 상무부 등이 열거되어 있는데, 기관발급의 경우 예컨대 '싱가포르와의 협정에 따라 싱가포르 관세당국이 발급한 것'(시행규칙 제7조 제1항 1호), 수출자발급에 대하여는 '칠레와의 협정에 따라 수출자가 자율적으로 작성·서명한 것'(시행규칙 제7조 제2항 1호) 등이 열거되어 있다.

2. 원산지인증수출자 인증

(1) 의의 및 종류

관세청장 또는 세관장은 수출물품에 대한 원산지증명능력 등 대통령령으로 정하는 요건을 충족하는 수출자를 원산지인증수출자로 인증할 수 있는데(제12조 제1항), 이는 업체별 원산지인증수출자와 품목별 원산지인증수출자로 다시 나뉜다.

(2) 업체별 원산지인증수출자

업체별 원산지인증수출자는 ① 수출실적이 있는 물품 또는 새롭게 수출하려는 물품이 품목번호 6단위를 기준으로 원산지 결정기준을 충족하는 물품임을 증명할 수 있는 전산처리시스템을 보유하고 있거나 그 밖의 방법으로 증명할 능력이 있으면서, ② 원산지증명서 작성대장을 비치·관리하고 기획재정부령으로 정하는 원산지관리 전담자를 지정·운영할 것, ③ 원산지인증수출자 인증신청일 이전 최근 2년간 원산지 서면조사 또는 현지조사를 거부한 사실이 없고 서류 보관의무를 위반한 사실이 없으며 속임수 또는 부정한 방법으로 원산지증명서를 발급신청하거나 작성·발급한 사실이 없을 것 등의 요건을 모두 갖춘 수출자 또는 생산자를 말한다(시행령 제7조 제1호).

(3) 품목별 원산지인증수출자

품목별 원산지인증수출자는 업체별 원산지인증수출자에 해당하지 아니하는 자로서 이 중 ①, ②의 요건을 모두 갖춘 수출자 또는 생산자를 말한다(시행령 제7조 제2호).

(4) 원산지인증수출자의 인증 효과

원산지인증수출자는 협정에서 정하는 범위에서 해당 물품에 대하여 자율적으로 원산지를 증명할 수 있으며, 기획재정부령으로 정하는 바에 따라 원산지증명에 관하여 간소한 절차를 적용받을 수 있다(제12조 제2항). 예컨대 원산지증명서의 발급신청 및 발급(재발급신청, 정정발급신청, 재발급 및 정정발급을 포함)은 관세청장이 정하는 바에 따라 전자문서의 방식으로 할 수 있다(시행규칙 제10조 제11항).

3. 중소기업 등 원산지증명지원

관세청장은 원산지결정기준에 관한 상담 및 교육, 원산지증명서의 작성 및 발급 등 원산지증명 절차에 관한 상담 및 교육 등에 대한 지원사업을 할 수 있는데(제13조 제1항), 원산지인증수출자의 인증 취득에 관한 상담 및 교육, 원산지증명에 관한 전산처리시스템의 개발 및 보급, 체약상대국의 원산지조사에 대비한 상담 및 교육 등을 그 지원 내용으로 한다(시행령 제8조 제1항).

그 지원의 대상자는 수출자, 생산자 또는 수출물품이나 수출물품의 생산에 사용되는 재료를 공급하는 자로서 ①「중소기업기본법」제2조에 따른 중소기업, ②「농업·농촌 및 식품산업 기본법」제3조 제2호부터 제4호까지에 따른 농업인, 농업경영체 및 생산자단체, ③「수산업·어촌 발전 기본법」제3조 제2호부터 제5호까지에 따른 수산인, 어업인, 어업경영체 및 생산자단체에 한한다(제13조 제1항, 제2항).

4. 원산지증빙서류의 수정 통보

수출자 또는 생산자가 체약상대국의 협정관세를 적용받을 목적으로 원산지증빙서류를 작성·제출한 후 해당 물품의 원산지에 관한 내용에 오류가 있음을 알았을 때에는 협정에서 정하는 바에 따라 그 오류가 있음을 안 날로부터 30일 이내에 그 사실을 세관장 및 원산지증빙서류를 제출받은 체약상대국의 수입자에게 각각 통보하여야 한다(제14조 제1항 전문, 시행규칙 제19조 제1항). 이 경우 세관장은 그 사실을 관세청장이 정하는 바에 따라 체약상대국의 관세당국에 통보하여야 한다(제14조 제1항 후문).

그 오류로 인하여 납세신고한 세액 또는 신고납부한 세액에 부족이 있을 때에는 오류가 있음을 통보받은 날부터 30일 이내로서 관세청장 또는 세관장으로부터 해당 물품에 대하여 원산지 서면조사통지를 받기 전 날까지 세관장에게 세액정정·세액보정 신청 또는 수정신고를 하여야 하며(제14조 제2항, 시행규칙 제20조), 그 오류로 인하여 납세신고한 세액 또는 신고납부한 세액이 과다한 것을 알게 되었을 때에는 세관장에게 세액정정 신청 또는 경정청구를 할 수 있다(제14조 제3항). 세액정정, 세액보정, 수정신고 및 경정에 관하여는 「관세법」제38조, 제38조의2 및 제38조의3을 준용한다(제14조 4항).

> **|사례 1|** 원고는 2013.5. 전지분유에 관하여 한미FTA에 따른 협정관세율(0%)을 적용하여 수입신고하였는데, 관할세관장은 원고 소지 원산지증명서가 미국에 소재하지 않은 수출자 명의로 발급된 것이라는 이유로 협정관세의 적용을 배제하고 양허관세 미추천세율(176%)을 적용하여, 2014.3.27. 원고에게 관세 및 가산세 4억원을 경정 고지하였다. 그후 원고는 미국에 소재하는 생산자 명의로 발급된 원산지증명서를 보완 제출하면서 2014.4. 협정관세의 적용을 다시 신청하여 관할세관장이 위 관세 본세를 전액 환급하면서 가산세 부분은 그대로 유지한 경우 위 가산세 부분을 유지한 이 사건 경정처분은 적법한가?4)

5. 원산지증빙서류 보관

수입자·수출자 및 생산자는 협정 및 이 법에 따른 원산지의 확인, 협정관세의 적용 등에 필요한 것으로서 원산지증빙서류 등 대통령령으로 정하는 서류를 5년의 범위에서 대통령령으로 정하는 기간(협정에서 정한 기간이 5년을 초과하는 경우에는 그 기간) 동안 보관하여야 한다(제15조). 보관서류의 종류는 수입자인지 수출자 또는 생산자인지 여부에 따라 다른데, 예컨대 수입자는 ① 원산지증명서(전자문서를 포함한다) 사본(협정에 따라 수입자의 증명 또는 인지에 기초하여 협정관세 적용신청을 하는 경우로서

---

4) **쟁점은** 한미FTA에 따른 협정관세의 본세 납부의무가 인정되지 않을 때 가산세 납무의무만을 따로 인정할 수 있는지 여부인데, 대법원 판례는 부정적이다. 즉 "**가산세는** 세법에서 규정하는 의무의 성실한 이행을 확보하기 위하여 세법에 따라 산출한 본세의 세액에 가산하여 징수하는 **독립된 조세**로서, 본세에 감면사유가 인정된다고 해서 가산세도 당연히 감면대상에 포함되는 것은 아니다. 가산세 중에는 본세 납부의무와 무관하게 별도의 협력의무 위반에 대한 제재로서 부과되는 가산세도 있다. **그러나 가산세 부과의 근거가 되는 법률 규정에서 본세**의 세액이 유효하게 확정된 것을 **전제로** 납세의무자가 법정기한까지 과세표준과 세액을 제대로 신고하거나 납부하지 않은 것을 요건으로 하는 무신고·과소신고·납부불성실 가산세 등은 신고·납부할 본세의 납부의무가 인정되지 않는 경우에 이를 따로 부과할 수 없다. 이는 관세의 경우에도 마찬가지이다(대법원 2014. 4. 24. 선고 2013두27128 판결 등 참조)....관세 가산세는 국세기본법의 무신고·과소신고·납부불성실 가산세와 마찬가지로 **본세 납부의무가 있는 것을 전제로** 하는 것으로서, 성질상 그 **부과의 기초가 되는 '부족한 관세액'이 없는 이상** 가산세 납부의무만 따로 인정할 수 없다."(대법원 2018.11.29. 선고 2016두53180 판결).
※ 같은 날 대법원에서 유사한 사안에 대하여 같은 취지로 선고한 판결 있음(대법원 2018.11.29. 선고 2015두56120 판결). 한-EU FTA 협정관세(무관세) 적용대상이 아니지만 관세법상 세율불균형품목 감면 규정이 적용되어 관세와 부가가치세를 감면하여 환급하였으나 각 가산세를 환급하지 않은 사안에서, 부가가치세법과 관세법에 따라 적법한 감면신청을 한 원고에게는 각 부가가치세와 관세의 각 본세 납부의무가 인정되지 않고, 각 본세 납세의무의 존재를 전제로 한 각 가산세의 납세의무도 인정될 수 없다.

수출자 또는 생산자로부터 원산지증명서를 발급받지 아니한 경우에는 그 수입물품이 협정관세의 적용대상임을 증명하는 서류), ② 수입신고필증, ③ 수입거래 관련 계약서, ④ 지식재산권 거래 관련 계약서, ⑤ 수입물품의 과세가격 결정에 관한 자료, ⑥ 수입물품의 국제운송 관련 서류, ⑦ 사전심사를 받은 경우 사전심사서 사본 및 사전심사에 필요한 증빙서류 등을 보관하여야 한다(시행령 제10조 제1항 1호). 또한 수입자의 보관의무는 협정관세의 적용을 신청한 날의 다음 날부터 5년이며, 수출자 및 생산자는 원산지증명서의 작성일 또는 발급일부터 5년(중국인 경우 중국과의 협정 제3.20조에 따라 3년)이다(시행령 제10조 제2항).

6. 원산지증빙서류 등의 제출

관세청장 또는 세관장은 협정에서 정하는 범위에서 원산지의 확인, 협정관세의 적용 등에 관한 심사를 하는 데 필요하다고 인정하는 경우에는 수입자, 수출자 또는 생산자, 해당 물품의 생산에 사용된 재료를 공급하거나 생산한 자(체약상대국에 거주하는 자를 포함), 해당 물품의 거래·유통·운송·보관 및 통관을 대행하거나 취급한 자에게 제15조의 원산지증빙서류 제출을 요구할 수 있다(제16조 제1항, 시행규칙 제21조 제1항).

그 서류 제출을 요구받은 자는 20일 이상의 기간으로서 기획재정부령으로 정하는 기간 이내에 이를 제출하여야 하는데(제16조 제2항), 한-페루협정, 한-뉴질랜드협정의 경우는 90일, 기타의 경우 30일(30일 연장 가능)로 되어 있다(시행규칙 제21조 제2항).

IV. 원산지 조사

1. 조사요건 등 절차

(1) 조사 목적 및 조사대상자

수출입물품의 원산지 또는 협정관세 적용의 적정 여부 등에 대한 확인이 필요하다고 인정하는 경우에는 협정에서 정하는 범위에서 필요한 서면조사 또는 현지조사를 할 수 있다. 그 대상이 되는 자는 수입자, 수출자 또는 생산자(체약상대국에 거주하는 수출자 및 생산자를 포함), 원산지증빙서류 발급기관, 해당 물품의 생산에 사용된

재료를 공급하거나 생산한 자(체약상대국에 거주하는 자를 포함), 해당 물품의 거래·유통·운송·보관 및 통관을 대행하거나 취급한 자 등이다(제17조 제1항, 시행규칙 제21조 제1항).

(2) 조사방법 및 조력을 받을 권리

조사를 받는 조사대상자의 조력을 받을 권리에 관하여는「관세법」제112조를 준용하며(법 제17조 제8항), 조사를 하는 때에는 필요한 최소한의 범위에서 조사를 하여야 하며, 다른 목적을 위하여 조사권을 남용해서는 아니 된다(제17조 제9항).

(3) 조사대상자의 동의

대상자 중 체약상대국의 조사대상자를 대상으로 현지조사를 하는 경우에는 그 조사를 시작하기 전에 체약상대국의 조사대상자에게 조사 사유, 조사 예정기간 등을 통지하여 동의를 받아야 한다(제17조 제2항). 체약상대국의 조사대상자가 조사예정통지를 받은 날부터 30일 이내에 그 동의 여부를 통보하지 아니하거나 동의하지 아니한 경우에는 현지조사를 할 수 없다(제17조 제4항, 시행규칙 제23조 제3항).

(4) 관계자에 대한 조사 개시의 통지

서면조사 또는 현지조사를 할 때에는 수입자 및 체약상대국의 관세당국에 그 사실을 서면으로 통지하여야 하며, 이 경우 체약상대국의 관세당국에 대한 통지는 협정에서 정하는 경우에만 한다(제17조 제5항).

(5) 조사결과의 통지

서면조사 또는 현지조사를 마치면 조사 결과와 그에 따른 결정 내용을 서면조사 또는 현지조사를 완료한 날부터 30일 이내에 조사대상자(체약상대국의 조사대상자가 생산 또는 수출한 물품을 수입한 자를 포함) 및 체약상대국의 관세당국에 서면으로 통지하여야 한다(제17조 제6항 전문, 시행규칙 제25조 제1항). 이 경우 체약상대국의 관세당국에 대한 통지는 협정에서 정하는 경우에만 한다(제17조 제6항 후문).

(6) 조사결과에 대한 이의

통지 내용에 이의가 있는 조사대상자(체약상대국의 조사대상자가 생산 또는 수출한 물품을 수입한 자를 포함한다)는 조사 결과를 통지받은 날부터 30일 이내에 이의제기서(=별지33호 서식)에 이의를 제기하는 내용을 확인할 수 있는 자료를 첨부하여 관세청장 또는 세관장에게 제출하여 이의를 제기할 수 있다(제17조 제7항, 시행령 제15조 제1항, 시행규칙 제25조 제2항).

2. 체약상대국 요청에 따른 원산지확인조사

체약상대국의 관세당국으로부터 우리나라의 수출물품에 대한 원산지증빙서류의 진위 여부와 그 정확성 등에 관한 확인을 요청받은 경우에는 협정에서 정하는 범위에서 원산지 확인에 필요한 서면조사 또는 현지조사를 할 수 있다(제18조 제1항). 그 조사대상자 및 조사결과에 대한 통지 및 이의, 조사방법 및 조력을 받을 권리에 대하여는 제17조의 원산지조사규정을 준용한다(제18조 제2항).

3. 체약상대국에 대한 원산지확인요청

관세청장 또는 세관장은 체약상대국에서 수입된 물품과 관련하여 협정에서 정하는 범위에서 원산지 또는 협정관세 적용의 적정 여부 등에 대한 확인에 필요하다고 인정하는 경우에는 원산지증빙서류의 진위 여부와 그 정확성 등에 관한 확인을 체약상대국의 관세당국에 요청할 수 있다(제19조 제1항). 수입자를 대상으로 원산지증빙서류 등의 제출을 요구한 결과 원산지를 확인하기 곤란하거나 추가로 확인할 필요가 있는 경우, 수입자를 대상으로 원산지에 관한 조사를 한 결과 원산지를 확인하기 곤란하거나 추가로 확인할 필요가 있는 경우, 무작위추출방식으로 표본조사를 하려는 경우 등이 원산지확인요청을 하는 경우이다(시행령 제16조 제1항).

이때 확인을 요청한 사실을 수입자에게 알려야 하며, 체약상대국의 관세당국으로부터 확인 결과를 통보받은 때에는 그 회신 내용과 그에 따른 결정 내용을 수입자에게 알려야 한다(제19조 제2항). 체약상대국의 관세당국으로부터 확인 결과를 통보받은 때에는 통보받은 날부터 30일 이내에 그 회신 내용을, 체약상대국의 관세당국으로부터 통보받은 회신 내용에 따른 결정을 했을 때에는 그 결정을 한 날부터 30일 이내에 그 결정 내용을 수입자에게 알려야 한다(시행령 제16조 제3항, 제4항).

4. 원산지에 관한 체약상대국의 조사

체약상대국의 관세당국은 협정에서 정하는 범위에서 수출자·생산자를 대상으로 수출물품에 대한 원산지 확인에 필요한 현지조사를 하는 경우에는 그 조사를 시작하기 전에 조사대상자에게 조사 사유, 조사 예정기간 등을 통지하여 조사대상자의 동의를 받아야 한다(제20조 제1항). 이때 조사를 받는 조사대상자의 조력을 받을 권리에 관하여는 「관세법」 제112조를 준용한다(제20조 제2항).

5. 원산지조사의 효과

(1) 추가 수입물품 협정관세 적용 보류

원산지 조사를 하는 경우 또는 원산지 확인 요청을 한 경우에는 수입자에게 서면조사를 통지한 날부터 원산지 조사 결과를 통지한 날까지 조사대상자가 추가로 수입하는 동종동질(同種同質)의 물품에 대하여 협정관세의 적용을 보류할 수 있다. 이 경우 그 보류 대상은 해당 조사대상 물품의 동일한 수출자 또는 생산자로부터 수입하는 물품으로 한정한다(제21조 제1항, 시행규칙 제26조 제1항).

협정관세의 적용을 보류하는 경우란, ① 원산지증빙서류의 작성 또는 협정관세 적용의 신청에 관하여 불성실 혐의가 있다고 세관장이 인정하는 경우, ② 원산지증빙서류를 속임수 또는 그 밖의 부정한 방법으로 작성 또는 발급받았거나 탈세 등의 혐의를 인정할 만한 자료 또는 구체적인 제보가 있는 경우, ③ 그 밖에 세관장이 수집한 증거·자료 등을 근거로 수입자, 생산자 또는 수출자의 신고 또는 신청 내용이 원산지결정기준을 충족하지 못한 것으로 인정하는 경우 등이다(시행령 제17조 제1항).

|**사례 2**| 내국법인인 갑 주식회사가 영국 법인인 을 회사가 생산한 물품을 싱가포르 법인인 병 회사를 통해 수입하였고, 갑 회사가 한-EU 자유무역협정에 따른 협정세율(0%)을 적용하는 내용의 수입신고를 하면서, 갑 회사가 을 회사 명의로 작성되고 인증수출자 번호가 제대로 기재된 원산지신고서를 제출하였다. 관할 세관장이 원산지신고서의 진정성에 대하여 합리적인 의심을 갖게 되어 영국 관세당국에 검증을 요청하였고, 이에 대하여 영국 관세당국이 위 원산지신고서는 모두 인증수출자인 을 회사가 작성한 것이 아니라고 회신하였다. 그런데 을 회사가 위 수입물품에 관한 수입신고일 이후 2년 이상이 지나 갑 회사에 원산지증명과 관련된 서류를 작성해 준 경우 협정관세의 적용을 받을 수 있는가?5)

(2) 경정 및 환급

원산지 조사를 한 결과 수입자가 신고한 내용이 원산지결정기준을 충족한 것으로 확인되는 경우에는 협정관세를 적용받지 못한 물품에 대한 세액을 경정하고 납부한 세액과 납부하여야 할 세액의 차액을 환급하여야 한다. 이 경우 세액의 경정 및 환급에 관하여는 「관세법」 제38조의3, 제46조 및 제48조를 준용한다(제21조 제2항).

(3) 담보제공과 적용 보류 해제

세관장은 수입자가 담보를 제공하고 협정관세 적용 보류의 해제를 요청하는 경우에는 이를 해제할 수 있다(제21조 제3항). 즉 적용 보류기간이 만료되기 전일 것, 협정관세 적용을 받지 못하는 것으로 확인될 경우 추가로 납부하여야 할 세액(내국세 등을 포함)에 상당하는 담보를 제공할 것 등의 요건을 모두 갖추고 협정관세 적용보류의 해제를 요청하는 경우에는 적용 보류를 해제할 수 있다(시행령 제18조 제1항).

협정관세 적용의 보류를 해제한 세관장이 조사대상물품에 대한 원산지 조사 또는 원산지 확인 결과 그 물품이 협정관세 적용대상임을 확인한 경우에는 지체 없이 담보를 해제하여야 한다(시행령 제18조 제2항).

---

5) 관할세관장은 1, 2차 원산지신고서의 진정성에 대하여 합리적인 의심을 갖게 되어 영국 관세당국에 검증을 요청하였고, 이에 대하여 영국 관세당국이 1, 2차 원산지신고서가 모두 인증수출자가 작성한 것이 아니라는 이유로 이 사건 수입물품이 이 사건 자유무역협정의 특혜관세 적용요건을 충족하지 못하여 특혜관세대우의 자격이 없다고 회신하였다. 따라서 위와 같은 원산지신고서에 따라 이 사건 자유무역협정의 협정관세를 적용받을 수는 없다. 이는 생산회사가 이 사건 수입물품에 관한 수입신고일 이후 2년 이상이 지난 2015.6.2.과 2015.12.10. 알펙에 원산지증명과 관련된 서류를 작성해 주었다고 하더라도 달리 볼 수 없다(대법원 2020.2.27. 선고 2016두63408 판결).

15-3 무역피해 구제를 위한 관세조치

I. 긴급관세의 부과

긴급관세(제22조), 잠정긴급관세(제23조), 농림축산물 특별긴급관세(제24조)를 부과할 수 있으나, 기획재정부장관은 심각한 우려 원인이 아니라고 확인되면 관세법 제65조 제1항의 긴급관세 대상에서 제외할 수 있으며(제25조 제1항), 시행령으로 정하는 농림축산물은 관세법 제68조 농림축산물 특별긴급관세에서 제외할 수 있다(제25조 제2항).

1. 긴급관세의 부과

(1) 의의 및 부과요건

체약상대국을 원산지로 하는 특정 물품의 수입증가로 인하여 같은 종류의 물품 또는 직접적인 경쟁관계에 있는 물품을 생산하는 국내 산업의 심각한 피해 또는 국내 시장의 교란이 발생하거나 발생할 우려(=심각한 피해 등)가 있다고 무역위원회의 조사를 통하여 확인한 경우에는 그 심각한 피해 등을 구제하기 위하여 필요한 범위에서 해당 물품에 대하여 대통령령으로 정하는 바에 따라 ① 협정관세의 연차적인 인하 적용을 중지하거나 ② 세율을 인상하는 등의 조치(=긴급관세조치)를 할 수 있다(제22조 제1항, 시행령 제20조 제1항).

(2) 부과절차

기획재정부장관은 무역위원회로부터 긴급관세조치를 건의받은 날로부터 30일 이내에 긴급관세조치 여부 및 그 내용을 결정하여야 하며(시행령 제20조 제5항), 그 결정 전에 협정에서 정하는 바에 따라 해당 수입물품의 체약상대국 정부와 적절한 보상방법 등에 대하여 사전협의를 하여야 하고(시행령 제20조 제6항), 협정에서 달리 규정한 사항이 없으면 제6항에 따른 사전협의를 요청한 날부터 30일 이내에 협의가 이루어지지 아니하면 긴급관세조치를 할 수 있다(시행령 제20조 제7항).

(3) 관세법상 긴급관세와 동시 적용 금지

이러한 긴급관세의 부과에는 관세법의 긴급관세 규정(제65조 제2항~4항, 7항, 제67조)을 준용하지만(제22조 제2항), 체약상대국을 원산지로 하는 동일 물품에 대하여 제22조 제1항에 따른 긴급관세 조치와 「관세법」 제65조에 따른 긴급관세를 부과하는 조치를 동시에 적용할 수 없다(제22조 제3항).

(4) 긴급관세조치의 완화

긴급관세조치를 1년을 초과하여 적용하는 경우에는 일정한 기간의 간격을 두고 점진적으로 완화하는 조치를 취하여야 한다(제22조 제4항 본문). 다만 싱가포르, 페루, 미합중국(자동차를 제외한 물품의 원산지가 미합중국인 경우로 한정한다), 터키, 콜롬비아, 호주, 뉴질랜드, 베트남, 역내경제협정당사국, 캄보디아, 중국, 중미 공화국들, 인도네시아 및 이스라엘 외의 국가에 대해서는 점진적 완화조치를 취하지 않을 수 있다(제22조 4항 단서, 시행령 제27조).

2. 잠정긴급관세의 부과

(1) 의의 및 요건

긴급관세 부과를 위한 조사가 시작된 물품에 대하여 그 조사기간에 발생하는 심각한 피해 등을 방지하지 아니하는 경우 회복하기 어려운 피해가 발생하거나 발생할 우려가 있다고 판단하면 조사가 끝나기 전에 심각한 피해 등을 구제하거나 방지하기 위하여 협정에서 정하는 범위에서 대통령령으로 정하는 바에 따라 잠정적으로 긴급관세조치(=잠정긴급관세조치)를 할 수 있다(제23조 제1항).

(2) 부과기간 등 잠정조치의 제한

잠정긴급관세조치의 기간은 200일(칠레를 원산지로 하는 수입물품에 대해서는 120일을, 페루 및 인도네시아를 원산지로 하는 수입물품에 대해서는 180일을 말한다)을 초과할 수 없다(시행령 제28조 제3항). 또한 미합중국(자동차를 제외한 물품의 원산지가 미합중국인 경우로 한정한다), 콜롬비아, 캐나다, 베트남, 중미 공화국들, 인도네시아 및 이스라

엘을 원산지로 하는 수입물품에 대해서는 조사를 시작한 날부터 45일이 지나기 전
까지는 잠정긴급관세조치를 할 수 없다(시행령 제29조 제1항).

(3) 잠정조치의 통지

잠정긴급관세조치 결정을 했을 때에는 잠정긴급관세조치를 시행하기 전에 그 사
실을 체약상대국 정부에 미리 통보해야 하며, 조치를 시행한 이후에는 즉시 체약상
대국 정부와 협의를 시작해야 한다(시행령 제28조 제2항).

(4) 잠정조치의 효력

잠정긴급관세조치에 관하여는 「관세법」 제65조 제4항·제7항 및 제66조 제2항·
제3항을 준용하므로(제23조 제2항), 잠정긴급관세의 부과는 각각의 부과조치 결정 시
행일 이후 수입되는 물품에 한정하여 적용하고, 기획재정부장관은 잠정긴급관세의
부과 여부를 결정하기 위하여 필요하다고 인정되는 경우에는 관계 행정기관의 장 및
이해관계인 등에게 관련 자료의 제출 등 필요한 협조를 요청할 수 있으며, 긴급관세
의 부과 또는 수입수량제한 등의 조치 여부를 결정한 때에는 잠정긴급관세의 부과를
중단하고, 무역위원회가 조사한 결과 수입증가가 국내산업에 심각한 피해를 초래하
거나 초래할 우려가 있다고 판단되지 아니하는 경우에는 납부된 잠정긴급관세를 환
급하여야 한다.

3. 특정 농림축산물 특별긴급관세의 부과

(1) 의의 및 대상

기획재정부장관은 체약상대국과의 협정에 따라 양허(讓許)한 특정 농림축산물의
수입물량이 일정한 물량(=기준발동물량)을 초과하면 그 농림축산물에 대하여 대통령
령으로 정하는 바에 따라 양허한 세율을 초과하여 관세를 부과하는 조치(=특정 농림
축산물에 대한 특별긴급관세조치)를 할 수 있다(제24조 제1항). 체약상대국을 원산지로
하는 특정 농림축산물에 대한 특별긴급관세조치를 적용할 물품, 같은 조에 따른 기
준발동물량 및 세율은 동법시행령 제30조 제1항에서 별표로 규정하고 있다.

(2) 부과의 효력

이때 정한 세율이 특별긴급관세조치를 적용하는 날에 해당 물품에 적용되는 최혜국세율과 해당 체약상대국과의 협정이 발효되기 전날에 해당·물품에 적용되는 최혜국세율 중 낮은 세율을 초과하는 경우에는 그 낮은 세율을 적용한다(동법시행령 제30조 제2항). 또한 특별긴급관세조치를 하는 경우에는 ① 법 제22조에 따른 긴급관세조치, ②「관세법」 제65조에 따른 긴급관세를 부과하는 조치, ③「관세법」 제68조에 따른 특별긴급관세를 부과하는 조치를 동시에 할 수 없다. 다만, 미합중국 또는 콜롬비아를 원산지로 하는 특정 농림축산물에 대하여 특별긴급관세조치를 하는 경우에는 ① 및 ②의 조치를 동시에 할 수 없다(시행령 제30조 제3항).

4. 관세법의 긴급관세 부과 특례

(1) 관세법상 긴급관세 부과 대상 물품에서 제외

기획재정부장관은「관세법」 제65조 제1항에도 불구하고 대통령령으로 정하는 체약상대국을 원산지로 하는 물품의 수입증가가 같은 종류의 물품이나 직접적인 경쟁관계에 있는 물품을 생산하는 국내 산업이 받는 심각한 피해 또는 심각한 피해를 받을 우려의 실질적인 원인이 아닌 것으로 조사를 통하여 확인되면 협정에서 정하는 범위에서 그 물품을「관세법」 제65조 제1항에 따른 긴급관세의 부과대상물품에서 제외할 수 있다(제25조 제1항). 해당 체약당사국은 인도, 페루, 미합중국, 콜롬비아, 호주, 캐나다, 뉴질랜드, 베트남, 인도네시아 및 이스라엘을 말한다(시행령 제31조 제1항).

(2) 관세법상 농림축산물 긴급관세 대상 물품에서 제외

기획재정부장관은「관세법」 제68조에도 불구하고 대통령령으로 정하는 체약상대국을 원산지로 하는 농림축산물에 대해서는 협정에서 정하는 범위에서「관세법」 제68조에 따른 농림축산물에 대한 특별긴급관세 부과대상에서 제외할 수 있다(제25조 제2항). 해당 체약당사국은 미합중국 및 중국을 말하는데(시행령 제31조 제2항), 기획재정부령 제994호(별표22)에 열거되어 있다(시행령 제31조 제3항).

II. 대항조치

1. 체약상대국 조치에 대한 보상방법 등 협의

정부는 우리나라를 원산지로 하는 특정 물품에 대하여 체약상대국 정부가 ①협정에 따라 긴급관세조치 또는 잠정긴급관세에 해당하는 조치를 하는 경우, ②협정에 따른 관세철폐 또는 관세인하 등 관세양허 의무를 이행하지 아니하거나 지연하는 경우 등의 조치(＝체약상대국의 조치)를 하는 경우에는 체약상대국 정부와 해당 조치에 대한 체약상대국의 적절한 보상방법 등에 관하여 협의를 할 수 있다(제26조 제1항).

2. 대항조치

체약상대국 조치에 대한 보상방법 등에 관하여 협정에서 다르게 규정하지 아니하는 한 협의가 이루어지지 아니하거나 협의 개시일부터 30일 이내에 합의가 이루어지지 아니하는 경우에는 협정에서 정하는 바에 따라 체약상대국의 조치에 상응하는 수준의 대항조치를 할 수 있는데(제26조 제2항), 이 대항조치는 체약상대국의 조치에 대응하는 것으로서 필요한 범위로 한정하며, 그 시기·내용과 그 밖에 필요한 사항은 대통령령으로 정한다(제26조 제3항). 그 내용의 대부분은 "인도, 유럽연합당사자, 미합중국, 터키 등과 긴급관세조치가 있었던 날부터 2년 이내에는 대항조치를 할 수 없다."(시행령 제32조 각 항 참조)는 것이다.

III. 덤핑방지관세 조사 전 협의

정부는 체약상대국으로부터 수입된 물품에 대하여 「관세법」 제51조에 따른 덤핑방지관세의 부과 요청을 받으면 국내 산업의 피해를 조사하기 전에 체약상대국 정부에 그 사실을 통보하고 협의할 수 있다(제27조 제1항). 예컨대 무역위원회는 체약상대국으로부터 수입된 물품에 대하여 「관세법」 제51조에 따른 덤핑방지관세 부과에 필요한 조사신청이 접수되면 유럽자유무역연합회원국, 미합중국, 콜롬비아, 호주, 캐나다, 뉴질랜드, 중미 공화국들 및 이스라엘 등은 조사를 시작하기 전까지, 유럽연합당사자, 터키, 캄보디아, 베트남, 영국 및 인도네시아는 조사를 시작하기 15일 전까지 해당 체약상대국에 그 사실을 서면으로 통보해야 한다(시행령 제33조 제1항 1호, 3호).

IV. 상계관세 조사 전 협의

정부는 체약상대국으로부터 수입된 물품에 대하여 「관세법」 제57조에 따른 상계
관세의 부과 요청을 받으면 국내 산업의 피해를 조사하기 전에 체약상대국 정부에
그 사실을 통보하고 협의할 수 있다(제28조 제1항). 국내 산업의 피해조사, 통보·협
의 및 그 밖에 필요한 사항은 협정에서 정하는 범위에서 대통령령으로 정한다(제28
조 제2항). 예컨대 무역위원회는 유럽자유무역연합회원국, 유럽연합당사자, 페루, 미
합중국, 터키, 콜롬비아, 호주, 캐나다, 뉴질랜드, 베트남, 중국, 역내경제협정당사국,
캄보디아, 중미 공화국들, 영국, 인도네시아 또는 이스라엘로부터 수입된 물품에 대
하여 상계관세 부과에 필요한 조사신청이 접수되면 조사를 시작하기 전까지 해당 체
약상대국에 그 내용을 서면으로 통보하고, 조사를 시작하기 전에 해당 체약상대국과
협의해야 하며, 다만 유럽자유무역연합회원국이 서면통보를 받은 날부터 10일 이내
에 협의를 요청하는 경우에는 유럽자유무역연합회원국과의 협정 제8.1조에 따른 공
동위원회에서 협의해야 한다(시행령 제38조 제2항).

15-4 통관절차의 특례

I. 간이·신속한 통관절차

관세청장은 협정에서 정하는 범위에서 체약상대국으로부터 수입되는 물품에 관하여 신속하고 간이한 통관절차를 적용할 수 있다(제29조). 예컨대 미합중국으로부터 수입되는 특송물품으로서 그 가격이 기획재정부령으로 정하는 금액(＝200달러) 이하인 물품에 대해서는 「관세법」 제241조 제1항에 따른 수입신고를 생략하게 할 수 있다(시행령 제35조, 시행규칙 제29조).

II. 일시수입물품에 대한 관세 면제

1. 원산지 무관하게 관세가 면제되는 경우

체약상대국에서 수입되는 것으로서 다음 (1), (2), (3)의 어느 하나에 해당하는 물품은 협정에서 정하는 범위에서 그 원산지에 관계없이 관세를 면제할 수 있다(제30조 제1항).

(1) 다시 수출하기 위해서 일시적으로 수입하는 물품

수입신고의 수리일부터 1년(부득이한 경우 2년)의 범위에서 세관장이 일시수입거래계약서 등 수입물품 관련서류, 수입사유, 해당 물품의 상태·내용연수(耐用年數) 및 용도 등을 고려하여 인정하는 기간 이내에 다시 수출하기 위하여 일시적으로 수입하는 물품으로서 협정에서 정하는 바에 따라 기획재정부령으로 정하는 물품(제30조 제1항 1호). 이 물품은 ① 언론장비, 텔레비전 방송용 장비, 소프트웨어, 방송·영화 촬영 장비 등 일시 입국하는 사람의 영업활동, 거래 또는 직업 수행에 필요한 전문장비, ② 전시 또는 시연을 위한 물품(구성부품, 보조기구와 부속품을 포함), ③ 운동경기용 물품(시범용 또는 훈련용 물품을 포함), ④ 상용견품, ⑤ 물품 또는 용역을 판매하거나 임대하기 위하여 그 성질·작동 등을 보여주는 시연용 영상 또는 음향 기록매체(일반대중을 위한 방송용은 제외), ⑥ 수리 또는 개조를 위한 물품을 말하며(시행규칙 제30조 제1항), 다음의 요건을 모두 갖추어야 한다(수리 또는 물품의 개조를 위한 물품을 제외)(시행규칙 제30조 제2항).

즉 (a) 체약상대국의 국민 또는 체약상대국에 거주하는 자(칠레·캐나다로부터 수입

되는 물품은 칠레·캐나다의 국민 또는 칠레·캐나다에 거주하는 자가 해당 물품을 반입하여
야 한다)의 영업활동, 거래 또는 직업 수행에 필요한 범위에서 사용되거나 직접적인
감독하에서 사용될 것, (b) 대한민국에서 판매 또는 임대되지 아니할 것, (c) 재수출
될 때까지 다른 물품과의 식별이 가능할 것, (d) 사용 목적을 고려하여 세관장이 타
당하다고 인정하는 합리적인 수량 이내일 것 등이다.

제30조 제1항 1호의 규정에 따라 관세를 면제받은 물품에 대한 용도 외 사용의
제한 등에 관하여는 재수출면세에 관한 「관세법」 제97조 제2항부터 제4항까지의 규
정을 준용한다(제30조 제3항). 따라서 미리 세관장의 승인을 얻지 않으면 다른 용도
로 사용하거나 양도할 수 없고, 정해진 기간 내에 수출하지 않거나 다른 용도로 사
용 또는 다른 용도로 사용하려는 자에게 양도한 경우 면제된 관세를 즉시 징수하며,
양도인으로부터 해당 관세를 징수할 수 없을 때에는 양수인으로부터 면제된 관세를
즉시 징수하고, 규정된 기간 내에 수출되지 아니한 경우에는 500만원을 넘지 아니하
는 범위에서 해당 물품에 부과될 관세의 100분의 20에 상당하는 금액을 가산세로
징수한다.

(2) 수리 또는 개조 등을 위해 다시 수입하는 물품

수리 또는 개조 등을 할 목적으로 체약상대국으로 수출하였다가 다시 수입하는
물품으로서 기획재정부령으로 정하는 물품(제30조 제1항 2호)은 칠레·페루·미합중
국·호주·캐나다·콜롬비아·뉴질랜드·베트남·이스라엘 및 중미 공화국들과의 협
정에 따라 수리 또는 개조를 위하여 해당 체약상대국으로 수출하였다가 다시 수입하
는 물품으로 한다(시행규칙 제30조 제4항). 이때 "수리 또는 개조"의 범위에는 물품의
본질적인 특성을 파괴하거나 새로운 물품 또는 상업적으로 다른 물품을 생산하는 작
업이나 과정, 미완성 상태의 물품을 완성품으로 생산 또는 조립하는 작업이나 과정
은 제외한다(시행규칙 제30조 제6항).

(3) 일정 금액 이하의 상용견품(商用見品) 등

일정 금액 이하의 상용견품(商用見品) 등 기획재정부령으로 정하는 물품(법 제30조
제1항 3호). 이에 따라 관세가 면제되는 물품은 칠레·페루·미합중국·호주·캐나다·
콜롬비아·뉴질랜드·캄보디아·베트남·중국·이스라엘 및 중미 공화국들과의 협정,
「역내포괄적경제동반자협정」에 따라 해당 체약상대국에서 수입되는 ① 상용견품(견

품 외의 용도로 판매되거나 사용되기에 부적합하도록 천공, 절단 등 견품화 처리가 된 물품 또는 「관세법 시행규칙」 제45조 제1항 제3호에서 정한 금액(250달러) 이하의 물품으로서 견품으로 사용될 것으로 인정되는 물품으로 한정), ② 인쇄광고물(소책자, 전단지, 상품목록 및 단체 발간 연감 등 품목번호 제49류에 분류되는 것으로서 물품 또는 용역의 판매를 촉진하거나 광고하기 위하여 무료로 제공되는 물품으로 한정한다), ③ 영 제35조에 따라 수입신고가 생략되는 물품(=미합중국으로부터 수입되는 특송물품으로서 그 가격이 200달러 이하인 물품) 등이다(시행규칙 제30조 제6항 본문).

2. 관세를 면제하지 아니하는 경우

① 「관세법」 또는 「수출용 원재료에 대한 관세 등 환급에 관한 특례법」에 따른 환급을 받은 경우 또는 ② 보세가공물품 또는 장치기간(藏置期間) 경과물품을 재수출조건으로 매각함에 따라 관세가 부과되지 아니한 경우에는 관세를 면제하지 아니한다(제30조 제2항).

3. 관세 면제 절차

관세의 면제 절차와 그 밖에 필요한 사항은 대통령령으로 정한다(제30조 제4항). 일시수입물품 등에 대한 관세의 면제 절차에 관하여는 「관세법 시행령」 제112조, 제114조, 제115조 제1항 및 제116조를 준용한다(시행령 제36조 제3항).

즉 수입신고 수리 전에 감면신청서를 세관장에게 제출하여야 하고, 재수출의 경우 연장신청서를 당해 물품의 수입지세관장에게 제출하여야 하며, 일시 입국하는 자가 본인이 사용하고 재수출할 목적으로 직접 휴대하여 수입하거나 별도로 수입하는 신변용품·취재용품 및 이와 유사한 물품의 경우에는 입국 후 처음 출국하는 날까지의 기간을 재수출면세기간으로 하고, 관세의 감면을 받은 물품을 당해 기간내에 수출하고자 하는 자는 수출신고 시에 당해 물품의 수입신고필증 또는 이에 대신할 세관의 증명서와 기타 참고서류를 제출하여야 하며, 세관장은 물품이 수출된 때에는 세관에 제출된 수입신고필증 또는 이에 대신할 세관의 증명서에 수출된 사실을 기재하여 수출신고인에게 교부하여야 한다.

III. 원산지 사전심사와 심사서 내용 변경

1. 대상 및 요건

(1) 사전심사의 대상

협정관세의 적용에 대한 기초가 되는 사항으로서 원산지결정기준의 충족 여부, 해당
물품 및 물품 생산에 사용된 재료의 원산지에 관한 사항, 해당 물품 및 물품 생산에
사용된 재료의 품목분류·가격 또는 원가결정에 관한 사항, 해당 물품의 생산·가공
또는 제조과정에서 발생한 부가가치의 산정에 관한 사항, 해당 물품에 대한 관세의
환급·감면에 관한 사항, 해당 물품의 원산지 표시에 관한 사항, 수량별 차등협정관
세의 적용에 관한 사항, 그 밖에 협정관세의 적용 또는 관세면제에 대한 기초가 되
는 사항으로서 기획재정부령으로 정하는 사항 등

(2) 신청방법

위 사항에 대하여 의문이 있는 자(체약상대국의 수출자 및 생산자와 그 대리인을 포함
한다)는 해당 물품의 수입신고를 하기 전에 관세청장에게 사전심사신청서, 거래계약
서·원가계산서·원재료내역서·공정명세서 등 물품의 생산에 사용된 재료별 품명·
품목번호·가격 및 원산지 등 신청내용에 대한 사전심사에 필요한 사항이 포함된 서
류를 갖추어 그 의문사항을 미리 심사(=사전심사)하여 줄 것을 신청할 수 있다. 사
전심사를 신청하는 자는 기획재정부령으로 정하는 신청 물품 당 3만원의 수수료를
내야 한다(제31조 제4항, 시행규칙 제31조 제3항).

(3) 사전심사의 예외

협정에서 사전심사에 관한 사항을 정하지 아니한 경우에는 그러하지 아니하다(제
31조 제1항, 시행령 제37조 제1항, 제2항).

2. 사전심사의 효력

세관장은 수입자가 사전심사서에 따라 협정관세의 적용 등을 신청하는 경우 수입
신고된 물품의 내용이 사전심사서의 내용과 같다고 인정하는 경우에는 대통령령으

로 정하는 특별한 사유가 없으면 사전심사서의 내용에 따라 협정관세를 적용하여야
한다(제31조 제3항).

심사서의 내용에 따라 협정관세를 적용할 수 없는 경우란, ① 사전심사 후 수입신
고 전에 사전심사의 기초가 되는 사실 또는 상황이 변경되었거나 협정 또는 관계 법
령이 개정되어 사전심사의 내용이 변경된 사정을 반영하지 못하는 경우, ② 신청인
이 거짓 자료를 제출하거나 사전심사에 필요한 자료를 제출하지 아니하여 사전심사
에 중대한 착오가 있는 경우, ③ 사전심사의 신청내용과 동일한 사안에 대한 이의신
청·심사청구·심판청구 또는 소송제기 등을 받은 권한 있는 기관의 최종결정 또는
법원의 판결이 사전심사의 내용과 다르게 된 경우 등이다(시행령 제37조 제6항).

3. 심사서 내용 변경

(1) 변경 요건 및 사유

관세청장은 협정에서 정하는 바에 따라 사전심사서의 근거가 되는 사실관계 또는
상황의 변경 등 대통령령으로 정하는 사유가 있는 경우에는 사전심사서의 내용을 변
경할 수 있다(제32조 제1항).

내용을 변경할 수 있는 사유는 ① 사전심사의 근거가 되는 사실 또는 상황이 변경
되었거나 협정 또는 관계법령이 개정되어 해당 물품의 원산지결정기준이 변경되거
나 원산지결정의 기초가 되는 품목분류 등이 변경된 경우, ② 사전심사 대상물품 또
는 재료의 품목분류, 부가가치비율의 산정 등에 착오가 있는 경우, ③ 신청인이 거
짓 자료를 제출하거나 사전심사에 필요한 자료를 제출하지 아니하여 사전심사에 중
대한 착오가 있는 경우, ④ 사전심사의 신청내용과 동일한 사안에 대한 이의신청·
심사청구·심판청구 또는 소송제기 등을 받은 권한 있는 기관의 최종결정 또는 법원
의 판결이 사전심사의 내용과 다르게 된 경우 등이다(시행령 제39조 제1항).

(2) 변경의 원칙적 효력 및 소급효가 인정되는 경우

사전심사서의 내용을 변경한 경우에는 그 변경일 후에 수입신고 되는 물품에 대
하여 변경된 내용을 적용한다. 다만, 협정에서 다르게 정하는 경우에는 협정에서 정
하는 범위에서 대통령령으로 정하는 바에 따른다(제32조 제3항). 이에 따라 사전심사

의 내용을 신뢰한 선의의 수입자(체약상대국의 수출자 및 생산자를 포함한다)가 변경된 사전심사서의 내용을 적용받을 경우 손해가 발생할 것임을 기획재정부령으로 정하는 바에 따라 입증한 때에는 사전심사서의 내용이 변경된 날부터 칠레: 90일, 싱가포르: 60일, 캐나다: 90일을 초과하지 아니하는 범위에서 변경 전의 사전심사서의 내용을 적용할 수 있다(시행령 제40조).

다만, 사전심사서의 내용 변경이 자료제출 누락 또는 거짓자료 제출 등 신청인에게 책임이 있는 사유로 인한 것인 경우에는 해당 사전심사와 관련하여 그 변경일 전에 수입신고 된 물품에 대해서도 소급하여 변경된 내용을 적용한다(제32조 제4항).

IV. 상호협력

1. 상호협력사항

관세청장은 협정을 통일적이고 효율적으로 시행하기 위하여 협정에서 정하는 바에 따라 통관 절차의 간소화, 다른 법률에 저촉되지 아니하는 범위에서의 정보 교환, 세관기술의 지원, 체약상대국의 관세당국과 제11조 제1항 제1호에 따라 작성·발급하는 원산지증명서에 포함되는 정보를 전자적으로 교환하는 시스템의 구축·운영, 그 밖에 협정을 통일적으로 이행하고 효율적으로 시행하기 위하여 필요한 사항으로서 대통령령으로 정하는 사항에 관하여 체약상대국의 관세당국과 협력할 수 있다(제33조 제2항).

2. 할 수 있는 조치

관세청장은 체약상대국에서 수입된 물품에 대한 원산지 또는 협정관세 적용의 적정 여부를 확인하기 위하여 필요한 경우에는 협정에서 정하는 범위에서 체약상대국의 관세당국에 필요한 자료의 제공을 요청하는 행위, 체약상대국과 동시에 원산지 조사를 하는 행위, 체약상대국에 세관공무원을 파견하여 직접 원산지 조사를 하게 하거나 체약상대국의 원산지 조사에 참여하게 하는 행위, 체약상대국의 관세당국이 협정에 따라 원산지 조사에 협력하여 줄 것을 요청하는 경우 이를 수락하는 행위를 할 수 있다(제33조 제3항). 관세청장은 위 1. 및 2.에 따라 체약상대국의 관세당국과 협력활동을 하거나 필요한 조치를 한 경우에는 30일 이내에 기획재정부장관에게 그 결과를 보고하여야 한다(제33조 제4항).

3. 관세 상호협의 신청

(1) 의의 및 신청방법

수출자 또는 생산자는 체약상대국의 관세당국으로부터 수출물품에 대하여 협정에 부합하지 아니하는 원산지결정 또는 과세처분을 받았거나 받을 우려가 있는 경우에는 기획재정부장관에게 대통령령으로 정하는 바에 따라 체약상대국의 관세당국과의 관세상호협의를 신청할 수 있다(제34조 제1항). 이 경우 관세상호협의 신청서를 기획재정부장관에게 제출하여야 하며, 이 신청서에는 관세상호협의의 신청과 관련된 체약상대국의 원산지결정 통지서, 과세처분 통지서 또는 이를 갈음하는 서류, 신청인 또는 체약상대국에 있는 신청인의 대리인(신청인의 물품을 수입한 자 및 그 대리인을 포함한다)이 체약상대국의 권한 있는 당국에 불복쟁송을 제기한 경우 불복쟁송 청구서 등이 포함되어야 한다(시행령 제43조 제1항, 제2항).

(2) 시정조치

관세상호협의의 필요성이 있다고 인정할 때에는 산업통상자원부장관과의 협의를 거쳐 체약상대국의 관세당국에 필요한 시정조치를 요구할 수 있으며(시행령 제43조 제3항), 체약상대국의 관세당국이 시정조치를 요구받은 날부터 합리적인 기간 이내에 협의에 응하지 아니하거나 시정조치의 요구를 수락하지 아니할 때에는 법 제34조 제3항에 따라 체약상대국의 관세당국에 협의기구의 개최를 요청할 수 있다(시행령 제43조 제4항).

(3) 상호협의신청의 효력

기획재정부장관은 관세상호협의의 신청을 받았을 때에는 원산지결정 또는 과세처분과 관련하여 국내 또는 국외에서 법원의 확정판결이 있은 경우, 신청인이 관세회피를 목적으로 관세상호협의 절차를 이용하려고 하는 사실이 인정되는 경우, 원산지결정 또는 과세처분이 있은 날부터 3년이 지난 후 신청한 경우를 제외하고는 체약상대국의 관세당국에 관세상호협의를 요청하여야 하며, 이 경우 기획재정부장관은 미리 산업통상자원부장관과 협의하여야 한다(제34조 제2항).

V. 불복신청

칠레, 싱가포르, 호주, 콜롬비아, 캐나다 등 대통령령으로 정하는 체약상대국의 수출자 또는 생산자는 제17조에 따른 원산지에 관한 조사 또는 제31조에 따른 원산지 등에 대한 사전심사의 어느 하나에 관련되는 처분에 대하여 위법 또는 부당한 처분을 받거나 필요한 처분을 받지 못함으로써 권리 또는 이익의 침해를 당한 경우에는 「관세법」 제119조에 따라 심사청구 또는 심판청구를 할 수 있다(제39조, 시행령 제51조).

15-5 FTA특례법상 관세벌

I. 관세벌

FTA특례법은 그 법을 위반한 자에 대하여 징역 또는 벌금형을 과하는 경우, 2천만원 이하의 벌금형을 과하는 경우, 300만원 이하의 벌금형을 과하는 경우 등 3 형태로 규정하고 있으며, 관세법의 조사·처분절차를 준용하고 있다.

1. 징역 또는 벌금형을 과하는 경우

비밀누설죄가 이에 해당한다. 즉 제38조의 비밀유지의무(불복심판의 재결청이 제40조 제2항에서 준용하는 경우 포함)를 위반하여 비밀취급자료를 타인에게 제공 또는 누설하거나 목적 외의 용도로 사용한 자는 3년 이하의 징역 또는 3천만원 이하의 벌금에 처한다(제44조 제1항). 징역형을 과할 수 있다는 점에서 다른 죄와 구별된다.

2. 2천만원 이하의 벌금형을 과하는 경우

(1) 부정원산지증빙서류 발급(작성)죄

협정 및 이 법에 따른 원산지증빙서류를 속임수 또는 그 밖의 부정한 방법으로 신청하여 발급받았거나 작성·발급한 자는 2천만원 이하의 벌금에 처한다(제44조 제2항 제1호).

(2) 용도 외 사용죄

용도세율 적용 물품을 해당 용도 외의 다른 용도에 사용하거나 양도한 자(세율이 낮은 용도와 동일한 용도에 사용하려는 자에게 양도한 자는 제외한다)는 2천만원 이하의 벌금에 처한다(제44조 제2항 제2호, 제4조 제2항). 또한 관세 면제 물품을 해당 용도 외의 다른 용도에 사용하거나 양도한 자(해당 물품을 직접 수입한 경우에는 관세의 감면을 받을 수 있는 자에게 양도한 자는 제외)도 같다(제44조 제2항 제5호, 제30조 제3항). 다만, 과실(過失)로 이에 해당하게 된 경우에는 300만원 이하의 벌금에 처한다(제44조 제2항 단서).

(3) 부정인증수출자인증죄

거짓이나 그 밖의 부정한 방법으로 원산지수출인증자로 인증을 받은 자는 2천만원 이하의 벌금에 처한다(제44조 제2항 제2의2호).

(4) 서류보관위반죄

정당한 사유 없이 제15조(원산지증빙서류 등의 보관)를 위반하여 관련 서류를 보관하지 아니한 자는 2천만원 이하의 벌금에 처한다(제44조 제2항 제3호).

(5) 허위서류제출죄

제16조 제1항에 따라 관세청장 또는 세관장이 요청한 원산지증빙서류를 거짓으로 제출한 자(제4호) 또는 제31조에 따른 원산지 사전심사에 필요한 자료를 거짓으로 제출하거나 고의로 제출하지 아니한 자(제6호)는 2천만원 이하의 벌금에 처한다(제44조 제2항).

(6) 원산지증명서부정발급죄

협정 및 이 법에 따른 원산지증빙서류를 속임수나 그 밖의 부정한 방법으로 발급한 세관공무원 또는 발급권한기관에서 원산지증명서의 발급을 담당하는 직원은 2천만원 이하의 벌금에 처한다(제44조 제2항 제7호, 시행령 제50조).

3. 300만원 이하의 벌금을 과하는 경우(과실범)

과실로 협정 및 이 법에 따른 원산지증빙서류를 사실과 다르게 신청하여 발급받았거나 작성·발급한 자는 300만원 이하의 벌금에 처한다. 다만, 제14조 제1항에 따라 원산지증빙서류의 수정 통보를 한 자는 그러하지 아니하다(제44조 제3항).

4. 관세법 조사·처분절차의 준용

제2항 및 제3항에 규정한 벌칙에 위반되는 행위를 한 자에 관하여는 「관세법」 제278조 및 제283조부터 제319조까지의 규정을 준용한다(제44조 제4항). 따라서 벌금

경합에 관한 제한 가중규정을 적용하지 않으며(관세법 제278조), 관세범의 조사·처분은 세관공무원이 행하고 형사처벌 또는 통고처분 등과 관련한 조사절차에 관련된 규정이 그대로 적용된다.

II. 양벌 규정

법인의 대표자나 법인 또는 개인의 대리인, 임직원, 사용인, 그 밖의 종업원이 그 법인 또는 개인의 업무에 관하여 제44조 제2항 및 제3항의 위반행위를 하면 그 행위자를 벌하는 외에 그 법인 또는 개인에게도 해당 조문의 벌금형을 과(科)한다. 다만, 법인 또는 개인이 그 위반행위를 방지하기 위하여 해당 업무에 관하여 상당한 주의와 감독을 게을리하지 아니한 경우에는 그러하지 아니하다(제45조).

III. 과태료

1. 개 관

행정질서벌인 과태료는 고의·과실의 유무를 따지지 않고 위반사실이 있으면 그에 대하여 부과하는 행정벌의 하나인데, FTA특례법에서는 세관장이 부과·징수하도록 되어 있으며(제46조 제3항) 법문상으로는 1천만 원 이하의 과태료를 부과하는 경우(제46조 제1항), 500만원 이하의 과태료를 부과하는 경우(제46조 제2항)로 나뉘지만, 과태료의 유형 및 부과기준에 대하여 시행령에서 구체적으로 열거하고 있다(시행령 제54조 별표 제25).

2. 과태료의 부과기준

(1) 일반기준

가. 위반행위의 횟수에 따른 과태료의 부과기준은 최근 5년간 같은 위반행위로 과태료를 부과받은 경우에 적용한다. 이 경우 위반 횟수는 같은 위반행위에 대하여 과태료 부과처분을 받은 날과 그 처분 후에 한 위반행위로 적발된 날을 각각 기준으로 하여 계산한다.

나. 가목에 따라 가중된 부과처분을 하는 경우 가중처분의 적용 차수는 그 위반행위 전 부과처분 차수(가목에 따른 기간 내에 과태료 부과처분이 둘 이상 있었던 경우에는 높은 차수를 말한다)의 다음 차수로 한다.

다. 부과권자는 다음의 어느 하나에 해당하는 경우 제2호의 개별기준에 따른 과태료 금액의 2분의 1 범위에서 그 금액을 줄일 수 있다. 다만, 과태료를 체납하고 있는 위반행위자에 대해서는 그렇지 않다.

  1) 위반행위자가 「질서위반행위규제법 시행령」 제2조의2 제1항 각 호의 어느 하나에 해당하는 경우

  2) 위반행위가 사소한 부주의나 오류로 인한 것으로 인정되는 경우

  3) 위반행위자가 법 위반 상태를 시정하거나 해소하기 위해 노력한 것이 인정되는 경우

  4) 그 밖에 위반행위의 정도, 위반행위의 동기와 그 결과 등을 고려하여 과태료를 줄일 필요가 있다고 인정되는 경우

(2) 개별기준(단위: 만원)

위반행위	근거 조문	과태료 금액			
		1차	2차	3차	4차 이상 위반
정당한 사유 없이 기간 내 서류 미제출	제46조 제1항 제1호	200	500	800	1,000
관세청장 등의 서면조사 또는 현지조사 거부·방해 또는 기피	제46조 제1항 제2호	200	500	800	1,000
승인 없이 용도에 따라 세율이 다른 물품을 세율이 낮은 용도에 사용한 경우	제46조 제2항 제1호	100	200	300	500
세율이 낮은 용도와 동일한 용도에 사용하려는 자에게 양도한 경우	제46조 제2항 제2호	100	200	300	500
원산지증빙서류의 오류 내용을 통보받고도 세관장에게 정정·보정·수정신고 안한 경우	제46조 제2항 제3호	100	200	300	500

관세면제물품을 직접 수입한 경우 관세의 감면을 받을 수 있는 자에게 양도한 경우	제46조 제2항 제4호	100	200	300	500

ㄱ

저자약력

이 상 신
서울대학교 경영학과 졸업(경영학사)
서울대학교 사법학과 졸업(법학사)
서울대학교 대학원 법학과 석사 및 박사과정 졸업(법학박사)
제12회 법원행정고시 합격
강원대학교 법과대학 조교수
서울시립대학교 세무학과장
서울시립대학교 세무전문대학원 원장
한국세법학회, 한국세무학회 이사
한국조세연구포럼 및 한국지방세학회 부회장
現) 서울시립대학교 세무학과 및 세무전문대학원 교수
現) 관세학회, 국제경영관리학회, 한국무역통상학회 등 회원

장 호 중
서울대학교 사법학과 졸업(법학사)
제31회 사법시험 합격, 사법연수원 제21기 졸업
법무부, 대검찰청, 서울지방검찰청, 부산지방검찰청, 인천지방검찰청 검사
법무부 감찰담당관, 대검찰청 정책기획과장, 서울중앙지검 형사6부장검사
수원지검 안산지청장, 춘천지검 강릉지청장, 대구지검 안동지청장
부산지방검찰청 검사장, 전주지방검찰청 검사장
투명경영법률연구소 대표이사
미국 George Washington Univ. Law School Visiting Scholar
서울시립대학교 세무전문대학원 졸업(세무학 석사)
서울시립대학교 세무전문대학원 박사과정 재학중
現) 법무법인 화현 파트너변호사
現) 서울특별시 법률고문
現) 한국무역통상학회, 한국세무학회 등 회원

김 선 화
중앙대학교 문과대학 졸업(문학사)
서울시립대학교 세무전문대학원 졸업(세무학 석사)
제34회 관세사 자격시험 합격
관세법인 태영 기획팀
現) 관세그룹 바로 대표관세사
現) 한국무역통상학회 상임이사, 한국관세학회 회원

관세법 - 주요 쟁점과 사례 -

초판 발행	2024년 8월 20일
지은이	이상신 · 장호중 · 김선화
펴낸이	안종만 · 안상준
편 집	양수정
기획/마케팅	조성호
표지디자인	Ben Story
제 작	고철민 · 김원표
펴낸곳	(주) **박영사**
	서울특별시 금천구 가산디지털2로 53, 210호(가산동, 한라시그마밸리)
	등록 1959. 3. 11. 제300-1959-1호(倫)
전 화	02)733-6771
f a x	02)736-4818
e-mail	pys@pybook.co.kr
homepage	www.pybook.co.kr
ISBN	979-11-303-4786-8 93360

정 가   36,000원